"十三五"国家重点出版物出版规划项目

诺/贝/尔/经/济/学/奖/获/得/者/丛/书

Library of Nobel Laureates in Economic Sciences

公共部门经济学

（第三版）

（下）

Economics of the Public Sector

(Third Edition)

约瑟夫·E·斯蒂格利茨（Joseph E. Stiglitz） 著

郭庆旺 校

郭庆旺 杨志勇 刘晓路 张德勇 译

中国人民大学出版社

·北京·

目　录

第5篇　税收理论

第6篇 美国税制

第 7 篇 深层次问题

第5篇

税收理论

此后两篇将讨论税收。第 5 篇讨论税收的一般理论。第 6 篇则较详细地考察美国税制。

第 17 章阐述税收的一般原则。第 18 章讨论谁是税收的承担者。第 19 章分析税收对经济效率的影响。第 20 章说明怎样在公平和效率之间保持平衡。第 21 章考察最重要的税收设计问题之一：如何对资本回报进行课税。

第 17 章　税收导论

和大多数自愿进行的从一个人到另一个人的资金转移不同，税收具有强制性。我们在第 6 章中曾指出，由于搭便车问题的存在，支持公共服务的款项需要具有强制性：除非对公共物品的支持是强制的，否则没有人愿意提供资金。讨论显示，强制向公共物品提供资金，能使所有人的处境都变得更好。

但是，政府强迫个人为公共物品提供资金的能力，也可被用来强迫人们支持特殊利益集团：它可以迫使一个集团把自己的资源转移给另一个集团。这些被迫的转移就像盗窃，二者之间只有一个关键差异：政府的转移通过政治程序，披着合法和尊敬的外衣。当一个国家的政治程序变得与公民无关，被用于向掌权集团转移资源时，税收和盗窃之间的区别也就变得模糊不清了。

对于美国的缔造者来说，这些问题至关重要。发展为独立战争的起义常常追溯至波士顿倾茶事件，而这一事件的根源就是人们相信对殖民地课征的税收是不公正的。“只课税而不给代表权的做法就是暴政”，这一口号代表了这次革命的一个中心主题。合法与非法使用税收权力之间的区别一直都是争论的热点。

17.1　背景

税收与有组织的政府一样古老。《圣经》中说，庄稼的什一税（十分之一）应该用于再分配，用于支持教会。我们不清楚当时的实施机制，《圣经》上也没有说明逃税的程度。在中世纪，个人直接向封建主提供服务，它们是有效的税收，但没有货币化。事实上，臣民被迫提供这些服务，意味着他们在一定程度上是奴隶。有人认为，不应让现代税收是**货币化的**（monetized）这一事实——个人被迫提供的不是服务（征兵例外）而是货币——模糊了根本性的关系。例如，必须将自己的劳动所得的 1/4 交给政府，实际上是为政府工作了 1/4 的时间。

但是，在封建课征和现代税收之间有两个重要的区别。首先，对于前者来说，没有封建领主的同意，人们不能离开领地；今天，人们则可以选择愿意居住的地方，以及对他们进行课税的辖区。第二，在庄园制度下，个人被迫工作；而在现代税制下，个人只是被迫和政府分享劳动所得（或者投资所得，或者支出）。他们可以选择支付更少，如果他们愿意工作更少，自己得到更少的话。

在美国，由于担心税收权力滥用，产生了对哪些税收可以开征的特定宪法限制。例如，因为南部的农业州（当时美国的重要出口地区）担心人口更多的北方会对出口征税，迫使南部人民承担不成比例的政府成本份额，所以宪法明文禁止这类征税。宪法的其他条款努力保证税收不会以歧视的方式征收。例如，统一条款意味着税收必须统一征收，分摊条款指出直接税必须根据各州人口基数按比例分摊。这样的宪法约束意味着，政府不能征收所得税，直到 1913 年宪法修正案通过，联邦政府才可以开征此税。

对征税的限制反映了英国政府对美洲殖民地课征歧视税的经历。宪法的制定者没有（很可能也不想）考虑任何形式的歧视性征税。因此，尽管共和政体的缔造者努力通过宪法提供保护，但是税收问题一直是这个国家所面对的造成最多不和的问题。例如，在 19 世纪初期，对关税有相当多的争论。[1]尽管关税提供收入，对工业品的关税也保护了北方的工业，但南方却不得不承受要为所保护的商品支付更高价格的代价。

17.1.1 税收形式

政府征税的形式非常多。在不同时期，有对窗户的征税，对豪华游艇的征税，对债券销售的征税，对股利的征税，对资本利得的征税……还有对许多项目的征税。税收可分为两大类：对个人和公司征收的直接税，以及对各种商品和服务征收的间接税。

在美国，联邦一级的三种主要直接税是个人所得税；用于社会保障融资的工薪税（具有上限的工资的固定百分比）；对公司的净所得额课征的公司所得税。另一种重要的直接税是对一代人给下一代人遗留的遗产征收的遗产和赠与税。个人所得税针对工资和资本所得征收，不仅影响劳动供给决策、退休决策、教育决策等，也影响储蓄和投资决策。在州和地方层次，还有一种重要的对财产征收的直接税。

联邦一级的主要间接税是对从境外进口的商品征收的关税；对电话服务、航空旅行和奢侈品等课征的消费税。许多州和地方政府也征收销售税，对所有零售销售的种类广泛的商品课征固定百分比的税收。一些州对食品免征销售税；一些州的免税范围则更大。许多外国政府在零售层次上不征收销售税，而是征收增值税：在生产的每一个环节，增值额是销售额和购买（非劳动）投入额之差。

图 17.1 和图 17.2 显示了 1997 年联邦、州和地方政府的收入来源。在联邦一级，社会保障税和个人所得税共占了 80%以上的收入，而公司所得税占大约 12%。所有其他税收相比之下较少。在州和地方层次，个人所得税和工薪税加在一起正好超过收入的 1/5（22.6%），财产税、销售税和联邦政府的转移支付各占 1/5。

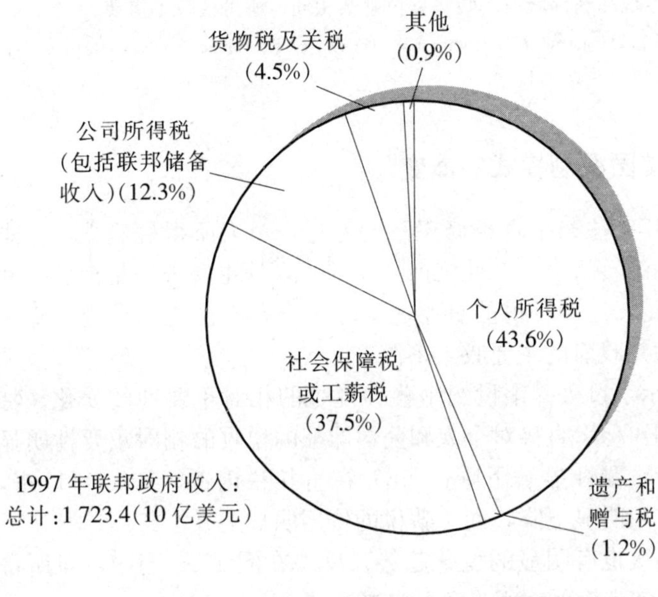

图 17.1　联邦收入来源（1997 年）

个人所得税和用于社会保障的工薪税占联邦收入的最大一部分。

资料来源：U. S. Department of Commerce，Bureau of Economic Analysis，*Survey of Current Business*，May 1998，Table 3.2.

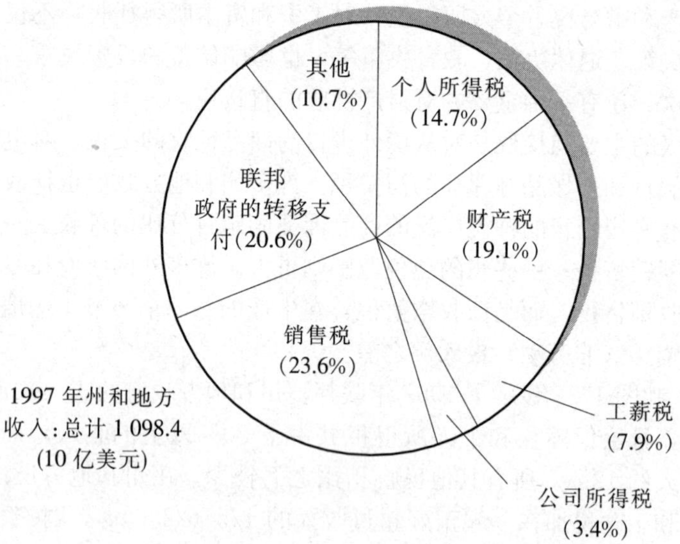

图 17.2　州和地方政府收入来源（1997 年）

销售税、财产税和联邦政府的转移支付基本相同。所得税较不重要。

资料来源：U. S. Department of Commerce，Bureau of Economic Analysis，*Survey of Current Business*，May 1998，Table 3. 3.

17.1.2　美国税制模式的演变

随着 1913 年宪法第十六条修正案的通过，个人所得税确立，标志着美国税制结构的转折点。在此之前，联邦收入的主要来源是消费税和关税。在 20 世纪，这两种税的重要性下降，个人所得税和社会保障税或工薪税成为联邦政府的主要收入来源。

图 17. 3 显示了过去一个世纪中各种税收的相对重要性的变化。特别是，我们看到：(a) 直接对个人和公司课征的税收的相对重要性明显上升，间接税的重要性显著下降；(b) 在直接税内部，1960 年以来，公司所得税的作用明显下降，而工薪税的作用明显上升。

州和地方层次也有明显的变化趋势，反映在图 17. 4 当中：对所得税和销售税的依赖上升，对财产税的依赖下降。

17.1.3　与其他国家的比较

在最近几十年间，大部分欧洲国家已经转向依靠增值税。与其他发达国家相比，美国更多地依靠个人所得税，图 17. 5 清楚地显示了这一点。

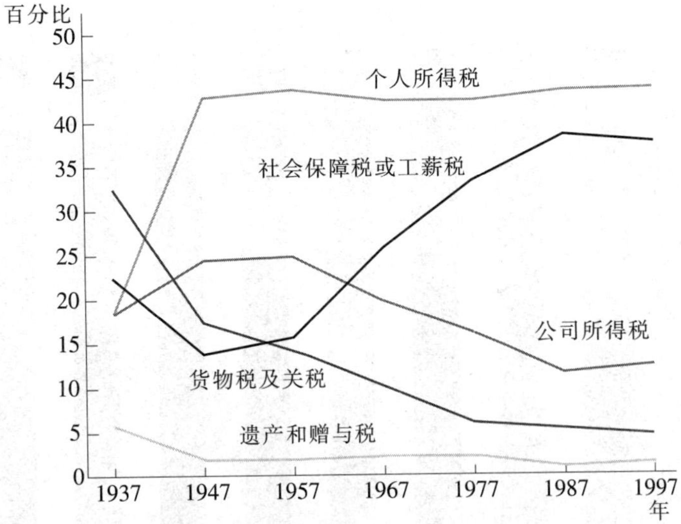

图 17.3 联邦收入来源（1933—1997 年）

随着时间的流逝，关税和货物税以及公司所得税的重要性下降，而对用于社会保障税或工薪税的依赖已经增加。

资料来源：U. S. Department of Commerce，Bureau of Economic Analysis，*National Income and Product Accounts of the United States*：*1929－1982*；*and Survey of Current Business*，September 1988 and May 1998，Table 3. 2.

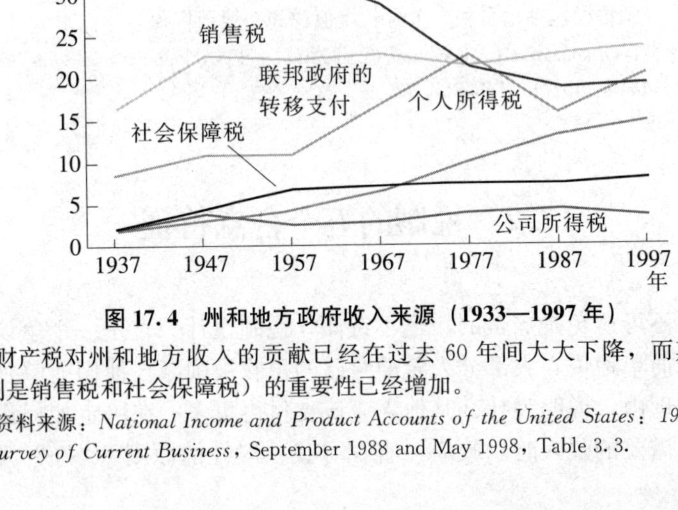

图 17.4 州和地方政府收入来源（1933—1997 年）

财产税对州和地方收入的贡献已经在过去 60 年间大大下降，而其他来源（特别是销售税和社会保障税）的重要性已经增加。

资料来源：*National Income and Product Accounts of the United States*：*1929－1982*；*and Survey of Current Business*，September 1988 and May 1998，Table 3. 3.

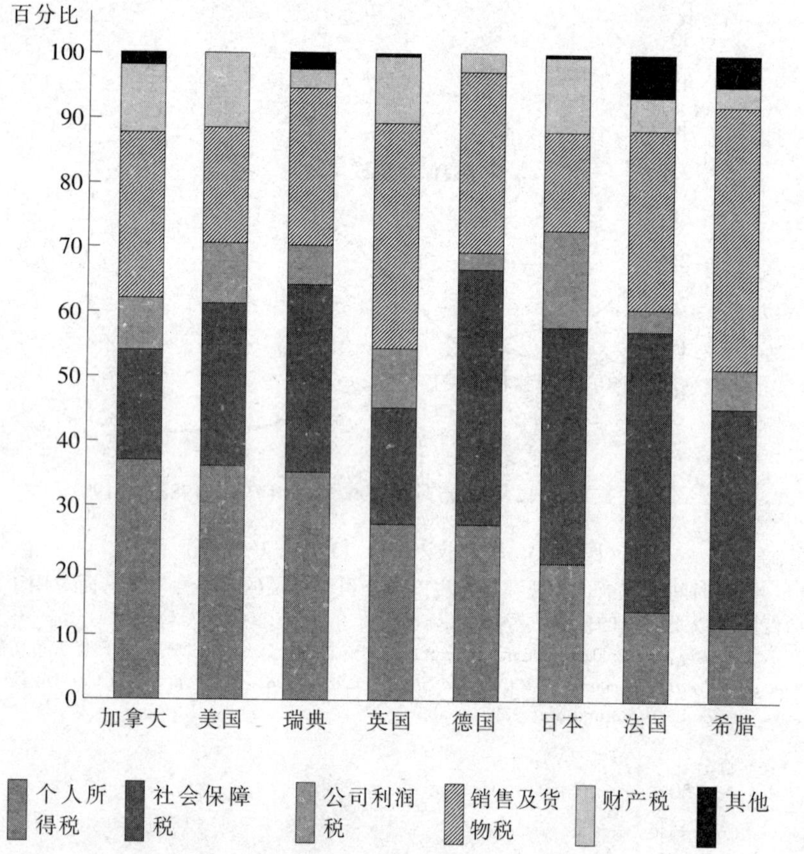

图 17.5　所选国家的收入来源（1995 年）

个人所得税在美国比在其他国家更重要，其他国家销售税和社会保障税所占比例较大。（销售税包括消费税、关税、增值税和一般销售税。）

资料来源：Organization for Economic Cooperation and Development，*Revenue Statistics 1965－1996*（Paris：1997），Table 11，13，15，23 and 25.

17.2　税制的五个合意特征

税收不可避免是痛苦的。毫不奇怪，税制设计一直是一个争议很大的主题。简单地说，大部分人希望自己的税收被削减。他们能够列出相当动人的理由，说明为什么其他人应该支付得更多。在决定如何最好地获得它所需要的收入时，政府一直在寻找一般性的原则。“好”税制有五个可以接受的特征：

1. 经济效率：税制不应该干扰资源的有效配置。

2. 管理的简便性：税制应当易于管理，花费较少。

3. 灵活性：税制应该能够容易（在某些情况下自动）地对经济环境的变化作出反应。

4. 政治责任：税制设计应该保证个人知道他们支付了多少，并能评估税制在多大程度上准确反映了他们的偏好。

5. 公平：税制在处理不同个人的相对待遇方面应该公平。

税收原则

效率——税制不应是扭曲性的，如果可能，它应用于促进经济效率。

管理的简便性——税制管理和遵从的成本应该低。

灵活性——税制应能适应环境的变化。

政治责任——税制应当是透明的。

公平——税制应当是公平的，应该实现同等条件同等对待，对更能承担税负的人课以较高的税收。

17.2.1　经济效率

在不存在市场失灵的情况下，经济会自动有效地配置资源。市场价格传递的信息会带来生产效率、交换效率和产品组合效率，而且在不使其他人的处境变得更糟的情况下，没有人会过得更好。大部分税收都会改变相对价格。结果导致价格信号被扭曲，资源配置被改变。

人们始终关注的是，税制会在多大程度上妨害储蓄和工作，扭曲其他与消费和生产有关的决策。例如，之所以美国有大量的阿拉伯马以及其他非常珍贵的马种，是因为税制结构上的一个独特的漏洞。天然气和石油的特殊待遇可能已经导致了开采过度。铁路货车车厢一度得到了税收庇护（tax shelter），此后则出现了数不胜数的其他手段。

税收历史上到处都是扭曲效应的例子。17 世纪英国征收窗户税的结果是建了没有窗户的房子。现代英国也有这样的例子。三轮车虽然可能不太安全，而且比四轮车便宜不了多少，但课税却比后者轻得多。因此许多人选择三轮车，而非传统的四轮车。由于有篷货车（没有窗户的客货两用车）的税收远比有窗户的客货两用车轻，许多人就被驱使着去购买这些车，尽管他们也不喜欢车后部的黑暗。在美国，活动墙[2]的税收优惠待遇鼓励了使用活动墙的商务办公楼的建设，尽管从没想过要移动它们。虽然活动墙确实带来了更大的灵活性，但活动墙通常隔音效果较差。因此，虽然我们不再有窗户税，但是现代税法仍然影响着建筑式样。

税收的行为效应。税收的多数经济效率影响非常微妙，难以评估。所得税可以通过影响税后教育回报来改变一个人受教育时间的长度，从而影响工作选择（因为对于某些工作来说，较大份额的回报能以不被课税的“利益”形式出现）——是加入劳动力队伍，还是留在家里照看孩子；纳税者的工作时间（当他能够自由选择时）；他是否找兼职以及努力的程度；个人储蓄的数量以及所采取的储蓄形式（银行账户还是股票市场）；退休年龄；在 65 岁后他是否还要从事非全职的工作。

税收效应不只限于工作、储蓄、教育和消费的决策。虽然对于税收影响个人婚姻决策的程度说法不一，但毫无疑问它影响着这些决策的时机选择。例如，美国税法对结婚日期是按整个日历年度计算的，即便婚礼是在 12 月 31 日才举行的。因此，两个收入相近的工作者，在 12 月和 1 月之间选择结婚日期时，所得税强烈鼓励选择 1 月。离婚时，正好与此相反。[3]税制影响风险承担、对研发的资源配置以及经济的长期增长率；影响企业的投资水平和投资形式（包括机器的耐用性）；影响国民储蓄用于住房、其他建筑和设备的比例；影响我们耗尽自然资源的速度。在我们的经济体中，几乎没有重要的资源配置决策在这样或那样的形式上不受到税收的影响。

在当前的税率水平下，对税收的考虑通常是关注最多的。和设计更好的项目或者生产更多相比，把精力放在降低税收上似乎更为有利。

税收的财务效应。有时，税制更多影响的是交易的形式，而不是内容。例如，如果不考虑税收，雇主是给员工钱去购买蓝十字健康保单，还是自己替员工购买，可能没什么实际区别。但如果考虑到税收，二者的差别就大了。前者，个人收到的是要纳税的“收入”；后者，得到的则是不征税的“津贴”。同样，我是直接为我的退休储蓄，还是我的雇主从我的工资中拿走一些，投资在（完全基金制）养老金计划上，就实际而言二者没什么差异，但其税收含义相当不同，结果个人被导向通过养老金计划储蓄，而非直接储蓄。当然，这些财务效应接着又会对经济产生进一步的实际效应：由于养老金计划所受到的限制，对基金的投资可能不同于为退休而进行储蓄的个人的投资。比如一般来说，它们不会对高风险的“低投资等级”的证券进行投资。而且，一些人通过养老金计划“被迫”进行的储蓄，可能超过他愿意自愿储蓄的数量。

同样地，由于股利、资本利得（资产价格的上升）以及利息的待遇不同，税制结构可能会显著影响美国公司的财务结构——例如，会对企业是通过举债，还是通过发行新股来为额外投资融资的决策产生影响。这些财务决策又会产生进一步的实际影响。与通过发行股票筹集大部分资金的企业相比，债务负担沉重的企业可能更不愿意从事风险项目。

税收的组织效应。税收会影响经济体的组织方式。其中大多数组织效应对于资源如何配置有实际意义——例如，承担多少风险。我们的税法在负有限责任的公司和负无限责任的个人与合伙企业之间做了区分。因为有无限责任，100 美元的投资给投资者带来的损失，可能远远超过这 100 美元，因此，不具有有限责任的企业在筹资时经常遇到困难，无限责任企业的经理也往往表现得非常厌恶风险。通过有利于或不利于公司的倾斜税制，可以鼓励或阻碍发生在公司内的经济活动，从而改变经济体的风险承担程度。

财务效应常常和组织效应混在一起。相对于其他的金融机构或安排，税制可能会鼓励或者阻碍银行，这可能导致企业通过银行筹集的资金增加或减少（比如说和股票市场或债券市场相比）。这会导致巨大的差异。例如，近来的研究表明，通过银行筹集更多资金的企业，在投资中的波动性较小，部分是因为银行更能了解企业发生资金短缺的原因——例如，是因为短期周期效应，还是因为管理不善。因为银行能够更好地认识问题的实质，当出现周期性的低迷时，它们可以更有效地作出回应，提供资本给暂时缺乏资金的好企业，停止向较为虚弱的企业提供资金。相反，依靠资本市场筹资（发行债券或者新股份）的企业，在萧条时期日子更加难过，它们发现，在这种时候，筹集资金几乎是不可能的或是极其昂贵的。

我们社会中的另一个主要经济组织是家庭。税法既影响家庭的构成，也影响家庭内部的财富分配。例如，税法通常只对公司向家庭（即对员工）的支付课税。它们不对公司内的消费课税。这样，税法鼓励“企业内部”的消费——大的公司汽车、昂贵的工作餐等等。在第二次世界大战前的美国那样的经济体中，通常是男人外出工作，女人留在家里，这样的税收政策明显有歧视效应，对双方都外出工作的配偶有利。

一般均衡效应。征税可以改变经济均衡，例如，对工资或资本回报征税就是如此。对利息课税可能会降低储蓄供给，最终降低资本存量，这接下来又可能降低工人的生产率和工资。我们称税收的这些间接的后续效应为**一般均衡效应**（general equilibrium effect）。

一般均衡效应具有重要的分配后果，有时正好与立法的意图背道而驰。对资本课税会减少资本供给，从而减少资本收益，在某些情况下，这种税的增加可能会导致不公平程度的加强。

告示效应和资本化。经济体不会立即对一种新税作出调整。随着经济体逐渐能够对新形势作出充分的回应，长期扭曲往往比短期扭曲大得多。

但是，税收的某些效应可能在征收之前、发布告示时就能被感觉到。关于资产的未来税收待遇的告示会立即对资产的价值产生影响。例如，如果人们相信，特定种类的资产（例如，住房）要被课以较高的税收（例如，取消抵押贷款的利息扣除），那么该种资产的价格可能会明显下降。那些资产的所有者在告示发布之时就（可能是不公平地）承受起了税收负担。

正是这些可能相当显著的**告示效应**（announcement effect），或影响效应，产生了"旧税是好税"的俗语。告示效应不仅会带来严重的公平问题，对它的预期也可能影响资产的供给。关于废除家庭抵押贷款所支付利息的扣除的讨论，可能导致个人预期——如果他们要投资住房——会出现显著的资本损失，从而可能明显减少对新住房的需求。

税制的经济影响

行为效应

- 工作、教育、退休
- 储蓄、投资、风险承担
- 精力被用于避税，而不是创造财富
- 婚姻

财务效应

- 额外收益
- 企业的财务结构

组织效应

- 公司与非公司化的企业的对比
- 与财务效应混合在一起（银行、保险与其他的筹资形式的对比）

一般均衡效应

- 通常有重要的间接影响，特别是宽税基的税，例如对工资或利息的征税

告示效应和资本化

- 资产的未来税收（"资本化了的"）反映在税收告示之时的资产价格之中

扭曲性税制和非扭曲性税制。任何税制都影响行为。毕竟，政府是从个人那里取走金钱，我们预期他会以某种方式对于这种较低的收入作出回应。当我们说我们要没有扭曲性的税制时，显然不是指我们要个人根本不作出反应。

税收是**非扭曲性的**（nondistortionary），指的是个人或企业无论如何也无法改变其应付税款。经济学家称非扭曲性税收为**一次总付税**（lump-sum tax）。扭曲与个人或企业降低应付税款的努力有关。实际上，在这个意义上，所有在美国征收的税都是扭曲性的。人头税——不论所得或财富多少都要支付的税——是一次总付税。取决于不能改变的特性（年龄、性别）的税收也是一次总付税。由于个人和企业无法避税，一次总付税不会导致行为改变或者重新配置资源，这与税后降低的收入所产生的收入效应不同。

任何商品税都是扭曲性的：人们简单地通过减少所购买的商品，就可以改变应付税款。任何对所得的税收也是扭曲性的：人们简单地通过工作更少或者储蓄更少，就可以降低应付税款。

在第 19 章，我们将看到，扭曲性税收是低效率的，在这种意义上，如果政府可以用一次总付税替代它们，它就可以在对个人福利有同样的效应的前提下，筹集更多的收入；或者等价地，政府可以筹集同样多的收入，同时增加个人的福利。

矫正税。迄今为止的讨论一直强调税收的负面方面：所设计的税制应该不干扰经济效率。但考虑到存在市场失灵，资源配置一般不会是有效的。税制有时能通过积极的方式矫正市场失灵。第 9 章的讨论显示，税制有时可被用于矫正外部性。**矫正税**（corrective tax）既能筹集收入又能改善资源配置效率。美国有限地使用了矫正税。对化学工业征收的用于清除和处理有毒废物的税，可以被视为矫正税。那些认为美国的能源消费过量（因为相关的污染）的人要求课征能源税，既能增加收入，又能降低能源消费方面的挥霍。这些担心已经随着对全球变暖危险的了解而增加：由于能源的大量消耗，大气中的温室气体（例如二氧化碳）不断累积。

税收与经济效率

所有的税都影响行动（降低支出能力）。扭曲与个人采取的避税行动有关，比如工作得越少，需要支付的税款也越少。

一次总付税是固定的税收，不会因为个人的任何行动而改变。

矫正税通过对污染等有负外部性的活动征税，既筹集了收入，又提高了经济效率。

专栏 17.1

矫正税和双重红利

20 世纪 90 年代，对在两个领域中征收矫正税的要求不断增加。第一个是吸烟。认识到吸烟者对其他人造成的成本，包括较高的健康成本，支持对香烟课税有助于保健改革（例如，给穷人提供健康保险）的想法。

第二个领域和大气污染有关。导致全球变暖的温室气体是由矿物燃料的燃烧产生的。碳税能“矫正”这种外部性。克林顿总统在 1993 年的预算中建议对这种税进行修正（称为 BTU 税，因为它是对燃料能源的数量征收的）。有些形式的能源——煤的燃烧——与其他能源相比，可以带来多得多的温室气体（水电能则没有）。因此，BTU 税只是对“碳”税的不完全的替代。但是大量使用能源的行业和石油、煤炭、天然气行业，成功地发动了一场反对该税的运动，国会转而通过了将汽油税增加 4.3 美分的法律。这也被视为矫正税——它有助于矫正与汽车尾气污染和堵塞有关的外部性。

此类税收具有吸引力，因为它们在矫正市场失灵的同时可以筹集收入。这样就可以减少其他筹集收入的扭曲性税收。相应地，这样的税收有“双重红利”。降低污染和减少对扭曲生产的税收的依赖，都可以使经济体从中受益。有时，使用矫正税的理由可以换一种方式说明：为什么社会要对像储蓄和辛苦工作这样生产性的（“好的”）经济活动课税，而不对污染这样坏的经济活动课税？

17.2.2 管理成本

管理我们的税制需要显著的成本。纳税人承担的成本有直接成本（国内收入署的运作成本）和间接成本。间接成本包括：填报税表的时间成本、记录成本、会计服务和税务律师服务成本。密歇根大学的乔尔·斯莱姆罗德（Joel Slemrod）估计，间接成本至少比直接成本大 5 倍。

税制运作的管理成本取决于许多因素。第一，它取决于不存在税收时也会有的记录。企业为了进行内部管理需要保留记录：高速计算机的出现已经大大降低了大公司的记录成本。因此，税制要求大公司报告员工工资收入时增加的额外负担相对较小。在另一个极端，对于许多雇用小时工的小企业和大部分家庭来说，所得税所要求的额外记录和申报负担简直难以承受。1993 年，政府允许有家庭雇员的人在申报自己的个人所得税的同时，提交其雇员的纳税报告（尽管他们仍然必须分别向社会保障署申报失业保险、州所得税，有时还有地方所得税）。

资本利得税所要求的记录特别麻烦，因为记录必须长期保留。实际上，与自有住房课税有关的记录是如此麻烦，以至于很少有人完全遵从法律。1997 年，税法几乎豁免了所有自有住房的资本利得税。

决定税制管理成本的第二个因素是它的复杂性。所得税制管理中的许多成本来自特殊条款。例如，特定种类支出的扣除（医疗、慈善、利息）要求保留这些支出的记录。

个人税率的差异（一些人比其他人支付高得多的税率）以及不同种类收入税率的差异，使得人们努力将收入“转移”到另一个适用较低税率的家庭成员手中，或归类到税率更低的各类收入中。限制这种转移的努力在很大程度上也是当前税制结构复杂性的原因。

第三，对某些种类的收入征税可能要比其他种类的成本更高。人们普遍相信，与资本课税有关的管理成本比劳动课税要大得多，部分是因为很难在收入和资本之间作出区分。例如，向资本所有者的支付既可能是“收入”（股利），也可能是“本金”（以前投资资金的偿还），但钱看上去却都是一样的。如果税法对于这些支付给予不同的待遇，纳税人就会被驱使着把钱归类为这种形式或那种形式。政府只得作出详细规定，但这也只能部分地解决问题。

同样地，对小企业征税的（每 1 美元收入的）管理成本可能远远超过大公司。因此，增值税（其中收入的大部分来自经济增加值占很大比例的大公司）的管理成本低于只对最终销售课征、面向无数零售企业的销售税。

17.2.3　灵活性

经济环境的改变要求税率的改变。某些税制结构进行这些调整很容易；某些税制结构需要进行广泛的政治辩论；还有一些其他的税制结构，它们自动进行调整。

自动稳定器。例如，当经济萧条时，通过降税给经济提供必要的刺激，可能是非常可取的手段。当价格稳定时，累进税结构会提供“自动的”的稳定作用。当收入下跌（衰退的结果）时，平均税率会下降——个人因为收入较低，面对的是更低的税率。另一方面，当收入增加时，平均税率上升。但在 1981 年纳税档次指数化（即考虑通货膨胀的调整）

之前，在经济萧条但仍然有通货膨胀的滞胀时期，尽管需要较低的税率让经济走出萧条，但平均税率却提高了。在出现萧条、价格上升时，指数化有助于稳定；在扩张和通胀时期，指数化降低了所得税的内在稳定效应。

调整税率的政治难度。当改变税率被认为可取时，试图调整美国所得税往往会引起激烈的政治辩论。考虑到税法的复杂性，哪种税率应该被调整？应该使所有税率按比例增加吗？要么是富人要么是穷人已经承担了不成比例的大部分税收负担，因此他们的税收增加比例应当较低？实际上，甚至如何评价改革建议的公正性都还不清楚。不同收入水平的人们的税收，是降低相同的**美元**数额公平，还是降低相同的**百分比**公平？需要关注的是个人应当支付的平均税率，还是边际税率？如果税制改革降低了一个人挣钱的家庭的平均税率，而增加了两个人挣钱的家庭的平均税率，那么，这个改革公平吗？资本税率应该为鼓励更多的储蓄而下降，还是应该因为资本所有者承担税收的能力较强而增加？

调整所得税率的政治难度可以和财产税作一比较。财产税会受到许多管理问题的困扰，更不用说评估各种财产的价值的困难了。但它仍然有一个优势：税率是以一种简单的方式按年进行调整的，其收入随着所提供的地方公共服务的变化而变化。

调整的速度。最后，以稳定经济为目的，税制“灵活性”的一个重要方面是时机选择：税法变动（一旦被制定后）的执行速度以及资金收缴的时间间隔。如果经济波动快，那么时间间隔可能会限制所得税稳定经济的效果。时间间隔太长总是有危险，可能正当经济需要税收降低时，税收却增加了，反之也有可能。

17.2.4 政治责任

一种被广泛接受的政治观是，政府不应该试图利用未被告知的公民。就税制而言，这种观点要求税收造成的支付负担应该是清楚的。这样的税收被称为透明税收，而**透明度**（transparency）越来越被看做是好政府的一个重要特征。政府政策只有暴露在光天化日之下，即清楚谁在受益、谁在支付时，政府政策才是**透明**的。[4] 根据这一观点，个人所得税是好税收。

有时，政府好像故意隐瞒它所提供服务的真实成本，或者是谁承担了成本。例如，人们普遍同意，对雇主和员工所支付的社会保障税作区分没有什么意义（根据法律，双方各付一半）。雇主关心的只是员工的总成本，员工关心的是拿了多少钱回家。如果宣布全部税收要由员工承担，而雇主给员工等价的支付以弥补增加的税收，那么任何人的经济行为都不会受到影响。如果工人认为他们要负担全部的成本，他们对社会保障的态度会改变吗?

在某些情况下，努力使人们相信政府成本低于实际成本的做法完全出于故意。就像商业企业所知道的那样，把成本说成“只要在短短的 40 个月中，每月支付 340 美元”，比说“3.5 年中支付 13 600 美元”，更容易把车卖出去。因此，政府有时也偏好那些人们无法完全了解其成本的税制。使用销售税的一个理由，就是与其他税收（例如所得税）相比，人们关注得较少。人们无法知道他们支付给政府的总数是多少。

路易十四时的财政部长让-巴普蒂斯特·柯尔贝尔（Jean-Baptiste Colbert）写道：“征税是拔鹅毛的艺术，既要鹅毛拔得多，又要尽量不让鹅叫。”[5]从这个视角看，公司税可以看做良税。因为政治家可以宣称，是不知名的公司支付了税收。但从透明的角度看，公司税是最糟糕的一种税，因为谁真正付税并不清楚。税收是由人民支付的，不是机构：最终是股东、工人和顾客承担了税负。

政治上负责的税收结构还应是税收变动源于立法结果的税收结构，政府必须不断走到公民面前，接受对其支出是过多还是过少的评价。陡峭的累进税率（税率随收入增加而上升）与不经通货膨胀调整的税制相结合，会导致政府的实际税收收入（例如，占国民收入的份额）在通货膨胀时期增加，如同 1975—1980 年间的情形。这些税收的增加从来没有通过直接立法：实际上，许多人会争辩说，国会本不可能同意在 1980 年直接增加 10%的税收，尽管通货膨胀的效果就是如此。

17.2.5　公平

对税制的许多批评始于它们的不公平。但是，如同我们将要看到的，难以确切定义什么是公平。公平有两种截然不同的概念：横向公平和纵向公平。

横向公平。如果在所有相关方面都相同的个人受到的是同样的待遇，那么税制就是横向公平的。横向公平（horizontal equity）原则如此重要，以至于实际上受到宪法第十四条修正案（平等保护条款）的保护。因此，根据种族、肤色或者宗教进行区别对待的税制一般被视为横向不公平（违反了宪法）。虽然基本理念非常清楚，但在我们的定义中有两个含糊的概念：两个人在所有相关方面相同意味着什么？两个人的同等待遇意味着什么？

考虑一对在每个方面都是相同的双胞胎，但一个喜欢巧克力冰激凌并且只选择巧克力冰激凌，而另一个喜欢香草冰激凌并且只选择香草冰激凌。为了简单起见，我们假定巧克力冰激凌和香草冰激凌的价值正好相同。如果一种税制对香草冰激凌和巧克力冰激凌的税率不同，那么，税制对这两个人来说，是横向公平的吗？其中一个人要比另一个支付更多的税收，在这个意义上，税制看来是不公平的。但是双胞胎面临同样的“机会集”。巧克力爱好者本来可以购买香草冰激凌，如果他想要的话（反之亦然）。税制没有歧视，它没有区别对待这两个人。本例的设计是为了让我们可以有两种“基本上”相同的商品。实践中有许多关于税制对不同喜好的人待遇不同的例子——酒越烈税越高，这种税制相对于那些喜欢葡萄酒或啤酒的人来说，歧视了喜欢苏格兰威士忌酒的人；喜欢在自己的度假房度假的人，相对于那些喜欢旅行度假的人得到了更为优惠的待遇。

如果把喜好差异看做税制应当考虑的重要的经济差异，那么我们可以说横向公平原则不适用于这里。双胞胎不是在所有方面都相同的。在这种极端情形中，原则很快变为虚无：没有两个人是绝对相同的。什么是可以被接受的差异？不幸的是，对于怎样回答这个问题，横向公平原则并没有给予我们什么指导。

一个人的最初直觉可能是，所有区别都是不可接受的：年龄、性别和婚姻状态应该都是无关的。但事实上，目前我们正是基于年龄（65岁以上的人有额外的豁免）和婚姻状态（同样收入的两个人，结婚后比结婚前要支付更多的税）制造区别。国会一直认为这些区别是相关的。

年龄和婚姻状态可能是相关的，因为它们影响个人的支付能力。但是，如果这些是可以接受的区别的基础，那么还有其他的基础吗？例如，对不同群体课税显示出的经济成本差异是区别对待的合法基础吗？在稍后的一章我们会看到，税制造成的低效率取决于对税收产生反应的数量。在两个人工作的家庭中，低工资工人和高工资工人相比，对工资率的敏感程度高得多。所得税几乎不会对初级工人的劳动供给数量产生影响，但是可能会对中级工人有很大的影响。因此，如果政府希望最小化税制产生的低效率，那么政府可以对中级工人征收较低的税。这公平吗？保健支出是说明这类困难的另一个例子。收入相同，但保健支出不同的两个人应该被同样对待吗？保健支出是“自愿的”（例如，做整形手术）或者“必需的”（例如，做心脏搭桥手术）有差异吗？政府有能力进行分辨吗？

下面的例子说明在定义相同待遇的含义上也有困难。假定工作生涯中获得相同收入的男人和女人应该有同等的社会保障待遇。男人的总预期津贴应该和女人一样吗？或者年度津贴应该一样吗？一般说来，女人的寿命明显比男人长，因此这两条规则有不同的结果。如果女人收到和男人相同的年度津贴（这和现实一样），那么她的津贴的总预期值比男人大得多。许多人会说这是不公平的。

纵向公平。横向公平原则说的是，基本相同的个人应该同等对待，**纵向公平**（vertical equity）原则说的则是，有能力比其他人支付更高税收的人，应该缴纳更多的税。有三个问题：原则上谁应该支付较高的税率；贯彻这一原则——即根据这条原则撰写税收法规；如果某人确实能够支付更高的税率，那么还要决定他应该比其他人多支付多少。

所得作为税基。所得是最流行的税基，政府和政策制定者普遍认为所得是衡量支付能力的优秀指标。有较高收入的人有较强的支付能力，因此应该支付较高的税收。但如同我们已经说过的，多支付多少是一个较难的问题。一般认为，较高收入的人不仅应该支付更多的税收，而且应该将更高份额的收入用于支付税收——即税收应该是累进的。但是注意，富人将较小份额的收入用于支付税收（即税收可能是累退的）时，绝对数仍然较大。

在 20 世纪之前，政府依靠间接税（关税和对特定奢侈品征收的税）取得收入。只有在政府发挥更广泛作用、有更多收入需要时，政府才要求更宽的税基，特别是所得税。除此之外，所得税看来能够引入高程度的累进，避免对不同商品课征大量税收所引起的扭曲。但是，经济学家和哲学家已经对所得税进行了广泛的批评，而在今天，在世界的许多地方，所得税在收入来源中的重要性在下降。它被只对消费（不是储蓄或投资）课税，且一般不累进的增值税所取代或补充。[6]

消费作为税基。反对以所得作为公平税基的最有力的一个理由是，所得对应于一个人对社会的贡献，是他的经济产出的价值。根据个人从社会中拿走的，而非他们所贡献的为基础（即以消费为税基）进行课税，不是更公平吗？

收入和消费因为储蓄而不同。[7]也就是说，收入（Y）或者用于消费（C），或者用于储蓄（S），

$C+S=Y$，或者

$C=Y-S$

因此，主要问题是储蓄是否应该免税。可以证明，这等价于储蓄回报（利息、股利和资本利得）是否应该免税的问题。下面的例子再次反映了相互冲突的公平观。

考虑另一对相同的双胞胎，我们称她们为谨慎和轻率。她们一生中的工资相同。但是，谨慎在一生中储蓄了20%的工资，到她退休时积累了可观的养老储蓄。另一方面，轻率总是花光所得，并在退休时申请了福利。根据现行税制，谨慎比轻率支付了高得多的税收（由于谨慎必须支付她所赚的储蓄的利息税收），同时得到更少的政府津贴。

谨慎认为，现行税制不公平，因为实际上她们的机会集相同，因此她相信她们实际上有相同的纳税能力，应该支付同样的税收。她问道："如果我的姐妹不能自助的话，政府难道应该强迫我成为她的监护人吗?"以额外税收惩罚谨慎，却奖励她高生活水平的姐妹，这公平吗?她的姐妹回答，过去与此无关：问题是她们退休后的收入不同。事实是，谨慎的收入大大超过了轻率，因此谨慎更有支付能力来支持政府（和她的姐妹）。

终生收入作为税基。消费和收入作为税基的区别可能不像有时所描述的那么突出。实际问题可能是用于课税的适当的时间单位是什么。根据一种得到越来越多支持的观点，适当的税基应该是终生的收入，而不是一年的收入。终生收入定义为个人工资收入的**贴现值**。

第11章讨论过加总项目在不同时期的收益（和成本）的问题。我们认为，下一期的1美元不如本期的1美元值钱。如果我们本期收到1美元，把它放在银行，下一期可以得到（$1+r$）美元，其中r是利息率。如果r为10%，那么下一期我们有1.10美元。这样，今天的1美元和下一期的1.10美元没有区别。因此，下一期的1.10美元的贴现值是1美元。也就是说，我们给未来的收入打折扣，因为它们更不值钱。如果一个人生活在两个时期，第一期收到的工资是w_0，第二期是w，他的收入的贴现值Y^*是

$$Y^* = w_0 + \frac{w_1}{1+r}$$

当然，一个人一生中的消费的贴现值一定等于他的收入的贴现值。也就是说，如果c_0是他的一生的第一期的消费，而c_1是第二期的消费[8]，则

$$Y^* = c_0 + \frac{c_1}{1+r}$$

因此，如果我们相信正确的税基应是个人的终生收入，这等价于相信正

确的税基是个人一生的消费。[9]

说税收应该以终生收入或消费为基础，意味着如果两个人有同样的终生收入或者消费，那么他们应该支付同样的税收（贴现值），而不管他们一生的收入或消费模式如何。他们什么时候付税取决于税收如何实行。[10]

注意，用终生收入作为税基有一种强烈的隐含意义：利息收入免税。消费税等价于一生的所得税，反过来等价于只对工资课税。许多人认为前两种税基可行，但他们觉得第三种税基难以接受，尽管他们看到它与其他的是等价的。为什么赚得利息收入的人应该免税呢？[11]

对收入作为税基的批评。有人批评将收入作为税基，认为不论是一生还是一年的收入和消费都不能作为公平的税基。他们的理由如下例所示。考虑乔·史密斯和他的孪生兄弟吉姆有相同的能力并得到了同等教育。乔决定找一个中学经济学教师的工作。他一周教书 6 个小时，其余时间用于钓鱼、游泳和航海。他非常快乐。毫不奇怪，他的收入非常低。吉姆成了经济顾问。他一周工作 70 小时，没有钓鱼、游泳和航海的时间。他们的经济机会集（他们可以做到的）是相同的（吉姆和乔有相同的赚钱能力），但是他们作出了不同的选择。一个人收入高，一个人收入低。吉姆应该支付比乔高的税收，这公平吗？乔相信，作为公平税基的不是经济机会，而是在多大程度上个人抓住了社会所提供的机会。总之，实际收入是适当的税基。但吉姆相信，重要的不是实际收入，而是赚钱的能力。

问题是即使我们接受了吉姆的理由，政府也没有办法准确评估个人的机会集。工资率可能是一个比收入更好的指标，但即使是工资也会受到个人选择的影响（例如，工作的勤奋程度，或是否接受高风险工作）。而且，在许多工作中，工资不仅难以测算，而且难以核实。我们可能知道个人得到的收入的数量，但难以知道她已经工作了多少小时，特别是在不打卡计考勤的工作中。

实践中，政府用收入或消费作为税基，尽管它们在衡量支付能力或一个人的福利状况方面是有缺陷的。

利益说。早些时候我们曾指出，用消费作为适当税基的一个理由是，根据人们从经济体系中所拿走的对个人课税，似乎更公平。一些经济学家走得更远，辩称个人应该按照从公共服务中受益的比例支持政府。公共服务的收费原理和私人服务的收费原理相似。而且税收应该只被视为对公共服务提供的“收费”。

在某些情形中，明显采用了利益说：对使用桥梁和道路收取费（税）。用汽油税为道路筹资可以视为一个简单地把利益（用汽油消费所衡量的道路使用）与税收联系起来的机制。

经济学家之所以没有受到税收的利益说的吸引，很大程度上是因为无法区分不同个人得到的利益的数量。我们都从国防支出中得到了一些利益，但是相互间如何分派利益呢？对于许多种类的支出，利益评估基本上是不可能的。反对受益课税的第二个理由是，当它们和使用相联系时，它们是扭曲性的。把税收建立在公共设施（例如桥梁）的使用上可能会妨害使用，从而导致资源使用的低效率。

征收受益税（在那些能够这样做的情况中）经常牵涉到公平与效率的权衡取舍。没有受益税，就不可能使得那些从公共设施例如桥梁中获益的人承担成本；但如果桥梁是通过一般收入筹资的，那么没有使用桥梁的人（但是通过税收做出了贡献）的处境就变糟了。对他们来说，他们要补贴使用桥梁的人，这显然不公平。

其他的税基。纵向公平原则认为，处境更好的或者能力较强的人应该比处境较差的人多支付税收来支持政府。横向公平原则认为，同等处境的人（有相同的支付能力）应该贡献同样的数量。我们对两个原则的讨论集中在难以判断一个人是否比另一个人的处境更好，或一个人是否比另一个人的支付能力更强。针对不同个人所面对的环境的无数差异，我们应该如何调整？

下面三个例子中的每一个都根据现行税法环境的不同作了一些调整，但调整是否合适则有一些争论。

第一个例子与健康有关。显然，有 10 000 美元收入的病人不同于有同样收入的健康人。大部分人都会说，（其他条件相同时）病人的处境比健康的人更糟。生病或健康并不总是能立即知道的。相应地，税法难以根据健康状况作出调整。但是有代替物：医疗支出。支付医院账单越多的人，一般说来比没有医院账单的人的处境更糟糕。现行税法确实允许扣除超过个人收入 7.5%的医疗支出。

第二个例子与婚姻有关。已婚者与未婚者不同。例如，社会学家的调查显示，已婚的男人更加快乐。不管这样的证据有多少可信度，但事实是，已婚的男人确实活得更长，而且一般说来，更加健康。这意味着，有特定收入的已婚男人比有同样收入的但没有结婚的男人处境更好。纵向公平原则是否意味着已婚的男人应该支付更高的税收？现行税制结构确实歧视丈夫和妻子收入相似（尽管可能不是因为刚刚给出的原因）的已婚个人，尽管婚姻可能降低收入完全不同的男人和女人的税收。

第三个例子与孩子的税收待遇有关。考虑有相同收入的两对已婚夫妇。两对夫妇都想要两个孩子。一对不能生育，另一对幸运地有两个孩子。明显地，有两个孩子的夫妇比没有生育的夫妇处境更好。即使考虑到抚养孩子的额外成本，有子女的夫妇也不会和另一对调换位置。处境更好的人应该支付更多的税收的原则会建议，这对夫妇应该支付更多的税，但事实上，税法使得有孩子的夫妇支付的是较低的税。法律看来看到的只是支付能力，而不是“福利”状况，并且认为，孩子使他们面对额外的支出，从而使得他们支付税收的能力下降。

迄今为止的分析表明，纵向和横向公平原则尽管一开始看起来似乎提供了设计公平税制的“合理”基础，但实质上的帮助却很有限。我们无法回答那些难题——我们怎么分辨两个人谁的处境更好，或者谁有更强的支付能力？平等对待对我们来说意味着什么？此外，纵向公平原则也没有告诉我们，处境更好的人应该向政府多支付多少，它除了告诉我们应多交税外什么也没说。

因为这些困难，经济学家试图寻找其他原则，以便在其他可能的税制中作选择。

公 平

横向公平：相同（或处在基本相同的经济环境中）的个人应该得到同样的待遇，支付同样的税收。

主要问题：什么样的差异是相关的？

纵向公平：有较强支付能力的人、处境更好的人、从政府服务中受益更多的人，应该支付更多的税。

主要问题：税基应该是什么？
怎么衡量“支付能力”、“受益”或“经济福利”？
处境更好的人应该多支付多少？

● 收入是最为常用的税基，这个指标在衡量支付能力和经济福利两方面都是间接的和不完美的。

● 消费可能“较为公平”——它衡量一个人从社会中拿走的是什么，而不是一个人对社会贡献了什么。

● 终生消费等价于终生收入。作为税基，终生收入比一年收入更为公平（更好地衡量了整体支付能力或福利）。

● 终生消费/收入是一种有缺陷的衡量支付能力的指标，它不公平地使勤奋工作的人和享受休闲的人相比处于不利地位，它不是对一个人的机会集进行实际衡量的指标。

● 受益税受到衡量利益这一困难的阻碍（特别是对于纯公共物品）。

● 考虑到健康、婚姻状况和子女方面的不同，对作为税基的收入应作哪些公平的调整？

17.3 税制选择的一般框架

我们已经提出的对不同税基的公平和效率的关注可以被整合进一个一般框架，这基本上是标准的福利经济学的一个应用。我们首先考察效率（考虑扭曲、用于征税的资源、管理成本和遵从成本）。我们区分了**帕累托有效税制**（Pareto efficient tax system）——在政府拥有既定工具和信息的情况下，没有人可以在不使他人处境恶化的前提下改善其自身处境的税制结构。接着我们可以运用社会福利函数（社会中不同个人对福利的态度的加总）在可能的帕累托有效税制中进行选择。

这种方法的优势是，将效率考量与价值判断相分离。几乎所有的人都会同意，如果一个税制结构可以让每个人的处境都更好（或者一些人更好，但没有人恶化），那么它应该被采用。但另一方面，通常没有一个可供选择的税制比其他的更好。在一个税制中，穷人的处境可能更好，富人则处境较差。但是，穷人的所得大到足以成为使富人受损失的理由吗？答案取决于价值判断，而人们对此的回答各不相同。

第5章中经济学家使用了两种特殊的社会福利函数：功利主义（社会福利等于所有个人福利的加总）和罗尔斯主义（社会福利等于处境最糟的个人的效用）。任何一种社会福利函数都使得我们不仅仅能够说出税收应该随收入的增加而增加多少，而且知道是否以及在什么环境下应允许扣除医疗支出。[12]我们现在简要探究一下这两种社会福利函数究竟意味着什么样的税制设计。

17.3.1 功利主义

传统上，功利主义被视为累进税制（富人适用的税率比穷人高的税制）的理由。根据功利主义，税收应该使得所有人的收入的边际效用——从一个人那里拿走1美元所失去的效用——一样。[13]如果吉姆的边际效用超过了乔，那么降低吉姆的税收1美元，增加乔的税收1美元，总效用（社会福利）会增加，因为吉姆的效用所得超过了乔的所失。由于拿走富人的 1 美元比拿走穷人的 1 美元会带来较小的福利损失，功利主义似乎提供了累进税制的基础。

但这个论点没有考虑到个人的收入取决于他们的工作（努力），对赚得高收入的人增加税收可能会导致他们的工作（努力）减少。因此，提高税率可能实际上降低了政府的税收收入，或个人由于政府筹集 1 美元收入而失去的边际效用可能非常大。较早的论点假定收入不会受征税的影响，现在则普遍认为，它一般会受到影响。当受到影响时，功利主义要求我们必须对增加税收的效用损失和收入的所得进行比较。我们要求下式对所有人都相同。

$$\frac{\text{效用的变化}}{\text{收入的变化}}$$

如果某个群体的劳动供给非常富有弹性（即他们会由于税率提高，大大降低劳动供给），那么该群体的所得税率的提高只会得到相对小的收入，所以他们不应该被课以重税。

功利主义也曾经被认为提供了横向公平原则的基础。如果每个人有同样的效用函数，那么，同样收入的人应该被课以同样的税收。假定某人的税率比有同样收入的另一人高，由于边际效用递减，她的收入的边际效用会比其他人的高。与降低高税率个人的税收的效用所得相比，增加**低**税率个人的税收会带来较低的效用损失。如果收入不受影响，这个论点也是正确的。但它确实受到了影响，因此该论点可能不成立。[14]

功利主义可能意味着横向**不公平**。这最好用发生船只失事的全体船员的经历来说明。船员的食品可以保证除了一人外，其他人都可以活下来。公平将意味着所有人都必须死亡，显然这是一个比只有一人死亡更糟糕的情形（功利主义观）。

17.3.2　罗尔斯主义社会福利函数

一些经济学家和哲学家相信，功利主义的方法不够平等，因为它对不公平关注得不够。第 5 章中我们讨论了约翰·罗尔斯的观点，社会应该只关心福利状况最差的人的福利，它应该设计税制（和其他社会政策）以最大化他的福利。最大化处境最差个人的福利的罗尔斯社会福利函数，有一些简单直接的税收政策含义：增加所有人（除了处境最差的人）的税率到一点，可以使来自他们的税收收入最大化。这不一定就意味着非常富有的个人被课征占收入 80%或者 90%的税收，或边际税率总是随收入的增加而增加。它可能的结果是，收入非常高的人和中等收入者相比，劳动供给对税率更加敏感。

有人辩称甚至罗尔斯标准也不够平等。考虑一种变化，它使得处境更差的个人刚好略微改善，同时使得最富的5%的人口改善得多得多。根据罗尔斯的观点，这是可取的变化——罗尔斯只注意处境最差的个人。但是有人会说，不公平本身就是社会邪恶，或能导致社会邪恶。例如，财富水平的差异可能带来社会冲突。在许多政治格局中，商品的不公平会导致政治权力的不公平，最终可能导致以穷人为代价来提升富人的利益。

考虑税制的一般框架

帕累托有效税制：税收结构的特征是，对于既定的收入，没有人能在不使其他人处境恶化的前提下过得更好。帕累托有效税制结构之间的选择取决于价值观，反映在社会福利函数中。

功利主义福利函数：选择最大化个人效用之和的帕累托有效税制结构，筹集每1美元收入所造成的效用的边际损失，对所有人都是一样。

罗尔斯主义社会福利函数：选择最大化处境最差的个人效用的帕累托有效税制结构。

17.3.3 社会福利函数方法的局限性？

尽管经济学家们发现，在思考税制设计的权衡取舍中，社会福利函数非常有用，但根本的支付能力和相关原则问题仍然存在（尽管经常从表面上看得到了解决）。如果除了某个特征之外，人人相同，那么同等对待会是可行的，根据功利主义，我们可以简单地加总他们的“效用”。但是，人们确实不同，有人需要直接的满意，有人从较长期的视角才能看得到更多的快乐。社会福利函数方法可以告诉我们，在选择税制结构时，我们应使所有人的效用变化与收入变化之比相等。但它没有告诉我们，怎样比较挥霍者（spendthrift）与吝啬鬼（scrooge）之间的效用。[15]而实际上，设计税制结构需要进行这种判断。

17.3.4 经济学家能够对公平讨论做出什么贡献？

虽然经济学家（或者哲学家）没有解决判断公平的基础所牵涉的基本问题，但仍有许多东西值得一提。例如，能够描述出任何税的全部后果是重要的，这些通常无法简单反映在每个人直接支付的税的数量中。我们可以努力描述人口中的各种集团所受到的不同税收项目的影响。在任何税制中，都有某些集团支付得比他们的公平份额低（在任何一种合理的公平概念下都是如此）。我们接着需要问，为什么他们受到不同的待遇？可能的原因是，公平对待他们就会在税法中引入其他的甚至更加不公平的东西。税制必须基于可观察的变量，例如收入或支出。如同我们早些时候所指出的，我们在一般的哲学讨论中所牵涉的概念（例如福利）往往不能直接衡量。甚至收入都没有像最初看上去的那样得到很好的界定。因此，我们税制中的许多明显的不公平只是内在的转换困难的结果，即定义好的概念很难转换成任何税法所要求的准确语言。

在其他情况下，通过认真思考税法的不同条款以及这些条款的变化会怎么影响不同的群体，我们可以得到一些洞见，以理解为什么一个集团可能声称一系列条款是不公平的，而另一个集团则说改变这些条款才是不公平的。我们应努力区分以下两种情形：名词“公平”只是用于掩盖一个集团对自身利益的追求；人们的要求中隐含了一些合理的道德或哲学立场。

【注释】

[1] 关税是对进口商品课征的税。通过提高进口商品的价格，它们可以使得生产同样商品的国内生产者也提高价格。从这一意义上说，关税“保护”了国内生产者。

[2] 纳税人被允许从收入中扣除一定数额，以反映工厂或设备的损耗（或者折旧）。活动墙被视为设备，这样可以比固定墙折旧更快，从而使得折旧金的贴现值高了很多。

[3] 已婚夫妇根据他们的综合所得课税。因为所得税累进，所以和单身时相比，低收入配偶的所得必须以较高税率课税。（参见第 22 章。）

[4] 在最近的一些讨论中，这个术语已经呈现出特定的含义。NGO（非营利性组织）透明国际（Transparency International）十分关注如何确定腐败活动和腐败政府。它的观点是，缺乏透明度导致了人们所看到的大多数政治腐败。

[5] 引自 *Newsweek*，April 16，1984，p. 69。

[6] 有时，各国通过对在穷人的支出模式中发挥较大作用的食品和其他商品免税或者以较低税率征税，引入了一定程度的累进性，同时，一些像国外旅行这样的支出（在富人的支出中显得较为突出）也逃避了税收。

[7] 我们可以把遗产和赠与视为特殊形式的消费和收入。

[8] 为验证这一点，假定个人消费的数量小于他的第一期工资收入。那么他的储蓄是 $(w_0 - c_0)$。下一期，他会有工资收入，加上他的储蓄用于消费，即

$$c_1 = w_1 + (w_0 - c_0)(1+r)$$

我们可以将各项重新整理为

$$c_1 + c_0(1+r) = w_1 + w_0(1+r)$$

除以（$1+r$），就可以得到想要的结果。

[9] 这个分析受到许多条件的限制。首先是，在有遗产和继承的情况下，个人消费的贴现值可能超过或者小于终生收入。虽然对于大多数个人来说，遗产和继承相对较小（从而完全可以忽略），但对于非常富有的人来说，它们显得十分突出。"应该"如何处理它们将在第 21 章讨论。

这个分析也忽略了不确定性。虽然根据定义（忽略遗产和继承），终生收入等于一生消费，但面临较大的未保险风险的一个人（例如，与工资变动有关）可能比一个有同样预期收入但是没有面对风险的人的生活状况要糟。这公平吗？有任何"公平"的方式在税制设计中反映这些风险吗？这个问题至今没有引起太多人的关注。

[10] 比例税例子中最容易看出这一点。税收既可以对工资课征（在这种情形下，人们赚得工资时付税），也可以对消费课征（在这种情形下，人们消费商品时付税）。

分析忽略了会产生的问题，如果存在不完全资本市场，就不存在个人可以借贷的单一的利息率。

[11] 我们在注释 [9] 中说，等价只是在没有继承时成立。有人可能认为继承的资本所得到的利息应该以不同的方式对待。事实上，根据美国现行法律，个人一生的储蓄的大部分的回报（退休储蓄、住房投资）都没有被课税。

[12] 为了使功利主义（或者罗尔斯主义）更具操作性，我们必须像第 5 章中所指出的那样作出额外的假定。传统假定是，所有个人都有相同的效用函数（在每个收入水平上，所有人从额外的 1 美元中得到的利益相等），而且他们的回报递减（在累进性的较高收入水平上，额外的 1 美元更不值钱）。

[13] 因此，根据功利主义，与税收直接相关的不是一个人从税收中得到的利益或经济福利水平，而是额外 1 美元收入的边际利益。

[14] 可以证明，在合理条件下，功利主义在扭曲性税收的情况中，要求看来基本相同的个人得到不同的待遇。这一观点的形式化说明参见 J. E. Stiglitz，"Utilitarianism and Horizontal Equity：The Case for Random Taxation"，*Journal of Public Economics* 21（1982）：257－294。也可参见 Dagobert L. Brito et al.，"Randomization in Optimal Tax Schedules"，*Journal of Public Economics* 56，no. 2（February 1995）：189－223。

[15] 回忆第 5 章中对个人间效用比较问题的讨论。

第 18 章　税收归宿

当国会或州立法机构要开征新税时，对此的辩论通常包括对谁应为政府的运转或由该新税种提供资金的特定项目买单的争执。例如，当国会开征社会保障税来为社会保障体系筹资时，社会保障税就由雇主和雇员各自分担一半。国会认为，双方应分摊社会保障体系的成本。

但是，不管怎样，经济现实并不总是与立法机构通过的法律保持一致。这样，经济学家就要区分承担税收**负担**（burden）的人和被征税的人。**税收负担**（tax burden）是税收的真正经济负担。在充分考虑到对工资和价格所作的可能调整后，它是个人税前与税后实际收入的差。经济学家采用一个更中性的词来描述税收效应——他们会问，什么是税收**归宿**（incidence）？从个人的实际收入被降低的意义上讲，税收实际上由谁来负担？故此，本章研究了各种税收的归宿。

税收的实际归宿可能与预期的归宿明显不一致。例如，对企业征收两种税，即公司所得税和由雇主负担的社会保障税。任何一种税的结果是：工资可能下降，或者价格可能上升。如果工资下降，那么我们说税收实现了**后转**（shifted backward）（成为生产要素——劳动的一部分）：如果工资的下降额等于全部税款，那么我们说税收实现了充分转嫁；如果工资的下降额低于税款，那么我们说税收实现了部分转嫁。如果价格上升，那么我们说税收实现了**前转**（shifted forward）（转嫁给消费者）。大部分经济学家认为，由雇主负担的社会保障税，绝大部分实现了后转，因而法定由雇主负担的社会保障税，其效果实质上与工人负担社会保障税的效果一样。因此，虽然政府对雇员只征收一半的社会保障税，但雇员以工资降低的形式承担了全部（或几乎全部）的税收负担。

对于公司所得税的归宿存在颇多争议。虽然该税种广受欢迎的一个原因是它表面上是由企业和股东缴纳，但大部分经济学家认为，它的大部分税负被转嫁了。如果企业因公司所得税而提高了产品价格，就由消费者负担税负。如果征税的结果导致劳动需求下降和工资降低，则由工人而不是投资者负担部分税负。如果该税减少了对公司投资的吸引力，那么资本会从公司部门流出，造成非公司部门的资本收益率下降。因此，公司所得税的部分税负是由全部资本来负担，而不是仅由公司部门的资本来负担。

税收归宿研究是公共部门经济学中最重要和最困难的课题之一。在上一章，我们认为，合意税制的原则之一是它应是公平的。但是，公平不取决于对谁征税，而取决于谁是实际的纳税者，即取决于税收归宿。例如，如果确信公平就应该要求资本所有者负担更高的税负，但征税是以资本所有者将税负转嫁给消费者或工人的方式进行的，那么税收的目的就不会得以实现。是经济学，而不是国会，常常决定着谁是税负的实际负担者，尽管在设计税制时，国会经常可以影响结果：对公司征收但设计不同的两种税，可能会产生明显不同的结果。

在看似相仿的两种税（例如都对公司征收）可能产生明显不同的效果的同时，看似相异的两种税（因为它们的征收方式完全不同）反而可能产生相同的效果。这类税被认为是**等价的**（equivalent）。

在第 17 章，我们认为除公平外，合意税制的另一原则是透明。它有两种含义：第一，开征具有清晰归宿的税种更可取。第二，由于大部分人不懂得归宿分析，故开征其表面归宿与实际归宿相吻合的税种更可取。因此，对雇主征收另一半的社会保障税导致了不透明，因为这让工人认为雇主实际上负担了一半的社会保障税税负。

税收归宿取决于许多因素——最重要地，取决于经济是否具有竞争性；如果经济是竞争性的，则取决于需求曲线和供给曲线的形状。本章分为 5 节。第 1 节和第 2 节分析完全竞争市场和不完全竞争市场或无竞争市场中的税收归宿问题。第 3 节分析一些重要的具有等价性的税收结构。第 4 节讨论了决定税收归宿的其他一些重要因素，考察了公司部门的资本税。第 5 节概括了我们的分析对美国总体税收归宿的启示。

虽然本章关注税收归宿，但是应明确，同样的问题在分析补贴和其他福利救济金时就已出现，例如前几章关于政府支出的分析。即使玉米得到了补贴，但玉米种植者很可能不是实际的受益者：如果玉米价格下跌，受益就会前转，消费者成为受益者；如果种植玉米的土地价格上涨，受益就会后转，土地所有者成为受益者。这里所阐述的原理同样适用于对政府补贴项目的分析。

18.1　竞争性市场中的税收归宿

我们在本节要说明，对商品的课税，无论是依法课自商品消费者，还是课自商品生产者，影响都是一样的——即无论是啤酒生产者“纳税”还是啤酒消费者“纳税”，影响都是一样的。影响的不同之处在于需求曲线和供给曲线的形状。

18.1.1　企业层面的税收效应

让我们来分析一下企业必须缴纳的按每个单位商品的固定比率课征的商品税（每听啤酒若干美分）。图 18.1 说明了税收对企业生产决策的影响。在竞争性市场中，企业在价格等于边际成本的水平上进行生产。[1]如果企业必须纳税，那么它的实际生产成本就会增加，增加额就是**课税额**。相应地，企业在该价格所愿意供给的商品量就会减少。

企业的供给曲线给出了不同价格下企业愿意供给的商品数量。它的供给曲线发生了移动，如图 18.1（A）所示。当然，对于**每家**企业而言，这都是正确的。**市场**供给曲线给出了每个价格下所有企业愿意供给的商品数量。同理，市场供给曲线告诉我们，为了让企业愿意生产给定的商品产量，市场价格必须是多少。市场供给曲线，如同单个企业的供给曲线一样会发生移动，如图 18.1（B）所示。移动的值容易确定。如果 t 是税率，那么企业在税后价格为 P_0+t 时所得到的净产量就等于它在税前价格为 P_0 时所得到的产量；因此，每家企业在税后价格为 P_0+t 时所愿意供给的产品数量，等于它在税前价格为 P_0 时所愿意供给的产品数量。实际上，供给曲线向上移动的值等于税收额。

18.1.2　对市场均衡的影响

现在，我们可以容易地看出税收对价格和产出的影响。图 18.2 描述了税前均衡，即均衡是需求曲线和供给曲线的交点，此时均衡产出是 Q_0 瓶啤酒，均衡价格是 1 美元/瓶。

假定对每个生产者的税收为 1 瓶啤酒 10 美分。供给曲线按这个数值向上移动，价格上升。尽管税收名义上是对生产者征收，但是消费者被迫通过较高的价格负担了部分增加的成本。但请注意，在本例中，价格上升的幅度低于 10 美分，为 1.05 美元。因此，生产者不能将税收的全部成本转嫁给消费者，因为价格上升，需求量下降。

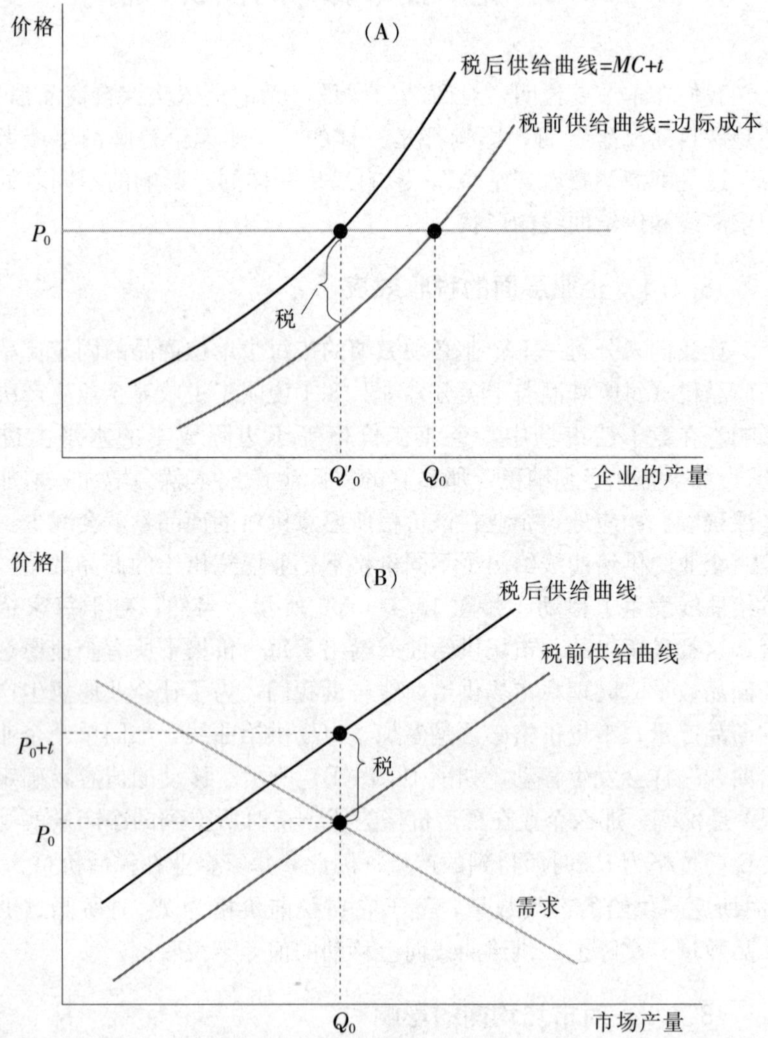

图 18.1　商品税的供给效应

图（A）描述了商品税对企业供给商品数量的效应。在任意价格 P_0，企业愿意供给较低的商品数量。税收可以视为增加了生产的边际成本。供给的商品数量从 Q_0 下降到 Q_0'。图（B）描述了商品税对市场供给曲线和均衡的效应。在每个价格上，市场愿意提供的商品量减少了（供给曲线左移）；或同理，使市场供给给定商品数量所需要的价格提高了，提高额恰好等于税收额。

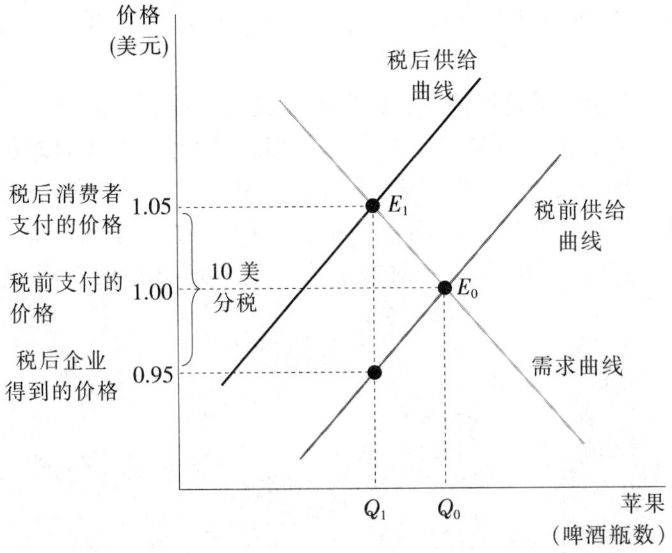

图 18.2　税收的价格效应和数量效应

税收使得供给曲线按税收额上移。这降低了消费者消费的数量，提高了消费者支付的价格。

每家企业现在得到了 1.05 美元的较高价格，面临着每瓶 10 美分的额外成本。图 18.2 中的企业生产的商品数量比税前的少，但是多于消费者没有负担部分额外成本时的数量。

18.1.3　对消费者课税，还是对生产者课税？

现在来分析假如国会批准开征啤酒税会发生什么情况，不过这次必须由消费者缴纳该税。对于购买的每瓶啤酒，消费者必须缴纳 10 美分的税款。当然，消费者关心的不是谁得到他们所缴纳的税款，而是啤酒的全部成本——正如生产者关心的它们能够得到多少一样。让我们回到描述对生产者课征 10 美分税款的税收效应的图 18.2。在新均衡产出 Q_1 处，税后，生产者得到的是 0.95 美元，消费者支付的是 1.05 美元。在这种情况下，生产者要为每瓶啤酒寄 10 美分支票给政府。但是，如果消费者，或者从生产者那里购进啤酒的零售商，不得不签发同样数额的支票，则什么也不会改变。此时，生产者恐怕不会直接关注税收。它们会以 95 美分的价格出售啤酒给消费者，在这个价格上，它们愿意生产的啤酒量为 Q_1。消费者会付给生产者 95 美分，付给政府 10 美分，总价为 1.05 美元。在总价 1.05 美元下，消费者愿意购买 Q_1，因此在 Q_1 处，消费者的价格是 1.05 美元，生产者的价格是 0.95 美元，需求等于供给。

图 18.3 说明了这种情形。如果现在我们将纵轴上的价格看做生产者得到的价格（而不是消费者支付的价格），则对消费者的课税就可用按税款向下移动的需求曲线表示。即，如果生产者得到 P_1，则消费者必须支付 P_1+t，需求量是 Q_1，这和假如生产者在税前收取 P_1+t 的情形一样。显然，国会无论是对啤酒生产者，还是对消费者课税并无两样。

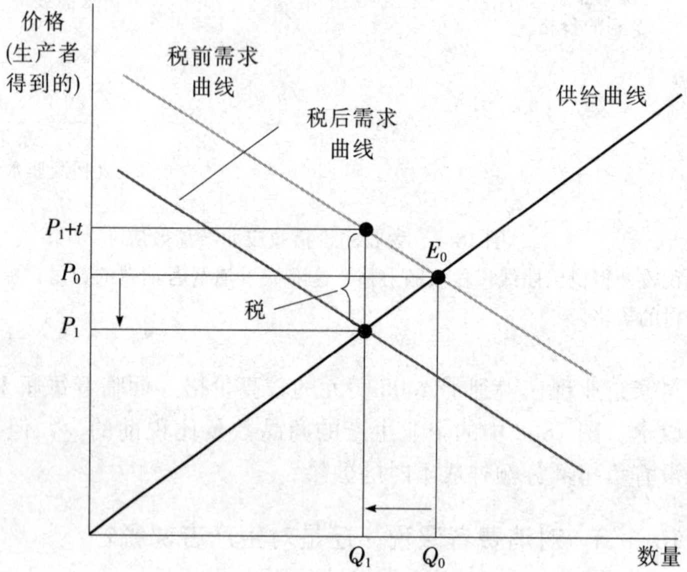

图 18.3 税收的其他观点

税收效应可以解释为：要么是需求曲线下移，要么是供给曲线上移（与图 18.2 比较）。

专栏 18.1

政府补贴的利益归宿

我们可以将建立起来的税收归宿分析框架用于分析政府项目或补贴的归宿。以牛肉补贴为例。为简单起见，假定政府对每磅牛肉补贴 1 美元。从短期看，供给曲线相对缺乏弹性，如下面的第一幅图所示。这意味着数量反应小，但价格反应大：从短期看，农场主的确获得了较多的利益。

但是从长期看，由于其他生产者的进入以及生产者可以扩大生产设施，牛肉的供给曲线变得相对平坦；大面积的土地供给用作牧场，尽管要花时间繁殖牛，但牛毕竟能够繁殖，而且繁殖与饲养成本大致固定。下面的一幅用来描述长期牛肉市场的图显示了水平供给曲线与向下倾斜的需求曲线以及补贴前的均衡 Q_0。补贴可以视为造成了供给曲线的移动，如图所示。尽管新均衡带来了较大的牛肉产出数量，但农场主得到的价格没有改变。故从长期看，所有的补贴利益都为牛肉的消费者获得，农场主什么也没有得到。

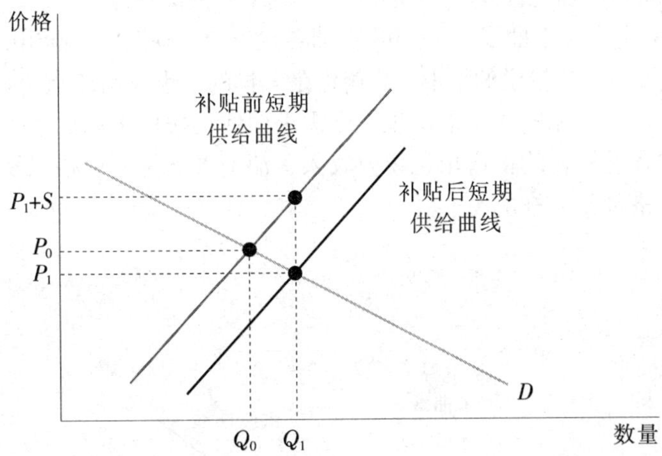

短期牛肉市场

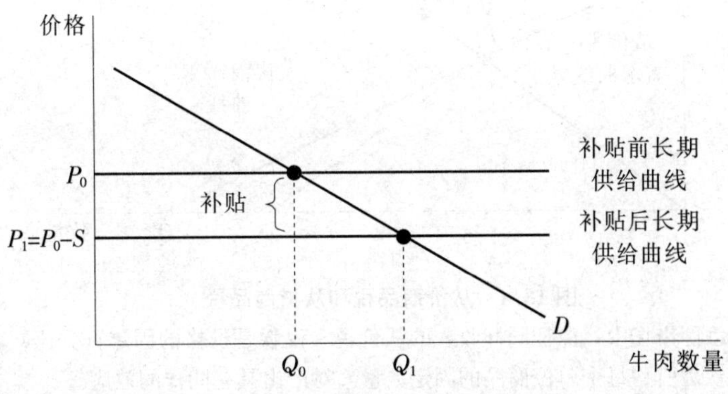

长期牛肉市场

18.1.4　从价税与从量税

不仅对谁课税无关紧要，而且无论是按价格的一定百分比课税还是按每个单位产量的固定数量课税都没有什么区别。前者称为**从价税**（ad valorem tax），后者称为**从量税**（specific tax）。

从价税可以视为让需求曲线下移，下移的值取决于价格，如图 18.4 所示。在价格为 0 时（需求曲线和横轴相交），无税可征。生产者获得的是消费者所付价格的固定百分比，例如 95%（如果从价税率为 5%）。E_1 为税后的均衡点，它是需求曲线 D_1D_1 和供给曲线的交点。在图中，画出的税后需求曲线也可用于从量税的情形，**均衡值是一样的，也在均衡点** E_1 上。若在均衡点，存在相同水平的课税，则需求曲线会按那个产出水平时的相同值下移，这样，均衡产出、税收收入、消费者支付的价格以及生产者得到的价格都是一样的。

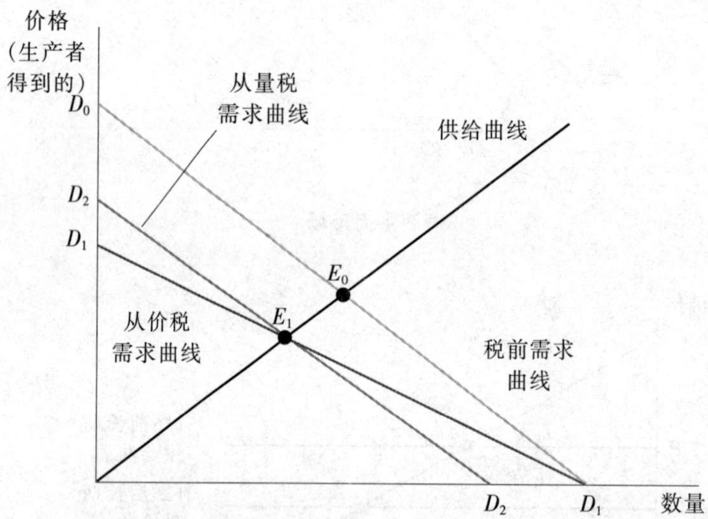

图 18.4　从价商品税和从量商品税

在竞争性市场中，课征同样收入的从价税（税款是价格的固定百分比）和从量税（税款是所购每个单位商品的固定数量）对产出具有同样的效应。

实际上，两种税常常有所区别，因为税务机关无法对商品品质的差异作出适当的调整。当税务机关征收从量税时——即每包香烟若干美分——不管这种产品的品质如何，税收都相同。因此，税收占低品质商品价格的百分比要高于高品质商品。结果造成从量税歧视低品质商品。虽然原则上政府可以调整从量税税率，以抵消这种偏差，但事实上政府很少这样做。

另一方面，监控所售商品的数量常常比监控价格更容易，特别是当企业销售不止一种商品时。如果这些商品按不同的从价税率课税，就会诱发将高税商品开出低价发票的交易出现，而税务人员可能无法发现这一点。此种征管问题已经成为这种课税的主要决定因素。

税收归宿

税收归宿说明了谁是实际上的负税人，它并不取决于谁给政府填写纳税支票。

商品税无论是对生产者课征还是对消费者课征，并无两样。

社会保障税（工薪税）无论是由雇主与雇员各分担一半还是完全由其中一方负担，也并无两样。

在竞争性市场中，从价税和从量税的归宿是相同的。

18.1.5　弹性效应

价格上涨幅度——消费者负担税款的程度——取决于需求曲线和供给曲线的形状，而非取决于对谁课税。在两种极端情形中，价格正好上涨 10 美分，因此全部税负要由消费者负担。这种情形发生在当供给曲线是完全水平时，如图 18.5（A）所示，或者当需求曲线是完全垂直时（不管价格是多少，消费者坚持消费固定量的啤酒），如图 18.5（B）所示。

也有两种情形，消费者支付的价格根本不上涨——即，税款全部由生产者负担，如图 18.6 所示。这种情形发生在当供给曲线是完全垂直时——供给量根本不取决于价格——或发生在当需求曲线是完全水平时。

更一般来讲，需求曲线越陡，或供给曲线越平，消费者负担的税负就越多；需求曲线越平，或者供给曲线越陡，生产者负担的税负就越多。我们用**需求弹性**（elasticity of demand）衡量需求曲线的斜率；需求弹性给出了所消费商品的需求量因该种商品价格的百分比变动而产生的百分比变动。这样，我们就可以认为，水平需求曲线是无限弹性的（价格小幅度下降会带来需求的巨大增加），垂直需求曲线是零弹性的（需求根本不会随价格下降而改变）。

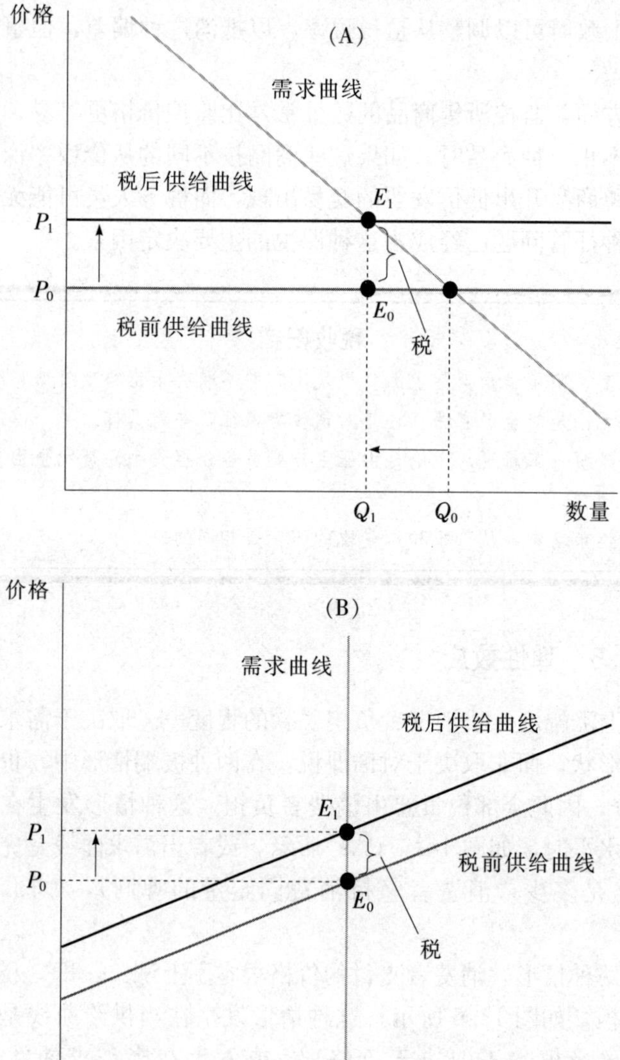

图 18.5　供给弹性和需求弹性：消费者负担税款

图（A）完全弹性供给曲线：在完全弹性供给曲线（水平供给曲线）下，价格上涨幅度等于全部税款；消费者负担全部税负。

图（B）完全无弹性需求曲线：在完全无弹性需求曲线下，价格上涨幅度等于全部税款；消费者负担全部税负。

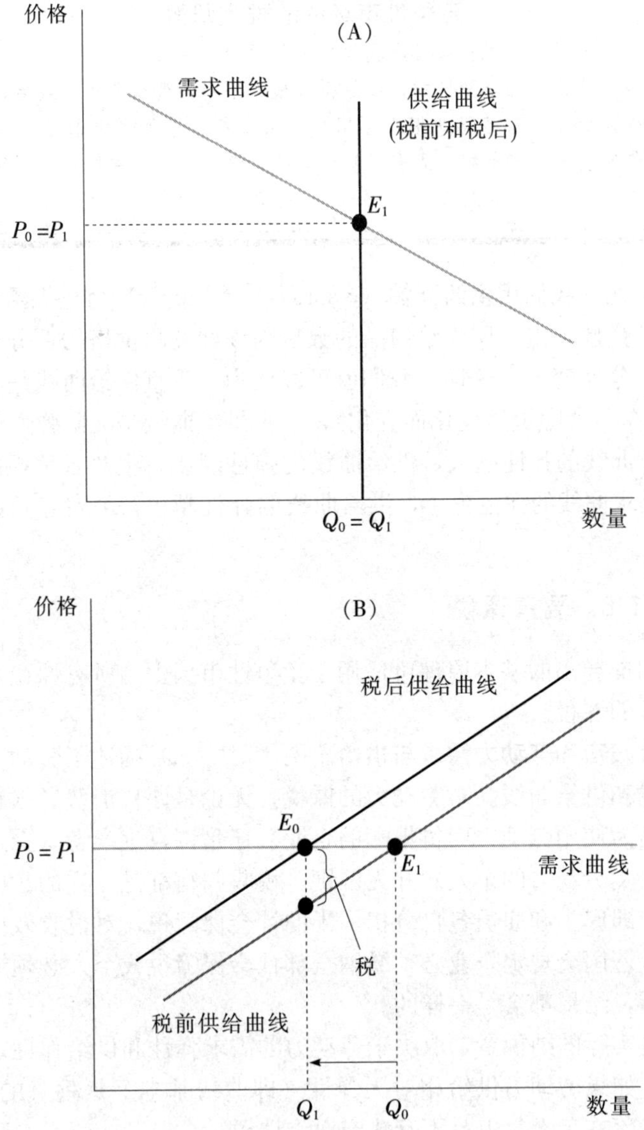

图 18.6　需求弹性和供给弹性：生产者负担税款

图（A）完全无弹性供给曲线：在完全无弹性供给曲线下，价格根本不会上涨；生产者负担全部税负。

图（B）完全弹性需求曲线：在完全弹性（水平）需求曲线下，价格根本不会上涨；生产者负担全部税负。

竞争性市场中的税收归宿

在竞争性市场中，税收归宿取决于需求和供给弹性。

假如需求曲线是完全弹性的，商品税就根本不用消费者负担；或者，假如供给曲线是完全弹性的，商品税就根本不用生产者负担。假如需求曲线是完全无弹性的，此税负就由消费者负担；或者，假如供给曲线是完全无弹性的，此税负就由生产者负担。

同样地，我们用**供给弹性**（elasticity of supply）衡量供给曲线的斜率；供给弹性给出了所供给商品的数量因该种商品价格的百分比变动而产生的百分比变动。这样，我们就可以认为，垂直供给曲线是零弹性的（供给根本不会随价格变化而变化），水平供给曲线是无限弹性的。

需求曲线的弹性越大，供给曲线的弹性越小，生产者负担的税负就越多；需求曲线的弹性越小，供给曲线的弹性越大，消费者负担的税负就越多。

18.1.6　要素课税

我们推导出的基本原理可适用于竞争性市场中的所有课税，包括对生产要素的课税。

税收归宿和劳动力需求与供给。图 18.7（A）描述了劳动力的市场需求曲线和供给曲线。对劳动力的课税，无论是课自消费者（在这种情况下，是为使用劳动力而付报酬的企业）还是课自生产者（在这种情况下，是出卖劳动力的个人）并无区别；税收归宿都是一样的。国会所作的区分，即雇主和雇员各自分担一半的社会保障税，对税收效应而言毫无区别。若国会规定企业必须缴纳全部社会保障税或个人必须缴纳全部该税的话，结果都会是一样的。[2]

谁是实际的纳税者，取决于劳动力的需求弹性和供给弹性。正如常言所云，如果劳动力供给相对无弹性（即曲线基本上是垂直的），大部分税负就落在工人身上，不管法定对谁课税。

一些经济学家认为，劳动力供给曲线实际上是向后弯曲的，如图 18.7（B）所示。随着工资涨幅超过一定水平，劳动力供给实际上就会下降。人们会作出判断，在有高工资支撑着高生活水平的情况下，他们宁愿减少工作。因此，高工资降低了劳动供给，而非增加。在这种情况下，对劳动力课税可能导致工资水平下降，幅度超过了税收本身，同时工资的下降会带来更多的劳动力供给，反过来又会进一步压低工资。

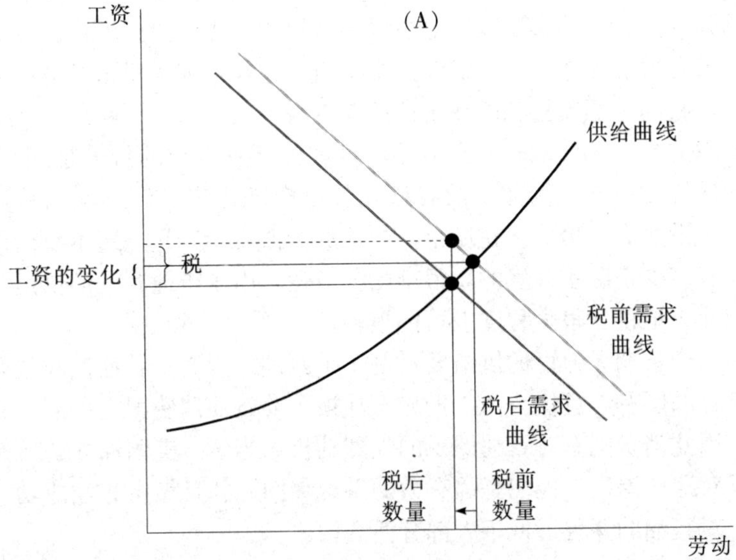

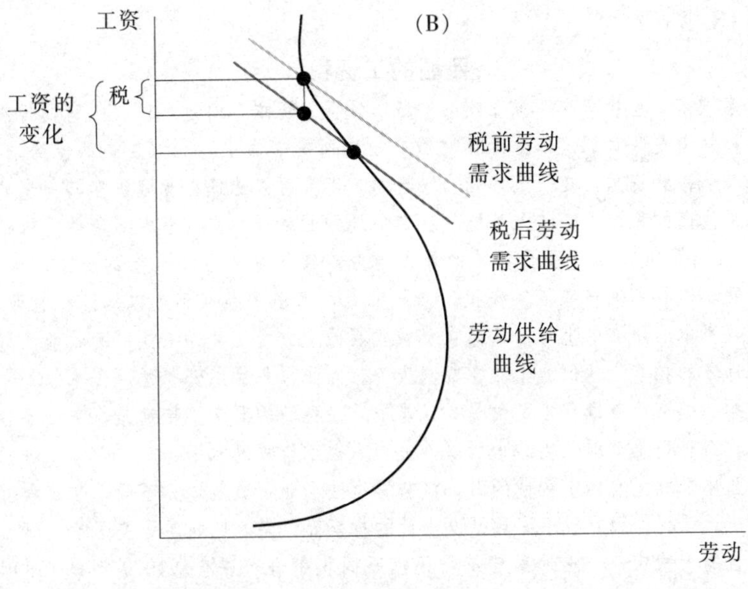

图 18.7　税收对劳动力需求的效应比较

图（A）：对劳动力课税的效应使劳动力需求曲线下移。对劳动力课税会导致工资降低和就业水平下降。

图（B）：在供给曲线向后弯曲时，工资可能下降，幅度超过税款。

无弹性要素课税。如同我们已经指出的那样，如果劳动力或者商品的供给弹性为零，那么税收全部由供给者负担。零供给弹性商品的典型例子是未开发的土地。土地供给是个定量。这样，如果对未开发的土地课税，税收的全部负担就落在土地所有者身上。

不幸的是，区分未开发土地的价值和已开发土地的价值是困难的。在美国的许多地方，例如，没有道路、没有下水道、没有水的荒野土地，几乎没有商业价值。在城市，土地的价值有多少是土地本身所固有的以及有多少是源于开发的，很难区分清楚。由于土地开发的供给弹性大，因此土地税在很大程度上可能被转嫁。

另一个长期无弹性的供给要素例子是原油。因而，石油税收主要由石油储存的所有者负担。由于世界石油被主要石油消费国之外的国家所拥有，因此消费国有对石油课税的强烈动机。当然，美国油井的所有者积极反对这些课税，他们是强有力的游说集团，并且做得相当成功。在美国，对石油的课税远低于大部分西欧国家。

专栏 18.2

费城的工资税

许多城市，包括宾夕法尼亚州的费城，课征工资税。通过对税收归宿的仔细分析，可以知道税收负担大部分落在费城的土地所有者身上。其他要素的供给曲线，特别是劳动力和资本，在长期是相当平坦的。工人可以选择在费城或在其他地方工作。如果他们的税后工资收入不能和在其他地方的所得相当（考虑到费城特殊的生活条件），他们就会离开费城到其他地方就业，致使企业招不到新的员工。因此，如果像费城这样的城市课征工资税，从长期看，工资必须涨到足以抵消税收才行。同样地，资本的所有者也可以选择在费城或其他地方投资。如果他们的收益不能和在其他地方的相当，他们就不会在费城投资。因此，税后工资和税后资本收益不受税收影响。那么，是谁负担了税收？只能是无法移动的要素。特别是，土地不仅不能移动，而且还是无弹性供给。所以，土地承担了税收的冲击。

匹兹堡采取了有别于费城的做法，与宾夕法尼亚州其他地方不同，它直接对未开发的土地课税，而且税率比已开发土地的税率高很多。匹兹堡是美国唯一开征级差财产税的大城市——土地和建筑物根据不同税率进行课税。1979 年和 1980 年，匹兹堡调整了它的财产税体系，使对土地的课税税率超过了建筑物（或已开发土地）的税率的 5 倍。*

* 有关匹兹堡财产税和这种财产税试验的经济效应的更多分析，参见 Wallace E. Oates and Robert M. Schwab, "The Impact of Urban Land Taxation: The Pittsburgh Experience", *National Tax Journal* 50, no. 1 (March 1997): 1-21。

要素课税

对竞争性市场的要素课税，其税收归宿取决于要素的供给弹性和需求弹性。

对供给完全无弹性的要素课税，其税收归宿全部由要素负担。

对供给完全有弹性的要素课税，其税收会被全部转嫁出去。

完全弹性要素课税。如同课自完全无弹性生产要素的税负全部由要素负担一样，课自完全弹性要素的税负根本不需要被课税的要素来负担；它们全部被转嫁出去了。这种简单的观察对税收政策有重大启示。小国的资本供给通常被视为高度有弹性的：如同小企业必须接受它需支付的给定资本价格一样，在一个开放的、全球性市场中的小国亦是如此。如果这个国家支付的资本价格低于市场利率，它就不能诱发资本流入；但是在市场利率上，它就能够获得它所可能吸引的所有资本。图 18.8 描述了资本需求和供给取决于利率的情形。若对利息课税，支付的利息就不同于得到的利息。不过，资本所有者必须接受市场利率，否则他供给不了什么。资本使用者必须弥补这个差，支付 $i+t$。在图 18.8 中，纵轴表示所得到的利率，因此供给曲线保持不变。税收使得资本需求曲线下移。在新均衡处，所得到的利率不变。在这种情形中，资本所有者可以将利息税完全转嫁给资本使用者。

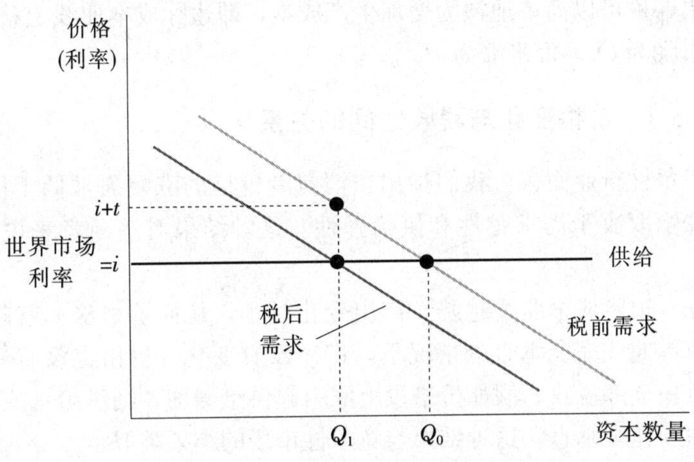

图 18.8　完全弹性的供给要素

对完全弹性供给要素的课税，其税收归宿总能全部被转嫁出去。需求曲线按税额下移，供给者得到的价格没有改变。

18.2 无完全竞争环境中的税收归宿

课税效应关键取决于市场的性质。前一节的分析假定市场是竞争性的。但是，如果市场不是完全竞争性的——例如，假如某行业由一个垄断者构成，或者由有合谋行为的企业构成（这样一来，它们的合谋行为类似于一个垄断者的行为）——税收效应可能会明显不同。

在无税收的情形下，垄断者会选择这样一种产出水平，以使它的任何额外产出成本（边际成本）恰好等于它能获得的额外销售收入（边际收入）。为了实现利润最大化，垄断者会使它的**边际成本**（marginal cost）等于**边际收入**（marginal revenue）。

图 18.9 描述了铝的需求曲线、边际收入曲线和边际生产成本。边际收入曲线位于需求曲线之下，它表示企业多销售一个单位产品所得到的额外收入。边际收入是企业因额外一个单位得到的价格，减去它为维持其他单位销售而带来的损失，因为当它想要多销售产品时，它就必须降价。[3]垄断者选择 Q_0 作为它的产出水平，这里，Q_0 是边际成本曲线和边际收入曲线的交点。为了找出垄断者的产品价格，我们从 Q_0 出发垂直向上，与需求曲线相交，得到价格 P_0。

对铝课税可以简单地视为增加生产成本，即边际成本曲线上移。这会使产出降为 Q_1，价格涨为 P_1。

18.2.1 价格变化与税收之间的关系

就竞争性行业而言，我们指出：消费者价格的涨幅通常低于税收，价格的涨幅取决于需求弹性和供给弹性。这种结果对垄断者来说更为复杂。

首先，边际成本曲线越陡，产出变化越小，从而价格涨幅就越小。在边际成本曲线完全垂直的情况下，产出没有变化，价格也没有变化；生产者负担全部税收。假如价格没上涨引起供给增加，则供给（或边际成本）曲线完全垂直。这种结果与竞争性市场的结果类似。

另一方面，在边际成本曲线是水平的情况下，如图 18.9 所示，生产者或者消费者负担税收的程度取决于需求曲线的形状（将此与负担全部税收的竞争性市场相比）。图 18.9 描述了两种可能性。在需求曲线是线性的情况下，如图 18.9（A）所示，价格涨幅恰好等于税收的一

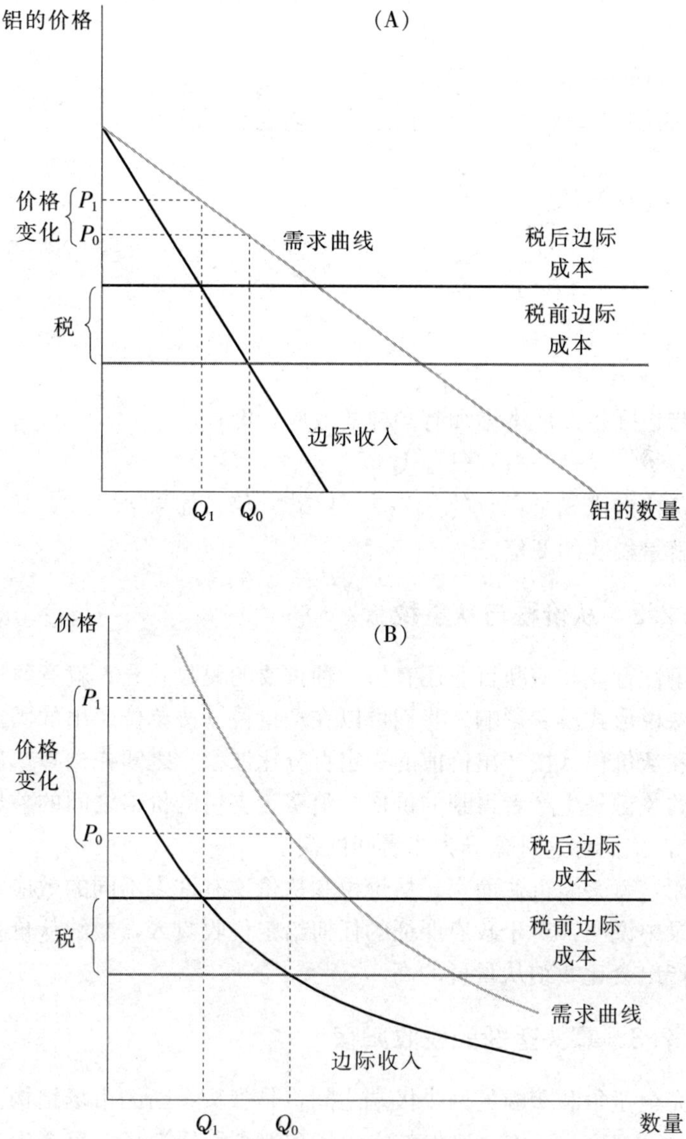

图 18.9　对垄断课税

图（A）：在需求曲线为线性和边际成本曲线为水平的情况下，消费者所支付价格的涨幅恰好是税收的一半；消费者和生产者共同分担税收。

图（B）：在需求曲线为不变弹性的情况下，价格涨幅超过税收。

半。[4]在需求曲线为不变弹性的情况下（例如，不管价格水平如何，价格提高 1%，会导致需求下降 2%），边际收入都是价格的一个恒量[5]：即

$$MR = p(1 - 1/\eta^d)$$

其中 η^d 为需求弹性（恒量）。由于垄断者会使边际收入等于边际成本，则有

$$MR = MC$$

或

$$p(1 - 1/\eta^d) = MC$$

或

$$p = MC/(1 - 1/\eta^d)$$

则税收与边际生产成本增加有同样的效应，即

$$p = (MC + t)/(1 - 1/\eta^d)$$

因此，价格的涨幅是税收的 $[1/(1-1/\eta^d)]$ 倍。如果 η^d 为 2，那么价格的涨幅就是税收的 2 倍。

18.2.2 从价税与从量税

竞争性行业和垄断行业还有另一种重要的税收差异。就竞争性行业而言，课税形式没有影响。我们可以在从量税（按单位产出的固定数量课税）和从价税（按产出价值的一定百分比课税）之间作选择。决定税收效应的关键是生产者得到的价格与消费者支付的价格之间的差异（在均衡中），我们称这种差异为二者间的楔子。

然而，就垄断行业而言，从价税和从量税有许多不同的效应。我们将在附录中说明，对于政府课征的任何给定税收收入，缴纳从价税的垄断者的产出会比缴纳从量税的高。

18.2.3 寡头垄断的税收归宿

在完全竞争和垄断的两个极端之间，是寡头垄断的市场结构。在**寡头垄断**（oligopoly）中，诸如航空市场和汽车租赁市场，每个生产者和所有其他生产者在经营策略上相互影响。如果一个生产者改变了价格或者产出，其他生产者也可能改变价格或产出，不过这些反应难以预测。

寡头垄断的企业行为理论尚未被广泛接受，因此不太可能对这种情形中的税收归宿作出明确的预计。一些经济学家认为，当税收改变时，寡头垄断者不可能提高它们向消费者收取的价格，每个寡头垄断者可能

相信，如果它提价，其他企业就会乘机攫取它的市场份额。假如每个寡头垄断者都理所当然地认为它的竞争对手在课税之后都会相应提价，就会得出一种相反的结论。在这种情形中，所有企业都会提价，从而将税收负担转嫁给消费者。

尽管经济学家根据不同的特定行为假设对寡头垄断下的税收归宿进行了研究，但在他们对寡头垄断行为有更深入的理解之前，关于寡头垄断市场中的税收归宿的一般性理论还不可能出现。

垄断或不完全竞争市场中的税收归宿

在垄断或不完全竞争市场中，税收归宿取决于需求曲线和供给曲线的形状；所转嫁的税负有可能高于 100%。

在垄断条件中，鉴于边际成本不变和需求曲线具有不变弹性，总是有超过 100%的从量商品税被转嫁出去。鉴于需求曲线为线性，价格涨幅是税收的一半。

18.3　等价税

到目前为止，分析中的数个例子都表明各种课税似乎是不同的——为社会保障筹资而对雇主与雇员课税，对啤酒生产者课税和对啤酒消费者课税——但实际都是等价的。有许多其他课税的例子，表面上看差异极大（以征管的观点看也是不同的），但以经济学的观点看，却是等价的。

18.3.1　所得税与增值税

一个明显的例子来自国民收入（社会中的所有人所获得的收益总额）与国民产出（社会中的所有人的全部生产总值）基本等价这种情形。由于收入值和产出值必定相同，因此课自收入的统一税（对所有来源的收入课以相同税率）与产出的统一税（对所有产出课以相同税率）一定是等价的。综合统一销售税就是课自产出的统一税，因而等价于统一所得税。

任何商品生产都需要大量环节。最终产品的价值意味着每个生产环节的**增加值**之和。我们可以在生产过程的最后环节课税，或者按照生产过程对每个环节进行课税。在生产过程的最后环节课征的税称为销售税。对生产过程的每个环节课征的税称为增值税。因此，统一增值税与综合统一销售税是等价的；两者都等价于统一所得税。

大部分欧洲国家实行增值税，是否实行增值税在美国已有过一些讨论。由于统一增值税等价于统一（比例）所得税，因而用增值税取代我们当前的所得税体系就等价于用比例所得税体系取而代之。

欧洲的增值税通常对投资品免税。它只对消费征税。这样，欧式的增值税等价于消费税。既然消费等于收入减去储蓄，那么消费税就等价于对储蓄免税的所得税。

18.3.2 消费税与工资税的等价性

假定个人没有继承财产，也没有留下遗产。那么，统一工资税等价于统一消费税。换句话说，消费税等价于对利息和其他资本收益免税的所得税。（我们现行的税制，对部分资本回报免税，因而可以视为介于消费税和所得税之间的税制。）

通过观察一个人的终身预算约束（没有继承，也没有遗产），我们可以更清楚地理解何谓等价性。为简化起见，我们将这个人的一生分为两个时期。第一个时期的工资收入为 w_1，第二个时期为 w_2。她必须决定在她年轻时和年老时分别要消费多少。如果今天她减少 1 美元的消费，并用于投资，那么下一期她将有 $1+r$ 美元，其中 r 是利率。如果利率为 10%，她就有 1.10 美元。预算约束线是一条直线，如图 18.10 所示。

考虑当征收 20%的工资税时她的预算约束线会有什么变化。她能够消费的数量会下降，而预算约束线的斜率保持不变：这仍是她通过在第一期放弃 1 美元的消费而在下一期可得到 1.10 美元的情形。

现在考虑当征收 20%的消费税时她的预算约束线会有什么变化。和前面一样，她能够消费的数量下降，而预算约束线的斜率保持不变。如果她今天支出 1 美元，因为税收，她得到的消费品减少了 20%；但当她明天支出 1 美元时，她也因为税收而得到的消费品减少了 20%。今天支出和明天支出的权衡取舍保持不变。工资税等价于消费税。[6]在这两种税之间，只有政府安排税收收入的时间不同；如果资本市场不完全，这可能是重要的。

另外，课征等价税有几种途径。我们可以在每个时期对工资收入课税，并对所有的利息、股息和其他资本收益免税；或者我们在每个时期对消费课税，消费可以通过让个人报告他的总收入减去总储蓄来计算。

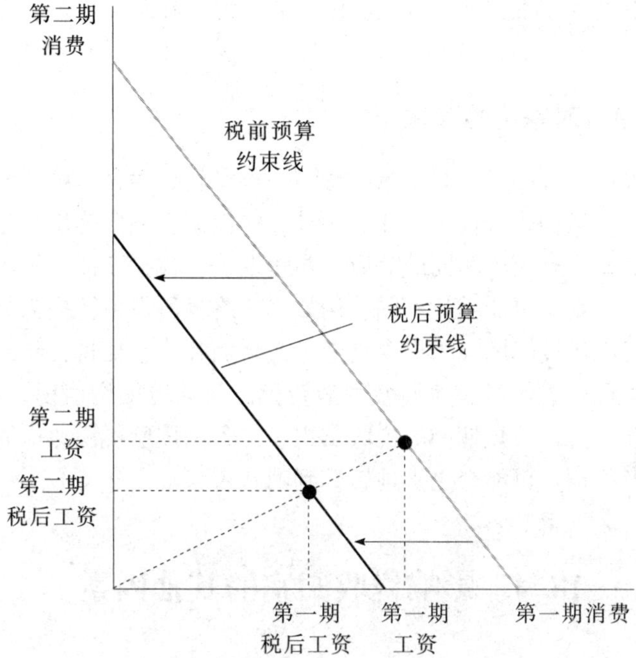

图 18.10　消费税和工资税效应的比较

消费税和工资税对个人预算约束有完全相同的效应。

等 价 税

两组税如果它们的税收归宿完全相同，那么它们就是等价的。

所得税和增值税（不对投资免税）是等价的。

消费税和对投资免税的增值税是等价的。

消费税和工资税是等价的。

终身所得税和终身消费税（无继承和遗产）是等价的。

18.3.3　终身消费税和终身所得税的等价性

此分析有另一种重要的解释。继续用我们将一个人的一生分为两个时期的例子，我们可以将预算约束[7]写作：

$$C_1+\frac{C_2}{1+r}=w_1+\frac{w_2}{1+r}$$

等式左边是个人消费的贴现值，右边是工资收入的贴现值。在无遗产和继承的情况下，消费的贴现值一定等于（工资）收入的贴现值。因此，终身消费税等价于终身所得税，如同我们在第 17 章中所看到的那样。

18.3.4 对等价的告诫

两种税收等价的事实并不意味着当一种税转换为另一种（或者从第三种税转换为两种等价税中的任意一种）时没有影响。等价只是意味着两种税在长期中有完全相同的效应；在短期——包括开征一种等价税的过渡时期——效应可能明显不同。例如，从终身所得税转换为终身消费税。先不考虑过渡问题，结果会是老年人将面临双重征税：年轻时，他们缴纳工资税；退休后，他们缴纳消费税。再如课征增值税。短期中，消费价格会上涨，故短期中的税收负担，与若利用所得税课征同样税收收入的情形相比，可能会更多地转嫁到消费者身上。

18.4 影响税收归宿的其他因素

迄今为止，我们已经说明，谁来负担税负不是国会说了算，而是取决于需求曲线和供给曲线的某些特性以及市场的性质——市场是竞争性的、垄断性的还是寡头垄断的。

18.4.1 局部均衡和一般均衡下的税收归宿

在税收归宿的分析中，需要考虑其他几项重要因素。第一，对单一行业的课税与影响许多行业的课税之间有重要的区别。我们在前面分析了对一个小行业（啤酒）的课税。例如，假定这样的课税不会对工资水平产生显著影响。尽管啤酒需求下降会减少啤酒行业对劳动力的需求，但假定是这个行业的规模小到足以使失去工作的工人可以在其他地方找到工作，对工资水平并无显著影响。我们把这种分析称为**局部均衡分析**(partial equilibrium analysis)，在这种分析中，我们假定所有的价格和工资（那些受到明显关注的除外）保持不变。

不幸的是，许多税收同时影响许多行业。公司所得税影响了所有的公司制企业。假如因公司所得税导致公司制企业减少了对资本的需求，闲置资本就不能为资本收益无法降低的其他经济部门（非公司部门）所吸收。因此，我们不能假定公司部门为得到资本而必须支付的就不受对该部门课税的影响。为了分析公司税的影响，就需要分析它对整个经济的均衡所产生的效应，而不仅仅是对课税企业的效应。这种分析就是**一般均衡分析**（general equilibrium analysis）。有许多例子都表明，税收的一般均衡影响在许多方面明显不同于局部均衡效应。例如，倘若资本可以相对容易地从经济中的公司部门转到非公司部门，公司资本税必定就是由经济中的**两个**部门平摊；它们必定都有同样的税后收益。

公司所得税的整体归宿，如同对任意要素的课税一样，取决于需求曲线和供给曲线的弹性。虽然我们将在第 23 章中对公司所得税的归宿进行更充分的分析，但通过对资本供给曲线完全有弹性的这个有限情形的分析，我们可以找到一般均衡影响明显有别于表面效应的原因。储蓄者坚持要获得如图 18.11 所示的收益 r^*。低于 r^* 水平，他们就不供给资本；在 r^* 水平，他们则愿意供给任意大量的资本。这意味着，公司部门和非公司部门的税后资本收益必须是 r^*，因此公司部门的税前收益必须等于 r^*+t。税收只是提高了公司部门的税前资本成本。这产生了两种效应：第一，它提高了公司部门所生产的产品价格，从而降低了对这些产品的需求；而需求会转移到非公司部门。第二，在公司部门内部，企业使用的劳动力会增加，资本会减少。一般说来，部分税收会转嫁给工人，部分前转给公司部门所生产产品的消费者。但是，效应的大小，如对工人的效应，不仅取决于公司部门用劳动力取代资本的难易程度，而且取决于非公司部门和公司部门产品的相对劳动密集程度。如果公司部门中的企业可以轻而易举地用劳动力取代更昂贵的资本，且如果非公司部门的产品属于相对劳动密集型，那么一般均衡效应可能会导致对劳动力需求的全面上升，因此，如果劳动供给无弹性，工资实际上就会提高。在这种情形下，公司所得税的负担会落在公司部门所生产产品的消费者身上。工人和资本所有者可能都会受到价格上涨的负面影响，但是**相关**影响可能取决于消费模式，与消费其他东西一样。假如资本所有者大量消费非公司部门提供的服务，而工人消费更多的制造品，那么工人可能负担更多的税收负担。

此分析有三个要点：

1. 公司不负担税收，负担税收的是股东、工人和消费者。

2. 因为一般均衡反应，公司税的影响不仅存在于公司部门中，也存在于整个经济中。

3. 各种影响可能各异，取决于分析的时期以及不同的经济结构假定。我们能假定全部资本存量不变，资本可以容易地从一种用途转到另

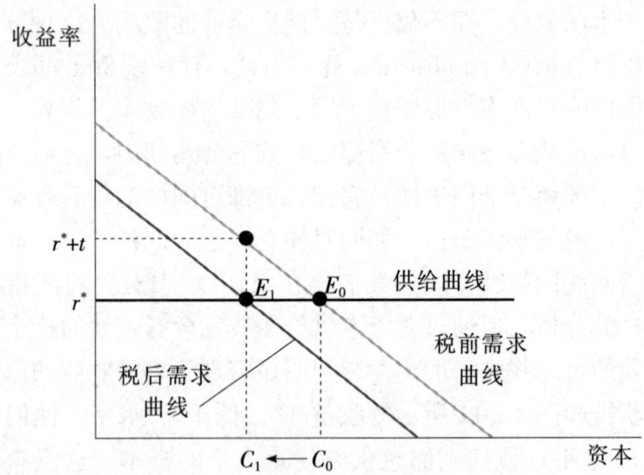

图 18.11　公司部门的资本收益税归宿

在资本供给有无限弹性的情形下，资金提供者必须得到和税前同样的税后收益。税收完全得到了转嫁。

一种用途吗？劳动可以容易地替代资本吗？劳动和资本可以轻而易举地或难以从经济中的一个部门转移到另一个部门吗？这些问题的答案对决定税收效应至关重要。

18.4.2　短期效应和长期效应

税收归宿的长期效应与短期效应必须进行区分。许多事情短期内是不变的，而长期内可能会改变。虽然一个行业（如钢铁）现在所用的资本不能容易地转移给另一个行业使用，但是从长期看，新投资可能转移到其他行业。因此，钢铁行业资本收益税的长短期效应可能明显不同。

如果对储蓄课税，那么短期效应可能最小。但是，从长期看，税收可能抑制储蓄，造成资本存量减少。资本存量的减少会降低劳动力需求（和劳动生产率），这反过来又会导致工资的下降。因此，对储蓄（或资本）课税的**长期税收归宿**可能会落在工人身上，即便**短期归宿**不是如此。

短期可能不同于长期也是因为动态调整的缘故。例如，即使在非常有竞争性的市场中，企业也常常会根据一些经验法则来确定最初的价格，即弥补可变成本。这些行业的长期均衡可以把这种弥补调整到竞争水平。从短期看，市场可能失衡。

长短期效应的区别是重要的，因为政府和政治家经常是短视的。他们只看到了税收的当前影响，而认识不到整个后果可能并非他们所愿。

影响长短期效应之间差异和局部均衡效应与一般均衡效应之间差异的因素众多。

18.4.3　封闭经济与开放经济

（影响税收归宿的）最重要因素之一是经济是封闭的（与其他国家没有贸易往来）还是开放的。如果像瑞士这样的小型开放国家对资本课税，那么税前收益率就必须进行充分调整以抵消税收（否则投资者会从瑞士撤资，将资本投向其他国家）；税收会由土地和资本负担。实际上，资本的供给曲线是无限弹性的。当然，同样的分析也适用于美国国内的任意一个州。

18.4.4　相关政策的变动

这里有必要探讨税收归宿分析的最后一个方面，即政府从来不可能每次只改变一项政策。政府有它的基本预算约束，即税收收入加上增加的赤字规模（增加的借款）必须等于政府支出。如果政府提高某一税率，那么它必须或者降低另一个税率、减少借款，或者增加支出。不同的政策搭配有不同的效应。我们不能只是问如下问题：如果政府提高所得税会发生什么情况？我们需要详细说明：提高所得税是与降低其他某种税、增加政府支出同时进行，还是与减少政府借款同时进行。（常常把这种同时进行的变动看成是不言而喻的，而无须挑明；例如，如果增加税收，那么赤字会缩小。）

影响税收归宿的因素

时间跨度：短期与长期

- 长期需求曲线和供给曲线可能比短期的更有弹性。

开放经济与封闭经济

- 开放经济中的要素供给曲线更有弹性。

政策变化的搭配

- 差异税收分析：一种税为另一种税所替代，税收收入保持不变。
- 平衡预算分析：支出随税收收入的改变而改变。
- 平衡增长分析：资本积累未受政策搭配的影响。

如果一种税收的增加相伴随的是其他某种税收的下降，我们把对此的分析称为**差异税收归宿分析**（differential tax incidence analysis）；如果一种税收的增加相伴随的是政府支出的增加，我们把对此的分析称为**平衡预算税收归宿分析**（balanced budget tax incidence analysis）。鉴于美国为设法控制赤字而对其预算程序进行了改革，故对这类分析的运用在近些年已变得特别有意义，根据所谓的 PAYGO① 规则，支出的任何增加都必须有其他方面支出的减少或新税收收入来源的开辟作为对应。[8]

有时，我们对分析可以让一些重要经济变量保持不变的那些政策搭配感兴趣。例如，增加税收可导致产出下降。我们所要做的是将某一课税方案对产出水平的影响（如可能对分配的影响）与该税本身的直接影响区分开来；因此，我们要分析使国民产出水平未受影响的那些政策搭配。

同样地，许多税对资本积累水平有影响。资本存量的减少反过来会导致工资的下降。再者，人们还想区分因税收对资本积累有影响而产生的税收直接效应和间接效应。尤其是，倘若人们相信会有其他政策工具用来对冲这些间接效应的情形。例如，如果继承税减少了资本积累，就可能通过提供投资税收抵免来消除这些效应。我们可以考察一组未对资本积累产生影响的政策，此种归宿分析称为**均衡增长归宿分析**（balanced growth incidence analysis）。

18.5 美国的税收归宿

在本章，我们已经解释了为什么实际税收负担不必然落在被课税人身上的原因。美国和大部分发达国家一样，有正式的**累进**（progressive）税制，根据这种税制，富人要比穷人缴纳更高比例的所得税。所得税对富人课以 40%的税率，而贫困家庭可以得到多达 40%的补贴（通过勤劳所得的税收抵免）。但普遍的看法是，整体而言，美国税制的累进性远低于正式税法所表明的。（如果穷人缴纳的税收占其收入的比例要高于富人，税制就被认为是**累退**的（regressive）。）[9]

这种观点有三个理由。第一，所得税本身的累进性要低于它表面上

① Pay as You Go 的缩写，指以收定支，或量入为出。——译者注

的累进性，因为它有一些特定的设计特点，允许特定类型的所得或者特定类别的个人至少可以部分地逃避税收。例如，资本利得税的税率比其他形式的所得要低，而且有多种使**有效税率**（effective rate）降低更多的特别规定（后面要分析）。个人可以将储蓄存入免税账户，而富人往往比穷人更会利用这种机会。如同我们将要看到的，尽管对税法制定这些和那些条款可能有充足的理由，但它们的净效应是降低了税制的累进性。

第二，所得税本身只是几种税收中的一种；许多其他税收，诸如州和地方销售税[10]以及工薪税，累进性更低，甚至是累退的。[11]

第三，许多税收的归宿与法律规定的负税人不一致；工人经常要承担“预定”由他人来承担的税收后果。如前所述，经济学家普遍认为，是工人而非雇主全部负担了社会保障税中应由雇主负担的份额。公司所得税有许多被转嫁了出去，这也已经形成了广泛的共识，尽管对于转嫁的程度和转嫁给谁意见不一。随着世界资本市场越来越一体化，税负越来越不可能由资本来负担。它是向前转嫁给消费者，还是向后转嫁给工人，我们还是不太清楚；但无论是前转还是后转，与如果它是由公司所有者来负担的情形相比，它的影响是累进性降低。

对联邦税制整体负担的准确估计显然取决于有关谁负担各种税负（诸如社会保障工薪税和公司所得税）的假设。图 18.12 描述了联邦个人所得税的实际税率，而图 18.13，在假设工人负担全部工薪税（包括由雇主缴纳的那部分）而公司税分别由资本所有者与消费者对半负担的前提下，描述了包括所有联邦税在内的各种税的实际税率。值得注意的是，虽然整体税率明显偏高，但模式却惊人地相似：税率差异从各个五分位组看，大致是相似的。

最低处的五分位组具有高度的累进性，即占人口 20%的最穷的人将其大约 8%的收入用来缴税，是下一个五分位组的一半。另一方面，最高处的五分位组具有有限的累进性，在这个五分位组中，与其 10%的人口相比，其 1%的人口所缴的税只不过高几个百分点。数据可能夸大了美国税制的整体累进程度，如前所述，因为州和地方税的累进性往往要低于联邦税。此外，由于只有已实现的资本利得被包括在所得中，故未实现的资本利得——近年来因股票市场和其他资产价值飞涨而导致其数额庞大——没有包括在内。如果将它们包括在内，会造成美国最富人口的实际税率再次降低。1997 年的税法进一步规定了对资本利得的特殊待遇，从而降低了税制的累进性，并将 1993 年所提高的税制累进

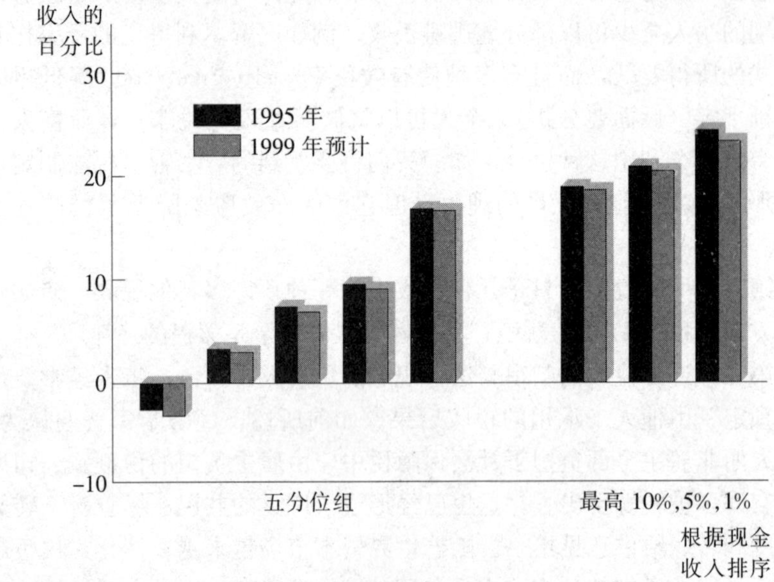

图 18.12　联邦个人所得税的累进性

由于有各种特殊规定，个人所得税的实际税率（纳税额占所得的比例）低于法定税率。然而，税率表还是显示出相当大的累进性。

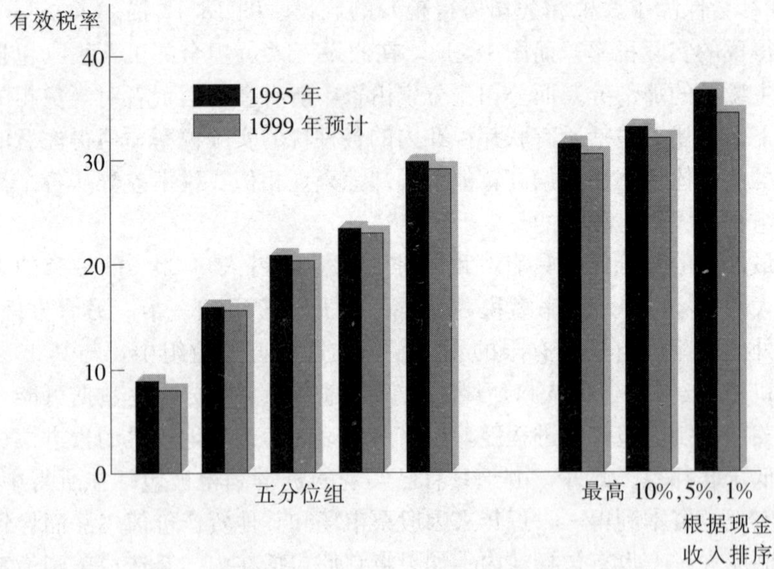

图 18.13　联邦税收结构的累进性

当包括所有税收时，实际税率较高，并保持了累进性。

性部分抵消了。当时，把最高收入人口的边际税率从 28%提高到接近 40%。(合在一起，1993 年和 1997 年的变化使税负在高收入人口中进行转移，提高了高薪者的实际税率，降低了从例如房地产投机中获得收入的那些人的实际税率。)[12]

税收归宿问题在近年来的税制改革中发挥了主要作用。每一项税制改革提议，都可以用各种表格来说明实际税率是如何变动的。由于政治家发现难以为富人减税进行辩护，因此大量工作花在了设法寻找用以描绘税制变化影响特征的其他方式上。例如，主张降低资本利得税率的人——主要受益的是富人——提出理由说，这样的减税会使这些人出售更多的资产；而且，由于资本利得只是当资产出售时才征税，至少在开始时，富人提供的税收会增加——即使从长期看征收的税收会下降。因此，主张对较高收入人口的资本利得减税的人，关注的不是降低税率，而是最初几年纳税额的增加。更一般地说，关于税收归宿的争论——例如，谁实际上缴纳了诸如公司所得税等税收——在有关特定的改革是提高还是降低了税制的累进性的争论中发挥了关键作用。有待解决的问题是理论和经验分析问题，而且各种影响经常取决于税法的具体规定。本书下面各章将解决这些争论中的许多关键问题。

18.6　附录：对垄断者的从价和从量商品课税效应的比较

假设政府对垄断者的产出课税。我们在正文中断定，对于政府任何给定的税收收入，从价税（按销售价值的固定百分比课税）会比从量税（对所售每个单位商品课征固定量的税）降低更多的产出。

原因是，从价税减少的边际收入低于税额，而从量税降低的边际收入恰好等于税额。由于垄断者使边际收入等于边际成本，所以，如果边际收入降低较少，产出就降低较少。

我们可以通过图 18.14（A）对此进行说明。图 18.14（A）描述了从量商品税的效应。先前，我们用边际成本的增加来表示这种税的效应。我们还可以把这种税的效应表示为企业在任意给定销量下所得到的价格的**下降**，即表示为需求曲线下移。需求曲线和边际收入曲线都按税额下移。

就从价税而言，如果个人为某一商品支付的价格是 p，生产者得到

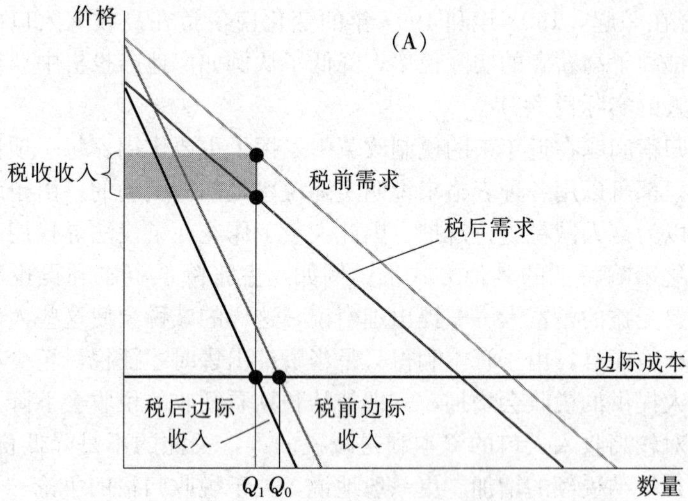

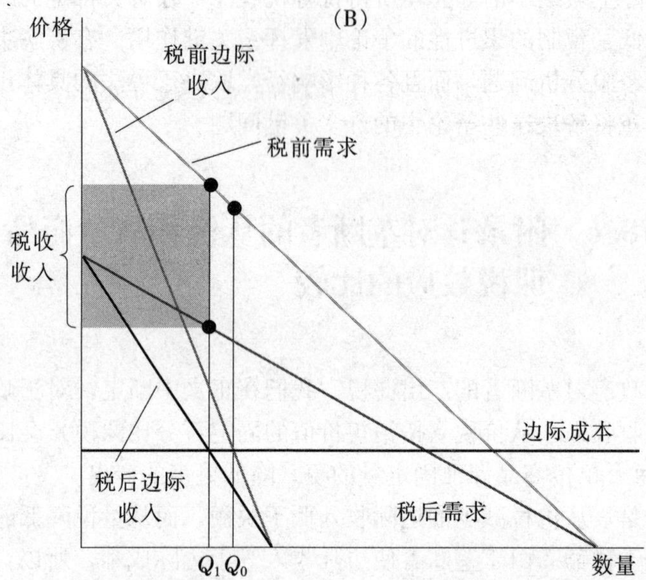

图 18.14　比较垄断者的从价税与从量税效应

图（A）：垄断者的从量商品税效应可以被视为或是边际成本线的上移（如较前面的图所示），或是需求曲线和边际收入线的下移（如该图所示）。

图（B）：分析了垄断者的从价税效应。对于任意给定的产出水平 Q_1，从价税的税收收入比从量税的高。

的价格就是 $p(1-\hat{t})$，$\hat{t}$ 表示从价税率。这样，缴纳的税额就是市场价格的函数。如果价格为零，就无税可缴，如同我们在正文所看到的。税收效应会使需求曲线发生如图 18.14（B）那样的转动，而非如图 18.14（A）那样的均匀下移。税率为 $\hat{t}$ 的从价税按固定百分比可以将收入降至 $(1-\hat{t})\ pQ$，从而以同样的百分比将边际收入降至 $(1-\hat{t})\ \mathrm{MR}_{bt}$，即降至税前水平的 $(1-\hat{t})$ 倍。边际收入线也围绕着它与横轴的交点转动。

重要之处是边际收入减少了 $\hat{t}\times\mathrm{MR}$，而且由于边际收入低于价格，故它的下降幅度小于 $\hat{t}\times p$，即小于销售单位产品的税收收入。相反，就从量税而言，边际收入的下降幅度恰好等于从量税税额。这样，对于任意给定的均衡产出水平——对于任意给定的边际收入下降额——从价税课征了更多的税收收入，如图所示；或等价地，对于任意给定的单位产出税收收入 $(t=\hat{t}\times p)$，从价税下的产出会更高，从而价格会下降，政府总税收收入会上升。

【注释】

[1] 在较低的产出水平上，提高产出所增加的收入超过了增加的成本，因此利润增加。产出水平较高时，就会出现相反的情形。

[2] 可能在短期有差异。如果国会规定对企业征收全部社会保障税，工资不可能立即下降。在短期，劳动力市场不可能处于均衡，企业恐怕要负担大部分的社会保障税。

所得税也产生了一些差异。虽然雇员对社会保障的缴纳包括在他的收入（他必须根据收入缴纳所得税）之中，雇主对社会保障的缴纳却不必。此外，如果一个人为不止一个雇主工作且缴纳的社会保障税超过了最高限额，他就可以要求超额部分退税，但是雇主没有被赋予任何退税的权利。

[3] 相反，完全竞争企业必须接受已定的市场价格，但是它可以以该价格销售任意数量的产品。其边际收入就是市场价格。

[4] 在需求曲线是线性的情况下，

$$p=a-bQ$$

价格和产出线性相关。收入 pQ 通过下式给定：

$$pQ=aQ-bQ^2$$

因此边际收入 MR 为

$$a-2bQ$$

它等于边际成本加上税收：

$$a-2bQ=MC+t$$

或

$$2a-2bQ=2p=a+MC+t$$

或

$$p=\frac{a+MC+t}{2}$$

因此，如果 t 增加了，例如 2 美元，p 就提高 1 美元。

［5］这个公式具有一般性。就不变弹性需求曲线而言，η^d 保持不变。为了推导该公式，我们回忆一下边际收入是多生产 1 单位产品得到的额外收入。收入只是每个单位产品的价格 p 乘以产品销售量 Q。这样，当企业多销售 1 单位产品时，得到 p，但如果还要再多销售产品，它就必须将以前的价格水平降下来。用 Δp 表示价格的变化，对于所有的销售量 Q，企业每销售 1 单位产品，都要亏损 Δp。因而，净利润是

$$MR=p+\Delta p\cdot Q=\left(1+\frac{\Delta p}{p}\cdot Q\right)$$

回忆一下，

$$-\frac{\Delta Q/Q}{\Delta p/p}=-\frac{Q\text{ 的变化 }/Q}{p\text{ 的变化 }/p}$$

正好是价格的百分比变化引起的销量的百分比变化，即需求弹性。

这里，数量的变化就为 1，即 $\Delta Q=1$，从而我们可以重新写为：

$$-\frac{\Delta p}{p}\cdot Q=-\frac{\Delta p}{p}\cdot\frac{Q}{\Delta Q}=-\frac{\Delta p/p}{\Delta Q/Q}=\text{需求弹性}=\eta^d$$

因此，

$$MR=p(1-\frac{1}{\eta^d})$$

［6］如果有继承和遗产，对工资加继承的课税就等价于对消费加遗产的课税。这些要求存在完全资本市场的等价关系即使有风险也成立。参见 A. B. Atkinson and J. E. Stiglitz，*Lectures on Public Economics*，New York：McGraw-Hill，1980，Lecture 3.

［7］这可以从稍有不同的方式中看出来。一个人的储蓄（借款）是第一期工资与消费的差：

$$w_1-C_1$$

这样，第二期消费就是第二期的工资收入加上有息储蓄（减去借款以及利息）：

$$C_2=w_2+(1+r)(w_1-C_1)$$

整理各项，得

$$C_1(1+r)+C_2=(1+r)w_1+w_2$$

两边同时除以（$1+r$），就可以得到正文中给出的预算约束形式。

［8］对平衡预算归宿的许多关注都与宏观经济运行结果有关。降低税收或者增加支出会导致总需求水平扩张，除非用较为紧缩的货币政策来对冲。当今，大部分税收和支出归宿分析都假定货币当局会采取对冲行动，以保持经济处于充分就业状态。当然，这些对冲行动具有分配效应和其他一般均衡效应。因此，对任何一组税收或支出政策的归宿所作的完整分析都需要考虑货币当局对冲行动的后果。

[9] 下面的分析根据实际税收与年度收入之比考虑到了累进性。更适当的衡量标准应是终身税收与终身收入或消费之比。区别是重要的。可以用年度标准来衡量可能看来具有累退性的税收政策，对它的改变，若以更根本性的衡量标准来看，可能就不是这样了，正如我们会在后面各章中所看到的。

[10] 州和地方销售税往往是固定税率的，但它们只是对特定商品的购买课税。富人花在这些商品的支出占他们收入的份额要比穷人的低；在食品免税的州，支出占收入比例最高的是中等收入的个人。

[11] 低于课税上限时，工薪税是工资收入的固定百分比。因此，高工资的人所缴纳的税只是他们工资收入的一部分；同时，由于富人的收入通常只有一小部分来源于他的工资，所以他们缴纳的工薪税在其总收入中只占很小的比例。然而，对社会保障制度是否具有累退性的解释，出现了颇有争议的结果，因为我们需要考虑到的不仅是缴纳情况，还有受益情况。从历史上看，正如我们在第 14 章中所看到的，与穷人相比，富人拿回来的要远多于他们缴纳的。不过从当前看，在社会保障缴款与其支出之间存在密切的相关性，当然穷人除外，他们拿回来的要多于他们缴纳的。

[12] 国际资本流动的增加表明，与图中反映的情况相比，更多的公司所得税负担落在消费者身上，更少的落在资本身上。在这种情形下，整体累进程度要比所描绘的低。

由于社会保障金与社会保障缴款大体相当，所以为社会保障制度而课征的净税收只与它的再分配有关，从而低收入人口所得到的稍多于他们所缴纳的，高收入人口所得到的就会稍少一些。图 18.13 只描述了工薪税的情况，而没有描述社会保障金的情况。

第 19 章　税收与经济效率

所有课税都影响经济行为。课税可以将资源从个人手中转移给政府。这样一来，人们都不得不以某种方式改变他们的行为。如果他们不调整他们的工作量，他们就必须降低消费。他们也许工作得更多，这样就减少了闲暇时间；由于增加了工作量，故他们需要降低的消费就会减少。

无论个人怎么调整，税收的增加必定使得个人的境况变糟。[1]不过，对于征收的每一美元税收收入，一些税种所减少的个人福利要小于其他的税种。税收政策涉及的是在课征的税收收入给定的情况下，制定什么样的税收结构才能使福利损失最小化——虽然还要实现第 17 章所探讨的其他税收政策目标。本章分析福利损失的决定因素；第 20 章将用这些分析结果阐释最适课税的基本原理。

本章分为 6 节。第 1 节分析消费品（如啤酒）的税收效应。在定性分析了税收效应后，第 2 节说明如何对税收扭曲进行量化。第 3 节分析与对生产者课税有关的无效率。第 4 节和第 5 节说明同样的原理如何才能适用于对储蓄收益和工资的课税。第 6 节将探讨对劳动供给的税收效应进行量化的各种尝试。

19.1　消费者承担的税收效应

我们从消费者负担全部税负这个最简单的例子开始分析。假定一个人的收入是固定的，他可以选择购买两种商品——苏打水和啤酒。他的预算约束线是图 19.1 中的 SB。SB 给出了他可以购买的苏打水和啤酒的各种组合。如果他将所有的收入用于购买苏打水，他能购买到的数量

就是 S；如果他将所有的收入用于购买啤酒，他能购买到的数量就是 B。

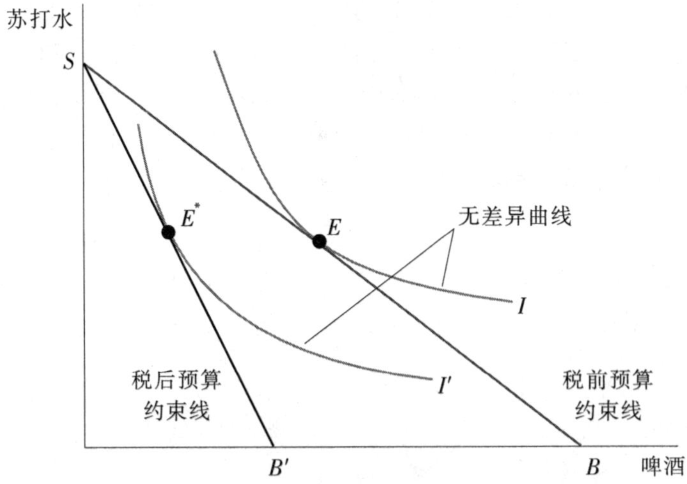

图 19.1　对啤酒课税后的均衡

税收效应是使预算约束线下移，从而均衡从 E 变为 E^*。

假设政府对啤酒课税。税收效应会是什么？（在这一节我们将假定消费价格的上涨幅度等于全部税额，即消费者负担全部税负。如果啤酒和苏打水的供给曲线是无限弹性的，就会出现这种情形，如同我们在第 18 章中所指出的。）对啤酒课税会使预算约束线移到 SB'。如果这个人愿意，他还可以将所有收入用于购买苏打水，得到 S 单位的苏打水。但是，啤酒现在变得更贵了，因此他用其收入购买的啤酒会减少。

最初，这个人通过在预算约束线上选择 E 点来分配他的收入。该点是预算约束线和无差异曲线的切点。在课税后，新的均衡出现了，位于 E^* 点。与 E 相比，此人在 E^* 处消费的啤酒减少了。

19.1.1　替代效应和收入效应

课税减少了这个人的啤酒消费量，原因有二。第一，对啤酒课税——像任何课税或收入损失一样——会使得他的境况变糟，因为能留给他花的钱减少了。通常，当个人的境况变糟时，他就会减少对所有商品的消费。他因境况变糟而减少的课税商品消费量就被称为税收的**收入效应**（income effect）。第二，课税使得啤酒价格高于其他商品。当一种商品变得相对昂贵时，人们就会找别的商品来替代它。因相对价格提高而减少的课税商品消费量就是**替代效应**（substitution effect）。

图 19.2 描述了如何将从 E 到 E^* 的移动——降低啤酒消费量——分解为收入效应和替代效应。我们首先要问，如果我们从个人那里拿走收入，使他处于新的更低的无差异曲线上，但同时没有改变相对价格，啤酒消费量如何减少？预算约束线 $\hat{S}\hat{B}$ 反映了这种改变，该线和最初的预算约束线平行（意味着价格相同），但与无差异曲线 I' 相切于 $\hat{E}$。啤酒消费量的相应下降就是收入效应。

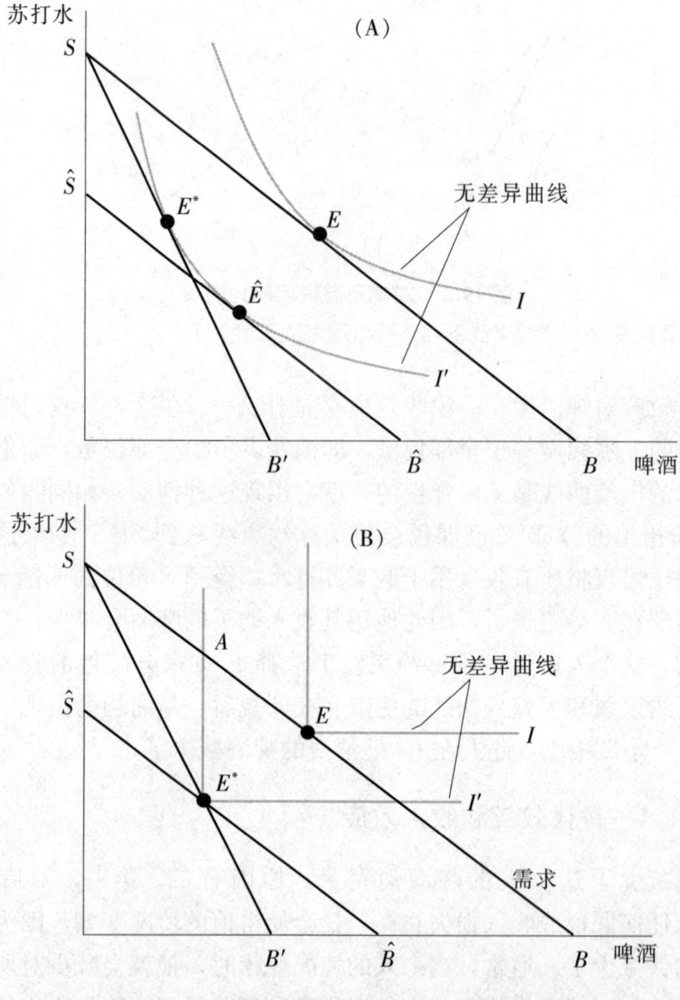

图 19.2　对啤酒消费课税的收入效应和替代效应

图（A）将从 E 到 E^* 的移动分解为收入效应和替代效应。从 E 到 $\hat{E}$ 是收入效应，从 $\hat{E}$ 到 E^* 是替代效应。图（B）中的无差异曲线呈 L 形，表示无替代效应的情形。

从 E 到 E^* 的移动以及啤酒消费量的相应下降就是替代效应。它表示**仅因为相对价格的变动而引起的**消费下降。

在对啤酒课税一例中，收入效应和替代效应的作用方向一致：随着我们从 E 到 $\hat{E}$ 再到 E^* 的移动，啤酒消费量将持续下降。

决定替代效应的大小。替代效应的大小取决于用其他商品替代课税商品的难易程度。这反映在无差异曲线的形状之中。如果无差异曲线相对平坦，替代就是容易的，从而替代效应就是大的。[2] 图 19.2（B）描述了无差异曲线为 L 形时，无替代效应的极端情形。

19.2　对税收扭曲的量化

任何课税都必定影响消费。毕竟，课税的目的是要将购买力从个人那里转移给政府。每个人都不得不减少对某些商品的消费。效率高的课税可以将课征单位税收收入所产生的福利损失最小化。第 17 章中介绍了一次总付税的概念，该税是个人不管做什么都必须缴纳的税收。这样的一种税只是让预算约束线平移，如图 19.3 所示。图中，我们用横轴表示啤酒支出，用纵轴表示其他商品支出。这样，表示个人无啤酒消费的 Y 点衡量的是此人的税前收入；Y' 点衡量的是此人的税后收入；垂

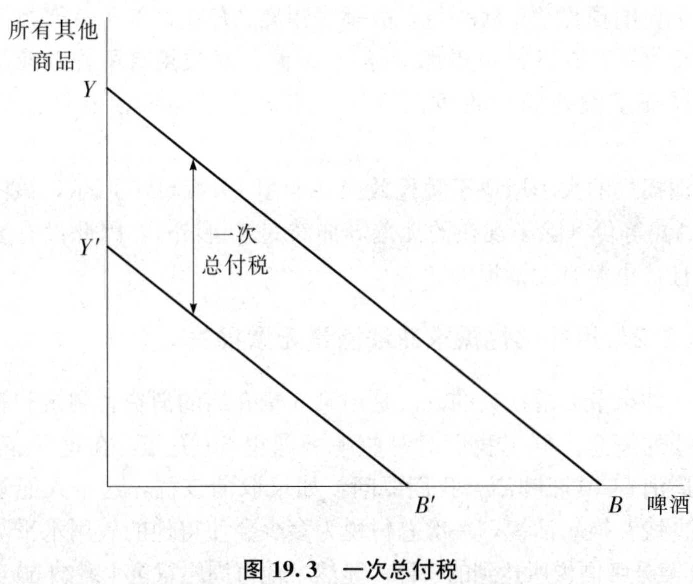

图 19.3　一次总付税

两条预算约束线之间的纵向距离衡量了一次总付税的大小。

直距离 YY' 衡量的是一次总付税。预算约束是

啤酒支出+所有其他商品支出=收入－一次总付税

其中，啤酒支出$=P_BB$，即啤酒价格乘以所购啤酒的数量。

通过询问对于同样的税收收入，对啤酒课税与一次总付税相比，个人的境况变糟了多少？我们可以对任何课税（如对啤酒课税）的效应与一次总付税的效应作比较。福利的额外损失称为**无谓损失**（deadweight loss）。等价地，我们可以问：对于同样的个人福利效应，有多少额外税收收入来自课征一次总付税？或对啤酒课税**减少**了多少税收收入？两者的税收收入之差便可以衡量得到课税的无谓损失的大小。

19.2.1 用无差异曲线衡量无谓损失

图 19.4 比较了对啤酒课税与一次总付税的效应。对啤酒课税会使个人预算约束线发生转动，从 YB 变到 YB'。该税所课征的税收收入是税前预算约束线与税后预算约束线之间的垂直距离。显然，当不消费啤酒时（Y 点），就没有税收收入。啤酒消费越多，税收收入就越大。课征的税收收入是 AE^*。

对效用有相同效应的一次总付税会使预算约束线从 YB 移动到 $Y'\hat{B}$，均衡现在是 $\hat{E}$。课征的税收收入仍然是新旧预算约束线之间的垂直距离——这表示为使个人停留在同样的无差异曲线上而必须拿走的所得额。鉴于新旧预算约束线平行，故垂直距离 $\hat{A}\hat{E}$ 正好等于 AF。（平行线之间的垂直距离在任何位置都一样。）因此，**对效用有同样效应的一次总付税课征了额外的税收收入** E^*F。E^*F 就是与该税有关的无谓损失额。

无谓损失的大小取决于替代效应。如图 19.4（B）所示，该图与图 19.4（A）等价（除了现在的无差异曲线是 L 形外），因此没有替代效应，而且，也没有无谓损失。

19.2.2 用补偿性需求曲线衡量无谓损失

另一种衡量无谓损失的方式是用第 5 章介绍的消费者剩余和补偿性需求曲线的概念。假定我们对每瓶啤酒课税 30 美分，在这一条件下，个人每周消费 10 瓶啤酒。我们要问：如果取消该税，这个人愿意交给政府多少钱？换句话说，一次总付税为多少会使得他的效用水平与其要缴纳 30 美分啤酒税所达到的一样？显然，他每周愿意至少缴纳 30 美分×10 的税。这样课税带来的额外税收收入就是与实施扭曲性税制有关

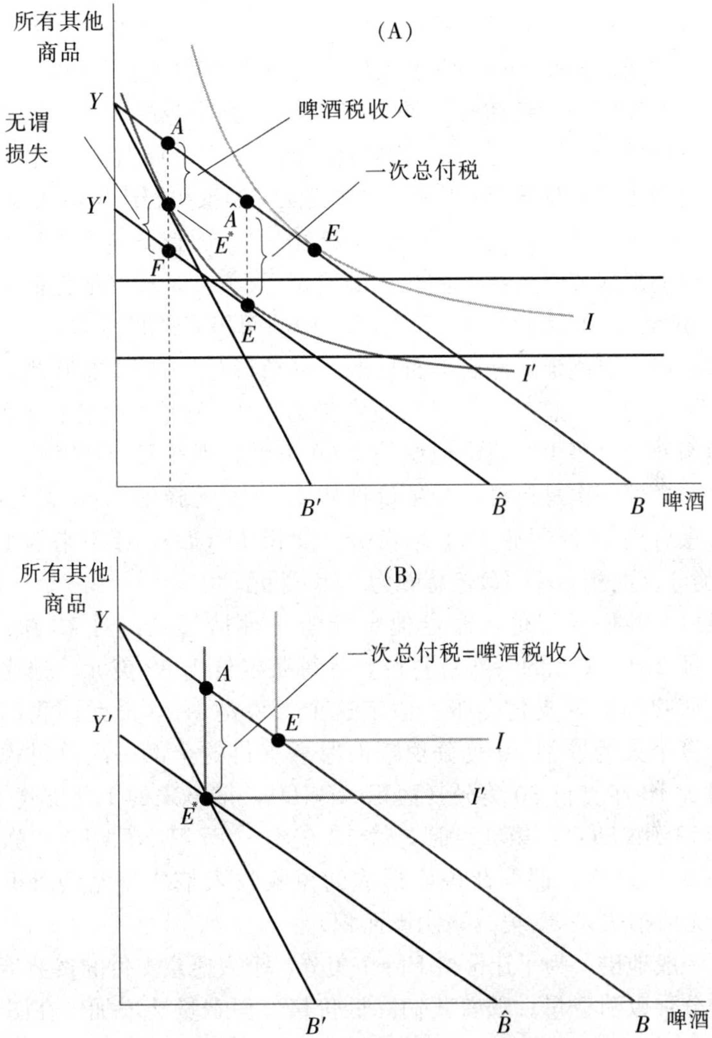

图 19.4　用无差异曲线衡量无谓损失

个人选择的啤酒消费量位于其无差异曲线与预算约束线相切处。对啤酒课税会使预算约束线发生转动。一次总付税会使预算约束线平行下移。图 (A)中，一次总付税课征的额外收入是 E^*F。图 (B)中，当没有替代效应时，对啤酒课税就没有无谓损失；一次总付税和对啤酒课税所课征的税收收入相同。

的无谓损失。

我们现在来说明怎样用消费者的补偿性需求曲线计算无谓损失。补偿性需求曲线假定，由于价格下降，通过使他处于同一条无差异曲线的方式将其所得拿走，可以给出这个人的啤酒需求。我们利用无差异曲线，原因是我们希望知道，利用非扭曲性课税，我们可以多得到多少税收收入，并仍能使个人的境况和实施扭曲性课税时的境况一样好。

假定一瓶啤酒的最初价格是 1.50 美元，其中包括 30 美分的税额，一个人一周消费 10 瓶。然后，我们会问他，为了一周消费 11 瓶，他愿意额外付出多少？他愿意只支付 1.40 美元。如果我们让税额从 30 美分降为 20 美分（啤酒价格从 1.50 美元降为 1.40 美元），这个人愿意以一次总付税的形式支付给我们的总税额便是 10 美分×10（他先前购买的数量），或者 1.00 美元（图 19.5（A）中的面积 *FGCD*）。

现在我们要问他，假定他身处的一种情形是：对 11 瓶啤酒，我们课征 1 美元的一次总付税，且每瓶定价为 1.40 美元。他愿意为额外 1 瓶啤酒额外支付多少？假定他说是 1.30 美元。现在我们计算这个人愿意支付的全部一次总付税，如果价格从 1.50 美元降到 1.30 美元的话。他会愿意对头 10 瓶每瓶支付 20 美分（面积 *JKCD*），接下来的 1 瓶支付 10 美分（面积 *GKLH*），总额为 2.10 美元。

最后，我们要问他，假定他身处的一种情形是：对 12 瓶啤酒，我们课征 2.10 美元的一次总付税，且每瓶定价 1.30 美元。他愿意为额外 1 瓶啤酒额外支付多少？假定这个人说是 1.20 美元。我们现在可以计算个人为取消 30 美分税额而愿意支付的全部一次总付税。他愿意对头 10 瓶支付 30 美分（面积 *ABCD*），接下来的 1 瓶支付 20 美分（面积 *BNHG*），第 12 瓶支付 10 美分（面积 *NRML*），总额为 3.30 美元。这样，课征此税而形成的税收收入是 3 美元（面积 *ABCD*）。无谓损失是 30 美分（阴影面积）。

更一般地讲，为了让价格下降 1 美分，个人愿意支付的钱数恰好等于 1 美分乘以消费量。随着我们降低价格，消费量会增加。在图 19.5（B）中，为了让价格从 *D* 下降到 *A*，个人愿意支付的钱数是面积 *AECD*，这考虑到了因降价税后消费量的变化。就此而言，*ABCD* 是税收收入（税收 *AD* 等于 *BC* 乘以消费量 *AB*）。因此，无谓损失，即二者之差，正好是三角形 *ABE*。图 19.6 说明，税率翻倍时，无谓损失将超过 2 倍。

图 19.7 说明，对于给定税率，需求曲线越平坦（或更准确地说，更有弹性），无谓损失越大。（记住，需求曲线弹性给出了价格变化 1% 带来的需求变化的百分比。）

现在我们开始更精确的深入分析。

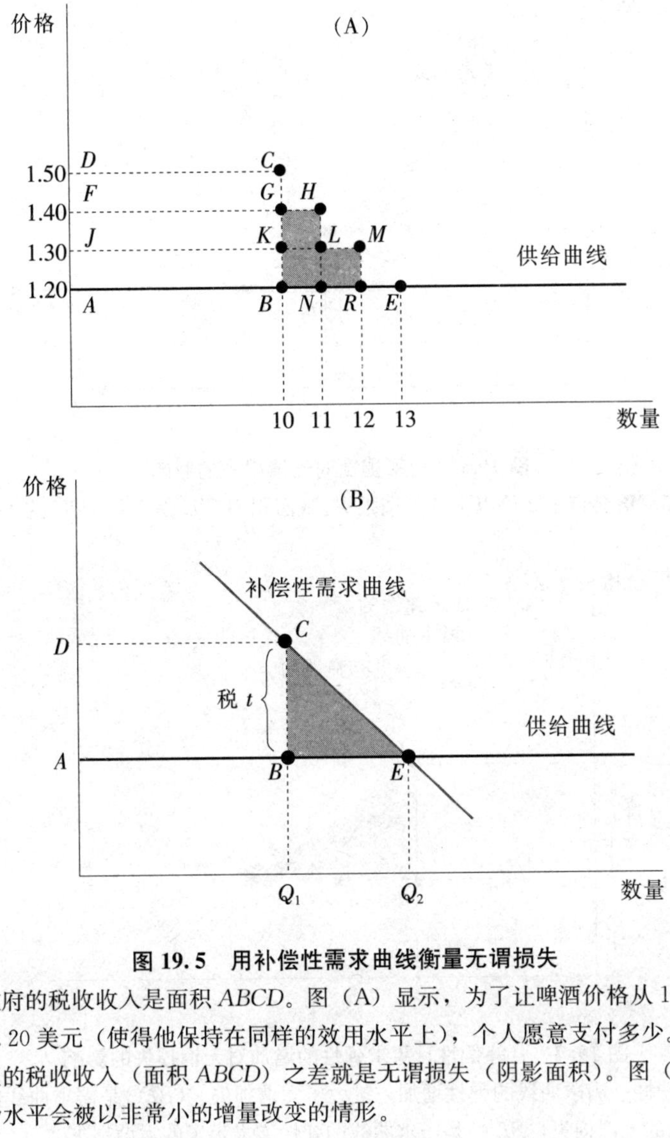

图 19.5　用补偿性需求曲线衡量无谓损失

政府的税收收入是面积 *ABCD*。图（A）显示，为了让啤酒价格从 1.50 美元降到 1.20 美元（使得他保持在同样的效用水平上），个人愿意支付多少。该数量与课征的税收收入（面积 *ABCD*）之差就是无谓损失（阴影面积）。图（B）描述了消费水平会被以非常小的增量改变的情形。

19.2.3　计算无谓损失

回到图 19.5，我们用补偿性需求曲线衡量无谓损失。三角形的高等于税收。*BE* 是因课税而带来的数量变化。记得需求弹性给出的是价格变化 1%带来的数量变化的百分比，即

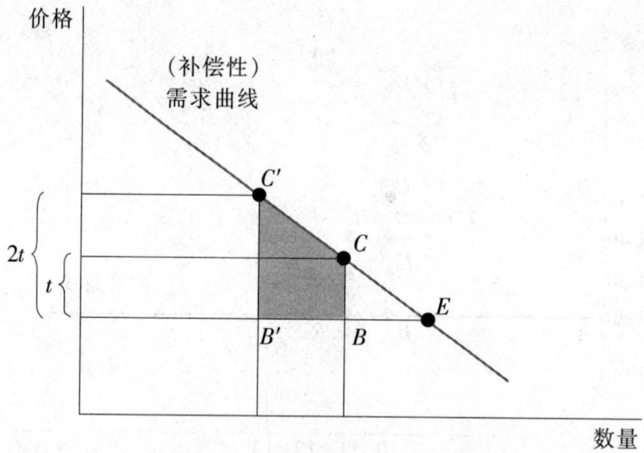

图 19.6　税率提高对无谓损失的影响

税率翻倍会带来 2 倍以上的无谓损失。（面积 $B'C'E$ 是面积 BCE 的 4 倍。）

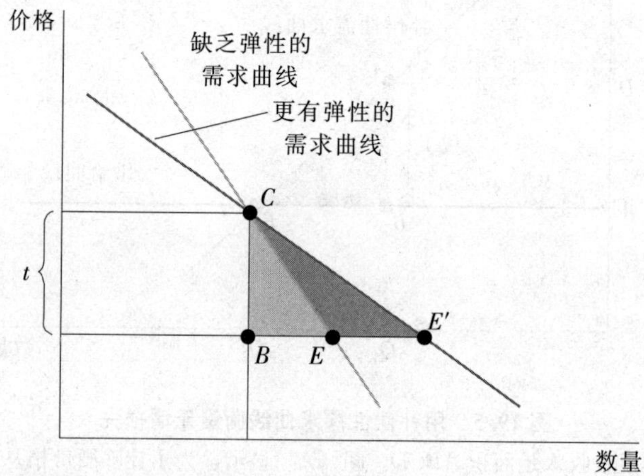

图 19.7　（补偿性）需求弹性的增加对无谓损失的影响

（补偿性）需求曲线的弹性增加，扩大了无谓损失。（BEC 是需求曲线的弹性减少带来的无谓损失，$BE'C$ 是需求曲线的弹性增大带来的无谓损失。）

$$\eta=\frac{\Delta Q/Q}{\Delta p/p}$$

式中，符号 ΔQ 表示数量的变化，符号 Δp 表示价格的变化。符号 Δ 是（大写的）希腊字母“Delta”，习惯上用于表示变化。符号 η 是希腊字母“eta”，习惯上用于表示需求弹性。重新整理，我们可以将数量变化写作

$$\Delta Q=\frac{\Delta p}{p}Q\eta$$

这个等式通常解释为，价格变化越大，需求弹性越大，数量变化就会越大。不过，价格变化正好是单位税收 t。这样，代入上式，我们可以得到：

$$BE=\frac{t}{p}Q\eta$$

现在三角形 BCE 的面积等于

$$\begin{aligned}\frac{t\cdot BE}{2}&=\frac{1}{2}\,\frac{t^2}{p}Q\eta\\&=\frac{1}{2}\left[\frac{t}{p}\right]\left[\frac{t}{p}\right]pQ\eta\\&=\frac{1}{2}\hat{t}^2\,pQ\eta\end{aligned}$$

式中，$\hat{t}\equiv\frac{t}{p}$是税率，即税收与价格之比。

无谓损失的决定因素。以上公式给出了无谓损失的两种主要决定因素。无谓损失与税率的平方成正比。因此，高税率带来的税收扭曲比低税率严重得多。

无谓损失与**补偿性需求曲线的弹性**成正比。[3]后者恰是起先认定为无谓损失重要决定因素的替代效应。当无差异曲线非常平坦时，补偿性需求曲线的弹性就大——即价格百分比的微小变化会导致消费的巨大变化。（请记住，补偿性需求曲线只是描述了沿无差异曲线的移动，因为根据定义，要让个人仍维持在同样的无差异曲线上，就需要给他们以补偿。）许多被课征消费税的商品具有相对低的需求弹性，以至无谓损失相对较小。例如，据估计，10％的民航机票税导致的无谓损失等于由此产生的税收收入的 2.5％（根据需求价格弹性估计值 0.5 计算）；8％的啤酒税导致的无谓损失等于由此产生的税收收入的 1.2％（根据需求价格弹性估计值 0.3 计算）；15％的香烟税导致的无谓损失等于由此产生的税收收入的 3％（根据需求价格弹性估计值 0.4 计算）。

税收的无谓损失

课税的无谓损失和替代效应（或补偿性需求曲线的弹性）的大小与税率的平方成正比。

19.3　生产者的税收效应

迄今为止，本章关注的是消费品课税的扭曲效应。我们假定供给曲线是水平的，因此全部税负就由消费者来负担。

但是，至少在短期中，大多数供给曲线是向上倾斜的。这意味着，部分消费品税负会由生产者负担。那么，除了直接税负外，会给生产者带来超额负担吗？答案是肯定的，不过供给曲线是垂直（即供给弹性为零）的特殊情形除外。

考虑供给曲线是如何构建的。对于每一个价格，企业直至价格等于边际成本时才停止生产。如果供给曲线向上倾斜，边际成本会随产量的增加而上升。供给曲线和价格之间的面积衡量的就是**生产者剩余**（producer surplus），这正好是收入与全部可变成本的差。因此，面积的变化可以衡量利润的变化。

考虑图 19.8（A）所示的例子。随着价格从 1 上升到 4，产出从 1 上升到 4，利润会发生什么变化？第一个单位的产出成本为 1 美元；第二个为 2 美元；第三个为 3 美元；第四个为 4 美元。如果我们为每个单位都支付给企业 4 美元，这样，它生产 4 个单位。生产第一个单位时可以得到高于边际成本的 3 美元，依此类推，第二个单位得到 2 美元，第三个单位得到 1 美元。总利润是 3＋2＋1＝6 美元。课税会将生产者得到的价格降为 3 美元，因而将利润降为 2＋1＝3 美元。但是，如果每单位课税 1 美元，那么征收的税额是 2 美元，因此无谓损失为 1 美元。

图 19.8（B）更为概括地说明了这个问题。假定起初生产者得到价格 p。那么，课税会使他得到的价格降为 $p-t$。起初，他的总利润是面积 DBC。[4]现在，他的利润被降为 DGE。其利润面积的变化区域是 $EGBC$。就此变化而言，利润部分以税收收入的形式交给了政府——矩形 $EGHC$。对生产者的课税导致了生产者降低的利润超过了政府增加的税收收入。二者之差就是与课税有关的无谓损失，它就是阴影面积 BGH。换句话说，政府本可以对企业课征一次总付税，它会使价格仍为 p，使企业仍具有同样水平的利润，如同企业的产品价格为 $p-t$ 时的那样。一次总付税可以比对企业产出课税带来的税收收入高 BGH。

显然，供给曲线越陡（越无弹性），无谓损失就越小。特别是，我们可以像以前那样指出，对小额而言，无谓损失与税率的平方和供给弹

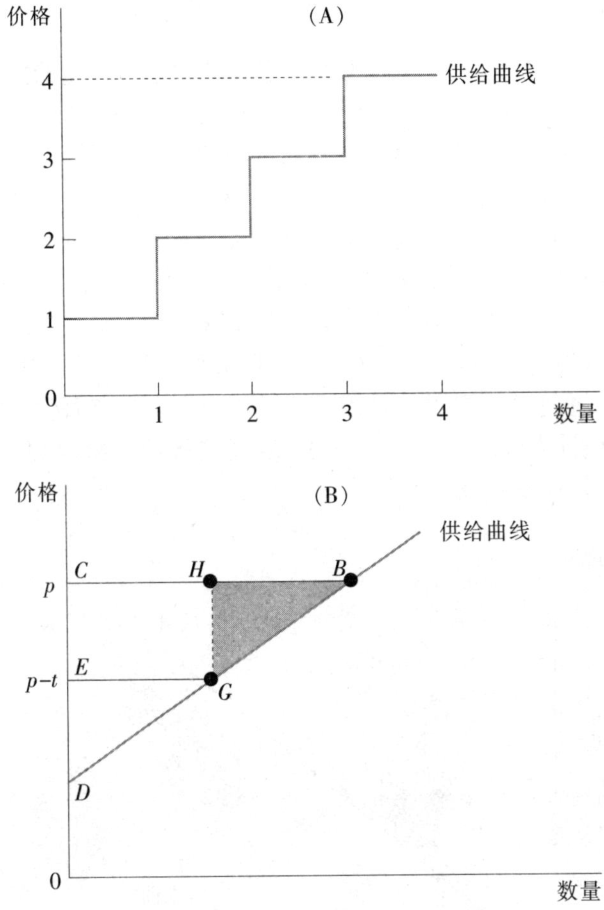

图 19.8　对生产课税的无谓损失

BGH 衡量的是对生产课税的无谓损失。

性成正比。

同样的分析也适用于对生产中所使用产品的课税。例如，假定我们对某个行业（汽车）的投入品课税，例如钢铁。我们就会问：我们对该行业课征什么样的一次总付税，才会使其对利润的效应与对钢铁课税的效应一样?[5]一次总付税所课征的税收收入与对钢铁课税所课征的税收收入之差就是该税的无谓损失。无谓损失的大小将取决于替代的可能性。如果企业不能用任何其他投入品替代（甚至部分替代）钢铁，那么对钢铁课税与对产出课税就没有区别。由于对混合投入品没有扭曲效应，因此，无谓损失与混合投入品无关。

19.3.1 消费者和生产者各负担部分税负的效应

我们很容易将对生产者无谓损失的分析与对消费者无谓损失的分析结合起来。图 19.9 描述了税负由生产者（得到的价格从 p 降为 p_s）和消费者各负担部分的情形（他们所支付的价格从 p 升为 p_c）。市场需求的变化和前面一样，可以分解为两部分。从 Q 到 $\hat{Q}$ 的变化是税收的收入效应；从 $\hat{Q}$ 到 Q^* 的变化是替代效应，因为消费者是沿着补偿性需求曲线将课税商品替代掉。即在新均衡处，价格为 p_c，相对于初始均衡价格 p，消费者的境况明显恶化了。如果我们要问：他们在初始（没有税收扭曲）价格为 p，但在新的较低福利水平时能消费多少？答案是 $\hat{Q}$，该点是由通过 A 点的补偿性需求曲线与价格 p 相交而确定的。无谓损失与沿补偿性需求曲线的移动有关，若消费从 $\hat{Q}$ 下降为 Q^*，无谓损失就是三角形 ABD。

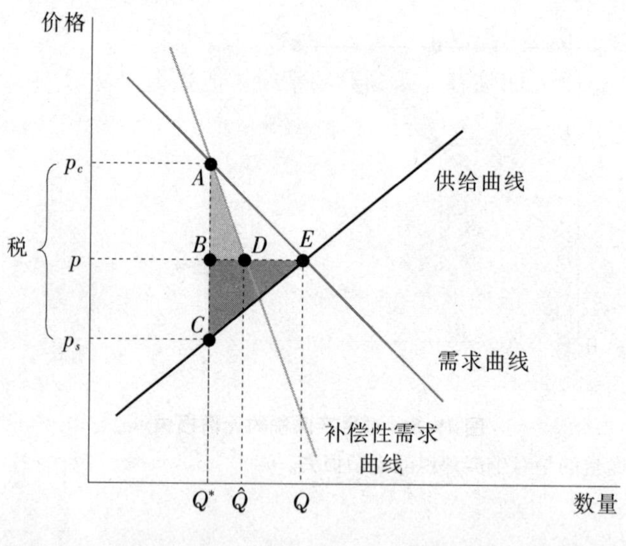

图 19.9 因消费者和生产者各负担部分税负而产生的无谓损失

消费者的无谓损失是三角形 ABD；生产者的是三角形 BCE。如果补偿性和非补偿性需求曲线一致（若需求曲线对所得的小幅变化不敏感，它们就会这样），那么总无谓损失是最大的三角形 ACE。

但是，对生产者至关重要的是从 Q 到 Q^* 的数量总变化，因此它们的无谓损失是三角形。总无谓损失是这两个三角形面积的和，而且和前述一样，取决于需求弹性和供给弹性。

19.4　储蓄课税

个人将其所得在当期和未来之间的分配，与他将其所得在不同商品之间的分配决策非常相似。

通过放弃当前的 1 美元消费，个人可以在下一期多消费（$1+r$）美元，其中 r 为利率。也就是说，如果他将钱存入银行，期末就会拿回本金及利息。这样，相对于今天的消费而言，$1/(1+r)$ 是明天的消费价格。

如果这个人既不借款，也不储蓄，他就只能根据两期中所赚得的全部工资安排消费。我们将初期的工资定义为 w_0，下一期为 w_1。假设 w_0 和 w_1 对应于图 19.10 中的 W 点。通过借款，这个人可以在当前消费得更多，但是以减少下一期的消费为代价。通过储蓄，他可以在下一期消费更多，但是以减少当前消费为代价。

因而，这个人面临着一条预算约束线。他要么今天消费 $\overline{C}$ 单位，要么明天消费（$1+r$）$\overline{C}$ 单位，或者将消费的数量定为 $\overline{C}$ 和（$1+r$）$\overline{C}$ 两点连线上的任意一点，如图 19.10 所示。他在当期消费和未来消费之间有一组无差异曲线，正如个人消费啤酒和苏打水的选择；每条无差异曲线可以给出在同样的效用水平下其现在和未来消费的组合。这个人愿意减少当前的消费，以换取未来消费的增加。由于他的现期消费越来越少，所以他就越不愿意作出更多的放弃；此外，由于他的未来消费越来越多，所以从额外每一单位未来消费中得到的额外利益就越来越少。这样一来，为补偿个人减少当期一单位消费而需要增加的下一期消费数量就会越来越大。这就是为什么无差异曲线有图中所描绘的形状。个人选择的消费组合是其预算约束线与无差异曲线相切的 E 点。

图 19.10（A）描述了这样一种情形：个人希望在第一期的消费低于工资收入，从而将余钱储蓄起来；而在图（B），个人希望在第一期的消费多于工资收入，收不抵支部分靠借款解决。

现在考虑对利息所得课以税率为 t 的税收效应。（我们假定，如果利息所得为负值，即个人是借款人，则有负的税收；换句话说，借款人可以从政府那里获得收入。）对于储蓄者，第一期消费低于（税后）第一期工资收入，税收同时具有收入效应和替代效应。因为个人境况变糟，故他通常会减少两期中的消费。因此，收入效应会导致更低的当期

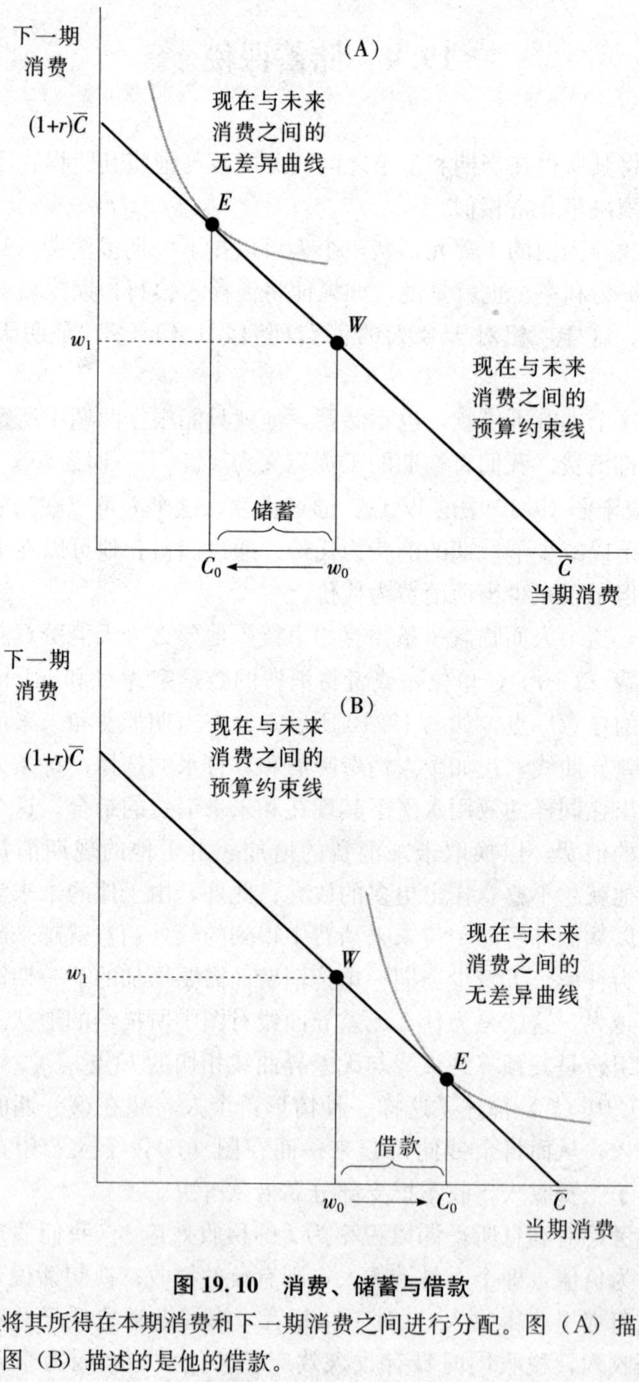

图 19.10　消费、储蓄与借款

个人将其所得在本期消费和下一期消费之间进行分配。图（A）描述了他的储蓄，而图（B）描述的是他的借款。

消费。(请记住：储蓄就是第一期税后工资收入与第一期消费的差。)但是由于这个人从延期消费中得到的是更低的回报，故替代效应抑制了未来消费，而鼓励了当期消费；这就会导致个人减少储蓄。对当期消费——从而对储蓄——的净效应是不明确的。如果替代效应足够大，储蓄就会减少。

如果替代效应和收入效应正好相互抵消，储蓄不变，就意味着税收是非扭曲性的吗？不是，因为只有当税收可以使得个人沿着其无差异曲线在当期和未来消费之间进行替代时，税收才是扭曲性的。

图 19.11 描述了利息所得税的收入效应（从 E 变为 $\hat{E}$）正好为替代效应（从 $\hat{E}$ 变为 E^*）所抵消的情形。因此，储蓄 w_0-C_0 在税前与税后都一样。但是，第二期消费存在大量的扭曲。

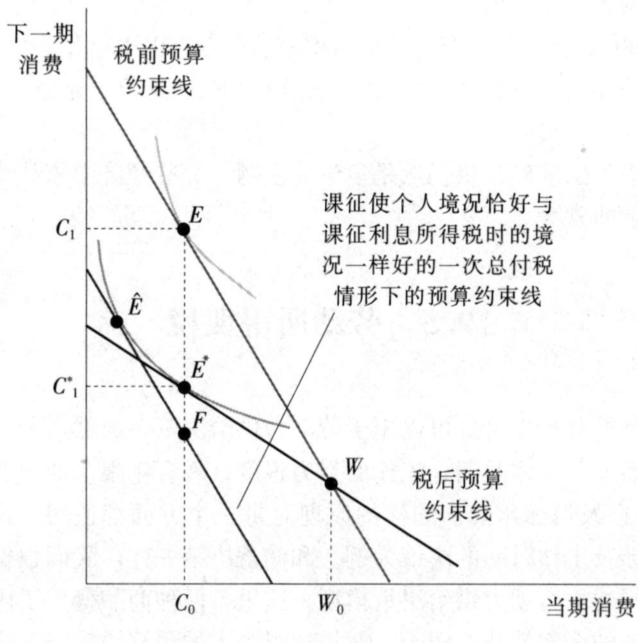

图 19.11　利息所得税效应

在第一期中，利息所得税的收入效应正好为替代效应所抵消。不过，无谓损失 E^*F 仍然存在。

我们可以比较利息所得税和一次总付税（使预算约束线向下平移）的效应。一次总付税，就对个人效用的任何给定效应而言，会带来更多的税收收入（无谓损失是 E^*F），或者对于任何给定水平的税收收入，与利息所得税相比，课征一次总付税会使个人境况更好。税收扭曲的大小取决于替代效应的大小，而替代效应反过来又取决于当期消费和未来消费是如何替代的。

19.4.1 对利息所得税效应的量化

大部分经验估计表明，替代效应略大于收入效应，因此利息所得税对储蓄略有负效应。虽然从一个角度看，这是好消息——税制不应使储蓄减少太多——而从另一个角度看，它是坏消息：政府不可能通过税收激励鼓励更多的储蓄。

当然，净效应小的事实并不意味着扭曲效应小。这取决于替代效应的大小。但是，由于大多数美国人只是将他们所增加的收入中的相对一小部分用于储蓄，故收入效应相对小一些，这意味着替代效应也相对较小（由于两者互相抵消）。

如同我们已指出的，扭曲效应与税率的平方成正比。由于大量储蓄是富人所为（他们面临相对高的税收），故无谓损失可能仍是显著的，即便替代弹性小。

无谓损失的准确数量仍然是争论的主题，一些经济学家认为，无谓损失实际上非常大。

19.5 劳动所得课税

同类型的分析也恰好可以用于劳动力供给决策。当然，劳动力供给有许多方面——工作时间、工作的努力程度、教育年限（加入劳动大军的年龄），以及退休年龄。同样的原理对每一个方面都适用。这里，我们以分析涉及工作时间的决策为例。和储蓄决策一样，我们根据对两种商品的选择建立劳动力供给决策模型。这里，两种商品变成了闲暇和对商品与服务的全部消费。图 19.12 描述了个人的预算约束线，横轴表示闲暇时间，纵轴表示消费（所得）。[6]工资税（和啤酒税一样）会使预算约束线发生转动。如果这个人根本不工作，他就无税可缴——他仍然一天有 16 个小时的闲暇时间（8 小时的睡眠时间除外）。若工资税税率为 50%，在任何给定的工作（闲暇）水平上，他的消费减半。则再一次出现了收入效应和替代效应。和以前一样，替代效应会使得他减少工作（享受更多的闲暇）。但收入效应使得他增加工作：当这个人变穷时，他就会减少对所有商品（包括闲暇）的“消费”。收入效应和替代效应的作用方向相反。图 19.12 显示了两种效应基本抵消的情形：对工作时间没有影响。

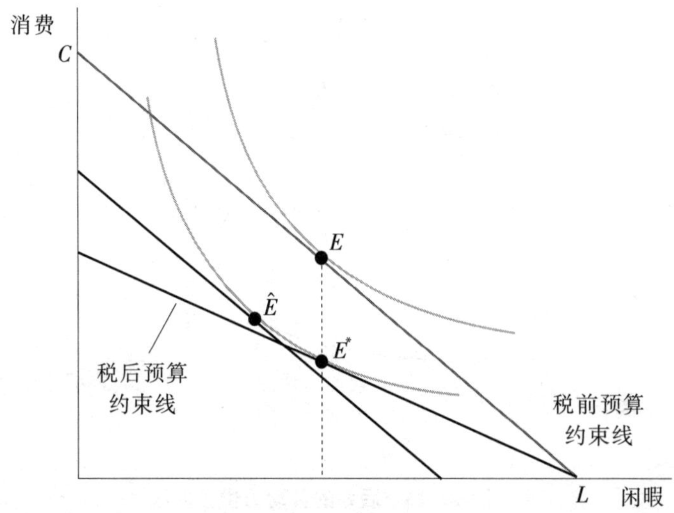

图 19.12　工资税

对劳动课税低了工作收益。替代效应会导致个人减少工作（享受更多的休闲），而收入效应会导致个人增加工作。两种效应相互抵消。

劳动力供给曲线相对无弹性的事实，即收入效应和替代效应相互抵消，并不意味着所得税不是扭曲性的。只要有替代效应，就有扭曲。图 19.13 说明了收入效应超过替代效应从而使劳动力供给曲线后弯的情形（工资较低时，个人实际上供给更多的劳动）。这种情形中的税收增加了劳动力供给。但是，即便如此，由于有替代效应，税收还是扭曲性的，即存在与税收有关的无谓损失。

19.5.1　累进税效应

本章到目前为止，我们关注了**比例税**。啤酒税是单位从量税，因此随着啤酒消费量的增加，纳税额按比例增加。利息所得税亦如此。一些工资税税种，如社会保障工薪税，就是比例税（但超过最高限额就不用纳税），但其他税则不是，如个人所得税。

劳动所得税收抵免。图 19.14 描述了课税对低工资个人（根据劳动所得税收抵免，他在低于一定收入水平时获得**工资补贴**，且在高于一定收入水平时纳税）预算约束线的税收效应。[7] 在 LA 段，新预算约束线

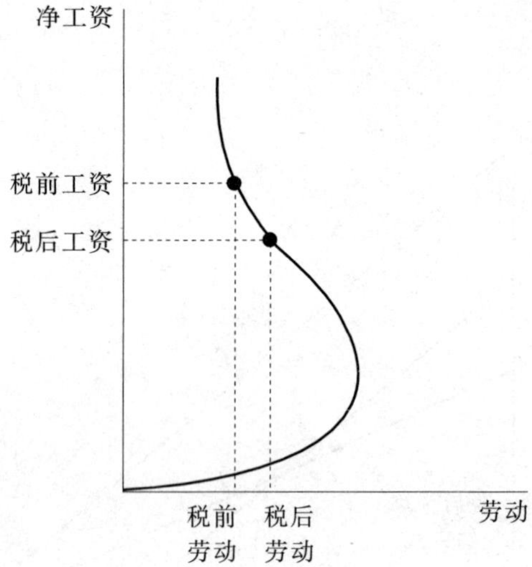

图 19.13　后弯的劳动力供给曲线

如果收入效应超过替代效应，劳动力供给曲线就是后弯的；提高工资会导致劳动供给减少。降低工资的税收（税后净值）可能实际上增加了劳动力供给。税收仍然有无谓损失。

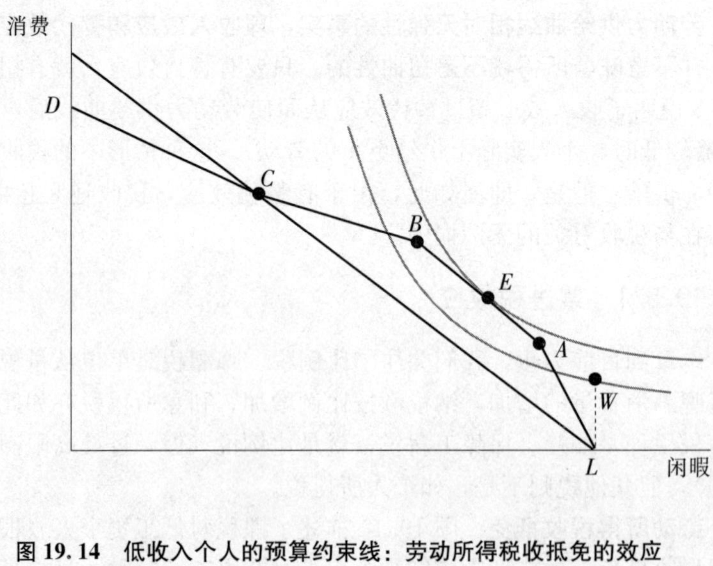

图 19.14　低收入个人的预算约束线：劳动所得税收抵免的效应

工作量很少的低工资个人面临来自劳动所得税收抵免的正的工作激励。税收抵免对工作时间和劳动力参与都有影响。

实际上比税前预算约束线 LL 更陡；在 AB 段，新旧预算约束线平行；在 BC 段，税后预算约束线更平坦。对于一个工作很少的人来说（选择 LA 段上的点），收入效应和替代效应的作用方向相反，收入效应会导致减少工作（由于个人境况变好了），替代效应会导致增加工作（由于工作收益增加了）。对于一个工作量不高不低且选择 AB 段上的点的人来说，只有收入效应：他显然要比补贴前工作得更少。对于勤奋工作的个人来说，在 BC 段，收入效应和替代效应在增强：他的境况良好，工作收益降低，因此工作的努力程度下降得更多。最后，在 CD 段，个人的 EITC（劳动所得税收抵免）收益会完全消失，他现在要缴纳所得税。这样一来，他的境况要比他无任何税收可缴或补贴可得时更糟。现在，收入效应和替代效应的作用方向相反。（导致 EITC 完全消失的 C 点会出现在税前预算约束线的左边或者右边。）

劳动力参与决策与工作时间决策。对于许多个人（在 BC 段上的人）而言，EITC 会降低工作的边际激励，但**增加了劳动力参与激励**。假定作为工作的替代，个人可以得到固定数量的福利支付，在图中用 W 点表示（此处他们享受全部闲暇）。我们画出了通过 W 点的无差异曲线。[8]显然，有了劳动所得税收抵免，本来只是满足于接受福利的个人现在宁愿工作。

大部分经济学家认为，劳动力参与决策远比工作时间决策重要。第一，属于劳动力附属物而一起出现的是教育、技能，以及有助于社会稳定的社会归属感。第二，对于许多工作，与我们已给出的说明相比，工作时间的自行决定权相当有限。[9]一周工作时间，有的是 5 天 8 小时，有的是 5 天 7 小时。的确，随着时间的推移，作为对经济力量的回应，工作时间也在调整：20 世纪上半叶，平均工作时间明显下降了；而最近，由于工资，特别是处于收入分配较低端的工资，已经无法增长，或甚至下降，所以工作时间增加了——个人在决定参加工作时，通常的处境是，无法就其是应该工作 35 个小时还是 37 个小时进行讨价还价。

高收入个人。图 19.15 分析了处于 36%的纳税档次的高收入个人的税收效应。处于 36%的纳税档次的某人面对的预算约束线由四段构成，分别代表 0、15%、28%和 36%的纳税档次。假定最初最高档是 28%。最高档的提高用预算约束线在 B 点的向下旋转表示。由于预算约束线的拐点，在休闲和工作之间有不同偏好的许多人，就会聚集在与此拐点有关的收入水平处。

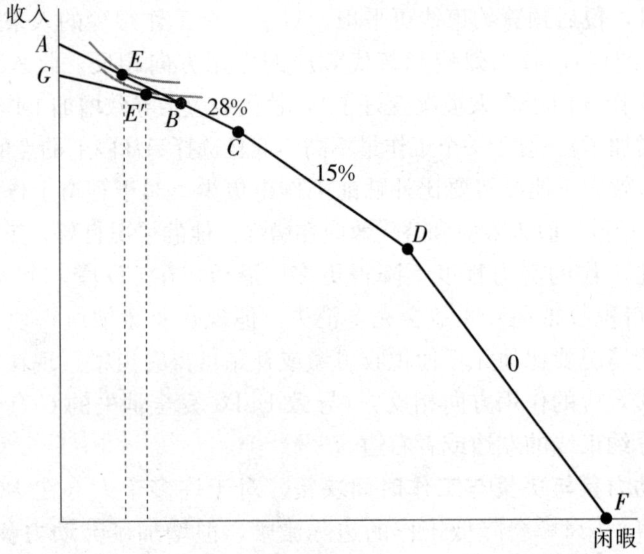

图 19.15　1993 年税制变化的影响

1993 年，较高收入个人的税率提高了。曲线 *ABCDF* 给出了初始的预算约束线，代表了 3 个边际税率：0、15%和 28%。变化后，有了税率为 36%的第四段 *BG*。起初，高收入个人选择 *E* 点。后来，他选择 *E*′点。收入效应小，因为他只就超过极高门槛的超额收入缴纳较高的税收。与收入效应相比，替代效应较大，因此个人减少了工作（享受更多的闲暇）。

对于接近拐点的那些人来说，与替代效应相比，收入效应较小，因此他们的劳动力供给被认为会下降，如图 19.15 所示。（如果所有收入所适用的税率下降同样的百分点，则收入效应大；但对于收入刚好超过所定的较高税率水平的人来说，收入效应事实上可以忽略不计。）

专栏 19.1

1993 年的税制改革

1993 年，由于政府面临着不断增加的赤字，增加税收看来必不可少。克林顿政府提议，从经济扩张和 20 世纪 80 年代减税中受益最多的人应该承担这些税收增加的冲击。只有收入最高的 1.2%的纳税人经历了税率的提高。例如，提高了收入超过140 000美元的已婚夫妇所适用的所得税税率，边际税率从大约 28%提高到 36%或 39.6%。*

批评者，例如曾担任里根政府经济顾问委员会主席的哈佛大学教授马丁·费尔德斯坦断言，鉴于劳动力供给的巨大反应，增税带来的税收收入会低于国会和政府所估计的。如图 19.15 所示，许多面临增税的人集中在 B 点附近，在此收入水平上，税率被提高了。对于这些人来说，如同我们已指出的，税收的收入效应很小，但替代效应颇大，因此，费尔德斯坦认为，劳动力供给的反应大。为了支持自己的论据，他援引了 1986 年税制改革之后的证据，这次改革降低了较高收入个人的边际税率，但来自较高收入个人的所得税收入明显提高。

但是，充分读懂证据并不容易，这也经常是事实。1986 年的税制改革也堵上了许多较高收入个人可以用以逃税的漏洞；而且，在 1983 年已经开始的经济扩张中，随着经济从第二次世界大战以来最糟糕的衰退中复苏，不平等被扩大的趋势明显——最高收入者所得的增长速度远快于中等收入者。很少有直接证据表明，因为边际税率的下降，高收入个人的工作时间更长了，也即工作更勤奋了。

结果表明，1993 年后的几年中，来自较高收入个人的税收收入远高于曾经预计的，而且实际上，这些增加的税收收入大部分用于消除 20 世纪 90 年代末期的赤字。很少有证据表明，较高收入个人已经减少了费尔德斯坦所断言的那种劳动力供给。

* 这忽略了税率也上调的老年保健医疗税（Medicare tax）。

19.5.2　次要劳动力参与

从历史上看，在有两个收入者的家庭中，其中一个是主要收入者，另一个是次要收入者，次要收入者（通常是妻子）的劳动供给反应明显不同于主要收入者的反应。这有明显的原因，特别是家中有小孩子的年份。净收入——扣除小孩抚养费（如果她不工作就不必负担这些费用）和上下班交通费等之后——可能远远低于毛收入。这样，如果 1997 年一个妇女的年收入为 15 000 美元，小孩抚养费是 5 000 美元，那么她的净收入只有 10 000 美元。她所适用的税率由家庭收入，包括她丈夫的收入决定。如果她丈夫的收入超过了 56 050 美元，她的所有收入就要适用税率为 28%（或者更高）的所得税。（这忽略了工薪税和各种州税。）但是，将她的总收入所适用的 28%的税率转换为她的净收入所适用的 42%的税率，她参与劳动力队伍的激励将大幅下降。相应地，次要收入者在他们的劳力参与中会对税率变化表现出相当大的敏感性。

19.6　衡量劳动力供给的税收效应

从理论上讲，对工资课税的效应是不确定的，这个事实使得设法从经验上确定其效应到底如何的努力变得非常重要。这个领域的研究广泛，并取得了重要的（但有争议的）结果。研究这些问题所采用的方法主要有两种：利用市场数据的统计分析法和实验法。[10]

19.6.1 利用市场数据的统计技术

第一种方法是，采用统计技术分析个人在过去是如何对他们税后工资的变化作出反应的。一般说来，我们没有关于特定的个人是如何对工资变化作出反应的数据。相反，我们有挣不同工资的人工作多少时间的数据。挣更多工资的人的工作时间更长。从这一点上，我们就可以计算出工资对劳动时间的“平均”效应。

迄今为止，我们只是描述了一种**相关性**：一种观察到的两个经济变量之间的关系。现在我们希望用此作出**推断**——就课税导致实得工资降低作出预测或说明。为了作出这样的推断，我们必须假定：观察到拿到较高工资的人工作更多的原因是，他们因较高的工资而选择工作更多；换句话说，拿到较高工资的人基本上与拿到较低工资的人一样；唯一重要的差别是报酬的不同，正是这种差别造成了工作时间的不同。当然，还有其他重要的差别，因而更为复杂的统计分析会努力将这些差别（例如年龄、职业或性别）尽可能多地考虑进去；他们试图搞清楚，在相同年龄、职业或者性别（或者有其他共同特征的人）的人中，那些拿到较高工资的人是否就工作更多。

关于劳动力供给的大量文献表明，估计出来的劳动力供给弹性取决于所使用的准确的统计方法以及所采用的数据。[11]以下观点看来得到了广泛的认同（尽管不是一致同意）：

●已婚男性的劳动力供给对工资率的变化几乎没有反应。[12]

●补偿性劳动力的供给弹性似乎也较小，尽管对这个研究发现存在较多分歧。（非补偿性劳动力的供给弹性可能较小，这要么是因为对替代效应和收入效应的抵消作用小，要么是因为对替代效应和收入效应的抵消作用大。）[13]

●已婚女性的劳动力供给弹性较大，但在估计上存在较多问题。[14]

●女性家长的劳动力供给弹性介于已婚男性和已婚女性之间。

●劳动力参与决策要比边际工作小时对工资率更加敏感。[15]

●利用市场数据估计出的劳动力供给参数往往大于利用实验数据估计出的（下一节将讨论）。

这种发生在 1981 年、1986 年和 1993 年的税率大幅变化，为税收对劳动力供给的效应提供了天然的验证。

1993 年的税制变化仍得到了详细的分析。但是，每一种这些变化都是复杂的；不同的人经历了不同的税率变化，各种税收漏洞被堵上了（或者在某些情形中出现了）。虽然有证据表明 1986 年税法导致应税所得的增长速度要快于根据固定所得假定所作的预测[16]，但就原因而言，存在争论。例如，1986 年税制改革之后，变化大部分反映了税收漏洞的消除吗？或者它们在很大程度上反映了基本趋势吗？不平等的扩大导致大部分的国民收入掌握在那些适用较高税率的人手中。

布鲁金斯学会的巴里·博斯沃思（Barry Bosworth）和加里·伯特利斯（Gary Burtless）认为，所观察到的变化与税制变化虽没有什么关系，但大部分反映了基本的经济趋势。[17]虽然减税之后，劳动力供给似乎高于若过去的趋势延续下去的情形（到 1989 年，男性的工作努力程度比若 1967—1980 年的趋势延续下去的情形高出 6%；女性高出 5.4%），但对这种走向却难以作出清晰的解释。如果税制改革推动了劳动力供给的增长，我们就会有理由认为，较高收入的工人（他们经历了边际税率的大幅变化）会相应比较低收入的工人（他们受税制改革的影响较小）更多地增加劳动力供给。然而，劳动力供给增长最多的似乎是低收入的工人。[18]不管边际税率如何大幅提高，非常富有之人的所得税收入在 1993 年后继续强劲增加，这个事实与以下假设相符，即，是长期趋势和堵塞税收漏洞，而非对劳动力供给的激励效应，才导致了 1986 年税制改革后税收收入的增长。

19.6.2　实验

定量估计劳动力供给对税收变化反应大小的第二种方法是实验法。我们对这个问题感兴趣：假如我们提高或降低税率（或以某种其他方式改变税收结构），劳动力供给会有什么变化？一种方法会提出："让我们改变税收结构，看看会发生什么变化。"这可能是一种代价高昂的方法：这种改变可能对劳动力供给产生非常大的负面效应，但是，在认识到这些效应从而再一次改变税收结构之前，就可能出现相当大的破坏力（福利损失）。

那么，我们可以通过改变一小部分人口的税收结构，就能够认识到某些东西。就像民意调查只是询问一小部分样本人口（常常少于 1 000 人）就能相当准确地估计出选民在选举中将如何投票一样，小样本的反应也可以相当可靠地说明其他相似之人在面临另一种税收结构时会有怎样的反应。民意调查在获取典型样本的观点时小心翼翼——他们要确保年轻人和老年人的观点、富人和穷人的观点、熟练工人和非熟练工人的观点、已婚人士和未婚人士的观点，等等，都是具有代表性的；在对全部人口将如何投票作出估计时，他们要对人口中各种相对重要的群体进行加权处理。（当他们设法预测选举结果时，他们所分配的权重要与已知的不同群体成员的投票可能性相符。）

1968—1982 年间，一系列此类实验都试图弄清楚特别是税收结构和福利制度的变化对穷人劳动力供给的影响。由于不同人面对的是不同水平的最低年收入保证和税收结构，使得不仅有可能从理论上估计出税制变化的整体效应，还能把收入效应与替代效应相分离。这些实验结果与税收对劳动力供给的整体效应相对小的观点一致。第一个此类实验在新泽西州进行，这个实验的报告将此实验称为对那些面对另一种税收或福利结构的人与那些面对现行税收或福利结构的人之间“所存在的一般性小幅绝对劳动力供给差异作了生动的描绘”。“以相对价格来衡量，只有在平均劳动力供给相当小的妻子之间，差异才是巨大的。”[19]（在随后的年份里，妻子们的劳动力参与大幅提高，以至于这类逆向激励的总效应现在相当显著。）关于福利或税收制改变的可能效应，实验获得了一些进一步的结果。在穷人失业时，给他们提供较多的收入，会使他们花更长的时间找工作。

虽然早期的实验关注的是可供选择的其他税收—补贴方案对劳动力供给（以及相关变量，例如寻找工作）的效应，但后来的研究是，要设法弄清是否还存在其他效应。例如，在印第安纳州加里进行的一个实验发现，收入增加的家庭，他们的婴儿出生时体重（一个儿童健康指标）较高。受美国卫生、教育和福利部的资助，在华盛顿州的西雅图和科罗拉多州的丹佛进行的一个大规模实验发现，给妇女提供最低年收入保证，如同负所得税那样，可能导致家庭破裂。不过，大部分慷慨的负所得税计划，在西雅图—丹佛实验中，对离婚率的影响最小。曾经有人认为，收入保证对于离婚率有两种相反的效应：一方面，通过提高家庭购买必需品和服务的能力，可以使婚姻得以稳定；另一方面，改善非婚姻形式下的经济生存能力，又会使婚姻不稳定。根据这种理论，实验结果表明，就低保证最低年收入水平而言，第二种效应（“独立效应”）决定第一种效应。

实验意味着，在可供社会科学家利用的研究工具方面取得了重大进展。同时，实验法存在一些重大局限，这在对实验结果进行评估时需要牢记在心。

第一，**霍索恩效应**（Hawthorne effect）这一众所周知的现象，困扰着以人为实验对象的所有实验研究工作：当一个人成为实验的一部分，且知道自己的行为正得到测试时，他常常会改变自己的行为。

第二，在确保样本具有代表性方面存在一些问题。由于参与实验是自愿的，故在各类拒绝参与实验的人方面可能存在系统偏差。

第三，个人对短期变化的反应可能不同于对长期变化的反应。一方面，导致他们境况改善的临时性税收结构变化，对终身收入的影响要小于永久性税制结构变化，因此，收入效应可能被低估。另一方面，由于以上所讨论的实验经常需要人们在实验过程中面临提高税率或降低税率的情形，所以税后工资的降低或增加都是暂时的，这样一来，暂时的工资降低可能产生不同于永久性降低的效应。在没有调整成本的情形下，假定个人减少工作的幅度（增加闲暇）会超过他们在永久性工资下降时所减少的工作幅度。这样，计划减少工作时间的人（例如，考虑在不久的将来生小孩的妇女），可以利用临时获得的与高边际税率相结合的大量补贴。如果这是事实，实验对效应的估计就会高于永久性变化时所产生的效应。另一方面，调整成本可能非常高；个人了解到三年后他们才能重新得到现有的工作（这时实验已结束），他们可能就不愿意放弃现有的工作，因为他们认为，那时难以重新得到此工作。如果这些效应是重要的，实验可能低估的就不仅仅是收入效应，也包括替代效应。一些最近的实验都试图弄清因如下事实而产生的估计偏差程度，即事实是，税收结构或福利支付的变化只是暂时性的——因为向个人保证让他们在未来更长的一段时间里享有同样的税收结构或福利结构（以 20 年为限）。

在解释实验如何准确地描述了劳动力供给受税法或福利项目变化影响的程度时所遇到的最后一个重大局限与制度在决定周工作时间中的作用有关。我们早先认为，从短期看，制度实践在限制个人选择工作小时数中发挥了重要作用。但是，从长期看，这些制度实践也在变化，作为对经济环境变化的部分回应。因此，实验中的许多人对于他们的工作小时数，可能只有有限的决定权；但是，如果社会中的每一个人都遇到新的税收或福利支出结构，各种压力就可能逐渐形成，使这些制度实践发生变化，从而让这些制度实践更多地与个人偏好相一致。

这类实验的高成本和结果的不明确意味着，在早期研究中，规模大、范围广的实验很少。另一方面，较多关心的是对小规模实验项目的设计，这样一来，就可以强有力地推断出什么起作用、什么不起作用。

例如，曾经对职业培训项目和旨在促使人们放弃福利享受转而就业的项目开展了大量研究。然而，主要依靠的仍然是“自然实验”。这种实验产生于各州尝试不同项目的试验中。比如，在 1996 年福利改革之前，好几个州就已对限期性福利项目和有工作要求的福利项目进行了实验。这些实验表明，福利改革会导致福利依赖度的显著下降。预言在福利改革法律被通过后的几个月里得到了证实——福利作用的下降远不是失业率下降所能解释的。[20]

【注释】

[1] 当然，这忽略了因税收增加导致政府支出增加而可能带来的收益增加。在某种意义上，本章考察了政府项目的“成本”，这些项目的资金来源于税收，而本书前几章考察的是收益情况。整体评价要求对二者进行权衡。我们在本章也全部忽略了一般均衡效应：税前工资和价格会被假定为不受征税的影响。

[2] 更准确地讲，它取决于替代弹性，它被定义为因相对价格的百分比变化而引起的相对消费量的百分比变化。图 19.2（B）中的 L 形无差异曲线具有零替代弹性。另一个极端情形是，替代弹性无穷大的直线形无差异曲线。

[3] 回忆第 5 章，补偿性需求曲线接近于普通需求曲线。当价格上升（例如，是课税造成的）时，个人境况变糟。如果这个人以前每年购买 100 瓶啤酒，10 美分价格的上涨就会使他的境况变糟；如果我们给他 10 美元，他会得到充分补偿。补偿性价格提高的效应只是普通的直接效应加上给一个人额外 10 美元的效应。如果比尔只是将收入的 0.1%用于购买啤酒，那么额外所得会带来额外 10 美分的购买啤酒支出：在补偿性和非补偿性变化的影响之间，差异很小。

[4] 更准确地说，阴影面积衡量的是收入与总变动成本的差。为了计算利润，我们需要减去固定成本。（固定成本是只要企业经营就要发生的成本；它们与生产规模无关。）

[5] 当然，这不仅仅是来自对投入品课税的无谓损失。由于它会增加生产的边际成本，故对投入品课税会导致消费者支付的价格上升，消费者会有无谓损失。

[6] 鉴于本节的目的，我们假定没有储蓄。因此，消费等于所得。

[7] 分析简化了税法的复杂性。例如，忽略了各种州税和社会保障税。

[8] 实践中，享受福利的个人如果工作，虽然不会失去所有的福利金，但却要面对高的边际税率。通过 W 点有一条平坦的预算约束线。我们假定它平坦得足以使个人选择 W。

[9] 这种观察事实与近来对英国高收入医生的研究一致。该研究发现，虽然个体从业的医生对边际税率显示出了相当大的敏感性，但那些受雇于他人的医生则看不出来有什么敏感性。参见 Mark H. Showalter and Norman K. Thurston，“Taxes and Labor Supply of High-Income Physicians”，*Journal of Public Economics* 66（1997）：73 - 97。

[10] 早先，好几项研究都利用定性方法来解决这个问题，就只是询问个人课税是导致他们增加了工作还是减少了工作。不同反应反映了收入效应（导致增加工作）和替代效应（导致减少工作）的存在。参见 D. M. Holland，"The Effect of Taxation on Effort：Some Results for Business Executives"，*National Tax Association Proceedings of the Sixty-Second Annual Conference*，1969；and George Break，"Income Taxes and Incentives to Work：An Empirical Study"，*American Economic Review* 47（1957）：529 - 549。

[11] 例如，芝加哥大学的吉姆·赫克曼（Jim Heckman）认为，报告误差可能使男性工作时间的大幅下降模糊不清，而且也可能成为许多所观察到的实际工资下降的原因。这种计量误差也可能使劳动力供给弹性发生趋向为零的偏差。参见 James J. Heckman，"What Has Been Learned about Labor Supply in the Past Twenty Years?" *American Economic Association Papers and Proceedings*，May 1993，pp. 116 - 121。

[12] 例如，一项研究估计，（1983 年的）税制导致已婚男性的工作小时数只下降了 2.6%。参见 Robert K. Triest，"The Effect of Income Taxation on Labor Supply in the United States"，*Journal of Human Resources*，summer 1990，pp. 491 - 516。一项较早的研究利用同样的数据和模型，指出其效应颇大。参见 J. Hausman，"Labor Supply"，in *How Tax Affect Economic Behavior*，ed. H. J. Aaron and J. Pechman，Washington，D. C.：Brookings Institution，1981，pp. 27 - 72。

[13] 麻省理工学院的杰里·豪斯曼（Jerry Hausman）利用旨在获取早先描述的预算约束线中的非线性效应的方法，得到了比其他人多得多的估计值。参见以上引用的他的"Labor Supply"。他的方法受到斯坦福大学的汤姆·麦柯迪（Tom MaCurdy）的批评，麦柯迪声称，豪斯曼的方法"与其他方法所获得的估计值相比，较高的替代效应估计值或较低的收入效应估计值都是勉强得到的。这……对用来为近年来旨在降低边际税率的税制改革提供佐证的许多文献的可靠性提出了严重质疑。"参见 Thomas MaCurdy，"Work Disincentive Effects of Taxes：A Reexamination of Some Evidence"，*American Economic Association Papers and Proceedings*，May 1992，pp. 243 - 249。

[14] 参见 Thomas A. Mroz 的研究成果（被广为引用）："The Sensitivity of an Empirical Model of Married Women's Hours of Work to Economic and Statistical Assumptions"（*Econometrica*，July 1987，pp. 765 - 799）。在指出所估计的弹性因模型设定的变化而波动后，Mroz 得出结论：当采用正确的模型设定时，"诸如工资率、税收和非劳动收入等因素对已婚职业妇女的劳动力供给行为的影响较小"（p. 795）。他的分析关注的只是职业妇女，而忽略了劳动力参与决策的问题。

[15] 这要么是因为雇主所施加的约束，要么是因为工作的固定成本。

Triest 估计，尽管对工作小时数的反应小，但劳动力参与的反应足以造成美国（州和联邦）税制降低了妻子多达 30%的总工作小时数，当然这取决于采用的模型设定。参见"The Effect of Income Taxation on Labor Supply in the United States"，引自注释［12］。

［16］参见 Martin Feldstein，“The Effect of Marginal Tax Rates on Table Income：A Panel Study of the 1986 Tax Reform Act”，*Journal of Political Economy* 1-3，no. 3（1995）：551-572。

［17］Barry Bosworth and Gary Burtless，“Effects of Tax Reform on Labor Supply，Investment，and Saving”，*Journal of Economic Perspectives*，winter 1992，pp. 3-25。

［18］最低五分位组的男性增加了31％的工作小时数，而最高五分位组的男性只增加了3.2％的工作小时数；女性的相应数字分别是16.7％和11.8％（Bosworth and Burtless，“Effects of Tax Reform”）。

［19］U. S. Department of Health，Education，and Welfare，*Summary Report：New Jersey Graduated Work Incentive Experiments*，Washington，D. C.：Government Printing Office，1973。

［20］关于负所得税实验，参见 Robins，“A Comparison of the Labor Supply Findings from the Four Negative Income Tax Experiments”，*Journal of Human Resource* 20，no. 4（fall 1985）：567-582；David Greenberg and Harlan Halsey，“Systematic Misreporting and Effects of Income Maintenance Experiments on Work Effort：Evidence from the Seattle-Denver Experiments”，*Journal of Labor Economics* 1，no. 4（October 1983）：380-407；以及 Robert G. Spiegelman and K. E. Yaeger，“The Seattle and Denver Income Maintenance Experiments：Overview”，*Journal of Human Resources* 15，no. 4（fall 1980）：463-479。关于税收变化的自然实验，参见 *Empirical Foundations of Household Taxation*，ed. Martin Feldstein and James Porteba，Chicago and London：University of Chicago Press，1996：Nada Eissa，“Labor Supply and the Economic Recovery Tax Act of 1981”，pp. 5-32；and James J. Heckman，“Comment on Labor Supply and the Economic Recovery Tax Act of 1981”，pp. 32-38。

第 20 章　最适课税

在前一章，我们看到，除了一次总付税外，任何税种都有与之相联的显著福利损失（无谓损失）。这就直接衍生出两个问题：如果存在福利损失，我们何不仅课征一次总付税？假如我们要课征带有扭曲性的税，我们是否能够找到某种方式，以此来使无谓损失最小化？这两个问题一直是课税理论研究的中心。这方面的研究已经得出了一些引人注目的简单而又见解深刻的答案，这些答案可能有助于未来设计出更好的税制。

本章分为 4 节。第 1 节澄清了长期混淆税制设计探讨中的两种谬误。第 2 节描述了最适课税的基本原理，并将其应用于分析所得税结构的设计。最后两节分析商品课税。第 3 节关注的是按不同税率对消费者购买不同商品课税对实现再分配目标的有效性，第 4 节是关于对生产者课税的作用。

20.1　最适课税的谬误

在开始具体分析之前，我们需要消除两种谬误，一种提出过分简化的方法，另一种指出，世界如此复杂，以至于没什么可谈。这两种谬误误导了对税制设计的探讨。

20.1.1　计算扭曲的谬误

第一种谬误认为，我们应该只开征工资所得税。额外的税收——对商品课税（例如，香烟税或酒税）或者对储蓄课税——只是增加了扭曲量，进而扩大了经济的无效率。一种扭曲要好于数种扭曲。

如果没有与工资所得税相伴随的扭曲，该税会是最适的；那么，该税就等价于一次总付税。但是，我们在前一章指出，所得税会扭曲个人的工作决策，一种大的扭曲好于数种小的扭曲不一定是事实。我们在第19章中指出，一种税的无谓损失与税率的平方成正比。这说明，有许多小税种可能要好于一个单独的大税种。

20.1.2 曲解次优理论

在前面几章，我们描述了帕累托有效资源配置的特征。所有必需的条件很少得到满足。在这样的情形中，**次优理论**（theory of the second best）关注的是，如何在经济特征表现为一些无法被消除的重要扭曲的环境中制定政府政策。[1]这和“最优”经济状况大不相同，在这种状况中，所有帕累托效率的条件都能满足。次优分析认为，在那些可以消除扭曲的部门中消除扭曲可能是不可取的。次优理论常常被错误地解释为这样的说法，即只要存在一些扭曲，经济理论就无从可谈。这是不正确的，我们很快就会对此加以说明。经济理论告诉我们：何种情况下两种小的扭曲比一个大的扭曲更可取；何时消费和生产都存在无效率是更好的；何时生产存在无效率是更好的。次优理论告诉我们，我们不能盲目地应用最优经济学的经验。当一些扭曲存在时，找出我们应该做什么，常常是一件困难的任务，但它不是不可能的。

20.2 最适课税与帕累托效率课税

第3章介绍了帕累托效率的概念。如果不使其他人的境况变糟，就不会有人的境况得到改善，在这种情况下，资源配置就是具有帕累托效率的。同样地，在判断税收结构时，我们可以再次使用帕累托效率概念：**帕累托效率税收结构**（Pareto efficient tax structure）是指没有另外可替代的税收结构，可以使得一些人的境况变好的同时不使其他人的境况变糟。[2]如果这样一种替代性税制存在，那么现行税制显然是无效率的。

帕累托效率税收结构有许多，正如同无税情况下存在许多帕累托效率资源配置一样。在这两种情形中，没有人的境况能够在不使其他人的境况变糟的前提下变得更好。它们的区别在于分配。在鲁滨逊和星期五的两人经济中，鲁滨逊在某些帕累托效率配置中过得更好，而星期五会在其他一些帕累托效率配置中过得更好。

在第 5 章中，我们了解到，人们如何利用社会福利函数在帕累托效率资源配置中进行选择。在帕累托效率税制中进行选择亦是如此：**最适税制**（optimal tax system）是一组使社会福利最大化的各税种集合。显然，不同的社会福利函数将产生不同的最适税收结构。例如，在实际中，较为注重平等的社会福利函数（例如罗尔斯社会福利函数）可能意味着最适税收结构更具累进性，富人承担了大部分的购买公共物品的付款负担。最适课税理论的目标之一是，确定所有帕累托效率税制的一些普遍属性是否存在，即不管有什么样的福利函数，这些属性都存在。

20.2.1　一次总付税

如果所有人都是相同的，且在课税时都得到同等待遇，一次总付税就是唯一的具有效率的税收：任何其他税收都会带来扭曲，这样一来，政府可以课征同样数量的税收收入，而且使每一个人的境况都得到改善。再者，如果每个人都是相同的，再分配收入的理由就不存在了。因此，公平和效率都会要求政府所需要的税收收入应通过对所有人课征统一的一次总付税来实现。

在现实世界中，事情更为复杂。人与人是不一样的，故政府希望再分配收入，而且在任何情况下，人们都坚定地认为，较容易纳税的人应该比不能容易纳税的人缴纳更多的税。即使政府希望让不同的人缴纳不同的税，它也并不意味着必须课征扭曲性税收，如所得税或货物税。

帕累托效率税收结构是这样一种税收结构，即，无须使其他人的境况变糟就能使一些人的境况都得到改善的其他税收结构是不存在的。

给定特定的社会福利函数，最适税收结构就是使社会福利函数最大化的帕累托效率税收结构。

20.2.2　为什么征收扭曲性税收？

实际上，有理由认为，如果对于社会中每一个人的特征，政府都能拥有完全的信息，政府就不会课征扭曲性税收。如果政府能够确定谁的能力更强，从而谁更有能力纳税，它就可以只对这些人课征较高的一次总付税。

那么，如何衡量能力？以一个家庭为例。父母常常认为他们对自己孩子的能力有充分的了解。某父母有两个小孩，一个能力强，但选择当流浪汉，另一个能力有限，但他将之发挥到极致，因而父母更有可能资助后者，而非前者。资助不是根据收入——实际上，流浪汉的收入可能少于勤奋但能力低的兄弟。

但是，政府并不像孩子们的父母一样能够观察到孩子们的能力和干劲。政府的课税依据只是**看得见的变量**，诸如收入和支出（即使如此，如同我们将要看到的，也不是容易观察到的）。政府所面临的选择是要么课征统一的一次总付税（一种不管个人做什么或者能力如何都要缴纳的税），要么课征依赖于易于衡量变量（诸如支出或收入）的税——这样的税收不可避免地是扭曲的。所得税并不总是能成功地对那些我们认为应被课税的人进行课税——能力差但工作极其勤奋的人与能力强但工作轻松的人，若两个人的收入一样，就会有同样的税收待遇。尽管如此，大部分人却认为，较高收入的人应该负担较高份额的政府成本，因为较高收入的人，**一般说来**，更有能力或有超乎一般的运气。此外，社会可能有理由认为富人的收入损失（即意味着减少一艘游艇）价值要低于低收入个人的收入损失价值。

因此，在一个政府只能不完全地观察到个人特征的世界中，课征扭曲性税收是我们渴望再分配收入的必然结果，尽管这样，一些税制的扭曲仍少于其他税制。

20.2.3 设计所得税制

帕累托效率税制最大限度地减少了扭曲。例如，有人可能要问，是通过累进所得税再分配收入更好，还是在累进所得税之外再辅以对富人消费的奢侈品课税更好？不过，在回答这个问题之前，我们先问一个更简单的问题：假定没有储蓄，收入的唯一来源是工资，而且唯一的税收是所得税，税制的累进性就应是怎样的？也就是说，富人应该用多大份额的收入来纳税？

经济学家总是关注权衡取舍。这里，税收越累进，无谓损失（税收产生的无效率）就越大，但是不平等的程度就越低。我们可以将许多关于税收结构应该怎样累进的政治争论视为一种与价值差异、与对于给定的不平等减少人们愿意接受多少无谓损失的数量差异有关的政治争论。

不仅仅在价值上可能有分歧，而且在权衡取舍是什么的经验问题上也有分歧。主张更加累进的税收的那些人往往也认为，就无谓损失而言，降低不平等的成本相对小。我们在第 19 章中指出，税收无谓损失的大小与替代效应相关。如果闲暇和消费品是完全可替代的，那么补偿性劳动力供给曲线会非常有弹性，对消费或劳动所得课税就会产生巨大的无谓损失。如果当期消费与下个时期的消费是完全可替代的，那么储蓄曲线会非常有弹性，与利息所得税有关的无谓损失会是巨大的。那些认为无谓损失小的人常常被称为**弹性乐观主义者**；例如，他们认为，（补偿性）劳动力供给和储蓄弹性低，以至于与高税率有关的扭曲小；而那些认为扭曲大的人常常被称为**弹性悲观主义者**，因为他们认为劳动力供给和储蓄弹性是巨大的。

20.2.4　为什么更大的累进性意味着更多的无谓损失?

前一节认为，当我们利用税制来实现更大的平等时，无谓损失就会增加。图 20.1（A）和图 20.1（B）通过对比两种税率表，说明了这一普遍命题。见图（A）中的比例所得税曲线，在这种情形下，所有人的纳税义务占他们收入增加的百分比都是一样的，不管这些人的收入大还是小。另一条是简单的累进所得税，对个人收入与某一临界水平的收入 $\hat{Y}$ 之间的差按单一税率征税。收入低于这个临界水平的人可以得到政府的转移支付（等于税率乘以其收入低于临界水平的数额）。注意看图（B），两种税制的边际税率（就收入增加额外 1 美元而缴纳或获得的额外 1 美元税款）都是不变的。因此，这两者都被称为**单一税**（flat-rate taxes）。但是，累进税的**平均**税率（个人总纳税额与其收入的比率）会随收入的增加而增加，这就是为什么我们称此为累进的原因。[3]

因为，如同我们已描述的，累进单一税向收入低于临界水平的人付款，有时我们将低于 $\hat{Y}$ 的那部分税率表称为负所得税。[4]

累进单一税可以被视为对所有人的统一的一次总付转移支付与比例所得税的结合。因此，在图 20.1（A）中，若收入低于 $\hat{Y}$ 的人得到的退税等于 t_2 乘以 $\hat{Y}$ 与其收入之差，那么税率为 t_2 的比例所得税，加上 OG 的转移支付，就等价于对高于 $\hat{Y}$ 的收入课征税率为 t_2 的所得税（$\hat{Y}$ 为免税水平）。如果政府既为公共物品也为其他公共支出筹资，并且向每个人提供统一的一次总付转移支付，筹集的税收收入必定会比若只为公共物品筹资的情况要高，因此边际税率必定比只有比例税时的要高。

在上一章，我们了解到无谓损失随边际税率的提高而增加：无谓损失的大小与替代效应相关，替代效应的大小与边际税率相关。较多的累进税具有较高的边际税率，从而产生较大的无谓损失。

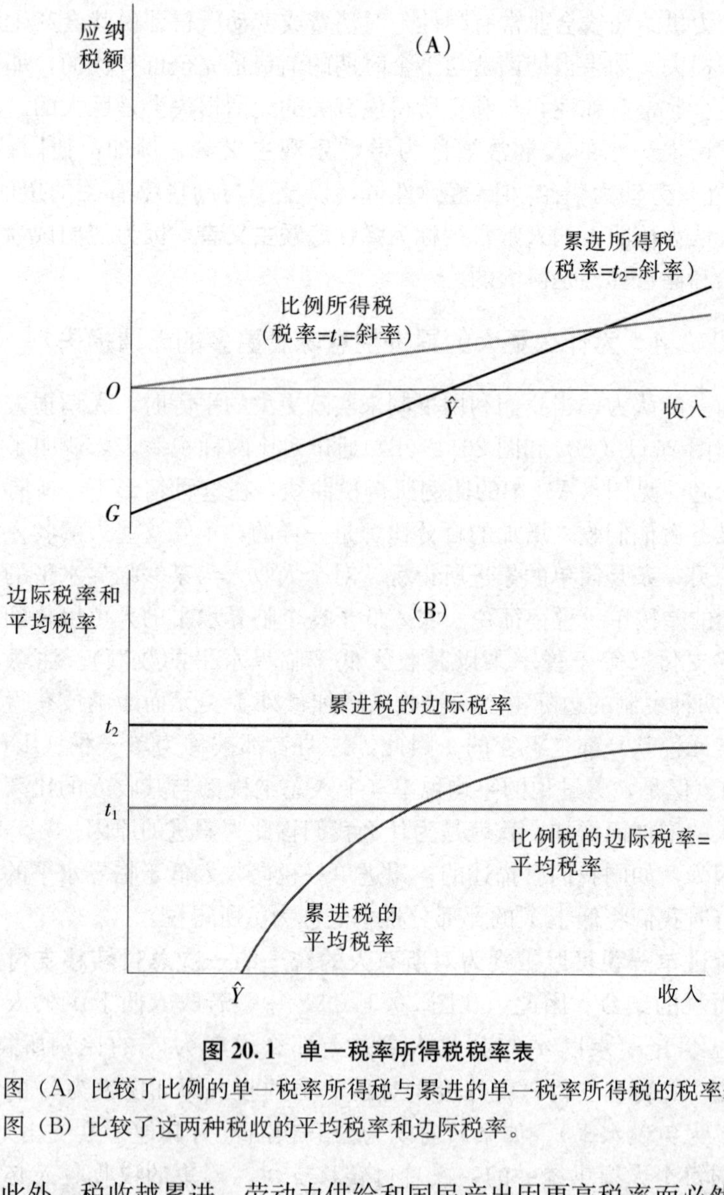

图 20.1　单一税率所得税税率表

图（A）比较了比例的单一税率所得税与累进的单一税率所得税的税率表。图（B）比较了这两种税收的平均税率和边际税率。

此外，税收越累进，劳动力供给和国民产出因更高税率而必然减少的可能性就越大。所有较低收入的人都会过得更好，因而替代效应和收入效应都会造成劳动力供给减少。对于较高收入的人来说，收入效应和替代效应是抵消的。除非他们具有后弯的劳动力供给曲线，否则整个劳动力供给都将下降。

20.2.5　图解累进课税的无谓损失

通过对某人的观察，并比较政府利用两种仍使这个人的良好境况不变的税而获得的税收收入，就可以发现更为累进的税收会导致更多无谓损失的事实。

图 20.2 描述了比例税的预算约束线和累进税的预算约束线，累进税的预算线确定了这个人的固定收入，即使他不去工作。虽然累进税的边际税率较高，但设定的税率会使这个人处于相同的无差异曲线上。我们比较总的税收收入，用税前和税后预算约束线的差表示。由于纵轴代表收入（横轴代表时间），按美元计量的税收收入用两条预算约束线之间的垂直距离表示；对于比例税，用距离 $E'A'$ 表示；对于累进税，用距离 EA 表示。显然，$E'A'$ 比 EA 大得多：对于任何给定的对效用的影响，累进税产生了较低的税收收入。[5]它不如比例税有效率。

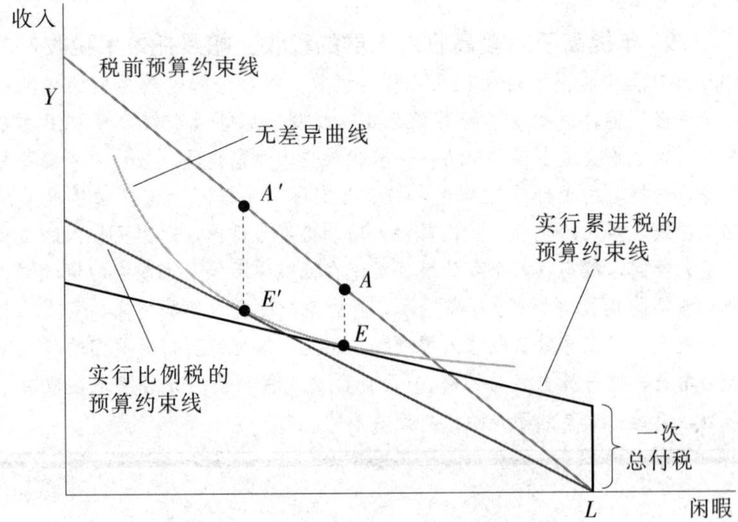

图 20.2　比较对效用有同样影响的累进税和比例税

比例税的税收收入更高。

20.2.6　在单一税率税率表中作选择

当我们提高累进程度时，这个分析可以澄清所面临的权衡取舍。穷人得，富人失。像有漏缝的水桶一样，因为与税收有关的无谓损失，所以穷人得到的美元少于富人失去的“等量美元”。但是，穷人获得的社会价值完全可能超过富人失去的社会价值。当然，是否如此取决于社会福利函数。

在第5章中，我们介绍了罗尔斯社会福利函数的概念，在这个概念中，社会关心的是境况最差的人的福利。境况最差的人是那些处于收入分配最低层的人，他们的福利通常与一次总付转移支付的规模直接相关。对于罗尔斯主义者来说，最适税收结构就是使一次总付转移支付最大化，即能够最大限度地从纳税人那里获得税收收入。这样的税率可能相当高——一种估计[6]给出的数字为80%，尽管其他估计的税率较低。对于80%来说，较高收入人群带来的无谓损失相当高。赋予中等收入和较高收入人群更大权重的其他社会福利函数，因而建议较低的最适税率。一种估计[7]提出了具有功利主义福利函数的最适课税——在这种情形中，所有人的权重都一样——是19%。

专栏 20.1

1993年提高了对较高收入人群的税收：帕累托效率税收？

1993年，国会提高了较高收入人群的税收。税收增加导致他们的境况明显恶化了。批评者声称，这变成了帕累托无效率税制（尽管大众媒体没有用这个词）。他们声称，这些人会减少劳动努力——替代效应大于任何收入效应——因此税收收入会下降。这样，用于再分配给穷人的资金实际上下降了。但这种情况并没有发生。相反，来自富人的税收收入比其他人增加得更为迅速，比国民收入的增加要快得多。毫无疑问，较高收入个人的境况要比在低税率下他们可能有的境况更差——他们所要缴纳的税收增加了。（当然，可能的是，没有税率的提高，富人的收入甚至会提高更多，足以导致税收收入幅增加。但是，这可能会需要他们的收入不切实际的大幅增长，这与历史经验不符。）因此，这次税制改变是否可取，取决于社会福利函数。但是，它显然不是帕累托无效率的。

20.2.7 一般均衡效应

迄今为止，我们假定所得税对税前收入没有影响；换句话说，没有所得税的转嫁。但是，一些经济学家认为，可能有相当大的转嫁。特别是，有人认为所得税制已扩大了税前不平等的程度。

有一些人认为，首先，经理和专业人士的工资和酬金根据税收作了调整，使得他们的税后收入相对不变。而且，如果由于所得税的缘故，导致熟练工人的劳动力供给减少并抑制了投资，那么非熟练工人的生产率进而他们的工资都会下降。当前，不幸的是，我们不知道这些影响的数量意义。如果它们是重要的，就说明累进性的益处要小于当这些影响被忽略时似乎存在的益处。[8]

提高穷人的救济金。本分析也弄清楚了为什么对穷人难以增加救济金。为这些救济金筹资需要增税不是“恰当的”。在设计“逐步减少”时有一个实际问题，也就是规定救济金如何随收入的增加而减少的规则问题。一种迅速的逐步减少意味着针对逐步减少的收入范围需要有高的边际税率（由于救济金会因赚取的额外每一美元而被大幅减少），从而弱化了工作激励。一种缓慢的逐步减少会降低负激励效应的量值，但是，如果最贫穷的人要获得同样的利益，提高包括中低收入人群在内的其他人的救济金水平，进一步的增税就是必要的。指定**对象与良好激励**的目标不可避免地存在冲突。

税制设计时基本的权衡取舍

更为累进的税制会带来更大的无谓损失；更加“平等主义的”社会福利函数（赋予平等更大的权重）将选择更为累进的税制。

现在考虑劳动所得税收抵免（EITC）的情况，它意味着对有孩子需要抚养的贫穷家庭的工资收入进行增补。EITC 的真实想法是简单的：嘉奖工作的穷人，从而鼓励他们工作更多，掌握更多的技能。1993 年，EITC 得到了大幅度扩张并实行了指数化，这样一来，在 1997 年，对于有两个或更多符合资格的孩子的家庭来说，3 656美元的最高限度救济金在11 950～29 290美元这个范围内逐步减少，这意味着因 EITC 而产生了 22%的边际税率。当克林顿政府上台时，曾经希望扩大 EITC 的覆盖面，以便让所有从事全日制工作的人能够脱离贫困。但是，减少赤字的首要愿望会导致最高限度救济金低于实现这个目标所需要的最高限度救济金。财政压力会迫使缩小逐步减少的范围，从而导致更大的边际负激励。

专栏 20.2 ☞

登上政治舞台的单一税率税

单一税率税制的简单性长期吸引着学术界的经济学家。在 20 世纪 80 年代初期，斯坦福大学的罗伯特·霍尔（Robert Hall）和阿尔文·拉布什卡（Alvin Rabuschka）撰写了一本广为传阅的书，提倡单一税。1996 年，马尔科姆·福布斯（Malcolm Forbes）所开展的总统初选活动，中心就是单一税率税。他建议提高免税水平并降低税率。同20世纪80年代的供给学派一样，他认为供给对较低税率的反应会带来国民收入的巨幅上升。但是，大多数经济学家却认为，供给反应会非常小，将留下巨额赤字——估计每年数千亿美元。为消除赤字而提高单一税率，会使得该提议听起来吸引力不大；不过即使那样，它仍反映了在由谁负担税负问题上的巨大变化：富人的负担明显下降，中产阶级的负担更重。随着人们对这种想法的深思熟虑，他们的激情在减退，福布斯的竞选活动也是如此。单一税率税思想仍可能是未来年份中在政治舞台上表现活跃的一种思想。

20.2.8 非线性税收结构

迄今为止的讨论关注的是最适单一税率税。事实上，长期以来，美国拥有高度的非线性税率表，边际税率从0变化到接近40%。非线性税收结构增加了复杂性（第24章将对这方面的原因作更全面的解释），这增加了逃避税收的激励和机会。同时，非线性税收结构可以降低与实现任何一套税收收入与分配目标有关的总无谓损失。

先前，我们了解到，无谓损失与边际税率和（补偿性）劳动力供给弹性有关。我相信，可以从这个真知灼见中得出有效率的累进所得税的基本原则：

1. 在低边际税率的情形下课以高的平均税率。
2. 使尽可能少的人适用高边际税率。
3. 对那些具有最少税收扭曲性的人课以高边际税率。

图20.3比较了两种税收结构：累进的单一税率税和对低收入适用高边际税率与对极高收入适用极低边际税率的税收结构。OB 是提供给无工作和无其他收入来源的人的一次总付转移支付。这种转移支付随收入的增加而逐步减少。BC 区间所适用的高边际税率（高的逐步减少率）意味着，在高于 C 的收入处平均税率可能较高，而同时边际税率较低。对于中高收入个人来说，这意味着政府在较少扭曲的情形下可以征收更多的税收。对于收入在 BC 区间的人来说，价格是更大的扭曲。但是，假如在这一区间内的人相对少，或假如这一区间中的那些人具有相对低的劳动力供给弹性，总无谓损失将是小的。不过，即使他们显著降低了劳动力供给，如果他们相对缺少生产性，总社会损失就可能相对低。

降低富人的税率。 图20.4说明了为什么降低最高收入群体的边际税率可能是合意的。该图给出了最高收入群体所面临的预算约束线，这个群体中的人选择 E 点。课征的税收收入额是 EA。对收入高于 Y_A 的那些人，如果我们现在将边际税率降到零，政府仍能课征到同样的税收

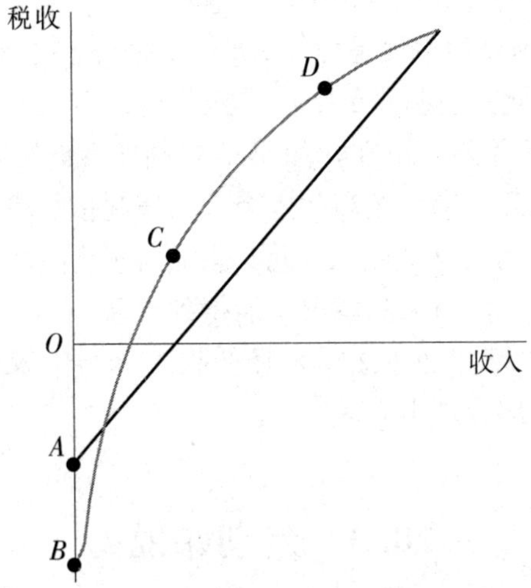

图 20.3　线性与非线性税收结构

非线性税收结构可以增加再分配量，而不会增加与税收有关的无谓损失。非线性曲线 *ABCD* 说明，非常贫穷的人适用较高的边际税率，较高的收入范围适用低的边际税率。另一方面，较高的劳动收入者面临较高的平均税率。

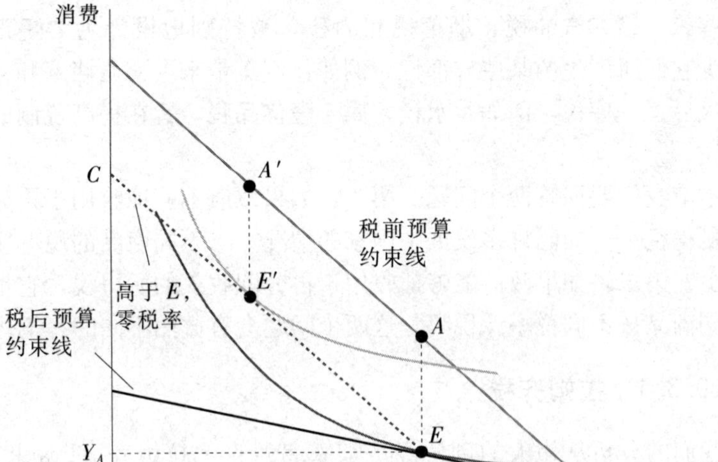

图 20.4　对高收入个人降低边际税率的影响

降低高收入个人的边际税率可以增进这个群体的福利，但并未减少政府的税收收入。这里，对高于 *E* 的部分将边际税率降到零，这会使得个人的境况更好，但对税收收入没有影响。

收入；不过在较低的边际税率情形下，这些人工作起来会更加勤奋，境况依然不错。（新预算约束线是虚线 $EE'C$，他们会选择较高的无差异曲线上的 E' 点。）因此，税制改革是帕累托改进：富人的境况会更好，同时，没有人的境况变差。现在，如果不对高于 Y_A 的人课以零边际税率，而是课以低边际税率，较高收入个人的境况依然不错，但会课征到额外的税收收入，利用这些收入，可以降低中产阶级的税收，并（或）增加对穷人的补贴。**所有人的境况都能得到改善**。

这种推理为 1986 年通过法律来降低收入分布中较高端收入群体所适用的税率提供了部分理由。

20.3 差别课税

政府对各种商品，从民航机票到轮胎、汽油，再到香水，课征一系列的税。对不同商品按不同税率课征的税称为**差别税**（differential tax）。一些这样的税，诸如民航机票税，被设计为受益税——也就是使那些从航空旅行中受益的人负担空中交通管制系统和机场的成本。其他的一些税，诸如汽油税、烟草税和酒税，被特别地设计为**“矫正税”**，以减少它们所产生的某些外部性。例如，汽车带来了交通堵塞和大气污染。最后，一些税，诸如香水税，属于**奢侈品税**，旨在提高税制的再分配性质。

本节我们要回答两个问题。第一，如果政府不能征收用于再分配收入的所得税——如同许多发展中国家的情况——不同商品的税率应该定为多少？第二，如果政府**能够**征收用于再分配收入的所得税，它也应该对不同商品按不同税率课税吗？这两个问题会有截然不同的答案。

20.3.1 拉姆齐税

我们的分析从伟大的剑桥经济学家弗兰克·拉姆齐（Frank Ramsey）提出的一个非常简单的问题开始。拉姆齐关心的不是再分配，而是效率。不过，他假定政府无法课征一次总付税。[9] 因此，政府不得不通过商品税筹集税收收入。于是，他的问题是：最少扭曲的课税模式是什么？例如，对每种商品都应课以同样的税率吗——在哪种情况下商品税就是所得税？（回忆一下第 18 章中对等价税的讨论。）这正是只想计算扭曲的人所给出的答案，因为这种税只有一种扭曲。拉姆齐指出，那不仅是错的，而且还存在一个简单的最适税率公式。

使无谓损失最小化的商品税被称作**拉姆齐税**（Ramsey taxes）。在特定的简化条件下，拉姆齐税与需求弹性和供给弹性的倒数的和成比例：

$$\frac{t}{p}=k\ (1/\eta_u^d+1/\eta^s)$$

式中，k 为比例因子，取决于政府设法要筹集的总税收收入额；t 为单位税；p 为（税后）价格；η_u^d 为补偿性需求弹性；η^s 为供给弹性。倘若供给弹性无穷大（水平的供给曲线），那么，税收就应仅与补偿性需求弹性成反比。拉姆齐的结论不应该令人感到惊奇。在第 19 章中，我们指出，税收产生的无谓损失随补偿性需求弹性和供给弹性的增大而增加。（请回忆图 18.8。）[10]

图 20.5 对最适商品税问题做了解答。图（A）将无谓损失描绘成商品 i 的税率的函数。图（B）将所筹集的税收收入描绘成商品 i 的税率的函数。我们根据这两个图示可以计算，在每个税率上，无谓损失增量与课征了一点点税所产生的税收收入增量的比率——即对商品 i 课征了额外 1 美元的税收收入所产生的边际无谓损失。注意，我们画出的曲线不仅仅使超额负担随课征的税收收入增加而增加，而且还使因课征额外 1 美元而产生的额外无谓损失随税率上升而增加（从而随课征的税收收入增加而增加）。这和无谓损失随税率的平方增加而增加的事实一致。

对于商品 j，也能推导出同样的曲线，如图（C）所示。税率应设定成使课征额外 1 美元所产生的无谓损失增量对各种商品都是一样的。如果对一种商品课征额外 1 美元所产生的超额负担增量大于另一种商品，通过调整税率，使对第一种商品少征 1 美元并对第二种多征 1 美元，总无谓损失就会下降。

在图（C）中，在任何给定税率上，对商品 i 课征额外 1 美元税收收入所产生的无谓损失要大于商品 j 的。为使对这两种商品课征额外 1 美元所产生的边际无谓损失相等，我们就必须使 i 的税率比 j 低。拉姆齐的基本见解是：**对低需求弹性（或者低供给弹性）商品课征额外 1 美元的税收收入所产生的边际无谓损失较低**，因而，应对其课以较高的边际税率。

需求相互依存下的最适商品课税。* 我们刚得出的结论要求每一种商品的补偿性需求曲线都是相互独立的；即对一种商品的需求价格不取

* 本小节和该章本部分剩下的各小节涉及的是更高级的内容，可以省略。

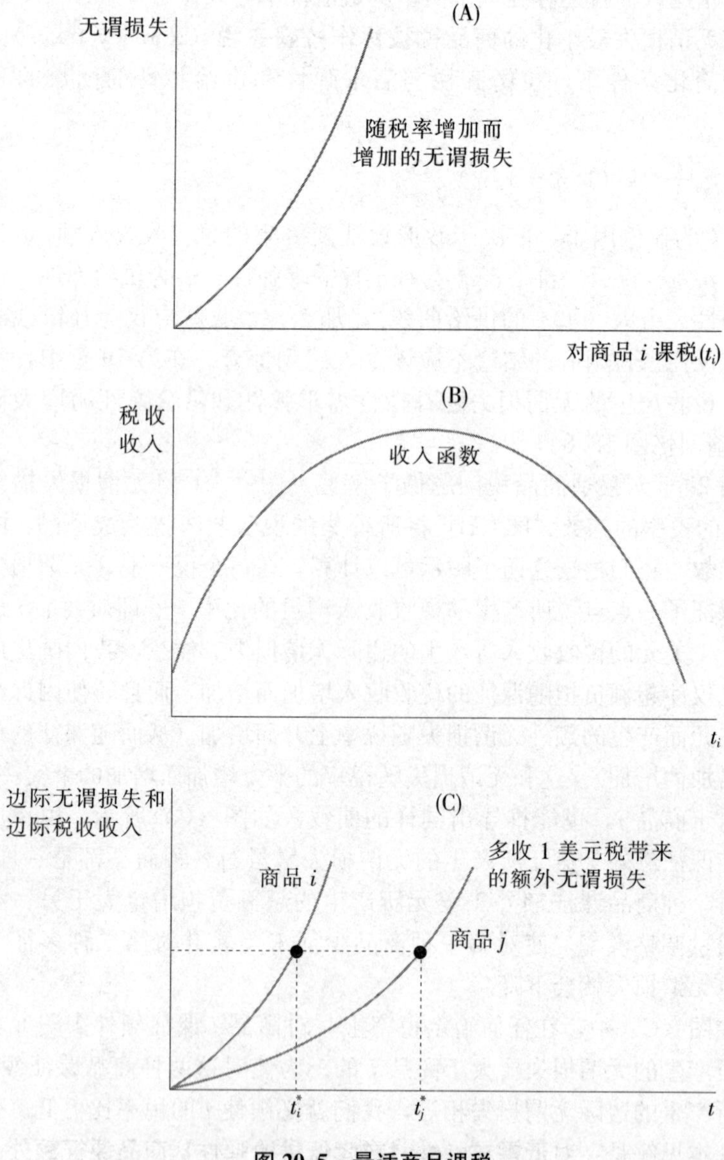

图 20.5 最适商品课税

课征的额外 1 美元所产生的边际超额负担（无谓损失）对所有商品必定都是一样的。

决于另一种商品的价格。当各供给曲线具有无限弹性时，无论各需求曲线是否互相依存，对拉姆齐结论的另一种解释也成立：最适税收结构是这样的：每一种商品的补偿性需求的百分比下降程度都相同。[11]

另一种解释：需求相互依存下的最适商品税收结构。所得税是扭曲的，因为它会导致人们就他们所希望供给的劳动量作出“不正确的”决策。商品课税可以帮助矫正这种扭曲。假如我们对与闲暇构成互补的商品课税，对与工作构成互补的商品提供补贴，我们就可以鼓励人们工作，从而降低了由统一商品税（它正好等价于工资税）所引起的扭曲。例如，通过对滑雪装备课税并补贴上下班交通费用，我们就会鼓励人们更多地工作并减少闲暇。[12]

拉姆齐税

在没有任何所得税或利润税，且所有人都是完全一样的情况下，为使无谓损失最小化，课征税收收入就要求课税与需求弹性和供给弹性成反比。

再分配与拉姆齐税：发展中国家的商品课税。拉姆齐分析有一个令人极为不安的特征。政府采用扭曲性税收而非统一的一次总付税的主要原因是，政府的一些再分配目标是无法用其他方式来实现的。不过，早期对最适课税的讨论都假定——所有个人都是完全一样的（在这种情况下，自然就假定政府会采用统一的一次总付税）。

由于先前给出的结论表明——应对低价格弹性的商品（例如食品）课以高税率，因而这是一个特别棘手的问题。上述商品常常具有低的收入弹性，这样一来，如果对它们课以重税，穷人的负担就要比富人重。但是，采取对商品课税的初衷是将更多的负担转嫁给富人，高于在统一的一次总付税下他们所面临的负担。因此，拉姆齐分析对任何严肃的政策分析似乎都没有指导意义，因而大部分不为人所接受。

后续的研究把拉姆齐的开创性分析作了扩展，将再分配目标包括进来。[13]毫不奇怪，无论人们是希望对具有收入弹性和价格弹性的商品（例如香水）课以比具有收入无弹性和价格无弹性的商品（例如食品）高的税率，还是课以比其低的税率，这部分地取决于人们对收入分配的关心程度。

发展中国家由于难以监控收入，通常很少依靠所得税。实际上，在许多情况下，它们甚至不能对所有商品都课税，而只能对进口或出口商品课税（因为各国都对进出边境的商品实行了一些控制）和对城市部门生产的商品课税。大多数发展中国家都对再分配予以充分关注，使得它们可以对奢侈品课以比基本必需品高的税率。

20.3.2 有累进所得税的发达国家的差别商品税

然而，所有发达的工业化国家实行的都是累进所得税。对于它们来说，问题明显不同于拉姆齐所提出的。它们会问：假如存在着最适设计的所得税，就超额的无谓损失而言，额外再分配的边际收益（例如，对奢侈品课税产生的）会超过边际成本吗？这个问题的幼稚答案在本章的引言中就被摒弃了。较早的讨论表明，引入更多的扭曲是糟糕的，因此，差别商品税是不可取的，但是这种谬误不再为人们所考虑：一个人不能只计算扭曲量。但是，足以值得注意的是，这些较早讨论的结论是正确的：如果所得税设计得好，那么增添差别商品税即使提高了再分配收入的能力，可能也只提高了很少一点。课税的目标是再分配收入，或者是给最能够负担税收的那些人增加税收负担，因而结果表明，实现课税目标的最好方式终究还是将课税集中在我们所关心的事情上，即收入。[14]

20.3.3 利息所得课税与商品课税

在较早的讨论中，我们指出，利息所得税如何抑制了未来的消费。因为它按照与只对未来消费课税而改变预算约束线斜率同样的方式，改变了预算约束线的斜率。

因此，对利息课税的所得税可以视为差别商品税，在这种情形中，可以对未来消费课以比当期消费更重的税。于是，对利息所得课税是否可取这个问题就等价于对未来消费课以比当期消费更高的税率是否可取的问题。

设计良好的所得税，加上差别商品课税，获益很少，与此相同，对不同时期的消费课以不同税率而产生的获益也很少。这实际上意味着，应对利息所得免税。对利息所得免税的所得税自然就等价于工资税，我们在第 18 章中已经指出，工资税等价于消费税（在无遗产的情形下）。这表明，实行消费税可能是最适的。我们将在第 25 章中对此作更深入的分析。

20.4 对生产者课税

本章迄今为止关注的是对家庭、工资与利息所得和对消费的课税。

许多人认为，企业也纳税才是公平的。这样的推理是错误的：企业从来不是税收归宿的落脚点，如同我们已经看到的一样，但是个人——诸如股东、工人或者消费者，却是的。搞明白对公司课税的归宿是一件复杂的事。

于是，我们可以问一个更一般的问题：帕累托效率课税是否就意味着应对生产过程课税？迄今为止我们所讲的税收与第 3 章所讨论的帕累托效率三个条件中的一个相冲突，这个条件就是产品组合效率：边际转换率不同于边际替代率。[15][16]即使我们不能保持产品组合效率，我们也想要保持生产效率吗？

我们的许多课税也影响经济的生产效率，即它们会导致经济不是处于其生产可能性曲线上。帕累托效率要求所有企业的任意两种投入之间的边际技术替代率应相同；所有企业的任意两种产出之间（或者投入和产出之间）的边际转换率应相同。当所有企业面临同样的投入和产出价格时，生产效率就会实现。因此，对所有企业都不同的对投入的任何课税，或者对所有企业都不同的对产出的任何课税，导致经济不处于生产有效率的状态。例如，公司所得税被广泛视为对公司制企业的资本投入课税，因为它使这些企业的资本税后成本高于非公司制企业。同样，虽然对几乎全用于经营的汽油课税，但对用于农业的汽油不课税。不过，这是唯一最明显的例子。

许多生产活动既在市场部门也在非市场部门进行，但只有在市场部门进行的生产活动被课税。因此，一个自己开车上班的人，执行了同把他人送去上班的出租车司机一样的服务。但是，对后者课税，而对前者不课税。在家中烤面包的人，执行了同烤面包师一样的服务，但同样地，没有对前者课税，而对面包师课税。这样，在市场部门和非市场部门之间就存在扭曲，经济不是处于生产有效率的状态。

对中间产品（用于生产其他产品的产品）的任何课税都是扭曲性的。为了看得更清楚，以在自己的生产工厂中生产和使用计算机的企业为例，计算机的成本只是生产要素的成本（包括在生产中所用资本的报酬）。在竞争性经济中，这家企业被迫按照生产成本出售计算机，使得使用计算机的任何其他企业将面临与制造企业在使用计算机时同样的成本。但是现在，当课征销售税时，制造计算机并使用它的企业所面临的成本就会低于另一家在其生产过程中使用计算机的企业所面临的成本。因此，存在着重要的扭曲，经济不再处于生产有效率的状态。

如果政府希望将税制的无谓损失最小化，它就应课征这类扭曲性税收吗？对这一问题的一种幼稚回答是，当然不；政府不应该引起它不需要的任何额外的扭曲。这种理由与我们早先就差别商品税所讨论的理由相似。只计算扭曲量没有意义。但是结果表明，在某些条件下，幼稚理由的结论却是正确的。

如果政府能够对私人部门中的所有利润都课税，且如果对政府课税的能力没有其他限制（除了课征一次总付税的能力外），就不可能表明生产效率是可取的。因此，政府应该对企业课征没有扭曲的税。**无论政府对生产者课征什么样的扭曲税，它都最好对消费者课征能让经济处于生产可能性曲线上的直接税。**[17]

这个分析有极强的意义。特别是它表明，进口税和对公司课税与对非公司制企业课税不一样都是不可取的。

但是，在许多情形中，政府在课税时面临许多困难。例如，政府无法对商品的最终消费使用和企业对该商品的使用作出区分；因此，如果政府要对消费者课税，它也必须对企业使用课税。政府任何时候都不能识别私人部门中的全部纯利润并不能对其课税，且任何时候都存在对政府课税能力的其他限制，对生产者课征扭曲税可能是可取的。[18]

不过，基本的看法（它表明人们不看好妨碍生产效率的税）仍是一种重要的看法。例如，对进口课税导致经济中出现重大的无效率；至少在更为发达的国家中，政府可以对这些进口商品的消费课税，而不是只在进口环节课税。而且，**一般说来**，这类以消费为基础的课税更好。[19]

20.4.1 最适税收结构对一系列可用税种的依赖

在整章中，我们已经指出，最适课税结果依赖于就一系列可用税种所作的假定。这尤其适合于对商品课税。不管是否存在差别商品课税，即便存在，应如何选择差别税率就取决于是否存在所得税，如果存在，就取决于它的结构。拉姆齐指出，在没有所得税的情形下（并假定不存在再分配目标），对不同商品应课以不同的税率，这只是取决于需求和供给的弹性。当存在经过最适选择的所得税时，课征差别商品税可能是不可取的。当课征差别商品税是可取的时，它们就不仅仅取决于需求的弹性。[20]

不过，应该强调，一系列可用税种本身就是分析的主题：特别是，它取决于什么样的变量是容易观察得到和可证实的。在发展中国家，易货交易（不是现金交易）盛行，簿记水平低，故难以实行所得税，因而必须依靠商品税来再分配收入和保证税负的公平负担。但在美国，将商品课税用于再分配目的的理由不足。

20.5　附录

20.5.1　附录 A　推导拉姆齐商品税

给定供给曲线为水平的，拉姆齐税的公式可以用微积分和微观经济学理论中的一些标准结果进行推导。我们用个人的间接效用函数表示个人效用，将其效用水平作为消费价格（p_1，p_2，p_3，…）和收入（I）：$V=V$（p_1，p_2，p_3，…，I）的函数。标准结果[21]是价格变化带来的效用变化正好等于（负的）消费数量乘以边际收入效用$\frac{\partial V}{\partial I}$：

$$\frac{\partial V}{\partial p_i}=-Q_i\frac{\partial V}{\partial I}$$

现在让我们，例如，提高第一种商品（t_1）的单位税，降低第二种商品的单位税（t_2），以使效用保持不变。由于在供给曲线是水平的条件下生产者价格是固定的，所以消费者价格的变化正好等于税收的变化：于是 $\mathrm{d}p_1=\mathrm{d}t_1>0$，$\mathrm{d}p_2=\mathrm{d}t_2<0$。显然，为保持效用不变，第二种商品所需要的税收变化必须满足 $\mathrm{d}V=\frac{\partial V}{\partial p_1}\mathrm{d}t_1+\frac{\partial V}{\partial p_2}\mathrm{d}t_2=0$。我们可以代入 $\partial V/\partial p_i$ 的值，得到

$$\frac{\mathrm{d}t_2}{\mathrm{d}t_1}=-\frac{Q_1}{Q_2}$$

这样，如果第一种商品的消费数量大（因此税收提高产生的福利损失大），第二种商品税收的下降就必须大。

如果每种商品的需求只取决于它自身的价格，那么对第一种商品提高税收带来的税收收入变化正好是

$$\frac{\partial(t_1Q_1)}{\partial t_1}=Q_1+t_1\mathrm{d}Q/\mathrm{d}p_1=Q_1\left(1+\frac{t_1\mathrm{d}Q_1 p_1}{p_1\mathrm{d}p_1Q_1}\right)=Q_1\left(1-\frac{t_1}{p_1}\eta_u^1\right)$$

式中，η_u^1 为商品 1 的补偿性需求弹性；$t_1\frac{\mathrm{d}Q_1}{\mathrm{d}p_1}$项表示对应于价格变化，销售下降带来的税收收入**损失**。补偿性需求弹性至关重要的原因，是我们将两种税率的变化一起考虑，**以使这个人保持在相同的福利水平上**。

同理，对于第二种商品的每个税收变化，税收收入的变化由

$$Q_2\left(1-\frac{t_2}{p_2}\eta_u^2\right)$$

给出。

因此，税收收入的总变化是

$$\frac{\mathrm{d}R}{\mathrm{d}t_1}=Q_1\left(1-\frac{t_1}{p_1}\eta_u^1\right)+\frac{\mathrm{d}t_2}{\mathrm{d}t_1}Q_2\left(1-\frac{t_2}{p_2}\eta_u^2\right)$$

$$=Q_1\left[\left(1-\frac{t_1}{p_1}\eta_u^1\right)-\left(1-\frac{t_2}{p_2}\eta_u^2\right)\right]=Q_1\left[\frac{t_2}{p_2}\eta_u^2-\frac{t_1}{p_1}\eta_u^1\right]$$

在最适税收结构的情况下，它必定为零，鉴于我们让个人的效用水平保持不变，因此收入必定实现了最大化。但是这需要

$$\frac{t_2}{p_2}\eta_u^2-\frac{t_1}{p_1}\eta_u^1=0$$

对所有商品税（t_1，t_2，…，t_i，…）都得出这个条件后，我们就知道$\frac{t_i}{p_i}\eta_u^i$必定对所有商品都是一样的。设该值为 k，因此

$$\frac{t_i}{p_i}=\frac{k}{\eta_u^i}$$

这意味着税率必定与补偿性需求弹性成反比。这就是拉姆齐法则。

20.5.2 附录 B 推导线性需求曲线的拉姆齐公式

图 20.6 给出了一条线性补偿性需求曲线，$Q=a-b(p+t)$，生产者价格是固定的（无限弹性供给曲线），税收为 t。需求曲线的斜率为 b。无谓损失

$$\mathrm{DWL}=\frac{1}{2}bt^2$$

因此增加税收的边际无谓损失是

$$\mathrm{MDWL}=bt$$

政府课征的税收收入是

$$R=tQ=at-b(pt+t^2)$$

因此增加税收的边际税收收入是

$$MR=a-b\,(p+2t)$$

边际税收收入与边际无谓损失之比等于

$$\frac{MR}{\mathrm{MDWL}}=\frac{a-b(p+2t)}{bt}$$

$$=\frac{Q}{bt}-1$$

$$=k'\ (\text{对所有商品都相同})$$

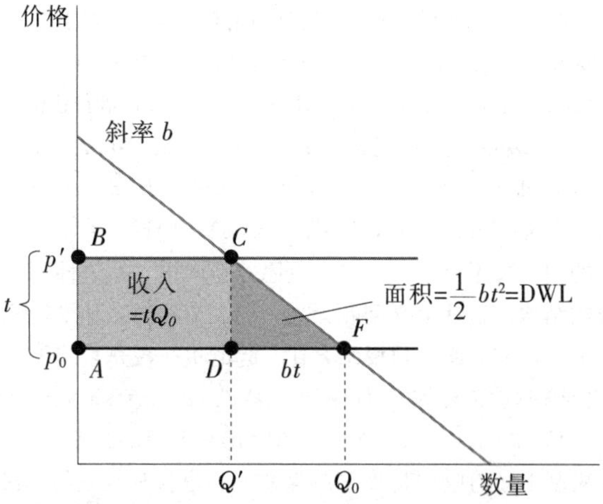

图 20.6 线性需求曲线下的拉姆齐定价计算

在线性需求曲线下，税率为 t，课征的税收收入是阴影面积 $ABCD$（等于 tQ_0，其中 t 是税率，tQ_0 是税后产出）。无谓损失是三角形 DCF，其中 DC 等于税收 t，DF 等于产出的变化，正好是 bt，其中 b 是需求曲线的斜率。总无谓损失正好是 $\frac{1}{2}bt^2$。拉姆齐分析了课征额外 1 美元税收收入而产生的额外无谓损失。

或

$$\frac{Q}{bt}=1+k'\equiv 1/k$$

或

$$t=kQ/b$$

但需求弹性正好是

$$\eta_u^d=-\frac{\Delta Q/Q}{\Delta p/p}=\frac{bp}{Q}$$

因此

$$\frac{t}{p}=\frac{kQ}{bp}=\frac{k}{\eta_u^d}$$

税收与需求弹性成反比。

【注释】

[1] 早期系统阐述次优理论的学者有 James Meade，*Trade and Welfare: Mathematical Supplement*，Oxford: Oxford University Press，1955 和 R. G. Lipsey and K. Lancaster，"The General Theory of Second Best"，*Review of Economic Studies*

24（1956－1957）：11－32。

［2］关于帕累托效率税收结构的更详细的描述，参见 J. E. Stiglitz，“Self-Selection and Pareto-Efficient Taxation”，*Journal of Public Economics* 17（1982）：213－240，和 J. E. Stiglitz，“Pareto Efficient and Optimal Taxation and the New New Welfare Economics”，in *Handbook of Public Economics*，ed. Alan J. Auerbach and Martin Feldstein，Amsterdam and New York：New Holland；distributed in Canada and U. S. by Elsevier Science Publishers，1987，pp. 991－1042。

［3］此术语的用法并不标准。有些人更愿意将术语“累进性”留作专门用于边际税率提高的税收结构。这些语义问题无关紧要。请注意，从平均税率随收入增加而下降这个意义上讲，与一次总付税结合在一起的单一税是累退的。关于累进税收结构和累退税收结构的定义的全面讨论，参见 A. B. Atkinson and J. E. Stiglitz，*Lectures on Public Economics*，New York：McGraw-Hill，1980，chapter 2。

［4］在一些税制中，对收入高于 $\hat{Y}$ 的那些人，是就其收入与免税水平之间的差额进行课税。但低于临界水平的那些人既不用纳税，也得不到退税。

［5］无差异曲线和税前预算约束线之间的垂直距离，在无差异曲线的斜率与税前预算约束线的斜率相等的那一点最大。这就是为什么对于任何给定的对效用的影响，没有改变斜率的一次总付税会使税收收入最大化的原因。由于在 E' 点和 E 点，无差异曲线的斜率比预算约束线的更平坦，垂直距离会随我们进一步“向上”移动无差异曲线而加大。

［6］Nicholas H. Stern，“On the Specification of Models of Optimum Income Taxation”，*Journal of Public Economics* 6（1976）：123－162. 他假定，用于公共物品的支出占国民收入的 20％。计算的结果对于所有建立的假定都非常敏感，特别是对补偿性和非补偿性劳动力供给弹性的假定。如同我们在第 19 章所指出的，关于它们的大小，有很大的争论。认为非补偿性弹性相当高的人坚定地认为，通过对富人征税获得的再一次总付转移给穷人的税收收入，在非常低的税率时达到顶峰后下降。认为补偿性弹性相当高的人则坚定地认为，累进课税产生的无谓损失非常大。

［7］Stern，“On the Specification of Models of Optimum Income Taxation”.

［8］在设计最适课税时，马丁·费尔德斯坦利用模拟模型，指出了这些一般均衡效应的重要性，参见 Martin Feldstein，“On the Optimal Progressivity of the Income Tax”，*Journal of Public Economics* 2（1973）：357－376。斯特恩（N. Stern）在他随后开展的理论研究中证实并拓展了费尔德斯坦的研究结果，参见 N. Stern，“Optimum Taxation with Errors in Administration”，*Journal of Public Economics* 17（1982）：181－211；F. Allen，“Optimal Linear Income Taxation with General Equilibrium Effects on Wages”，*Journal of Public Economics* 17（1982）：135－143；J. E. Stiglitz，“Self-Selection and Pareto-Efficient Taxation”。也可参见 Laurence J. Kotlikoff and Lawrence H. Summers，“Tax Incidence”，Chapter 16 in *Handbook of Public Economics*，vol. 2，pp. 1043－1092。

[9] F. Ramsey，“A Contribution to the Theory of Taxation”，*Economic Journal* 37 (1927)：47 - 61。这个问题是他的老师庇古（A. C. Pigou）向他提出来的。参见 A. C. Pigou，*A Study in Public Finance*，3rd ed.，London：Macmillan，1947。

[10] 如果公司利润税的税率为 t，拉姆齐公式可改写为：

$$\frac{t}{p}=k\ \left(\frac{1}{\eta_u^d}+\frac{(1-t)}{\eta^s}\right)$$

因此，如果公司利润税的税率 100%，税率就只与（补偿性）需求弹性成反比。

[11] 注意，如果 $\eta^s=\infty$，则 $t/p=k/\eta_u^d$；在供给曲线是水平时，以百分比计算的税收与补偿性需求弹性成反比。产出的百分比变化＝价格的百分比增量×因价格的百分比变化带来的需求的百分比变化＝（k/η_u^d）$\times\eta_u^d=k$，即它对所有商品都是相同的。

[12] 解释来源于 W. J. Corlett and D. C. Hague，“Complementarity and the Excess Burden of Taxation”，*Review of Economic Studies* 21 (1953)：21 - 30。

[13] 特别是，参见 Peter Diamond and James Mirrlees，“Optimal Taxation and Public Production，Ⅰ：Production Efficiency and Ⅱ：Tax Rules”，*American Economic Review* 61 (1971)：8 - 27 and 261 - 278；P. Diamond，“A Many-Person Ramsey Tax Rule”，*Journal of Public Economics* 4 (1975)：335 - 342；A. B. Atkinson and J. E. Stiglitz，“The Structure of Indirect Taxation and Economic Efficiency”，*Journal of Public Economics* 1 (1972)：97 - 119；和 A. B. Atkinson and J. E. Stiglitz，“The Design of Tax Structure：Direct versus Indirect Taxation”，*Journal of Public Economics* 6 (1976)：55 - 75；reprinted in A. B. Atkinson (ed.)，*Modern Public Finance*，vol 2. International Library of Critical Writings in Economics，no. 15，Aldershot，U. K.，and Brookfield，Vt.：Elgar，1991，pp. 82 - 102。

[14] 实际上，根据标准假定，帕累托效率课税要求不存在差别商品税。参见 Atkinson and Stiglitz，“The Design of Tax Structure”。

[15] 实行工资所得税，边际转换率（工资）会超过边际替代率（税后工资）；实行差别商品税，相对生产者价格（等于边际转换率）将不同于相对消费者价格。

[16] 我们也可以问，如果有可能对不同收入的人课征不同的消费税，这样做是否就是可取的。换句话说，保持**交换效率**可取吗？在这样的条件下——没有差别商品税是可取的条件下，在所有商品的消费中都存在交换效率；但是，当差别课税是可取的时候，实行取决于收入的相对税率一般说来也是可取的。

[17] 这个结论最初是从以下重要的论文中得出的：Diamond and Mirrlees，“Optimal Taxation and Public Production，Ⅰ：Production Efficiency”，也可参见 Alan J. Auerbach，“The Theory of Excess Burden and Optimal Taxation”，Chapter 2 in *Handbook of Public Economics*，vol. 1，pp. 100 - 101。

[18] 这个结论是从以下论文中得出的：J. E. Stiglitz and P. Dasgupta，“Differ-

ential Taxation，Public Goods and Economic Efficiency”，*Review of Economic Studies* 39（1971）：151－174。

［19］关于贸易税和商品税关系的更广泛的讨论，参见 P. Dasgupta and J. E. Stiglitz，“Benefit-Cost Analysis and Trade Policies”，*Journal of Political Economy* 82（January-February 1974）：1－33。

［20］中心问题是因差别商品课税而可能实现的另外再分配是否值得所产生的额外无谓损失。

当存在单一税率所得税（其税率是按最适方式选择的）时，商品的最适税率只与需求弹性成反比，与对富人相对多地消费该商品的程度进行衡量的参数成比例（这样一来，就使对此商品的课税具有累进性）。在一些简单的情形中，即分配参数本身与需求价格弹性成比例；需求弹性低的商品（如食品）具有低的无谓损失，但对它们的课税是累退性的。这两种效应（效率或无谓损失与分配）相互抵消，因此要么就不应对不同的商品实行差别课税，要么它就应取决于参数，而非取决于需求弹性。

在更一般的情形中，即可以课征最适所得税，而税率没必要是单一税率（即边际税率可以随收入变化），商品税收结构的关键决定因素是两种商品之间的边际替代率如何取决于闲暇；在商品之间的边际替代率根本不取决于闲暇的情形中，就不应实行差别商品课税。

［21］这个结果是罗伊（Roy）恒等式。证明参见 H. Varian，*Microeconomic Analysis*，Third Edition，New York：Norton，1982，pp. 106－107，或者 A. Deaton and J. Muellbauer，*Economics and Consumer Behavior*，London：Cambridge University Press，1980，pp. 37－41。

第 21 章 资本课税

前一章分析了税制设计中的几个主要问题，包括再分配与效率之间的权衡取舍，它们对税制累进性程度的意义，以及商品课税在设计效率税制中的作用。但是，我们只将参考意见用于解决税制设计中的最主要问题之一：如何对资本收益课税。资本所得——债券与储蓄账户利息、股利以及资产以高于原始成本价格出售所获的收益——的课税税率应高于或低于工资收入的课税税率吗?

关于这个问题的辩论很激烈。“资本家比工人更富有。”因此，人们指出，资本应被课以更重的税。

另一方面：“资本所得课税意味着双重课税——人们在最初获得本金（投资的原始数量）时就已被课税。”“我们的经济取决于资本投资。没有激励，储蓄和投资都将会不足。”“资本课税是扭曲性的；取消了资本课税，我们就能消除又一个政府所强加的扭曲。”

税制反映了多数讨论的异想天开的主张。直到 1981 年，工资所得的最高税率是 50%，而资本所得的最高税率为 70%。同时，一些形式的资本所得被课以较低的税率。

但是，许多这些流行的主张，在两个方面，即便不是谬误，至少也是误导性的。我们早已解释了只计算扭曲量的观点的错误。即使资本家平均说来比较富有，也不一定应对资本所得课以更重的税，或甚至在任何情况下都应对此课税。因此，问题是，**课税的恰当标准是什么**?

本章分为 4 节。第 1 节陈述了支持和反对对资本所得课税的基本理由。第 2、3 节论述了关键的效率和征管问题：在开放经济和封闭经济中对储蓄和投资以及承担风险的影响。第 4 节关注了由通货膨胀、资本利得（随着时间流逝，资产价值上升）和折旧（资产价值因发生损耗或变得陈旧而下降）导致的资本课税的复杂性。

就实际操作层面而言，公司会使得资本所得课税变得非常复杂。在支付了工资之后，公司所得很大程度上被视为资本收益。这种收益可能会分配给债券持有者或股东，或者可能留在企业里。当然，最终，公司的所有者要么以较高的股利形式，要么以在他们出售公司股票时升值的股票形式，得到这些留存收益的好处。原则上，我们可以不理会公司的存在，即我们可以佯称企业将它的全部利润都分配给了股东，而这些股东随后又退还给这家公司一张支票（等于留存收益）用于再投资。美国和许多国家不参与这种虚假的形式。它们对公司所得课税，并在人们获得股利和资本利得时对他们的所得课税。

在本章，我们关注的是简单经济，在这样的经济中，人们拥有他们自己的企业，以资本的形式投资于他们的储蓄，面临的是——对多少用于储蓄和投资以及投资于什么作出决策，从而设法忽略这些复杂性。对资本课税的影响取决于税法的许多具体条款，例如，在资产发生了损耗时，政府如何处置这些资产。我们将在第 22 和 23 章中回到这几个主题并对此展开更深入的论述。在第 22 和 23 章，我们将更详细地分析美国的个人和公司所得税法。本章提出的问题具有更广泛的适用性，是所有国家考虑税制设计时都会碰到的。

21.1　应该对资本课税吗？

最近，关于是否应该对资本课税的讨论围绕公平、效率和征管的复杂性这三个问题展开。在开始我们的具体讨论之前，我们有必要重温有关税收等价的一些基本研究结论。

21.1.1　消费税、工资税和资本所得免税之间的关系

在第 18 章中，我们给出了比例消费税、比例工资税、资本所得免税的所得税和对投资品免税的增值税这四种税收结构之间的等价关系。[1]这种等价是重要的，因为它意味着，资本不应被课税的观点等同于消费税或工资税的观点。虽然不同的税收是等价的，但是一种描述税收的方式可能看上去远不如另一种方式吸引人。

由于等价提供了几种能够实现同样税收结果的替代方式，所以它也是重要的。消费税的批评者经常认为消费难以衡量。但是，消费不需要直接去衡量：基本的例子是对投资免税的增值税，这种税在欧洲是一种

非常重要的税种。

21.1.2 公平问题

认为应对资本课税的那些人和认为不应对资本课税的那些人，都以公平问题作为支持自己的理由。

赞成以消费而非以所得为税基的最具说服力的理由之一，是由美国最杰出的经济学家之一的欧文·费雪（Irving Fisher）在70多年前提出的。他认为，对个人以他们从社会拿走的（他们的消费）为基础进行课税——比以他们贡献给社会的（用收入衡量）为基础进行课税更为合适。

超越这种宽泛的哲学的理由，其观点为（忽略了继承）：**对消费课税等价于对终身所得课税**。这和我们在第18章中看到的一样。这样一来，若实行消费税，终身所得一样的两个人，就有同样的税收总负担。另一方面，若实行所得税，不为未来留点什么的轻率之人，与她做事谨慎的姐妹相比，就负担了具有更低贴现值的税负，即使她们终身所得的贴现值一样。（如果继承逃避了税收，就产生了不公平，但在现行的税收结构下，至少对较高收入的人而言，继承所适用的税率是相当高的。[2]）这个理由为支持对资本所得免税，或等价于对消费课税，提供了论据。

另一方面，消费税常常等同于销售税，而销售税被广泛认为是累退的。这种看法的一个理由是，销售税只对一部分消费课征，在这部分消费中，高收入者的总消费所占的比例要低于低收入者的。这里所讨论的消费税是对全部消费课税；而且实际上，它们是按累进税率课征，使纳税额的上升幅度可以超过消费的上升幅度。因此，累进消费税也明显不同于比例增值税。

综合消费税的批评者认为，既然富人在其所得中储蓄所占的比例超过了穷人，故比例消费税实际上是累退的，原因是，富人的税收占其所得的比例较低。但是，这种看法忽略了合适税基的基本问题。如果正确的税基是消费，那么将纳税额与所得作比较就没有意义；累进还是累退，应通过衡量纳税额与合适税基的比率来作出判断。

21.1.3 效率理由

效率理由分为三类。一类关注的是无谓损失，使用的是第20章中所介绍的那种分析。在第20章中，我们指出，不同日期的消费可以视为对不同商品的消费。而且，实现再分配目标最有效率的途径是通过累进工资所得税（没有差别商品税）——这个基本理由既意味着不应对不同日期的消费实行差别课税，又意味着不应对资本所得课税。[3]

效率理由的第二类关注的是我们实行**混合税制**——即消费税和所得税的混合——的事实。一些形式的资本所得，诸如自有住房和退休收入，基本上是免税的。其他形式的收入，诸如资本利得，是以优惠税率课税。这种混合税制与真正的所得税或真正的消费税相比，也许不太公平、扭曲更多、征管更复杂。

流行的讨论没有关注经济学家的这些技术上的理由，而是关注税制抑制了储蓄、投资和承担风险（这些对市场经济都是至关重要的）的观点。近年来，这些潜在的影响尤其令人担忧，因为美国的储蓄率要比日本和欧洲的低得多。本章后面几节将回答这些担忧的正当性问题。

21.1.4 征管问题

对我们税法复杂性的忧虑为向以消费为税基转型提供了一个强有力的理由（对利息所得免税）。税法的复杂性来自试图减少逃避资本税收的机会。另一方面，对消费本身可能难以衡量的担忧也提供了反对消费税的理由。但是，人们实际上不需要为了对消费课税而对个人购买商品实行监控。相反，所需要的只是观察个人的现金流。

由于

收入＝消费＋储蓄

如果收入（总收入，包括赠与）和储蓄可以衡量，人们就能推算出消费水平。（衡量收入对所得税或消费税都是一样的。）衡量一个人的储蓄问题不是特别困难：一种简单的方法是用一年中有价证券的销售总值减去同期购买的总值。[4]两者之差加上个人的工资收入就是他的现金流，并等于他的消费。因此，实行消费税的实际问题至少不比实行所得税的多。

支持税收以消费为税基的理由

公平

● 应对人们就其取之于社会的课税，而不是对其所贡献的课税。

● 对终身所得（忽略继承和遗产）课税等价于对消费课税：所得税歧视那些喜欢在年老时消费的人。

● 可以将以消费为税基的税收变为累进的。

效率：消费税减少了无谓损失

- 消除了对年老时消费的歧视。
- 消除了混合税制带来的扭曲，对不同的储蓄实行区别课税。

征管简便

- 税制的复杂性来自试图对资本课税与试图减少逃避资本所得课税的机会。

21.2　对储蓄和投资的影响

在第18章中，我们讨论了利息所得税对储蓄的影响。在本章中，我们假定利息所得税对总储蓄有负影响，并考虑它对经济特别是对投资水平及最终对资本存量的影响。在储蓄水平下降导致资本存量下降的这个程度上，单位工人的产出将会下降，最终，生活水平也将会下降。

21.2.1　封闭经济中降低储蓄的影响

图21.1说明了这个基本的担心。图中，我们画出一条曲线，表示投资需求是利率和储蓄供给的函数。[5]交点表示利率 r_1 和投资 I_1 的初始均衡。我们现在课征利息所得税。该税在投资收益和储蓄收益之间打入

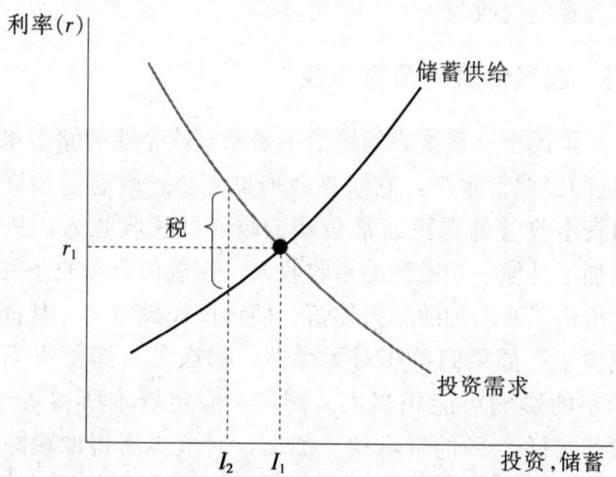

图21.1　封闭经济下利息所得税对均衡投资的影响

对资本利得课税降低了投资的均衡水平，从而在长期降低了均衡的资本存量。

了一个楔子，使得投资的均衡水平下降到 I_2。随着年复一年较低的投资水平，经济中的资本存量最终会下降到足以对生活水平产生有害影响。

21.2.2 储蓄与投资之间的区别

在封闭经济中，均衡意味着储蓄必须等于投资。因此，在均衡中，促进储蓄的政策一定会促进投资，反之亦然。

一些政策会使储蓄的供给曲线发生移动，一些政策会使投资的需求曲线发生移动。例如，投资税收抵免（在这种情形下，政府实际上支付了部分资本品的价格）会使得投资的供给曲线上升，如图 21.2（A）所示。这会自动地导致较高的利率和较高的投资水平。

图 21.2（B）说明了如何利用这类政策来（部分或者全部地）抵消利息所得税的影响。在新的均衡中，投资是一样的。

人们可能会问，为什么要对储蓄课税，然后又通过对投资的补贴来抵消前者的影响？答案是，虽然投资可能不受这组配对政策的影响，但是，可能存在其他的显著影响。例如，在美国，并不是所有的储蓄收益都来源于对工厂和设备的投资；投资者还可以从国外投资和房地产投资中获得收益。而且，投资补贴只影响新投资；对资本收益课税会影响旧资本。因此，对资本收益课税必须与对新投资的补贴相结合，因为，与新投资相比，旧资本的价格下降了，故能产生巨大的再分配效应，而且还能课征到大量的税收收入。

21.2.3 国民储蓄与预算中性

当然，对国民投资最重要的恰恰不是家庭或企业的储蓄水平（私人储蓄），而是国民储蓄水平，它包括政府储蓄——政府的预算盈余或赤字。降低对资本收益的课税通常会减少政府的税收收入，从而增加赤字，除非增加了其他一些税种的税收收入。在貌似合理的条件下，增加的赤字大大抵消了所增加的私人储蓄，使得国民储蓄——从而投资——实际上也减少了。如果储蓄相对无弹性，那么私人储蓄将不会增加许多，但对赤字的影响可能相当大。例如，假定资本所得等于 GDP 的 20%，并对其实行 20%的资本税。那么，对资本所得课税减半的短期效应（忽略了对利率的任何影响）将降低政府的税收收入，降低额等于 GDP 的 2%，因此，政府赤字的增加额等于 GDP 的 2%。如果私人储蓄当前等于 GDP 的 5%，利息弹性是 0.1，那么，该税减半会将资本收益提高 12.5%，将储蓄增加刚好超过 1%或 GDP 的 0.05%。[6] 因此，国

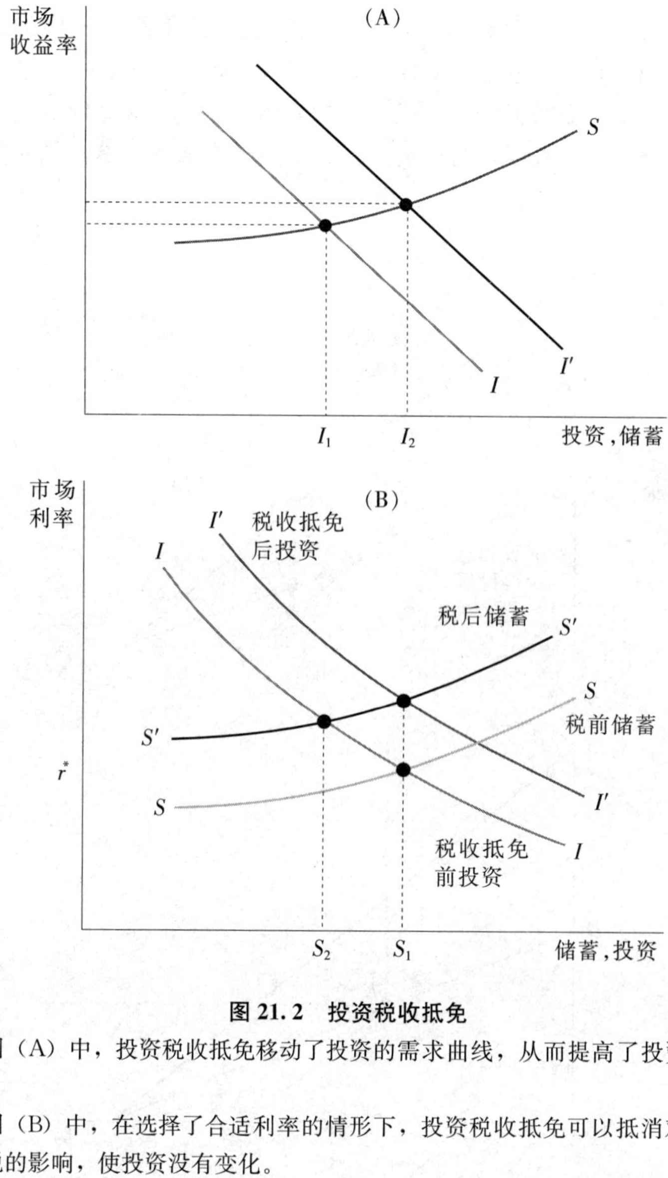

图 21.2 投资税收抵免

图（A）中，投资税收抵免移动了投资的需求曲线，从而提高了投资的均衡水平。

图（B）中，在选择了合适利率的情形下，投资税收抵免可以抵消对资本收益课税的影响，使投资没有变化。

民储蓄（私人储蓄减政府赤字）实际上是显著下降了。

另一方面，如果政府用工资税的增加——按照使个人的境况如以前一样良好的方式——来替代对资本所得课税的减少，那么储蓄显然会增加。这可以从图 21.3 中看出来，在图中，我们利用了一个简单的模型，一个人的生命在这个模型中分为两个时期，分别用 C_1 和 C_2 表示，在第一个时期工作，并为其第二个时期的退休生活储蓄。BB 是征收利息所得税之前的个人预算约束线，$B'B$ 是税后预算约束线。E 是所选择的点，EF 是利息所得税收入（第二个时期实现的）。当课征使这个人的良好境况保持不变的工资税（或消费税）时，DD 是预算约束线。现在只有替代效应，个人消费明显更少；储蓄激励增加。于是，私人储蓄增

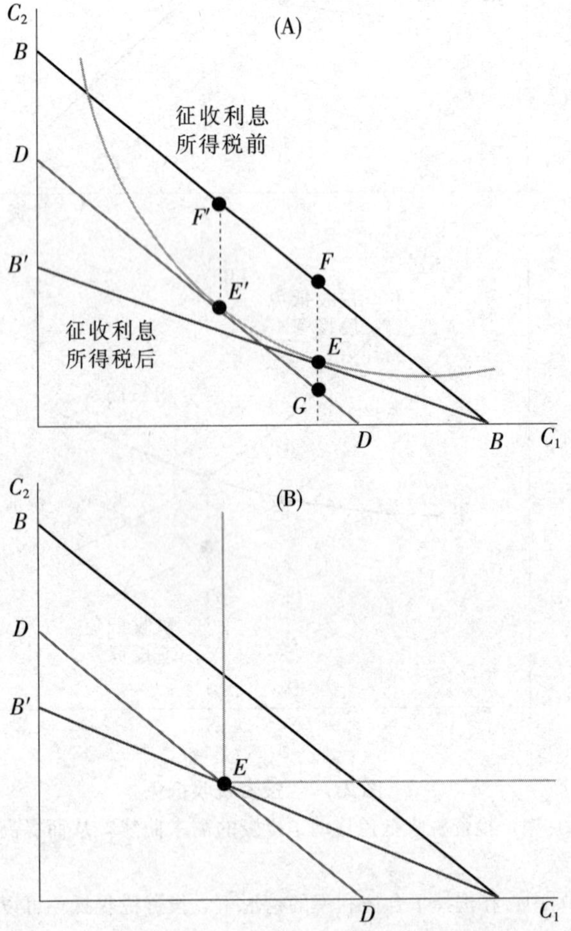

图 21.3　税收的补偿性变化

在图（A）中，利息所得税的下降可以通过使工资税或消费税按照使个人的境况如以前一样良好的方式来增加获得补偿，这会导致私人储蓄增加和政府赤字减少。

图（B）显示了无差异曲线为 L 形的极端情形，储蓄和政府税收收入都没有受到影响。

加。而且，政府税收收入（用现值表示）会增加：新税收收入是 $E'F'$，它明显大于 EF。[7]因此，赤字被减少。但是，储蓄的增加规模可能会比较小，这取决于无差异曲线的形状。图 21.3（B）显示了无差异曲线为 L 形的极端情形，在图中，私人储蓄与政府税收收入都没有受到影响。

这些形成鲜明对比的结果强调了提出正确的问题是多么地重要，但我们要搞清楚什么是保持不变的。通常，政府会考虑课征给定税收收入的其他可供选择的方式。在这种情况下，前面两种表述都不是很正确。但是，第二种表述提供了获得合意答案的分析框架。由于带来相同效用的税收在实行消费税的情况下会产生较大的税收收入，所以政府可以降低税率。因此，与所得税课征的税收收入相同的消费税，会带来更高水平的效用和国民储蓄。[8]

21.2.4　开放经济中降低储蓄的影响

但是，在开放经济中，这些影响可能会大打折扣，因为在开放经济中，国外储蓄可能会替代国内储蓄。在过去的 30 年中，国际资本市场蓬勃发展，可以使资金从一国流向其他国家。近些年，美国已从欧洲和日本那里借了数千亿美元。[9]美国利率的轻微提高便能导致大量资金流入美国，因此，许多经济学家认为，美国的资金供给曲线接近于水平状态（见图 21.4）。

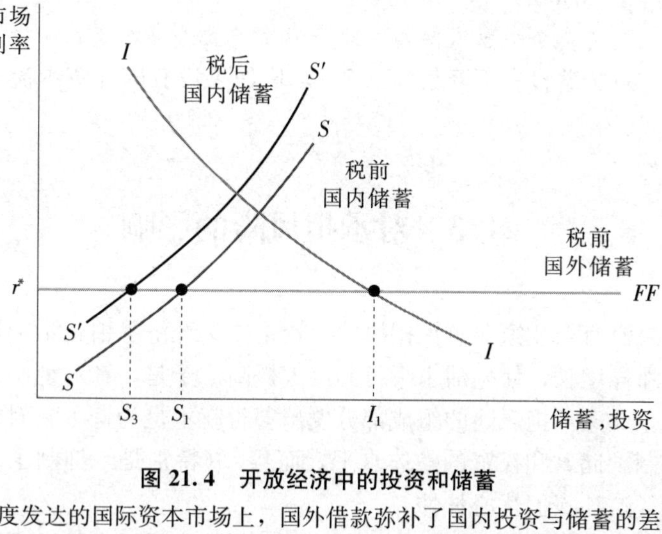

图 21.4　开放经济中的投资和储蓄

在高度发达的国际资本市场上，国外借款弥补了国内投资与储蓄的差额。如果只对美国人的收益课税，那么投资将不受影响，但国内储蓄将受到抑制，因而国外借款会增加。

假设没有税收，考虑外国人愿意以利率 r^* 提供资金的极端情形。也就是说，资金的供给是无限弹性的。于是，r^* 是均衡利率，S_1 是国内储蓄，I_1 是国内投资，I_1-S_1 的差通过国外借款融资解决。

现在，对美国人的储蓄收益的课税，实际上只是使储蓄的供给曲线向左上方移动，如图 21.4 所示。虽然投资水平保持不变，但是，现在更多的投资来自国外储蓄提供的资金。虽然这对投资进而对美国的生产率水平没有影响，但从长期看，会对生活水平产生负面影响。就长期而言，美国人欠外国人的钱将会更多；更多的美国生产的东西将不得不送到国外以偿债。

现实世界大约介于刚才所描述的完全的全球资本市场与前一节所描述的封闭的资本市场之间。外国资本不是国内储蓄的完全替代品。实际上，经验研究表明，国内储蓄与投资之间高度相关。[10]

因此，影响国内储蓄的税收政策的改变的确影响了国内投资。早先，我们考察了一个例子，在这个例子中，资本所得是 GDP 的 20%，资本所得税率为 20%，储蓄的利息弹性为 0.1。我们表明，资本所得税减半会降低几乎占 GDP 2%的国民储蓄（以固定的税前利率）。但是，国民储蓄"曲线"本身的这个移动会导致较高的利率，而较高的利率本身又会导致更多的国内储蓄，导致来自国外的资本流入增加。标准估计表明，增加的国内储蓄可能约等于 GDP 的 0.7%，增加的资本流入可能也约等于 GDP 的 0.7%。由于

投资资金＝私人储蓄－政府赤字＋国外资本流入＝投资

因此，这意味着投资下降仅为 0.7%，比如果没有国外资本流入的情况要小得多。

21.3 对承担风险的影响

如果没有企业家愿意承担风险，资本主义经济恐怕就不会像过去两个世纪那样增长，使生活水平得到巨大提高。于是，针对税制的任何可能抑制企业家承担风险的组成部分发出警告就不足为奇了。对资本课税不仅抑制了储蓄和投资的整体水平，而且，（特别是）抑制了承担风险的总量，这让人们忧心忡忡。

尽管一些人经常愿意承担风险，并且尽管几乎所有的人都愿意偶尔承担小的风险（州彩票的流行和亚特兰大与拉斯韦加斯的赌场就是这方

面的例证)，但是，当谈到管理财富时，大多数人更为保守。只有在他们获得的、作为补偿的预期收益远远高于他们在安全投资中所能得到的收益时，他们才愿意承担风险。人们普遍担心，对资本收益课税事实上是对承担风险的收益（个人因承担额外风险而获得的风险溢价）课税，从而阻止了对风险的承担。

企业家承担风险的产物在我们周围比比皆是：像汽车、飞机和计算机这类重大发明，部分是投资者和企业决心用他们的财富为新想法冒险的结果。这些都成功了，那些甘愿冒险的人获得了巨额报酬。不过，对于每一个这样的成功，都经历了无数的失败。虽然政府拿走了许多成功果实，但它在帮助承担失败成本上却经常不那么慷慨，这种情形加剧了早已存在的市场失灵：缺少保险市场。[11]通常，企业家只能部分地规避与他们的经营活动有关的风险。因此人们担心，若连税制都不加以干预，恐怕只会有少得可怜的（从社会的角度看）投资出现在承担风险的活动中。

21.3.1　为什么扣除全部损失的资本课税可能增加承担风险?

关于现行税收减少承担风险的程度，存在一些争论。它们实际上可能增加了承担风险。

通过分析一个极端的例子，可以很容易地看出所得税可能增加了承担风险。假定一个人必须在两种资产中作出抉择：没有收益的安全资产；50%的机会获得巨大收益、50%的机会获得负收益的风险资产。平均收益为正，以补偿这个人所承担的风险。这个人是保守的，因此，我们把他的一部分财富划作安全资产，把剩下的划作风险资产。

现在我们对资本收益课税，但我们允许可以将损失从其他所得中予以全部扣除。安全资产不受影响。风险资产的收益会减半，但损失也减半。这个人会对此作出怎样的反应呢？假如他把以前的风险资产投资量增加一倍，他的税后所得在该收益为正的时候就是一样的；他的税后所得在该收益为负的时候也是一样的。该税对他完全没有影响。实际上，政府在分担这个人的风险。鉴于它愿意分担风险——损失和收益——故它是一个沉默的合伙人。再者，由于政府愿意分担风险，所以这个人愿意增加他承担风险的活动。[12]

政府在承担风险活动中分担风险的重要性取决于私人市场做得怎么样。对于在股票市场上交易活跃的证券而言，风险广泛分散在整个经济体系中。不过，对于小企业来说，政府也许可以提供市场不能提供的分担风险的机会。

这种情形有另一个有趣的特性：此税一般来说为政府创造了收入，但它对个人福利没有影响。个人不受影响是因为他的税后处境和税前处境一样（不管风险资产结果是正的还是负的收益）。这种税看来做到了其他税似乎所无法做到的：它（一般而言）仅提供了税收收入，但没有降低福利。

专栏 21.1 ☞

承担风险与 1993 年税收议案

在 1993 年税收议案中，克林顿政府对鼓励新企业家承担风险表现出了强烈的关注。阿肯色州的戴尔·邦珀斯（Dale Bumpers）参议员提出的特殊条款，允许投资者将新企业所持有的一半获利至少 5 年内免税。有资格享受免税的获利量是纳税人资产采购款的 10 倍或1 000万美元这两者中的较小者。

该条款旨在通过形成“耐心资本”（patient capital）来鼓励新企业承担风险。这极大地刺激了新投资者可以至少在 5 年内拨出资金用于风险投资，因此，企业会处于对高风险长期项目提供支持的环境。该条款的许多支持者认为，华尔街受到追求短利的支配，因而把立法视作纠正这个问题的一种途径。

21.3.2 为什么资本课税可以降低承担风险？

对不降低福利的情形下提供税收收入的期望实现之前，人们必须牢记几条警告。第一，在税收结构为累进的情形下，对投资成功的收益的课税要重于对投资失败的损失的补贴。这样一来，人们天生就对承担风险有偏见。

第二，现行制度对可以抵消的损失数量进行了限制。这样，政府虽然分享了收益，但只分担了一部分损失。但是，对承担风险的偏见仍然存在。1986 年税制改革法案提高了这种限制的严格程度，它规定，在计算应税所得时，人们不能把一些投资活动的损失从他们的工资收入中扣减掉。（实行这种限制减少了利用避税港避税的机会。尽管这项规定达到了目的，但是它却大大增加了税法的复杂性，使税法对承担风险的偏见进一步恶化了。）

最后一个难题是，我们已经假定安全的收益率为零。如果安全资产有显著的正收益，且如果它被课税，与资本所得税有关的显著的财富效应就将存在。也就是说，由于个人的境况恶化（在某种意义上，他“不太富裕”了)，他只愿意承担更少的风险；因此，财富效应可以导致对风险资产的需求下降。不过，这个财富效应在实行一次总付税的情形下也可能发生——它不是扭曲，而只是反映了在较低财富水平上承担风险的意愿下降了。

虽然政府实际上分担了投资的**财务**成本，但它没有分担企业家的**努力**成本。对计算机行业贡献卓著的创新者（例如苹果计算机的奠基者斯蒂芬·乔布斯（Stephen Jobs））投入的时间之长现在成了一个传奇故事。这些创新者从这种努力所得到的大部分收益，是以卖掉他们所开办的公司而获利的形式实现的。一直以来真正担心的是，资本利得的高税率会抑制这类承担风险行为和创业精神。对课税的这些负激励效应的担心是 1997 年大幅度降低资本利得税税率的部分动因。不过，其他人宣称，创新者是受货币激励之外的因素所驱使，故资本利得税产生的只是最低限度的影响。根据这种观点，降低资本利得税税率而产生的激励好处是很小的。降低资本利得税的真正意图是降低税制的整体累进程度，原因是大部分资本利得流向了非常富的人。

资本课税和承担风险

如果安全资产的收益为零，且政府对资本利得课税的税率与对损失进行补贴的补贴率相同，那么资本课税会鼓励承担风险：政府事实上是一个沉默的合伙人。实际上，它对损失扣除的规定进行了限制，使得净效应是不鼓励承担风险的。此外，资本课税的财富效应——它使得人们变穷——可能会导致更少的风险承担，因为较穷的人不太愿意承担风险。

21.4　对资产价值的变化进行衡量

资本收益有两种主要形式——股利、利息支付和资本利得。当一个人的资产升值时，他的境况就变好，这和他如果得到股利就会使境况变好一样。如果资本利得能够得到完全的衡量，恐怕就没有理由对资本利得采取不同于其他资本收益的处理形式。实际上，对于一些资产而言——例如持有的黄金——唯一的收益就是资本利得。因此，假如对资本收益课税，那么无论这种收益（包括资本利得）是什么形式的，对此的课税就变得合情合理了。基于同样的原因，资产价值的下降就是负收益，这种损失应该从其他收益（例如股利）中扣减掉，以便确定净收益。问题是，常常难以衡量资产价值的上升或下降。全世界的税法实际上是通过对纳税人采取推定无税的原则（即纳税人的纳税义务未查实之前就不能认定纳税人具有纳税义务）来处理这个问题：就资本利得而言，个人通常要等到收益得到确认时（即资产实际被出售的时候）才会纳税。对于市场上交易频繁的资产来说——例如广泛交易的股票和债券——事实上很容易以年度为基础对资本利得课税，即只要比较股票的年末价值与年初价值。两者之差就是资本利得。这种方法称为**按市值计算差额法**。但是，对于许多资产，例如房地产，除非交易完成，否则不可能说出它们的准确价值；人们担心，以一种方式处理一些资产，而以另一种方式处理另一些资产，不仅会带来混乱，而且会造成资产选择中的偏倚。

就折旧而言，纳税人被允许扣除因老化或过时而造成损失的估计值。这种估计是根据简单的规则确定的，常常是过分慷慨的，即它们允许在资产的早年出现较大的价值损失，使得折旧备抵的折现值大于“真实”折旧（即如果存在已用资本的完全竞争市场，原本发生的价值下降）下的折旧备抵的折现值。

我们用美元来衡量利得的损失，不过，由于通货膨胀的原因，美元的价值会随时间而改变（见下文）。

21.4.1 资本利得

因为资本利得只有在实现时才课税，因此，持有已增值证券的个人可能不愿意卖掉它。他知道，如果他卖掉证券，他就必须纳税；如果他继续持有这项资产，他就可以将纳税推迟到以后。他的纳税义务的折现值可以通过延期纳税而得以下降。因此，这个人被诱使去持有证券，而非卖掉。这种扭曲被称为**锁定效应**（locked-in effect）。

这样做的结果可以很容易地看出来。假定一个人上个月以 100 美元[①]购买了证券，但它突然涨到 101 美元。现在他估计，该证券赚取的收益会低于他在其他地方所能获得的收益。例如，假定他认为有另一个投资机会，可以获得 10%的收益。在无税的情形下，他会出售证券，购买新的投资品。

现在考虑如果他出售证券会发生什么事情。他必须立即缴纳资本利

① 此处原文为 1 美元，但应为 100 美元。——译者注

得税。[13]假定他处于 28%的纳税档次中，他必须纳税 28 美元。这样，他只有 73 美元用于再投资。

假定他认为 1 年后他将需要资金。他新投资的税后收益是（1－0.20）×10%＝8%。这样，1 年后他会有 73 美元×1.08＝78.84 美元。另一方面，如果他持有 101 美元的旧投资，且如果它的价值增长了 8%，他就将有 101 美元×1.08＝109.08 美元。他必须就其所获利得缴纳 20%的资本利得税（即他的纳税额是 0.20×108.08 美元＝21.62 美元）。这样，税后他获得 87.46 美元。在用他的资金使其现有资产产生的收益率只为 8%的情形下，他的境况要好于如果他出售资产又购买能产生 10%这个较高收益率的情形。

锁定效应的后果和重要性。对锁定效应的后果和重要性存在相当多的争论。里根总统经济顾问委员会前主席马丁·费尔德斯坦声称，降低资本利得税的影响很大，会导致人们出售以前他们所拒绝出售的证券，以至于政府税收收入实际上是增加了。[14]但是，最近的估计[15]表明资本利得税税率的永久下降只有微小的影响。这与短暂的下降形成了鲜明的对比。显然，如果人们认为，比如说该税在今后两年将大大低于随后的年份，他们就会在这个时期出售资产；这就像政府在搞促销似的。如果减税已被预期到，这种影响就会特别明显，因为此时，有可能在减税发挥作用之前就马上出售其资产的人，会认定短时期推迟出售是值得的。

专栏 21.2 ☞

公平与 1997 年资本利得税减税

1997 年，美国大幅度调低了资本利得税税率：对于高收入者，税率从 28%降为 20%；对那些处于较低纳税档次的人，税率从 15%降为 10%。争论的主要问题是公平：资产占有的集中度要高于收入。因此，调低资本利得税税率的主要得益者是那些最富有的人。

为了更公平地分享资本利得税减税的好处，各种建议被提了出来。例如，有建议说，任何一年中不高于100 000美元的资本利得，应有资格享受特殊税收待遇，或允许个人在一生中享有 100 万美元的特殊税收待遇。然而，这些建议遭到了拒绝，结果造成所得税的整体累进性大幅下降。

然而，即使锁定效应显著，也可能只增加了短期的税收收入：人们现在所纳的税将不会在以后缴纳了，因而长期的政府税收收入可能

几乎没有变化。而且，由于减税可以使人们的境况得到改善，所以此税在增加政府税收收入的同时，可能会导致当期消费增加和总储蓄下降。

有趣的是，1997 年的税收变化实际上是旨在鼓励人们更长时间地持有他们的资产。根据法律，资产持有超过 12 个月的，适用 20%的税率（那些处于所得税纳税档次为 15%的人适用 10%的税率）；持有资产不到 12 个月的，适用 28%的税率。

即使那些认为存在显著锁定效应的人也普遍承认——这很大程度上是美国税制中的特殊规定所导致的结果，该特殊规定使得持有资产的人在去世前都能逃避资本利得课税。因此，尽管年轻人完全可以通过延缓资产变现来**选择纳税时间**进行节税——当利率低时，结果造成节税的折现值相当低——但对于老年人来说，延缓资产变现所产生的节税可能非常高，原因是他们可以完全避税。这个问题的解决办法当然不是降低资本利得税税率，而是取消这条特殊规定。[16]

公平。主张给资本利得以特殊待遇的人经常指出，考虑到通货膨胀的影响，资本利得税不是对真实的资本利得征收，而是对名义资本利得征收。因此，有人就认为这是不公平的。然而，与其他形式的资本所得不同，该税只是在资产变现的时候征收，这就带来了显著的好处。有人可能问，在该税随着资本利得的积累而对这些资本利得征税的情况下，投资者的境况会好于现行税制下的情况吗？答案取决于资产持有的时期：对于许多投资者来说，延缓变现的好处超过了抵消对名义所得课税的成本；这对于靠大量借款来筹资的投资者来说尤为如此。

关于锁定效应的福利后果有更多的争论。相当多的讨论集中在了个人购买证券上。经济效率要求，每一种证券都应由对它估价最高、认为它将会产生最高收益的人持有。[17]锁定效应意味着个人可以保有证券，即使有其他人对该证券的估价更高。这就产生了所谓的**交换无效率**(exchange inefficiency)。然而，一些经济学家认为，无须对此的经济后果看得太重。他们认为，股票市场的实质是富人的赌场，尽管锁定效应可能降低了这个赌场的效率，但它似乎不会对经济产生进一步的影响。在他们看来，资本利得税对股票市场运转的影响与企业的经理层和所有者所作的决策（例如，关于投资和生产决策）之间没有非常直接的或强烈的相关性。

资本利得税可以对经济的生产效率产生显著影响的一个领域是较小的、由所有者自行经营的企业。在这类企业的生命周期中会出现某一时刻，在这个时刻，最初的所有者—经营者的技能和才干会变得不太适合于企业的发展。在无资本利得税的情形下，最初的所有者—经营者可能就想将他的企业卖给其他一些企业家，但资本利得税导致的高成本阻止了他这么做。

专栏 21.3 ☞

折旧产生的扭曲

经济学家最喜欢的娱乐是寻找表面上无害的税收条款所产生的未预期到的扭曲。这样的例子之一是在美国普遍盛行的活动墙。建筑物和设备的折旧率明显不同——当前非居住建筑物的折旧期为 39 年，设备为 5～10 年。二者的界限常常被搞混了。显然，墙是建筑物的一部分，应该和建筑物的其他部分一样折旧。但是，什么时候墙不是墙？如果墙是活动的，它就可被视为设备——毕竟，它可以从一个建筑物移到另一个建筑物。要作为建筑物的一部分，它就必须**与建筑物相连**。当然，让墙和建筑物分离还有其他的理由：例如，为了对不断变化的环境作出回应，它使得人们能够更灵活地利用空间。但是毫无疑问，改用活动墙的决定因素之一是巨大的纳税利益。

21.4.2　折旧

不是所有资产都会随时间而增值。通常，机器越旧越不值钱。这种价值上的下降被称为**折旧**（depreciation），它们是资本损失。再者，从概念上讲，对折旧的税务处理不存在问题：如同应把资本利得加到收入中一样，资本损失也应从收入中扣除。问题是操作性的：我们如何衡量资本损失呢？税法规定了**折旧备抵**（depreciation allowances），旨在估计价值的下降。

对折旧作出某种规定非常重要，其原因可以由下面的例子来说明。考虑使用寿命为 5 年的机器，也就是说 5 年后机器报废。机器每年可以带来 100 美元的收入流。净收入明显不是 1 年 100 美元（5 年 500 美元）。必须考虑到这样的事实：每年机器都在变旧，直到最终不能使用。

真实经济折旧（true economic depreciation）是机器市场价值的实际下降。但是，因为大部分已用机器的市场发展不完善，政府没有简易的方式来确定市场价值真正下降了多少。与利用真实经济折旧价值相反，政府采用了被认为是近似于实际折旧的简单做法，让投资者享受推定无税的待遇。此做法需要首先估计机器的平均寿命：例如，汽车的使用寿命通常为 6 年；商用建筑是 30 年以上；办公室设备为 5 年或 10 年。然后，将折旧备抵在机器的整个使用寿命期间分摊。这种最简单的做法被称为**直线折旧**（straight-line depreciation），对于使用寿命为 10 年的机器，它允许投资者每年抵扣 1/10 的购买价格，对于使用寿命为 5 年的机器，允许每年抵扣 1/5（见图 21.5）。

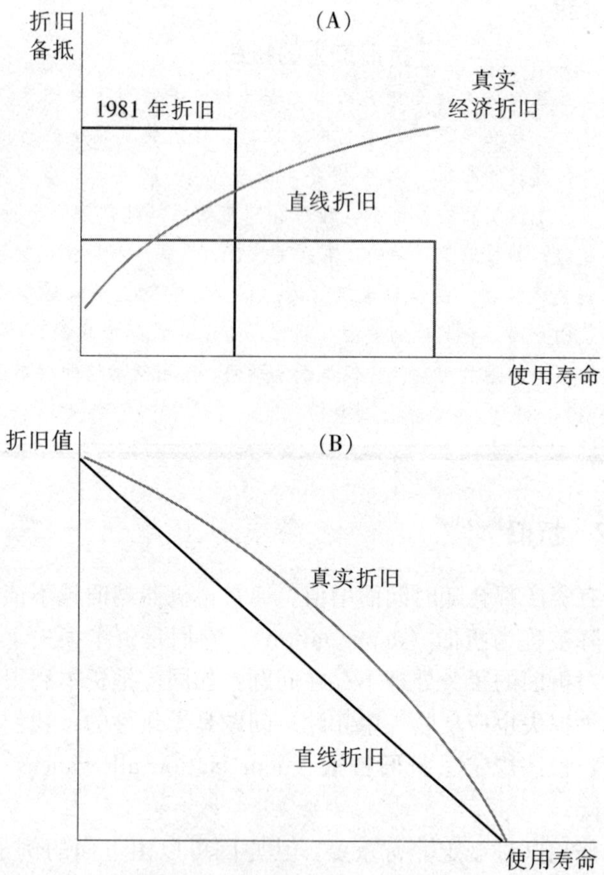

图 21.5 折旧曲线

图（A）中，直线折旧使每年的折旧备抵都一样。对一项收益流在其固定使用寿命中不变的资产来说，真实经济折旧使较早年份的折旧备抵低于较晚年份的折旧备抵。根据在 1981—1986 年间实行的税法，允许企业采用比其实际使用寿命期更短的资产使用寿命期。

图（B）显示了资产的折旧值，即资产的成本减去到某个日期的折旧备抵之和。此图使“直线”折旧得此名称的原因一目了然。

21.4.3　中性课税

为了在选择投资项目时实现中性，政府有两种方法可供选择。一种方法我们早已说过：它允许抵扣真实经济折旧（或至少设法制定更接近于真实经济折旧的规则）。

第二种方法要求政府允许对投资成本进行 100%的抵扣。于是，政府会降低投资项目的成本，数量正好等同于它减少投资者所获收益的数量。实际上，政府是以一个沉默的合伙人的身份加入到投资活动中。收益折现值超过成本的项目——因此，有可能在无税收的情况下得到执行——仍然会得到执行。

当第一种方法与中性资本所得税相符时（即该税没有对投资项目的选择产生扭曲作用），第二种方法与中性纯利润税相符——投资项目收益的折现值与其成本之间的差可以看做纯利润。[18]

在实践中，许多国家的政府不追求实现中性课税，但实际上利用税制通过**加速折旧**（accelerated depreciation）来鼓励对资本的投资，即通过允许折旧快于直线折旧。在第 23 章中，我们将考察美国在这方面已采取的一些方式。

21.4.4　通货膨胀

通货膨胀给资本所得的界定出了数个难题。人们想要的是对资本的实际收益而非名义收益课税。如果一个人拥有一项资产，它增值了 10%，但价格总体上也上升了 10%，因此这个人的境况就没有得到改善。他的**实际资本利得**（real capital gain）是零，即便他的**名义资本收益**（nominal capital gain）为正。同样，考虑一个人在储蓄账户存入 1 000美元并得到 100 美元利息的情形。如果通货膨胀率是 10%，**实际收益**就是零。100 美元的利息刚好能弥补他储蓄账户实际价值的下降。

同理，通货膨胀降低了折旧备抵的**实际价值**，它与个人或企业为购买资产而支付的名义价格有关，并且，它对使用寿命长的资产的影响要远远大于使用寿命短的资产。在 20 世纪 70 年代末期和 80 年代初期，美国经历了高通货膨胀时期，每年的价格上涨率超过了 10%。（根据其他国家的标准，这是低的，在这些国家，非常情形时期的月通货膨胀率已经超过了 100%。）很显然，当通货膨胀率高时，我们的税制不能以一种公平的或有效的方式来对待资本收益。

税制是对名义收益而非实际收益课税。因此，存在通货膨胀的第一个后果是，获得小的正资本税前实际收益的人，发现他们得到了大的负税后实际收益。

考虑通货膨胀率为10%时处于33%纳税档次、得到12%收益（例如以利息形式）的人的情形。在高通货膨胀时期，大部分收益只是对货币购买力下降的一种调整。他的实际收益率只有2%。（资产的实际收益率是名义收益率减去通货膨胀率。）但是，现行税法没有考虑到这一点。这个人会不得不将33%的名义收益缴纳给政府（州和地方所得税忽略不计），留给他8%的净税后收益。有通货膨胀时，他的实际收益率是8%－10%＝－2%。他仅延迟消费1年就丧失了2%的消费能力。人们当然会认为，这对储蓄有强烈的抑制作用。

1974—1982年间，股票价格只不过是保持了与通货膨胀同步增长（在许多情况下，甚至还赶不上通货膨胀）。但是，由于价格水平翻倍，人们发现，如果他们出售股票，他们就要缴纳巨额资本利得税。这再次看上去是不公平的。

纳税档次**指数化**（indexing）得到了人们的强烈支持，即调整纳税档次以抵消通货膨胀的影响，因而从1986年以来，纳税档次、标准扣除和个人豁免都实行了指数化。结果，纳税人适用于较高税率的收入水平会随价格水平的上升而提高。不过，比纳税档次指数化要复杂得多的是将税制设计成只对资本的实际收益课税。除了利息收入和折旧外，不仅资本利得必须实行指数化，利息支出也必须要指数化。这样，借款的投资者就可以只扣除他们的实际利息支出，而不扣除名义利息支出。假如资本利得实行指数化而利息支出未实行指数化，人们就会发现，在通货膨胀时期借钱购买其价值与通货膨胀率同步增长的资本资产是有利可图的。

许多资本利得都是虚假的，即它们不意味着价值的实际上升，这个事实成为了对长期资本利得实行特殊税收待遇的动因之一（例如1997年实行的较低税率）。但是，如同我们早些时候指出的，延缓纳税的好处（资本利得只有在变现时而不是在产生时才被课税），至少在过去，已大大抵消了对通货膨胀利得的“不公平”课税。更一般地说，对资本利得以较低的税率课税替代了指数化，尽管非常不完美：特别是考虑到当前的低通货膨胀率，只是短期地持有资产几乎就没有通货膨胀的成分，因此，对它们所课以的较低税率不能只以通货膨胀作为理由。而且，将资本利得指数化，而不将其他形式的收益或借款指数化，会产生大量扭曲。

其实，对于20世纪70年代末的通货膨胀时期，税制是鼓励还是抑制了投资这个问题存在一些争论。一方面，名义利息支出得到完全纳税扣除而60%的资本利得被免税的事实，在某些情形中，实际上是对资本的补贴。另一方面，折旧备抵未实行指数化的事实起到了抑制投资的作用。

显然，我们的现行税制并非不受通货膨胀的影响；由于通货膨胀，在一些情况下，税前收益为正的资产其实税后收益为负，这抑制了投资，而在其他一些情况下，税制又鼓励了投资。

要获得不受通货膨胀影响的税制，就需要**完全指数化**。资本所得的部分指数化（例如对资本利得而不对债务实行指数化）会加剧一些扭曲，并使其他扭曲保持不变。[19]

在这场为1997年资本利得税减税作了准备的争论中，减税的倡导者强调了与对名义收益课税有关的不公平问题。但是，他们没有注意到资本利得只在变现时才被课税这个事实所产生的税收优惠待遇，而且没有人建议实行完全指数化，特别是只允许实际利息支出可以扣除，尽管只对实际资本利得课税的提案实际上获得了众议院的通过。所实行的较低税率至多大致抵消了通货膨胀的影响，因为通货膨胀对持有期为20年的资产价值的侵蚀要多于持有期为5年的资产价值。

实行资本利得税的关键问题

- 衡量资本利得：价值增加
- 衡量折旧：因机器损耗或过时而导致价值下降
- 通货膨胀：从通货膨胀利得中分离出实际利得

资本利得、折旧与通货膨胀

● 资本利得通常只是在资产出售时被课税。这产生了锁定效应。然而，锁定效应的重要性值得质疑。

● 大多数税制规定了过分慷慨的折旧备抵。这些规定不仅鼓励了投资，也扭曲了投资模式，例如有利于较长期的投资。

● 税制是对名义收益而不是实际收益课税。尽管与过去相比，现在的美国税制存在着更多的指数化，但资本收益，包括资本利得在内，并没有实行指数化。部分的指数化——对资本利得而不是债务实行指数化——与现行制度相比可能会产生更多的扭曲。以20世纪90年代通行的通货膨胀率来看，与未实行指数化课税有关的扭曲较小。

20 世纪 90 年代通货膨胀率的下降使得对本问题的讨论降温了不少。而且，人们愈益达成共识：通货膨胀的衡量方式很可能高估了通货膨胀率，而且高估的数字可能相当大（每年在 1～2 个百分点之间）。不过，假如通货膨胀率再次提高到 20 世纪 70 年代所达到的水平，对与资本名义收益课税有关的扭曲和不公平而引起的担忧将会重新出现。

【注释】

[1] 提醒：只有在个人既没有继承也没有留下遗产时，这个等价才成立。

[2] 从历史上看，虽然由于税法存在漏洞，许多遗产仍能逃避税收。

[3] 正式的分析作了许多假定，例如，个人所得的唯一差异来自能力差异；相对工资是固定的；个人在一生的早年或晚年消费之间的边际替代率不取决于他们工作了多少。如果这些假定只是大致得到满足，来自对利息所得课税的获益仍然很少。在一些情况下，给利息所得提供补贴是可取的。存在两种情况，在这两种情况下实行利息所得税就有了理由：(a) 如果这种税以更合意的方式改变了税前分配(例如，如果资本税后收益的减少抑制了储蓄，且如果非熟练劳动和资本是可替代的，则较低的资本供给将会提高非熟练劳动者的相对工资)；由于在再分配收入中存在无谓损失，故为改变税前收入分配而产生的一些无谓损失总是可取的。(b) 如果个人的投资能力不同，一些人比其他人获得更高的投资收益，那么仅工资税（或等价地，消费税）就不能有效率地再分配收入。（标准模型假定所有人的资本收益都相同。）形式上，如果人们将资本的额外收益归因于个人的投资能力，那么额外收益就可以被视为劳动收益。不过，从征管上作这种区分是不可能的。

[4] 这低估了这个问题：不是所有的资产销售和购买都作了记录，在用于资产的支出和用于消费的支出之间的一些界限不清。特殊的问题来自税制的转型。因为没有当前资产持有的记录，所以人们可以通过出售当前持有的资产进行消费。一个人可能会将购买的一幅油画或一个农场称作是资产，而非消费品。虽然当今出现了这些问题，但在消费税的情形下这些问题可能会加剧。（今天，问题是个人可能出售了一幅油画而没有申报资本利得。在消费税的情形下，他会说，他购买的用于消费目的的油画实际上是作为投资购买的。）

[5] 这个分析作了一个极为重要的简化：只有一种资产能用来储蓄（资本品）。实际上，还存在其他资产，包括土地和政府债券。政府的税收政策会影响土地价值。导致较高利率的税收政策会造成土地价值的下降；因此资本下降的数量小于在一个没有土地的经济中资本下降的数量。如果土地价值下降，那么更多的储蓄会被用于资本积累。

[6] 如果我们忽略利率的变化，税后收益会从 $0.8r$ 增加到 $0.9r$，即 1/8。这会导致私人储蓄增加 1.25%，或 GDP 增加 0.062 5%。私人储蓄的实际增加有点大：随着赤字增加，利率上升，会导致更多的储蓄，其数额取决于储蓄的利息弹性。标准估计表明，预算赤字增量的大约 1/3 可能会因高利率而产生的额外储蓄所抵消，

因而国民储蓄的总降幅可能仅大约为 GDP 的 $1\frac{1}{3}$——这仍然是一个可观的数字。（当从国外吸引的资金流也包括在分析之中时——如下所示——那么对投资的净影响会进一步下降，降为 1%GDP 的 2/3。）另一方面，如果储蓄弹性非常大，那么增加的私人储蓄会大大抵消掉所增加的财政赤字。

[7] DD 与 BB 平行（由于没有利息所得税）。两条平行线之间的距离在任何一处都相同。因此，FG 等于 $E'F'$。

[8] 政府税收收入的时间安排在不同的可供选择的制度下会不同。这种分析利用税前利率比较了能带来同样折现值的税收收入的各种税种（用税前利率）。

[9] 在 1982—1986 年间，美国从国外大量举债，使它从世界上最大的债权人变成了最大的债务人。美国的净国际投资头寸——美国各银行、跨国公司和个人持有的国外资产大于外国人持有的美国资产的部分——1982 年为1 470亿美元，1986 年大约为－2 500亿美元。（这种变化的主要原因是第 2 章所讨论的巨额财政赤字。）到 1997 年，美国的净外国债务为13 225亿美元。参见 Russell B. Scholl，"The International Investment Position of the United States"，U. S. Department of Commerce，Bureau of Economic Analysis，*Survey of Current Business*，July 1998，pp. 24 - 34。

[10] 例如，参见 Earl L. Grinols，"The Link between Domestic Investment and Domestic Savings in Open Economies：Evidence from Balanced Stochastic Growth"，*Review of International Economics* 4，no. 2（June 1996）：119 - 140。这种相关可能部分因为国内促进储蓄的环境也促进了投资；也可能是因为相当多的投资是由企业自己提供资金的，以至当投资收益高时，它们会储蓄更多，或者当它们的利润高时，它们储蓄更多，投资也更多。

[11] 对这种市场失灵有好几种解释。例如，投资者通常对投资项目的潜在风险和收益拥有有限的信息，而且，获得更全面信息的成本相当高昂。将资金用于轻率的投资计划的冒充内行者层出不穷。那些最愿意出售其工程股票的人，是那些认为市场高估了这些工程价值的人。例如，参见 Bruce Greenwald，Joseph E. Stiglitz，and Andrew Weiss，"Informational Imperfections in the Capital Market and Macroeconomics Fluctuations"，*American Economic Review* 74（2）：194 - 199；以及 Stewart C. Myers and Nicholas S. Majluf，"Corporate Financing and Investment Decisions When Firms Have Information That Investors Do Not Have"，*Journal of Financial Economics* 13，no. 2（June 1984）：187 - 221。

[12] 关于课税对承担风险影响的早期阐述，参见 E. D. Domar and R. A. Musgrave，"Proportional Income Taxation and Risk-Taking"，*Quarterly Journal of Economics* 58（1944）：388 - 422。当前的权威观点参见 J. E. Stiglitz，"The Effects of Income，Wealth and Capital Gains Taxation on Risk-Taking"，*Quarterly Journal of Economics* 83（1969）：262 - 283。也可参见 A. B. Atkinson and J. E. Stiglitz，*Lectures on Public Economics*，New York：McGraw-Hill，1980，

Chapter 4；以及 A. Sandmo，“The Effects of Taxation on Savings and Risk-Taking”，in *Handbook of Public Economics*，vol. 1，ed. A. Auerbach and M. Feldstein，Amsterdam：North Holland，1985，pp. 293－309。

［13］他的短期利得（低于 12 个月）所适用的资本利得税税率等于他个人所得税的纳税档次；对长期利得而言，税率为 20%。

［14］M. S. Feldstein，J. Slemrod，and S. Yitzhaki，“The Effects of Taxing on Selling and Switching of Common Stock and the Realization of Capital Gains”，*Quarterly Journal of Economics* 94（1980）：777－791。

［15］参见 L. Burman and W. Randolph，“Measuring Permanent Responses to Capital Gains Tax Changes in Panel Data”，*American Economic Review* 84，no. 4（September 1994）：794－809。

［16］从技术上讲，这项规定被称为“按当事人去世时的市值作为增值资产的成本”。继承证券并且接着将它出售的人，是对他就他继承时算起的价值增值进行课税。相反，如果某人将证券作为礼物赠与另一个人，接受者随后将之出售，则对他就从最初购买资产时算起的资本利得进行课税。美国财政部因“按当事人去世时的市值作为增值资产的成本”这种做法而产生的成本，据估计每年有数十亿美元。

［17］我们是用帕累托效率的通常含义来定义经济效率的。但是，在有风险的情况下，如何以恰当的方式衡量每个人的福利就是一个问题。这里我们所用的这个术语的含义，是从个人对结果的自我预期这个方面来讲的，而不管这些预期的客观真实性。

［18］部分收益可以归因于出色的经营，在这种情况下，收益折现值与直接成本（不包括与管理有关的成本）之间的差，就是纯利润和经营与企业家精神所得回报的混合物。

［19］税制中还存在其他一些扭曲，可以部分抵消与对通货膨胀提供不当税收待遇有关的扭曲。例如，未将折旧指数化尤其会对使用寿命长的资产造成过高税负的事实，通常被按真实经济折旧来促成折旧方法（甚至直线折旧）的事实所抵消（在高通货膨胀情形下部分抵消，在极低通货膨胀情形下完全抵消）。

第 6 篇

美国税制

本篇用第 5 篇阐述的税收一般原理来分析美国税制。第 22 章和第 23 章解释了个人所得税和公司所得税的主要规定，以及它们对资本和劳动的含义，并探讨美国过去 15 年中所面临的一些主要政策问题。第 24 章分析避税，而第 25 章回顾了 20 世纪 80 年代和 90 年代初期的改革，并展望了未来的改革。

第 22 章　个人所得税

个人所得税不仅是联邦政府唯一最重要的税收收入来源，也是对我们的生活影响最大的税种。个人所得税如此之重要，以至税制变化成为政府议事日程的头等大事，在过去的 20 年中不少于四次：分别是 1981 年、1986 年、1993 年和 1997 年。但是，在评价这些税制改革之前，我们必须了解美国个人所得税的基本结构、支撑它的原则和主要征管问题。

22.1　美国所得税概述

计算个人的纳税义务有四个步骤。第一步是计算毛所得。将工资与薪金、获得的股利与利息、净经营所得、出租财产的净租金（扣除费用）以及出售资产的净利得加总。失业补助金现在全部被课税，养老金在收入超过已纳税的缴款时属于应被课税的。供养费也包括在所得之中。扣除赌博损失的赌博所得也包括在内。非法所得（例如来自毒品交易），无论其来源是什么，都是应被课税的，但一般没有这方面所得的申报。然而，有几种来源的所得，其中包括儿童抚养支出、赠与和继承、州和地方债券利息、一些社会保障津贴、人寿保险利息、福利以及退伍军人津贴，不在应被课税之列。所有这些数额都不包括在毛所得之中。雇员从雇主那里得到的福利，诸如健康保险和对养老基金的缴款，对于大多数人来说，是最重要的不予计列的所得。倘若这些都要求申报的话，数额会相当大。例如，如果个人将雇主提供的健康保险支付申报为所得的话，1997 年财政年度的税收收入恐怕就会是 670 亿美元了，或者税收收入可能就会增加 4.1%。将雇主对养老金的缴款排除在外所产生的节税额就等于另一个710亿美元。近些年来，与许多其他福利有关的纳税利益，例如人寿保险，都已下降了。

为了从毛所得得出**调整后毛所得**（adjusted gross income，AGI），人们需将对一些免税储蓄计划的缴款、支付的供养费以及其他一些项目扣除（见表22.1）。

表22.1　　计算纳税义务

工资与薪金	
利息所得，股利	
净经营所得	
净租金所得	
＋其他所得	
毛所得	
－对个人退休账户（IRA）的缴款（当符合资格时）和个体从业者对养老金计划的缴款	
－供养费	
－1/2的个体从业税	
－个体从业者为自己和家庭缴纳的部分健康保险费	
调整后毛所得	
选择1	选择2：分项扣除
－标准扣除	－抵押贷款利息
	－州和地方所得税与财产税
	－超过7.5%调整后毛所得的医疗支出
	－慈善捐款
	－迁移支出（与为就业而迁移至新地点有关）
	－雇员支出（超过2%所得的）
	－偶然损失
－免征额	－免征额
应税所得	
×税率	
纳税义务	
－以前的扣缴税款	
－税收抵免（儿童抚养支出、已纳的国外税款、劳动所得税收抵免、大学学费）	
到期应纳税款	

从调整后毛所得得出**应税所得**（taxable income）有两种选择。第一种选择是，个人可以对大额医疗支出和偶然损失、抵押贷款利息、州和地方税（销售税除外）、慈善捐款以及迁移和其他与工作有关的支出进行分项扣除，然后用调整后毛所得减去上述扣除总额。第二种选择

是，个人可以进行所谓的**标准扣除**（standard deduction），这种扣除对不同种类的纳税人都是一系列数额。[1]标准扣除的要点是简化大多数纳税人的税收申报，因为这些纳税人的扣除数额有限。因此，分项扣除低于适当的标准扣除的个人就会完全采用标准扣除。

那些采用分项扣除的人和那些采用标准扣除的人都有权扣除一项或多项个人免征额。纳税人的个人免征额被允许适用于他自己（与配偶，如果是联合申报）和他（或进行联合申报的夫妇）所供养的家庭成员。[2][3]对高收入者而言，个人免征额是逐步减少直到取消。[4]

当然，免征额并不代表供养另外一个人的额外成本——这种成本通常相当大。免征额的目的在于，与标准扣除相结合，以确保不对非常穷的人课税。从历史上看，最低所得（低于最低所得的人不被课税）大致是随贫困水平而变化。

从调整后毛所得中减去分项扣除或标准扣除，再减去个人免征额，就可以得出应税所得（见表 22.1）。于是，基本的纳税义务就可以计算出来。像标准扣除一样，个人所得税也会取决于个人是单身、与配偶联合申报的已婚者、单独申报的已婚者，还是户主。

个人因多赚取额外 1 美元所得而必须缴纳的额外税款被称为他的**边际税率**（marginal tax rate）。所得税的边际税率有五级，如表 22.2 所示，1997 年的这五级边际税率适用于不同水平的所得。例如，应税所得为50 000美元的单身个人，就其第一个24 650美元要缴纳 15%的所得税，剩下的25 350美元要缴纳 28%的所得税。赚取最后 1 美元所适用的边际税率是 28%。

表 22.2　　1997 年的税率

	单身		联合申报的已婚夫妇		户主	
税率	从	到	从	到	从	到
15%	0	24 650	0	41 200	0	33 050
28%	24 650	59 750	41 200	99 600	33 050	85 350
31%	59 750	124 650	99 600	151 750	85 350	138 200
36%	124 650	271 050	151 750	271 050	138 200	271 050
39.6%		271 050 以上		271 050 以上		271 050 以上

实际边际税率比表 22.2 所示的更复杂，因为个人免征额和一部分分项扣除随调整后毛所得的增加而逐步减少。如果夫妇的调整后毛所得超过181 800美元，或如果单身个人的调整后毛所得超过121 200美元，则每增加2 500美元（或与其成比例），他们的免征额就减少 2%。由于免征额的逐步减少，所以最高实际边际税率约为 43%（而非 39.6%），

表 22.2 中的 36%纳税档次，其实际边际税率为 39%。[5]注意，一旦免征额完全取消，边际税率又会回到表 22.2 所示的水平。因此，高收入者可能比低收入者适用更低的边际税率。

另外，如果高收入纳税人的家庭所得超过121 200美元，或如果高收入纳税人的个人所得超过60 600美元，则分项扣除会按该超过额的3%缩减，但这种缩减不得超过总扣除额的 20%。这样一来，如果一个所得为300 000美元的四口之家有30 000美元的扣除，这个家庭所适用的边际税率就约为 44.1%。[6]另一方面，所得为400 000美元的家庭所适用的边际税率仍然是 39.6%，因为他们的扣除若按 3%缩减，就达到了最高扣除比例，所以就取消了 3%的缩减。

为了确定纳税账单的最终数额，还需作另外一系列的调整。这些调整涉及了从缴纳给政府的税款中直接扣除的**税收抵免**（tax credit）。因此，如果一个人的纳税义务是10 000美元税款，但若他享受 900 美元的税收抵免，他实际只要向政府缴纳9 100美元就可以了。1997 年《纳税人减负法案》实行了**儿童税收抵免**（children tax credit），该抵免 1998 年为每个儿童 400 美元，其后是 500 美元（收入超过110 000美元的家庭，这种抵免会逐步减少直至取消）。1997 年也实行了大学学费税收抵免，对上大学的每个孩子，大学的头两年每年可（最高）抵免1 500美元，对每个孩子多出一年受教育时间的，年抵免1 000美元。[7]其他两种税收抵免也是重要的。**劳动所得税收抵免**（第 15 章讨论过的）允许低收入家庭的抵免最高可达劳动所得的 40%；**儿童抚养支出税收抵免**（child care expense tax credit）允许低收入家庭的抵免最高可达儿童抚养支出的 30%。

资本利得会使纳税额的计算更复杂：资本利得（购买与出售之间的资产增值）按特殊税率进行课税。1997 年的税法规定，对于持有超过 12 个月的资产利得，高收入者（已婚夫妇55 000美元以上的，单身32 000美元以上的）的资本利得税税率为 20%，低收入者为 10%。

22.1.1 有效税率与实际税率

因为所有的扣除、抵免和特殊规定，个人缴纳的实际税款明显低于“法定”税率。**有效税率**（effective tax rate）被定义为纳税额与所得的比率。有效税率会随收入增加而提高，但由于富人通常有更多的机会利用特殊规定，所以他们的“官方”税率与有效税率之间的差异很大。因此，所得税的实际累进程度（税额与所得的比率随收入增加而提高的程度）小于税率表中所显示的。表 22.3 说明了有效税率是如何随时间变化的。1986 年实行的重要税制改革增进了累进性，降低了底端四个五分位组的税率，提高了最高五分位组的税率。据估计，1997 年的税制改革通过降低资本利得（主要是来自于极高所得者）税的税率，导致了累进程度的下降。

表 22.3　　按所得等级和纳税年度划分的平均有效税率

（所得按五分位组划分；税率以百分率表示）

所得等级 五分位组	1985	1988	1992	1995[a]	1999 预计[a]
最低	−0.2	−1.7	−2.8	−2.4	−3.0
第二	3.8	3.0	2.6	3.2	2.9
第三	6.7	6.4	6.3	7.2	6.8
第四	9.3	8.9	8.7	9.4	8.9
最高	14.4	15.4	16.3	16.5	16.3
全部家庭	10.7	11.0	11.5	11.3	11.1

a. 1995 年与 1999 年的数字和早先的数字不具有完全可比性，因为后者反映了公司诸税 100%来源于资本，而早先的数字反映了公司诸税 50%来源于资本、50%来源于劳动。

资料来源：Congressional Budget Office Memorandum，"Estimates of Federal Tax Liabilities for Individuals and Families by Income Category and Family Type for 1995 and 1999"，May 1998；U. S. House of Representatives，Committee on Ways and Means，*1991 Green Book*，Table 17.

当个人多赚 1 美元时，他的纳税额就会上升。其纳税额上升的数量——他的有效税率——自然取决于所有扣除、免征额和抵免，这反过来又部分取决于他怎样得到钱和如何花钱。

22.1.2　其他税收

本章虽然关注的是联邦个人所得税，但我们还应该记住——还存在着其他税收及纳税人的行为是受全部税收的净效应共同影响的——这很重要。许多州课征州所得税。个人所面临的边际税率既包括他向联邦政府缴纳的税收，也包括他向州政府缴纳的税收。我们在第 14 章中分析了社会保障税。由于对许多人来说社会保障津贴随税收增加而增加，所以并不是所有的社会保障缴款都应被视为税收。不过，由于老年保健医疗津贴不取决于缴款，因而老年保健医疗"缴款"是税收。而且，如我们在第 18 章中所看到的那样，谁实际上向政府纳税几乎没有什么差别；

雇主和雇员的缴纳都应同等看待。因此，2.9%的老年保健医疗税（雇主负担一半）会将较高收入者的边际税率提高到高达47%，当它和州税加在一起时，则提高到了53%。[8]

就个人行为来说，具有重要意义的是，所有税收和补贴以及有关它们的全部特殊规定加在一起的影响。例如，对劳动力供给关系重大的是净边际税率——如果纳税人多赚1美元，他的消费会增加多少。即便关注的只是主要税收——基本所得税加上劳动所得税收抵免以及社会保障——也会得到一个随收入明显变化的边际税率。尽管图22.1以图的形式勾画出了法定边际税率，但是，若将各种联邦税收（州税忽略不计）都考虑在内，实际边际税率就会是一种更为复杂的情形（见图22.2）。劳动所得税收抵免会导致收入低于9 100美元的纳税人所面临的边际税率是－40%，但是接下来，它又会导致收入在11 950～29 290美元之间的纳税人（对于一个四口之家来说）在免征额逐步减少的过程中，面临21%的边际税率。

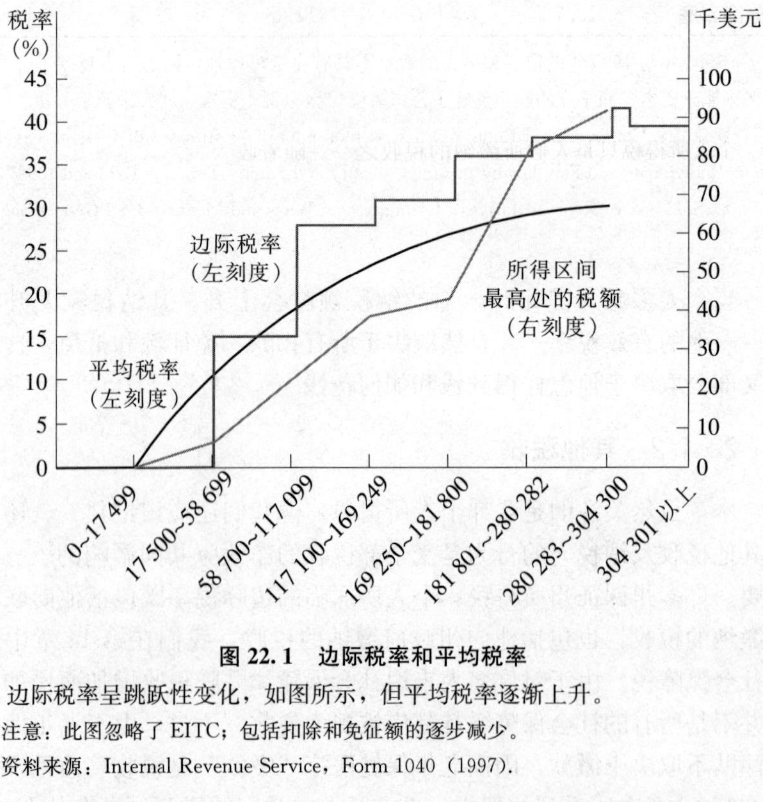

图22.1 边际税率和平均税率

边际税率呈跳跃性变化，如图所示，但平均税率逐渐上升。

注意：此图忽略了EITC；包括扣除和免征额的逐步减少。

资料来源：Internal Revenue Service，Form 1040（1997）.

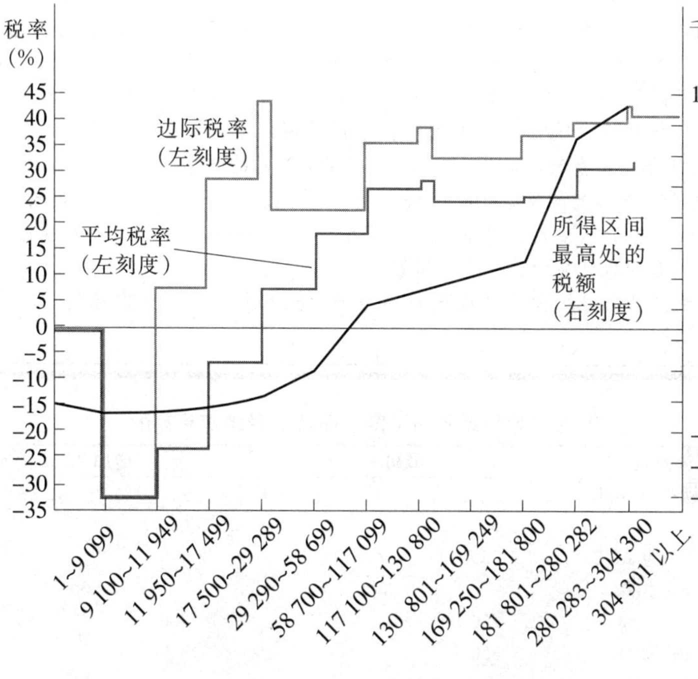

图 22.2　平均税率和边际税率：将各种联邦税收考虑在内

个人所得税只是人们所缴纳的税收之一。随着收入增加，工薪税、所得税、劳动所得税收抵免就发生了变化，导致边际税率的形状更加复杂。

资料来源：Internal Revenue Service，Form 1040（1997）.

特殊规定在提高了实际边际税率的同时，也可以具有降低平均有效税率的效应。表 22.4 说明了这是如何发生的。表中的例子是：有一个人，抚养了两个小孩，他最初的收入为26 000美元，处于 15%的纳税档次，负担的支出包括抵押贷款利息、医疗、工作以及儿童抚养（1997年的情况）。由于有扣除，最初的平均税率只有 0.2%。薪金增加了2 001美元之后，平均税率仍然较低，刚超过 3%，但是边际税率是42%——比 15%的法定边际税率要高得多。

专栏 22.1

劳动所得税收抵免有漏洞吗？

扩大劳动所得税收抵免的范围是 1993 年税法的一个主要成果——使 1 900 万以上的低收入家庭人受益。它有力地促进了劳有所得，确保所有全职工作的人（即使领的是最低工资）能通过工作摆脱贫困的目标的实现。

不过，扩大抵免范围，虽然看上去仍没有产生什么问题，但有一方面却已经引起了经济学家相当大的担忧。非常低收入者获得的抵免可以是他们收入的40%。这样一来，如果他们的收入是8 000美元，他们得到的抵免——政府给他们寄来的支票——就是3 200美元。考虑这对两个失业者的激励情形。他们相互雇用清理他们的房子，相互给的报酬是8 000美元。他们是诚实之人，因此，他们为自己缴纳了15%的社会保障缴款；每个人交给政府1 200美元的支票。作为回报，他们从政府那里拿回3 200美元的支票，净所得为2 000美元。一下子就有了40%的补贴率。因此，在此事中，任何人为何申报至少能使他们有资格获得最大劳动所得税收抵免的收入额的原因也就显而易见了。尽管这种交易可能看上去属于欺诈行为，但事实上，税收制度实际鼓励他们清理彼此的房子，把本来只是房子内部的活动变成了“市场”活动。

表 22.4　　税法导致平均税率下降，而边际税率却是高的

计算税款	最初			增加 2 001 美元之后		
调整后毛所得（AGI）			26 000			28 001
医疗支出	5 000			5 000		
减去 7.5%的 AGI	1 950			2 100		
等于医疗支出扣除		3 050			2 900	
工作支出	750			750		
减去 2%的 AGI	520			560		
等于工作支出扣除		230			190	
利息扣除		3 000			3 000	
总扣除			6 280			6 090
个人免征额	2 650×3		7 950	2 650×3		7 950
应税所得			11 770			13 961
税款（15%）			1 766			2 094
儿童抚养税收抵免						
4 800 美元的 22%			1 056			
4 800 美元的 20%						960
劳动所得税收抵免			688			266
净纳税义务			22			868
平均税率			0.1%			3.1%
纳税义务的变化						846
纳税义务的变化占所得变化的比率						42%
法定边际税率						15%

22.2 美国所得税的原则

美国税制是以数条基本原则为存在根据的——尽管因为税法太复杂

和从它实施的第一天起已经过数十年相当大的变化，导致并不是每项规定都完全与这些原则相符。

22.2.1　基于所得原则和黑格-西蒙斯定义

现行美国税法存在的前提是，评估纳税义务的合适基础是家庭的所得（减去个人工作开支后的净值）。

总的来说，经济学家都认为，应该采用所得的综合定义，它不仅包括现金收入（减去获取收入所需要的开支后的净值），还包括资本利得（不管利得是变现了，还是只是简单地累积）。为将“现金”收入转换成“综合”所得（从理论上讲，它应成为课税基础），就必须进行许多其他的调整。这种所得的综合定义被称为**黑格-西蒙斯概念**（Haig-Simons concept）（以两位 20 世纪早期主张此用法的经济学家命名）。他们相信，这样一种综合所得衡量指标最准确地反映了“纳税能力”。

然而，现行税制所衡量的所得与黑格-西蒙斯的综合所得概念有三个主要区别。

1. **现金制的市场交易**。总的来说，只有**现金制**（cash-basis）的市场交易才被课税。因此，税收基于的所得概念，其范围要小于大多数经济学家思想上所乐于使用的概念。一些非市场（非现金）经济活动被排除在外，尽管这些看起来似乎完全一样的以交易为目的的活动是要被课税的。例如，受雇来清理房子的人获得了已税报酬，而在自己家中从事完全相同家务劳动的配偶（其生活来源由在外面工作的配偶提供，这可以至少部分地视为从事家务劳动的报酬）则不被课税。如果一个人将自己拥有的房子出租，那么净租金所得是要纳税的；如果这个人住在自己的房子里，就没有应缴的税。出现这种情况的首要原因是，缺乏市场交易，从而难以确定恰当的价值；当有市场交易时，就存在一个可观察变量——**交易价格**，我们就可以（而且的确）以此来对劳务估价。[9]

尽管税法上列出了部分非现金交易，但难以实施。**易货交易约定**（barter arrangement）（萨利·豪斯朋特给乔·卡彭特的房子上油漆，作为对后者给前者建新车库的交换）要纳税。同样地，当雇主给雇员提供实物支出时（例如将汽车归个人使用），那么原则上，就需要雇员对这些支出估价并在他们的 1040 表中进行申报。不过，事实上，非现金支出经常没有申报。

税制难以起作用的一种主要收入是**未变现的资本利得**。资本利得（资产增值）只有在资产出售时才课税。换言之，资本利得只是在**变现**

时才课税，而非以**权责发生制**（accrual basis）（即它们实际上年年都产生资本利得）为基础。

为了找出经济学家为何认为收入应该包括资本利得的原因，请考虑两个人的情形：一人将其100美元存入银行，得到10%的利息，她的收入就是10美元。另一人购买了价值100美元的黄金。在这一年当中，黄金价格上涨了10%。在年末，他可以出售黄金，得到110美元。资本利得增加了他的财富，如同获得利息一样。从经济学的观点来看，两个人看上去都有相同的纳税能力。但是，他们的纳税义务将不同：购买黄金的这个人只有在出售资产时才缴纳资本利得税。

2. **基于公平的调整**。我们的税制对所得的衡量与真正“综合”所得之间的第二个区别是，我们的税制允许有大额医疗开支或偶然损失的个人从其所得中扣除一部分这些支出。这里的理由是公平。这些人的纳税能力要弱于那些有同样收入但没有这些支出的人。

3. **基于激励的调整**。最后，税法被用来鼓励诸如慈善捐赠等一些这类的行为，因为它允许这些行为享受税收抵免和扣除待遇。税法也允许将雇主为雇员支付的大部分健康保险和人寿保险费不计列在所得中，这可能是为了鼓励雇主提供这些福利。

因此，虽然一些资本所得——例如房主住自有房子——因缺乏现金市场交易而得到了税收优惠待遇，但其他资本所得——例如存入合乎规定的退休计划中的钱——因希望鼓励存钱防老也得到了税收优惠待遇。

支持应将消费而非所得作为税基的人认为，我们应从黑格-西蒙斯就所得的综合定义所作的尝试转向**消费**的综合定义。对于消费税的支持者来说，现行税制的失败之处，不是太多的资本所得逃避了课税，而是太多的资本所得竟然被课税。

22.2.2 累进性原则

我们的税收结构所依据的前提是，高收入者不仅应多纳税，而且纳税额占其收入的比重也应更大些。综合所得和所得的税收定义之间的差异，大大降低了累进的有效程度，正如我们已经看到的那样。为了限制个人利用这些漏洞，国会批准实施**最低税**（minimum tax），旨在保证高收入者的纳税额至少占其收入的26%（超过基本的免征额水平）。

尽管1986年税制改革取消了许多特殊规定，但是1997年的改革又恢复了一些旧规定，并制定了一些新规定。1997年的税法对几乎所有人都有某些特殊规定：有小孩的人享受儿童税收抵免，有孩子上大学的人享受学费税收抵免，并降低了对资本利得的课税（该规定特别有益于非常富有的人）。结果是，每个收入类别的有效税率都降低了 0.9～1.7 个百分点。但是，比如说处于50 000～75 000美元纳税档次的人，其百分点的下降数要大于处于100 000～200 000美元纳税档次的人，但后者的节税额明显多很多。百万富翁的纳税额下降了15 000美元，而收入为25 000美元的人发现，他的纳税额才减少了 350 美元。

有趣的是，1997 年的税法使被视为 1986 年税制改革的一项主要成果荡然无存，即它基本上取消了对资本利得的各种优惠税率。的确，在 1986 年之前，这些优惠与富人利用其他税收漏洞而产生的回报如此之大，以至收入超过 100 万美元的人实际上的有效税率要低于收入在 50 万～100万美元之间的人。

22.2.3　基于家庭原则

在美国，税收的基本单位不是个人，而是家庭。决定要结婚的两个人（从而改变了家庭身份）会发现，他们的纳税义务被改变了。税法试图使不同情况下的家庭作一些有限的调整。只有一个成年人的家庭所适用的税率处于个人与两个成年人家庭所适用的税率的中间。如前所述，有孩子的家庭被允许每个小孩都享受免征额待遇。父母离家工作的家庭允许享受儿童抚养税收抵免。

尽管税制基本上以家庭为基础，但也并非完全如此：虽然对 14 岁以下孩子的收入是按其家庭的边际税率课税（即他的收入实际上被包括在家庭这个纳税单位中），而对 14 岁以上孩子的收入则不是这样。[10] 当前，美国是少数几个仍实行基于家庭的税制的国家之一。诸如加拿大等其他一些国家实行的是基于个人的税制，在这种税制下，是根据每个人自身的收入对他们课税。

离婚给基于家庭的税制带来了问题：当儿童的父母都出一些抚养费时，哪个人应有权要求对这个孩子的抚养费实行纳税扣除，是父亲还是母亲？离婚父母一方付给另一方的钱（赡养费）应如何处理？（如果夫妇仍处于婚姻状态，一方付给另一方钱则对纳税没有影响。）根据现行规定，离婚赡养费（不是小孩抚养费）由支出方进行纳税扣除，而对接受方来讲就属应税所得。[11]

课税单位。课税单位因累进性而有差别。实际上，我们的现行税制是对收入相仿夫妇的婚姻课税，对收入相异夫妇的婚姻提供补贴。为了说明这个问题，我们对比了两对不同夫妇的婚姻效应。对比结果总结在

表 22.5 中。

表 22.5　婚姻的税收效应，1997 年税法的“婚姻惩罚”　单位：美元

填表人身份		收入	个人纳税额	两人的总纳税额
单身	阿比盖尔	30 000	3 480	6 960
	比利	30 000	3 480	
单身	埃米	12 000	780	9 111.50
	布拉德福德	48 000	8 331.50	
已婚	两人	60 000		8 028

说明：两人是指阿比盖尔和比利或埃米和布拉德福德。

阿比盖尔和比利现在虽同居，但未结婚。每个人的收入都是30 000美元，缴纳的所得税总额是6 960美元。如果他们要结婚，他们的合并纳税义务会增加1 068美元，达到8 028美元。如果他们预计婚姻，比如说能持续 50 年，并预计在此期间工资不会发生任何变化（经过通货膨胀调整之后），那么结婚的折现成本就会超过20 000美元（实际利率为5%）。如果阿比盖尔和比利对于是否结婚有些拿不准，这个计算就能很好地给出答案。因结婚而产生的纳税增加额，有时就被称为**婚姻惩罚**或**婚姻税**（marriage tax）。

与此相反，当布拉德福德与他的低收入女友埃米结婚时，他们发现他们的总纳税义务就会被减少1 080美元以上。对这对夫妇来说，税制起到了鼓励婚姻的作用。假定婚姻持续 50 年，且他们两人之间的收入比率保持不变，政府给这对夫妇的婚姻补贴就会超过20 000美元。

在制定税法时，国会的目的是鼓励收入悬殊的两个人结婚，并阻止诸如阿比盖尔和比利这类的人结婚吗？也许不是。

现在来考虑若我们改变税法以便让所有人根据他们自身的收入纳税会发生什么情形。现在，每个人既不会因婚姻而受益，也不会因此而受罚。这种规定的确消除了对那些选择婚姻生活的人的歧视。

现在考虑埃米和布拉德福德的情形。他们的家庭收入与阿比盖尔和比利一样，但与纳税义务只有 6 960 美元的阿比盖尔和比利相比，他们现在的总纳税义务却是9 111.50美元。毫不奇怪，布拉德福德和埃米会认为这是不公平的。难道家庭的总税负只取决于家庭收入，而不取决于每个家庭成员的收入吗？

无论如何，没有一种税收安排看上去是“公平”的。第 17 章所讨论的一般公平理论提供了指导建议吗？纳税能力方式表明，收入相同的两个家庭（孩子数一样，父母双方都工作）应纳相同的税。由于两个人共同生活的费用比两个人各自生活的费用的两倍低多了，纳税能力方式

表明，两个人无论何时同居，与若他们各自生活的情形相比，都应纳更多的税。不幸的是，税务机关对同居不容易监控。只要大量同居者是结婚了的，只要大部分已婚者生活在一起，根据人们是否结婚（这更易查明）而不是根据人们是否同居（这不易查明）来课税，就不会产生太多的不公平。在国会首次通过税法时，税法明显反映了大多数的情形。此外，当大多数美国家庭具有相似的家庭结构时——有一个工资收入者，不公平可能不会太大。但是今天，大部分妇女走出家庭去工作，因而家庭结构迥异。

功利主义方式试图弄清人们身处的家庭条件如何影响他们的收入边际效用。

无论是功利主义方式，还是纳税能力方式，人们可能都想要对有两个工资收入者的家庭和有一个工资收入者的家庭作一下区分。假定这两个家庭有同样的毛所得。现行税制会对他们同等对待。但是，有两个就业人口的家庭可能必须购买许多可以由非就业配偶免费提供的劳务。相信纳税能力方式的人和相信功利主义方式的人都完全可以认为，有两个就业人口的家庭应该比有一个就业人口的家庭缴纳更少的税。

1993 年和 1997 年的税法变化影响了处于收入分布两端的那些人所受的婚姻惩罚。从 1996 年开始，42%的已婚夫妇缴纳了婚姻税，平均为1 750美元，而 51%的已婚夫妇得到了婚姻补贴，平均为1 350美元。高收入者的婚姻惩罚会超过20 000美元：如果各有一小孩、合并收入为300 000美元的两个人结婚，他们的税收就增加了21 627美元。（这主要是因为对低收入配偶的全部收入现在要按照 39.6%的税率征税。）根据1993 年之前的法律，这对夫妇受到的惩罚可能只有6 460美元。[12]

由于婚姻惩罚看上去如此明显地与“美国价值”不一致，所以它已经成为主要的批评焦点，因而主张减税的人反复提议将其废除或减税。虽然 1997 年实施的减税对此毫无作为，但从那以后，共和党人的税收提案已将焦点对准了婚姻惩罚。

单一税率表的优点。有一种且只有一种途径——**即实行单一税率表**（flat-rate tax schedule）可以避免选择课税单位时到处出现的不公平。如果所有人就超过基本免税水平的收入部分缴纳比例税（且如果收入低于这个免税水平的人可以得到政府的现金补贴），对婚姻的惩罚与奖励以及对离婚的奖励也就不存在了。

22.2.4　按年衡量所得的原则

美国所得税是基于年度所得，而非终身所得。于是，终身所得相同的两个人，在他们的一生中，纳税额会差异很大。例如，决定退休后才多消费的人，其纳税额要多于他的那个不太节俭的兄弟。或者考虑这样两个人的情形：他们有同样的（税前）收入折现值，但其中一个人成才较晚，大部分收入来自他的后半生。这样一来，他的纳税额的折现值会较低。

由于税收结构的累进性，使用按年衡量所得也会对收入稳定的人和收入起伏的人产生不同的影响。收入不稳定的中等收入家庭会受到不利影响，而一些收入不稳定的较高收入者却过得好一些。考虑一个收入中等的四口之家的情形，他们的平均调整后毛所得为58 700美元，但一半年份中的收入一般是68 700美元，而另一半年份中的收入只有48 700美元。根据 1997 年税法，在好的年份，这个家庭按 28%的边际税率被课税；在差的年份，这个家庭则按 15%的边际税率被课税。他们的总纳税义务会大大超过有58 700美元稳定收入的家庭，因为后者适用的是15%的边际税率；收入起伏的这个家庭平均每年多纳税 650 美元。[13]

1986 年税制改革法案实施以前，纳税人被允许平均其收入起伏各期的收入。通过取消平均收入的优惠，这次税制改革加剧了按年课税所产生的扭曲。将平均的规定取消的主要原因是，它们的确让财政部破费不少；由于政府努力想要保持预算中性，所以它在改革税法时，为使改革得到一些人心，就牺牲了像平均收入这样在税收政策上虽为明智、但在政治上得不到广大拥护者支持的规定。

美国税制的原则

- 基于所得
- 累进性
- 基于家庭
- 根据年度所得，而非终身所得

22.3 所得税制实施中的实际问题

在将所得税的基本原则转换成切实可行的税法时，会遇到三个非常难以解决的问题：确定何为“所得”；确定何时才算某人取得所得；决定允许扣除什么样的所得。

22.3.1　确定所得

对于大多数工资收入者来说，确定应税所得是件简单的事：将他们的工资、利息、股利等加总即可。不过，对自己开办企业的纳税人来说就不是这样了。这里有两个中心问题：第一个问题与确定折旧（机器和建筑物变旧的价值损失）和因通货膨胀而调整存货成本有关。第二个问题是区分消费支出和合法业务支出。

税法确认，为谋生所需的合法支出应从一个人的所得中扣除。这项原则似乎是清楚的。的确，不应就他的全部销售价值而对糖果店店主课税；他的支出——店铺的租金、从糖果生产商那里购买的糖果、他付给雇员的工资——应全部从销售额中扣除后，才能计算他的毛所得。不过，对他边工作边吃的糖果怎么办？他可能声称，吃糖果是一种广告形式。当顾客看到他嚼糖果时，他们会增加购买量。但对他周围无人时吃的糖果怎么办？他可能声称，他在“试验”不同的样品，以保证所售糖果的质量。人们可能怀疑这些解释都不是糖果商店店主吃糖果的真实动机。他只是喜欢糖果而已。

类似地，在许多企业中，广告支出与招待支出的差别非常小。劝说客户购买你的产品，请客吃饭是一种方法，如同在报纸上登广告是为了劝说顾客购买你的产品一样。另一方面，其他的“业务招待”例子纯粹是一件用部分山姆大叔的开支吃大餐的事。

这些例子说明了两个中心问题：

1. 在许多情况下，确定什么是合法业务支出、什么不是合法业务支出也是不可能的。

2. 即使当合法与非法业务支出之间的区别在概念上是清楚的时候，实施必要的监控通常也是不可能的。再说我们的例子，难以想象有将店主本人消费糖果分离出来所需要的各种记录（如果我们确定此种消费不是合法业务支出）。

选择其他业务支出规则的影响。以一种每个人都认为公平的方式，想出一种区分合法和非法支出的方法是不可能的。无论制定什么规则，总有人要么不公平地受损，要么不公平地获益。

或者，政府可以允许对支出作相当慷慨的处置——例如旅行支出——在此情形中，实际旅游的个人不公平地获得了纳税利益。或者，政府可以实行相当严格的限制——例如，不允许乘坐头等舱旅行和不允许高于特定数额的餐费扣除——在此情形中，没有消遣动机的人可能不公平地受损。对获益与受损的这些人，税法没有办法做到都公平对待。此外，任何规则都会产生经济扭曲。如果旅行支出的扣除受到限制，就会阻拦业务所需要的旅行；如果旅行支出不受限制，为变相消遣提供机会的业务旅行就可能得到鼓励。扣除是对收入免税的一种形式。而且，如果旅行支出的扣除受到限制，那么企业可能就会用不太有效率的沟通方式代替旅行。这是因为，如果旅行支出不能扣除，旅行的相对税后价格就会上升，但其他沟通支出（电话、传真等）仍然是可以扣除的（见图 22.3（A））。

在图 22.3（B）中，我们考虑一个个体从业者的情况，他可以要求将业务招待作为扣除项。这些业务招待开支的扣除使他的预算约束线（指这个人可以购买的业务招待和其他消费品的各种可供选择的组合）发生移动。他的税前预算约束线是 E_0C_0。若没有扣除，它是 E_1C_1。当招待费可扣除时，它是 E_0C_1。招待变得相对花钱不多；如果这个人处于 36%的纳税档次，他就不得不为得到 1 美元价值的招待而放弃只有 64 美分价值的其他商品。他的消费决策明显受到了扭曲。

在 1986 年税制改革法案中，国会采取了中间立场：减少豪华汽车的纳税扣除，招待支出和餐费只能扣除 80%。1993 年，进一步下降为 50%。

何为业务？不仅确定什么是合法业务支出是困难的，在某些情况下，甚至连确定什么是业务也是困难的。例如，养马的人可以将养马作为一种业务。另一方面，他们养马可能完全是为了自己消遣。如果他们买了匹马，养了好几年后卖掉，亏本了，这种损失实际上就不是业务活动或资产的损失，而只是普通消遣活动的损失。人们可能认为，养马人的资本损失应从其所得税中扣除的理由不成立。另一方面，有些人确实以养马为生——他们低价购进，饲养，然后高价卖出。不允许这些为营利而以养马为业的人扣除他们的损失，似乎很不公平。但事实上不可能区分以养马为乐和以养马为生这两种情形。

政府坚持认为苦心经营能获利，试图以此与这种避税行为作斗争。经验法则是，五年当中，至少有三年个人必定获利；在养马一例中，该法则放宽到七年当中至少有三年是获利的。这类法则的确明显成功地降低了避税数量。当然，与此同时，也有人，虽苦心经营，但年复一年地亏损。为了获得声誉和利润，做业务常常要用三四年的时间。

雇员业务扣除。原则上，工作的“必需成本”应该扣除。难题是确定何为必需成本。因为不可能逐案审查，所以政府制定了一些基本规

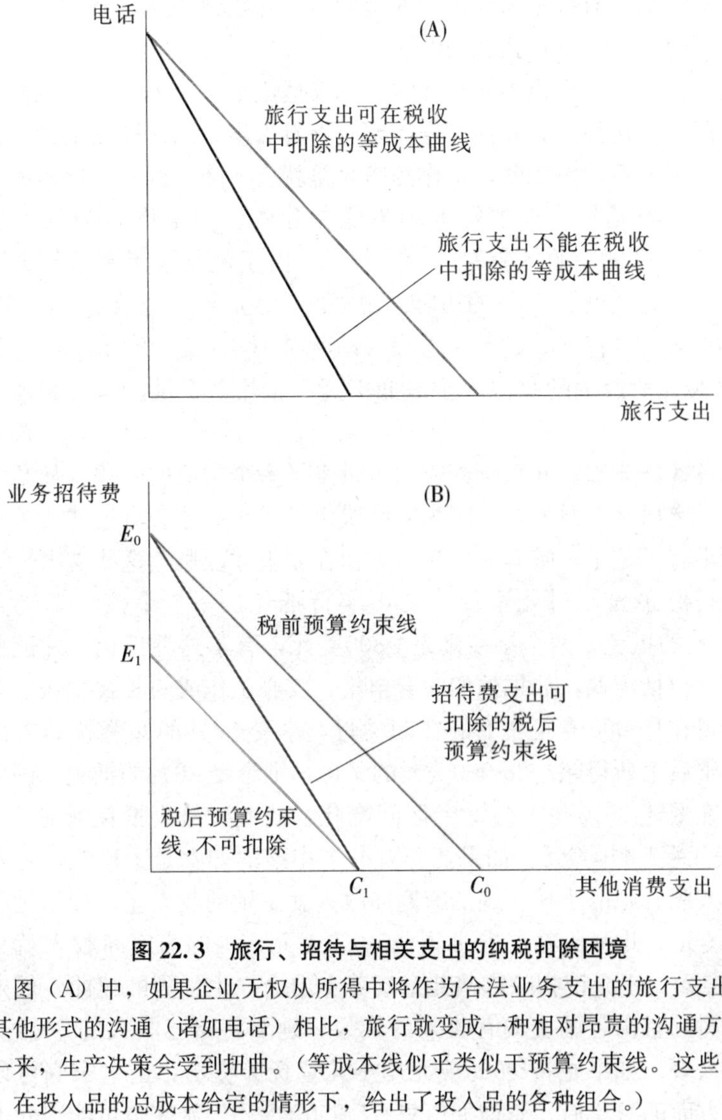

图 22.3　旅行、招待与相关支出的纳税扣除困境

图（A）中，如果企业无权从所得中将作为合法业务支出的旅行支出扣除，与其他形式的沟通（诸如电话）相比，旅行就变成一种相对昂贵的沟通方式。这样一来，生产决策会受到扭曲。（等成本线似乎类似于预算约束线。这些等成本线，在投入品的总成本给定的情形下，给出了投入品的各种组合。）

图（B）中，对于一个要求将“业务招待费”作为扣除项的个体从业者来说，与其他消费形式相比，税制降低了这种消费形式的成本。因此，存在着扭曲（从而存在着无谓损失）。

则：一些教育支出是可扣除的，但大部分不是。与工作有关的迁移支出是可扣除的，但上下班支出不是。

在起草 1986 年税制改革法案时，国会实际上认定，旧法导致个人将实为普通消费的支出声称为雇员业务支出的情况太多了。因此，国会决定，只有那些有大量未偿还的雇员业务支出的纳税人（超过 2%的调整后毛所得），才可以将它们扣除。

当工作发生的支出不能扣除时，不仅造成了不公平，而且也使工作激励下降了。例如，若一项工作需要有衣着支出，而这种支出是一个人在其他情况下不会发生的，工作的净收益就会下降。例如，比尔的年收入为15 000美元，一年中发生的不能扣除的、与工作有关的支出为5 000美元，他的净收入就是10 000美元。由于他继承了一笔不大不小的财产，因此他处于 28%的边际纳税档次；政府要求他纳税4 200美元，即15 000美元的 28%。这等于他净劳动所得10 000美元的 42%；他得到的5 800美元所产生的收益低于最低工资，这几乎不足以激发起他上班的兴趣。

儿童抚养支出。儿童抚养支出也带来了一个类似的问题。从某种意义上讲，支出是自愿的——因为家庭决定了要小孩才会有这些支出。不过，如果有了孩子，唯有让父母一方留在家里才能避免这些支出。

现行税法允许对儿童抚养支出实行抵免，一个小孩可享受高达2 400美元的抵免，两个小孩则是4 800美元，有了这种抵免，才能使得纳税人（包括配偶，如果他们联合申报）安心工作或安心找工作。调整后毛所得在10 000美元之下的在职父母，享受 30%的儿童抚养支出抵免；调整后毛所得超过28 000美元的父母，则享受 20%的抵免，因而抵免额是在上述 30%～20%这个区间变化。故此，最大抵免额是 0.3×4 800美元＝1 440美元。如果抚养有一个小孩的妇女是上班族，且她不得不雇人照看她的小孩，她的家庭净收入就是她的收支差。如果她收入15 000美元，儿童抚养支出必须花5 000美元，她的家庭净收入就只有10 000美元。不允许扣除这些儿童抚养支出会产生强烈的扭曲。假定该妇女已婚，且由于她丈夫有收入的缘故，她要将自己收入的 31%交给国内收入署。如果她将5 000美元用于儿童抚养支出，这个家庭可以用于其他方面的（税后）总增加值只有5 350美元。[14]她完全可能因此不愿就业。允许 480 美元的抵免（＝0.2×2 400美元）只是对充分减少扭曲或矫正不公平起了一点作用。另一方面，儿童抚养税收抵免本身也会产生扭曲。通过减少儿童抚养费用，它鼓励了在儿童抚养方面进行更多的消费。

所得税仅以**市场交易**为依据，这个事实所产生的较为普遍的问题由上面的例子指了出来。家庭里的劳务——实质上同从市场上购买是一样的——不被课税。[15]

不公平和扭曲都产生于无法衡量（从而无法课税）家庭里所提供的家庭劳务。不能对家庭劳务的“估算”价值课税，对从市场中购买这些劳务就会形成歧视；它鼓励了家庭里的生产。

就儿童抚养支出的税收待遇所作的决策，不仅仅具有经济上的影响，这些决策还反映并影响了社会价值和家庭结构。父母都工作的家庭生活不同于父母有一方（通常是母亲）待在家里的家庭。对进入市场的妇女进行惩罚的税制，可以视为反映了或保持了对妇女作用的一系列特殊态度。

雇员福利。对于许多人来说，在他们的报酬中，相当大的部分来自直接货币支付以外的各种形式，特别是雇员福利。在这些福利当中，最重要的是医疗保险。一些工人可以得到成千上万美元的免税医疗津贴和牙病津贴。大多数经济学家都认为，这些福利应计入应税所得中。具有讽刺意味的是，1993 年和 1994 年，当国会和政府就如何放慢医疗保健费用的上升速度而发生争论时，即使双方都已认识到这些特殊规定对保健支出起到了鼓励作用，但是政治压力（既来自为得到这些福利而艰苦奋斗的工会，也来自医疗保健行业）在很大程度上使这个问题无法列入议事日程。

一些结论。为税收目的而定义“所得”产生了一些实际问题，对它们的讨论可以得出三条经验。第一，税法里好像是细枝末节的东西，可能也会产生重要影响。第二，税法的许多（但绝不是全部）看似不公平和产生扭曲的规定，并不是政治家代表特殊利益集团的结果，也不是官僚无能的结果。在确定何为所得和何为合法业务支出时，存在着实际的困难。第三，无论选择什么规则，都会带来一些不公平和无效率。制定税法需要权衡一种又一种的公平、一种又一种的扭曲。我们讨论的目标一直是澄清这些权衡取舍，帮助解释一些司空见惯的情形，在这些情形中，立法者发现，在矫正一种不公平或扭曲时，他们往往又创造了新的与第一种一样糟糕或比第一种更加糟糕的不公平或扭曲。

22.3.2　时间的选择

征收所得税遇到的第二个重要实际问题是——确定人们何时才算取得所得。再回到工资所得这个话题，就大部分工资所得来说，这不存在问题。但是，考虑图书作者的情形。作者一般得到版税，即书籍销售收入的一定比例。通常，出版商在书出版之前，会按预计的未来版税情况，先给作者一笔预付款。原则上，如果书卖不出去，预付款就必须返还。在作者收到预付款时就应算作作者的所得吗？还是应将它算作一种将会用书的销售收入偿还的贷款更恰当？在后一种情形中，当书出售时，作者就必须纳税了。

事实上，有许多交易采取了或人为地采取了这种形式。考虑建造建筑物的承包商的情形。除非且直到建筑物竣工为止，合同才算履行完了。他在建造过程中得到了建筑款。这些建筑款可以算作贷款吗？（在此情形中，建筑商只在建筑物竣工时才记作收入。）每项长期项目（例如开发新型飞机的国防合同）都会产生类似的问题。

人们关心时间的选择，是因为今天的 1 美元比明天的 1 美元更值钱。纳税义务的**折现**（present discounted）值会因延期纳税而下降。

另一方面，这些时间的选择问题对那些认为恰当的税基是消费而非收入的人影响不大。时间的选择是重要的，因为它可以使个人实际上可以逃避利息所得税，但从时间的选择这个视角看，对利息所得根本就不应课税。

22.3.3 个人扣除

征收所得税遇到的第三个实际问题是——确定允许进行哪些所得扣除。因此，为将调整后毛所得换算成应税所得，对于那些旨在使税制更公平和鼓励一些合乎社会意愿的活动的扣除，政府是允许的。允许扣除的五种重要支出是：医疗支出、抵押贷款利息、州和地方税（不包括销售税）、慈善捐款以及偶然损失。

医疗支出。允许从所得中扣除医疗支出的动机看似很清楚：健康问题导致了昂贵的医疗账单，也常常降低了个人的收入。只是为了活着而将其全部收入用于医疗支出的人，与收入相同、但无医疗支出的人相比，前者的纳税能力更弱。纳税能力最好不是由总收入，而是由**可自由支配**的收入（收入中减去因生存而必需的支出）来衡量。

这条理由受到了批评，原因有二。第一，有其他种类的支出（诸如食品），至少在某个水平上是同等必需的。但是食品必需量的差异要小于医疗支出必需量的差异。第二，大部分的医疗支出是自行决定的（例如，住在单人病房，而非 2～4 个床位的病房，房间里有电视，保持青春的整容手术，等等），而法律区分不了“必需的”和“可自由支配的”支出。但是，即便区分在原则上是清楚的，但实际上可能不具有可操作性，因此这是一说就明白的事。税法现在允许只对超过调整后毛所得 7.5%的医疗支出实行扣除。这似乎反映了如下的判断：即纳税能力的显著不公平只是起源于大量的医疗费用，而这些大量的医疗费用可能是（尽管不总是）非自行决定的。

扣除医疗支出的规定实际上降低了医疗服务的价格。对处于 28% 边际纳税档次、医疗支出超过 7.5%最低水平的人而言，额外 100 美元医疗服务的私人成本只有 72 美元。这带来的扭曲是明显的：医疗支出到了可自行决定的程度时，这个人就有了在医疗服务上多花钱的动机（相对于其他商品）。医疗服务实际价格下降的数量取决于这个人的边际纳税档次。对处于 15%纳税档次的人来说，额外 100 美元医疗服务的成本是 85 美元。当人们就同一种商品面对不同的价格时，无效率就会出现。[16]

除了医疗支出扣除带来无效率外，这种扣除还因不公平而遭到反对。因医疗支出，比如说1 000美元，而导致的纳税义务减少，较高收入水平人的减幅要大于较低收入水平人的减幅。因此，如果处于 28% 纳税档次的人发生了1 000美元的医疗支出（暂时忽略对于限制扣除数额的规定），他的纳税义务就减少了 280 美元。另一方面，处于 15%纳税档次的人，只能减少 150 美元的纳税义务。因此，支出扣除规定的价值对于处于较高纳税档次的人来说要大得多。

效率和公平成为反对扣除医疗支出的理由（这也适用于其他种类的扣除），已经让许多经济学家断定抵免优于扣除。在税收抵免的情况下，有1 000美元医疗支出的个人，不管他的收入如何，只会使他的纳税额减少同等数额。如果实行 20%的税收抵免，政府实际上就要负担 20% 的医疗支出。这不仅看起来对许多人更加公平，而且看起来也更有效率。记住要想使经济具有帕累托效率，一项必要条件就是，所有人在不同商品之间的边际替代率相同。（这被称为**交换效率原则**。）如果所有人就每一种商品都面对同样的价格，就保证了帕累托效率的存在。在税收抵免的情况下，由于政府实际上负担了部分医疗费用，因此对于所获得的医疗服务，人们并未负担它们的净（税后）实际边际成本；但是，所有人都面对同样的实际价格。在扣除的情况下，如我们已指出的，高收入者面对的价格要低于低收入者的。

以上理由并不完全具有说服力。记住允许扣除的动因是课税的依据为一些衡量纳税能力的指标。人们相信，医疗支出降低了个人的纳税能力。如果这是事实，毛所得本身就提供不了用来判断纳税能力的适当根据。扣减“非自愿的”医疗支出后的毛所得，则提供了更好的衡量指标。尽管我们知道，我们无法区分“非自愿的”和“自愿的”医疗支出，但我们认为，考虑到医疗支出比不考虑要好，即我们认为，扣减所有医疗支出后的毛所得，与单独的毛所得相比，前者是一个更好的衡量指标（尽管有缺点）。

当然，医疗支出扣除确实产生了扭曲，特别是对处于 28%或 39%纳税档次的人而言。如我们早先所讨论的，有一个重要的公平与效率的权衡取舍问题。医疗支出中应予纳税扣除的比例大概取决于医疗服务的需求弹性。如同我们早先指出的，如果弹性低，扭曲小，只对部分医疗支出实行扣除而产生的效率收益将少得可怜。另一方面，如果医疗支出的需求弹性高，将会有潜在的巨大效率收益，于是我们希望，只对部分医疗支出实行扣除。

利息。对利息实行纳税扣除的动机很简单：所得（通常定义上的）包括工资加上净利息收入（即利息收入与利息支出的差）。如果我们认为，有正的净利息收入的人比没有利息收入的人有更高的纳税能力，有负的净利息收入的人有较低的纳税能力，利息支出就应予纳税扣除。

认为恰当的税基是消费的人主张，不应对利息课税，也不应对利息支出实行纳税扣除。不过，认为恰当的税基是所得的人却一直对利息扣除产生的不公平和无效率心存疑虑。第一，由于一些种类的资本所得可以得到优惠税收待遇，所以通过借款为各种享受税收优惠待遇的投资融资，就成为各种主要避税手段中的一种。第二，利息支出扣除鼓励了借款，从而抑制了储蓄。

1986 年税制改革法案采取了妥协的立场。该法案继续实行对抵押贷款利息（最多是两处住宅的）的纳税扣除，但取消了对所有消费信贷利息的扣除。然而，货币是可互换使用的；声称用于一个目的的借款完全可以用于另一个目的。一个人准备买房子和车，他计划用借款来负担购房与购车成本，比如负担 80%。这个人显然可以为房子多借一些钱，然后用多余的钱支付购车款。银行提供房屋抵押贷款，这种贷款可以让个人根据他的房产的现行市值（常常比买价高得多）借款。这些贷款被视为抵押贷款，贷款利息是要进行纳税扣除的。因此，对利息扣除的限制可能鼓励了这个趋势。

国会意识到了这个问题，通过将抵押贷款（其利息是可扣除的）规模限制在房屋的原始买价加用于医疗和教育目的的借款这个水平上，部分地解决了这个问题。但是，这些关于限制利息扣除的规定的有效性值得怀疑。[17]

州和地方税。州和地方税（不包括销售税）是可以扣除的。这项规定的首要动机是——担心若没有这个规定，课征联邦税会严重损害各州的征税能力。的确，第二次世界大战期间没有这项规定，但当联邦边际税率高达94%时，一些人所面临的总边际税率（联邦税和州税加在一起）大概超过了100%。一些人也担心——若没有这项规定，对同一所得的双重课税实际上就会存在。不过，这种双重课税是否不公平，另当别论。假如州和地方税被视为与居住在特定地方的受益有关，显然，这些支出就应与用于其他产品和服务的支出同等对待。

实际上，地方税的扣除可能是产生扭曲和不公平的重要来源。地方社区提供的许多服务（垃圾清理、污水处理、教育、网球场）与从私人那里购买的服务几乎没有什么区别。地方社区提供的这类服务通常称作"地方公共提供的产品"：尽管社区的所有成员都能从这些产品中受益，但社区之外的人不会因此而受益。这样，地方税的扣除鼓励了这些产品和服务的公共提供（不管这些服务由私人提供是否更有效率），并鼓励了对那些通过地方社区提供的产品和服务的消费。

不是所有的经济学家对这些扭曲或不公平的重要性的看法都一致。虽然地方提供的诸多产品与私人提供的产品非常相似，但许多这样的产品基本上是公共物品，同那些与私人慈善事业有关的产品（对此允许扣除）几乎没有什么差别。例如，老年人不会直接从教育支出中受益（尽管在某些情况下他们可以从其房屋的增值中间接受益）。在第7章所讨论的投票模型中，政治程序的结果关键取决于中间投票人，这个人如此重要——可以使一半投票人想要更多的公共支出，一半人想要更少的公共支出。在这种情况下，重要的是，税制如何影响中间投票人。在大多数州和社区（但不是全部）中间投票人并不分项目；即根据中间投票人模型，扣除实质上是不重要的。然而，许多经济学家和几乎全部的政治家仍然担心——取消州和地方税的扣除会减少对州和地方产品的需求。

1986年税制改革法案意味着一种奇特的妥协。占州和地方税收仅为25%的销售税不再可以扣除，但所有其他税仍然可以扣除。而且，由于这项规定，可能导致州和地方从销售税转向其他来源的税收收入。除了在政治上有利外，区别对待销售税和其他税并无令人信服的理由。出人意料的是，转向现象发生的人们比预期的要少，这部分是因为人们对所得税普遍反感。1986年，州和地方政府的销售税与所得税的比例是1.80；1997年，这一比例是1.61，只是略有下降。

慈善事业。对用于慈善目的（教育、宗教、健康和福利）的捐赠实行扣除，是税法中颇受争议的规定之一。允许扣除这些支出的动机是清楚的。如我们在第6章用较大篇幅讨论的那样，将钱花在使其他人受益的产品上的私人激励不足。花钱开发脊髓灰质炎疫苗可能使出资者直接受益很小，但会让人类受益很大。类似地，对教育和其他文化机构的捐赠可以相当大地促进社会福利的提高，但对于捐助者来说，直接受益相对较少。

对慈善事业实行扣除的反对者认为：

1. 许多这些支出实际上不是用于公共物品。

2. 公众，即政府，应直接决定公共物品支出该如何分配。

3. 慈善捐赠扣除的规定主要使富人受益，从而降低了我们税制的再分配作用。

4. 取消慈善捐赠扣除的规定对慈善捐赠几乎没有影响。

对这些不同主张的正确性进行评价是困难的。医学上的许多最重要进展一直是在私人基金资助下开展研究的结果。洛克菲勒基金建立的"奇迹种子"项目，给发展中国家带来了绿色革命，大大提高了这些国家的食品获取能力。也有一些证据表明，取消慈善捐赠扣除会对慈善捐赠产生相当大的影响。[18]

扣除规定是否造成税制不公平我们不是很清楚。在富人设立基金会、给其雇员付高薪但花在真正的公共物品上的钱很少的时候，关于慈善捐赠的规定完全可以被认为是不公平的。但是，在基金会的支出确实用于公共物品时，捐赠人同许多其他社会成员一样，都不会从这些支出中得到乐趣。将这些支出包括在他的所得中和将此支出包括在任何其他人的所得中（他们因此同等受益），都一样没有理由。

如果恰当的税基是"可用于私人物品支出的所得"（可自由支配的所得），那么恰当的税收待遇就是允许完全扣除（如同我们早先认为医疗支出的恰当税收待遇是扣除而不是抵免那样）。但是，这样做的结果是，处于28%纳税档次的人的慈善边际成本小于处于15%纳税档次的人。

慈善捐赠有时也被滥用，人们赠与财产（例如油画）时，赋予赠品远高于实际价值的价值。最近通过制定法律，对被抓到的这样做的人进行严厉的惩罚。

慈善捐赠扣除，在应以什么方式对公共物品的提供作出决策方面，提出了一些基本问题。批评家声称，慈善捐赠的纳税扣除在决定应提供何种公共物品时，实际上给予了富人不适当的权利。然而，政治程序不能提供非常有效的机制，来记录普通人对不同公共物品的态度。例如，人们虽投议员的票，但很少有机会对比如说教育支出和健康支出的相对分配表达自己的观点。

另一方面，慈善扣除规定促进了多种机构提供公共物品这种制度的形成。人们可以以多种方式，对不同种类公共物品的重要性表达自己的观点。如果比如说政府是健康研究的唯一资金来源，官僚的观点会单独决定健康研究的方向；实际上，这些决策可以由多种机构独立作出。公共物品分散决策的理由，与其他领域分散决策的理由非常相似：让相互竞争的（或至少是可替代的）组织提供相似的服务，能产生更大的效率——它考虑到了多样化，以至于出错的影响会较小。[19]

偶然损失。人们被允许扣除失窃、火灾、事故和超过10%调整后毛所得的其他意外损失。这些规定的动机也是清楚的。这些损失降低了个人的纳税能力；它们意味着非自愿的且个人可能从中得不到乐趣的“支出”。

但是，这项规定也有一些重要影响。特别是，它意味着政府实际上为这些意外上了保险。保险的大小取决于（和我们在讨论医疗扣除中指出的一样）个人的边际税率。一旦个人遭受损失，他们明显会比如果政府不提供这种保险的情形好得多。另一方面，这些规定可能严重扭曲了个人行为。一般说来，保险降低了个人避免我们所说的损失的激励。因此，如果政府负担33%的失窃损失，个人可能就不会这么努力地避免被抢劫了。

教育支出。1997年，对教育支出增加了两种新的税收抵免：针对高等教育头两年的学费及相关费用的霍普奖学金抵免；针对任何时期学习费用的终身学习抵免。霍普奖学金抵免对于第一个1 000美元的费用实行100%抵免，对第二个1 000美元实行50%抵免。它旨在使大多数州的学生有可能几乎免费上社区大学。终身学习抵免是不高于5 000美元（2002年开始是10 000美元）的20%。[20]这种税收抵免旨在提高大学入学率。它反映了人们担心受过中等教育者和受过高等教育者之间的工资差距不断扩大，因为从1973年到1993年，非熟练工人的实际工资事实上是下降了。在美国，贫穷家庭孩子的大学入学率明显低于较高收入家庭。若没有接受高等教育，就会存在着使差距持续下去的恶性循环，这似乎完全与美国的理想相违背。贫穷家庭缺乏送孩子上大学的财力，致使他们的孩子只能获得低收入。因此，学费税收抵免意味着政府致力于扩大教育机会的均等性。

学费税收抵免也受到了批评，原因如下：第一，批评者认为，大学毕业生的较高收入早已充分提供了上大学的私人激励。1993年，学生贷款项目开始大发展，再加上佩尔助学金（对低收入家庭孩子的助学金），早已大大消除了上大学的资金障碍。资金障碍的存在主要限于低收入家庭孩子这个范围；对于这些孩子，学费税收抵免恐怕是杯水车薪——倒不如扩大佩尔助学金项目的范围，如有必要，再扩大学生贷款项目的范围。第二，有人担心，大学可能会趁机增加学费，尽管这会使大学系统受益，减轻州财政的压力，但它不会使学生入学人数有很大增加。说学费税收抵免是否会导致不是学费增加，就是入学人数增加还为时过早。

22.3.4 扣除与抵免

基于课税目的而对所得的调整，既可以采取扣除形式，也可以采取抵免形式。20%的税收抵免与对处于20%纳税档次的人实行的扣除作用是一样的。大体上，大多数经济学家认为，如果**要进行调整**，则抵免优于扣除。扣除可以使处于高纳税档次的人获利较大，从这个意义上讲，它是不公平的；由于各种扣除会造成不同的人面临不同的价格，所以它们是扭曲的。但是如同我们在医疗支出一例中所看到的那样，在某些情况下，扣除的理由可能是基于公平。如果人们认为税收的依据应是纳税能力，且如果纳税能力最好通过收入**减去医疗支出**来衡量，那么，对医疗支出的扣除看来是合适的。如果人们认为税收的依据应是私人消费——人们取之于经济的——那么，公共物品（慈善）支出就应该减掉。

实施问题

- 决定收入
- 时间的选择
- 扣除

22.4 资本所得的特殊待遇

税法里最复杂的规定是那些与储蓄和资本所得有关的规定。部分问题来自鼓励储蓄的愿望——特别是为退休的储蓄。但是，对一类所得实行优惠待遇，在人们设法将所得转换成能享受优惠待遇的形式时，就会出现问题。税务机构对此的反应是，实行阻止这些转换的法规。这样，税法的许多复杂情况就来自试图减少这些避税活动的机会。不过，一些问题生来就存在于试图对一些资产的收益进行的课税之中，最明显的就是住房。

22.4.1　住房

对大部分人而言，最重要的投资是住宅。美国对这种资产的收益——它所提供的住宅服务——不课税。

尽管住房收益（住房服务或估算的租金）不被课税是事实，但人们借款购房（抵押贷款利息）可以进行纳税扣除；更确切地讲，自从 1986 年以来，这一直是消费信贷利息纳税扣除的唯一形式。

房主自住房的估算租金不被课税，原因是难以确定合适的“租金”应是多少。不过，这不是一个克服不了的问题：为了课征财产税，我们可以“估算”房子的市场价值。一旦知道了财产价值，估计合适的租金应是多少就相当容易。也许还有另一个原因：税法反映了我们社会的价值和“居者有其屋是好事”的强烈信念（或许是美国应为小地主之国这种杰斐逊式理想的延伸）。拥有自己住房的人更可能觉得自己是社区的一员，因而更可能作为具有积极性的公民参与社区发展。对诸如这些因素的考虑——以及新住宅建筑行业的游说——是在 1986 年税制改革法案中保留住房优惠待遇的主导原因。

1997 年，住房资本利得的优惠待遇得到了扩大：一个家庭可以每三年有500 000美元无纳税义务的利得。这项规定的原因之一是，房主自住房的资本利得税实现的税收收入虽然太少（由于征管无力），却要求家庭负起全面簿记之责。[21]

房主自住房的优惠待遇明显地产生了公平和效率效应。与其他资产相比，它会导致对住房的过度投资。而且，人们还普遍推测，与租房者相比，它可以使房主受益。但是，这些效应多大——更确切地讲，连它们是否存在——都随着税率和津贴的变化而不断变化。之所以出现这种情况，原因是通过提供加速折旧、利息的纳税扣除、只对变现的资本利得课税，以及税法用以鼓励房主投资于租赁房屋的优惠税率，税法也可以使租房者获益匪浅，尽管不是直接的；由于这个市场是相对竞争的，所以从长期看，房主的这些获益会流向租房者。因此，1981—1986 年间，与房主自住房相比，租赁住房看来获益更多，尽管从那以后，传统的推测似乎又复活了。[22]1997 年的税法，通过让住房的资本利得实际上免税，进一步鼓励了对房主自住房的过度投资。

22.4.2 为退休的储蓄

涉及退休储蓄的特殊规定有许多种，包括对养老金和个人退休账户的特殊待遇。

旧式 IRA 账户。在这些特殊规定当中，分析起来最简单的是旧式 IRA 账户。尽管它们在 1986 年被取消了，但有关重新启用它们的讨论从未间断。另外，个体从业者仍能使用**基奥账户**（Keogh account），这同旧式 IRA 账户的设计一模一样。在计算他们的调整后毛所得时，个人被允许对这些基奥账户的缴款予以扣除，扣除最高可达每年2 000美元（或2 500美元，对配偶无工作的个人来说），此外，在提现之前，缴款和利息收入都不用纳税。

若一个人为退休而存了 100 美元，会发生什么情形？对此进行分析就可以看出储蓄的意义。如果阿比盖尔储蓄 100 美元，她当前的纳税额就可以减少 $100\times t$ 美元，这会使她的消费下降 $(1-t)\times 100$。退休时，她的消费将增加。假定利息收益是 r（例如 20%）。当她的投资变现时，她必须就总额——即 $t\times(1+r)\times 100$——纳税。因此，她的下一期消费上升了 $(1-t)\times(1+r)\times 100$。下一期消费的变动与本期消费的变动之比是 $1+r$。**允许个人将储蓄从其所得中扣除（不过在退休时要对本金加利息后的总额课税）等价于对利息免税**。对于那些储蓄很少的人来说，税收优惠待遇产生了不明确的效应：会减少储蓄（增加消费）的收入效应和增加储蓄的替代效应。不过，对于那些储蓄很多的人来说，由于只有收入效应，税收优惠待遇明显减少了储蓄；对那些储蓄高于2 000美元的人来说，没有边际激励。

还有进一步的批评：早已拥有资产的人根本不必为了得到税收利益而储蓄。他们所需要做的只是将储蓄从其他账户转入 IRA 账户。对于这些人来说，显然除了储蓄形式之外，再也没有什么其他的边际激励效应了（见图 22.4）。

新式 IRA。1986 年税法将个人 IRA 的扣除限定于较低收入者和未在雇主资助的退休计划承保范围之内的那些人。1997 年税法又稍稍对 IRA 作了扩展，提供了更灵活的提现机制。但是，收入低于160 000美元左右的人可以对 IRA 账户采取非扣除缴款形式，并仍能使利息所得课税推迟。但是，早先我们看到，旧式 IRA 完全等价于允许对利息免税，不过一项重要的区别是：选择向政府纳税的时间。在新式 IRA 下，

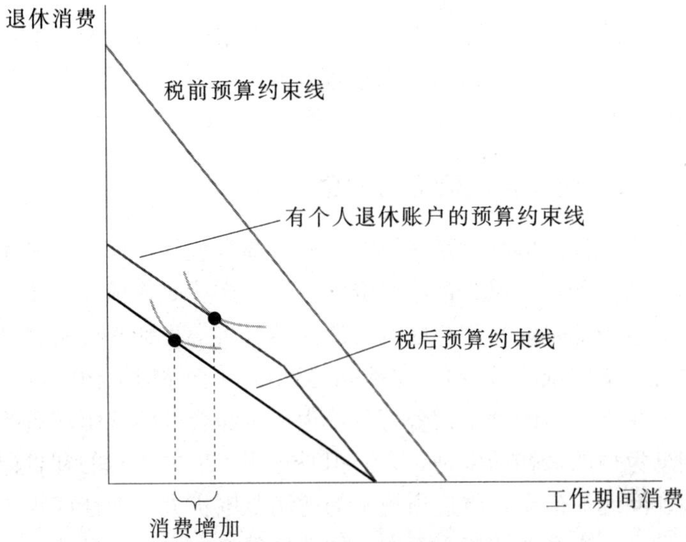

图 22.4　IRA 的储蓄效应

对于储蓄超过一定限度的人来说，IRA 只有收入效应，而无替代效应；实际上他们减少了储蓄。

人们现在纳税多，将来纳税少，尽管折现值相同。对于面临重大预算约束的政府而言，难免会用“诡计”提前实现税收收入。注意，这样做并不会对政府的长期预算状况产生影响，因为它将来得到的税收收入会减少。[23]

1997 年税法，通过于 1998 年生效的罗斯 IRA（Roth IRA），大大扩大了非扣除 IRA 的灵活性。经过 5 年持有期后，罗斯 IRA 派发的资金对那些年龄超过 59 岁半的人和用派发的资金首次购房者都是免税的。[24]即使在普通 IRA 的情形下，根据 1997 年的规定，对提早提现（最高为10 000美元）用于首次购房和负担高等教育的费用不实行罚款。[25]

养老金。企业用于个人退休的储蓄，在个人领到钱之前，通常是不课税的。同时，企业可以将储蓄额予以扣除，就像若它直接将钱付给个人它就会将其予以扣除的情形一样。显然存在税收优惠。允许优惠的理由有二。第一，在**固定受益计划**（指雇主具体规定了退休受益金）下，个人（或者税务机关）很难了解如何对这种受益金进行估价。通常，这些受益金取决于工人在公司干多久和他最后一年在公司工作的工资是多少。（在**固定缴款计划**下就不存在这个问题；企业只需将固定数额的钱款存入以个人名字命名的账户中；这就好像个人自己已经得到了钱并将它存入 IRA 账户中。）第二个理由可能更加重要：政府想要鼓励雇主为他们雇员的退休存钱，以减少老年贫困人口——使在其老年时给政府造成负担的人更少。

22.4.3 州和市政债券的利息

州和市政债券的利息是免税的。这些债券包括：市政当局用以为学校筹资的债券和州用以为道路筹资的债券、产业收入债券（将筹集的资金再转借给当地企业）和社区发行的债券（将筹集的资金再以抵押贷款的形式转借给中低收入者）。一些州已经成立了特别机构，负责借款来为私立和州立大学的学生宿舍筹资，为建造综合性体育馆和医院筹资。

利息免税的最初动因是，人们担心对州和地方债券的利息课税会引起合宪性问题。但是，将这项规定的适用范围扩大，把社区为了筹集用于再转借给私人企业的资金而发行的债券包括在内，这显然可以视作联邦政府对地方的一种补贴形式。许多市政当局对这种联邦补贴怀有极大热情，以至联邦政府已严格限制发行免税债券。

免税债券是一种无效率的向州和地方提供援助的方式——美国财政部的成本超过了州和地方的受益。出现这种局面的原因是，债券利率的调整使得债券的边际购买者购买应税债券和免税债券并无二致。当前，处于 39.6％纳税档次的人太少了，造成边际购买者是处于较低纳税档次的人。如果边际购买者处于 28％纳税档次，且如果应税债券的收益率是 10％，（同样风险的）免税债券的收益率就会为 7.2％。正是这种较低的资本成本，可以使得债券的免税地位对州和地方很合算。许多债券的购买者是处于 39.6％纳税档次的人。如果这些人从应税债券转向购买免税债券，他们的纳税额就会减少 39.6％。如果某人用 100 万美元投资于应税债券，他就可以获得100 000美元的利息，纳税40 000美元，留在他手里的是60 000美元。现在他购买 100 万美元的免税债券。他可以获得72 000美元的利息，他的境况改善了12 000美元。发行债券的社区节约了28 000美元的利息，它的境况要好于若这种债券是应税的情形。财政部的境况恶化了40 000美元。在这个数额当中，几乎有 1/3 并未使该社区受益，而是使高收入的纳税人受益。[26]

22.4.4 资本利得

在第 21 章中，我们看到，资本收益可以以资本利得（资产价值的增值）的形式累积，这些资本收益通常与其他收益具有不同的税收待遇。如同我们所指出的，这种税收优惠待遇部分是因难以按权责发生制（即，权当价值增值实现了）衡量价值增值所致。因此，资本利得通常只在变现时（即，当资产出售时）才被课税（与“按市值计算差额法”相反，该方法是以年为基础对市场价值的增值进行课税）。当然，有一些资产，诸如公开交易的股票，较易确定它们的市场价值；但对那些不同于诸如房地产的资产进行课税，本身就会产生扭曲。

虽然对资本利得变现时才对其课税是难以衡量资本利得的一种必然结果，但其他形式的税收优惠待遇很大程度上是富人施加了政治压力的结果，因为在这些富人的收入中，有相当一部分是以资本利得的形式获得的。毫无疑问，他们经常认为，这样的税收优惠待遇是公平的（否则，他们要就因通货膨胀所导致的价值虚升纳税），且这种待遇通过鼓励承担风险和企业家精神而提高了效率。

赞成税收优惠待遇的两条主要理由——即对名义收益而非实际收益课税是不公平的，鼓励承担风险是重要的——是赞成对所有资本收益或风险企业投资收益实行特殊待遇的理由；这两条理由不是赞成单独对资本利得实行税收优惠待遇的理由，不管将资本利得投资于什么资产。而且，我们在第 21 章看到，公平理由本身是令人怀疑的——一旦考虑到变现时的税收利益，并注意到为债务筹资的借款名义（非实际）利息支出是可以扣除的。

资本利得的税收优惠待遇是否导致更具风险性的投资，仍是一个有争议的问题。1993 年税法试图将具有相当风险的新企业作为资本利得税收减免的目标；相反，1997 年资本利得税减税是全面的，它适用于高风险新技术企业，同样也适用于许多非生产性投资（像黄金）的资本利得。

反对资本利得税收优惠待遇的另外理由——为什么在 1986 年取消税收优惠待遇的原因之一——是它诱发了许多避税阴谋，因为纳税人会想方设法将普通收入转换成资本利得。尽管在 1986 年，这些阴谋的机会被大大减少了，但人们还是很担心，若重新实行税收优惠待遇，它们就会重新出现（见第 21 章）。

1997 年，就是否降低资本利得税税率发生了激烈的争论。批评者指出，降低税率会使早已发生的投资受益不少。由于这些投资已经发生了，所以激励不起作用。降低税率就是意外的利得，可以让这些投资者获得的收益远远高于他们投资时所预期的收益。此外，由于财富的集中程度更甚于收入，因此，减税会使非常富有之人受益特别多。最后，资本利得税减税为什么如此有吸引力的原因是，短期预算成本很低。在头几年，许多已被“锁定”的人出售了他们的资产，并不得不缴纳了资本利得税（尽管以降低了的税率）；如果他们担心以后的资本利得税税率可能提高，尤其会如此。不过，虽然短期预算成本可能很低（或在一些估计中，税收收入可能实际上增加），但从长期看有负面效应。今天的税收收入部分是以牺牲将来可能实现的税收收入为代价的，因为在将来，不管怎样，资产都会被出售。

22.5 结束语

我们对我们的所得税提出了许多问题：它应是简单的、公平的、易征收的，而且应促进经济效率。所得税相当有害。它无法完满地实现它的任何目标。它是妥协的产物：各种相互竞争的目标之间的经济妥协，再加上政治妥协。如果较少地考虑公平因素，不太复杂和较少扭曲的税制就容易设计出来。但是，与许多其他国家的税制相比，美国税制存在着较少的避税和较大的纳税遵从，也许甚至还有较少的扭曲。然而，税制改革仍是需要的。这些改革的可能方向将在第 25 章中讨论。不过，首先我们要看一下其他主要税收——公司所得税，并分析人们在我们的现行税制下进行合法避税的一些途径。

资本所得的特殊税收待遇

美国税制对于大部分的资本总收益提供了特殊待遇——较低的税率或者延迟纳税。

有关的特殊规定：

- 住房
- 退休储蓄
- 养老金
- 资本利得

税收优惠待遇扭曲了资源配置，经常造成重大的不公平。

【注释】

[1] 1997 年，已婚夫妇联合申报的标准扣除是6 900美元，单身是4 150美元，

户主是6 050美元，配偶分别申报的是3 450美元。这些数额随通货膨胀（指数化了的）的上升而增加，这会使得它们的实际价值保持不变，尽管它们的名义数额年年在变。

[2] 1997 年，每项有权获得的免征额是 2 650 美元。

[3] 决定应允许谁享受免征额待遇的难题产生于个人（例如离婚夫妇的小孩）是由一个以上纳税人提供部分生活费或自己赚取部分生活费时。就这类问题应如何解决所制定的规则大大造成了税法的冗长和复杂。

[4] 1997 年，对于已婚夫妇联合申报——调整后毛所得超过304 300美元，单身个人的调整后毛所得超过243 700美元的，个人豁免变为零。

[5] 四口之家的总免征额是10 600美元。所得每增加2 500美元，这家纳税人就会失去 212 美元的免征额。如果他们所处的纳税档次为 36%，这就意味着他们多缴纳了 76 美元的税款，这相当于 3%的边际税率。这样一来，这家纳税人的边际纳税档次是 39%。

[6] 扣除损失提高了 1.188 个百分点（=0.03×39.6）的有效边际税率。

[7] 第一个1 000美元学费是 100%的抵免，下一个1 000美元学费是 50%的抵免。

[8] 如果个人住在像加利福尼亚或者纽约这样课征州所得税的州，边际税率可能为 10%或更高，但州所得税可以从联邦所得税中扣除。考虑到所有这些因素，收入为300 000美元的家庭住在一个有 10%州所得税的州，所面临的实际边际税率大约是 53%（=44.1+10×(1−0.396)+2.9)。

[9] 一些国家（例如瑞典）已设法对房主住自有房子所产生的"租金"进行了估价并课税，就像这个人自己租住这所房子一样。

[10] 14 岁以上的孩子可以自己进行税收申报，这样一来，与如果他们被包括在父母的税收申报表中的情形相比，他们的利息收入和股利所适用的税率较低。

[11] 这样，在累进税收结构下，如果前夫和前妻所处的纳税档次差别很大，则将付出实为儿童抚养费的钱改称为离婚赡养费是合算的。和现代生活中的其他一切一样，以最大限度减少纳税义务的方式离婚需要经过深思熟虑。

[12] 参见 Daniel R. Feenberg and Harvey S. Rosen，"Recent Developments in the Marriage Tax"，National Bureau of Economic Research，Working Paper 4705，April 1994；以及 Congressional Budget Office，"For Better or for Worse：Marriage and the Federal Income Tax"，June 1997，Table S-1，Table 4。

[13] 我们假定此家庭没有所得的调整，采取的是标准扣除。于是，在好的年份，多纳税 0.28×10 000美元；在差的年份，少纳税 0.15×10 000美元。因此，好坏年份相抵，两年就多纳税1 300美元。用此除以 2，我们就可以得到年平均多纳税额。

[14] 此家庭的额外支出额会因社会保障税以及可能的州和地方所得税而进一步减少。

[15] 尽管这样，一个强烈的趋势是，过去在家庭内部制造的物品，现在变成

了由市场来生产。为何扭曲看上去不大，是因为市场生产能产生充分的经济性并压倒了税收扭曲。

[16] 还存在与医疗支出有关的进一步的扭曲。雇主提供的健康保险不被课税，个体从业者也可以扣除健康保险费——这鼓励了购买健康保险，如同我们在第12章所看到的，保险通过降低获得医疗服务的成本，其本身就造成了对医疗服务的过度消费。

[17] 将抵押贷款规定限制在房屋的原始买价加用于医疗和教育目的的借款这个水平上，产生了另外的潜在的扭曲：房屋已经增值的那些人会有卖掉他们的房屋并购买等值房屋的动机。鉴于1997年税法允许这种资本利得（已婚夫妇可高达500 000美元）不用纳税，因此的确会是这样。

[18] 例如，参见 Charles T. Glotfelter and Richard L. Schmalbeck，"The Impact of Fundamental Tax Reform on Nonprofit Organizations"，in *Economic Effects of Fundamental Tax Reform*，ed. Henry J. Aaron and William G. Gale，Washington，D. C.：Brookings Institution Press，1996，pp. 211 - 243；Gerald E. Auten，James M. Cilke，and William C. Randolph，"The Effects of Tax Reform on Charitable Contributions"，*National Tax Journal* 45，no. 3（September 1992）：267 - 290；以及 Yong S. Choe and Jinook Jeong，"Charitable Contributions by Low-and Middle-Income Taxpayers：Further Evidence with a New Method"，*National Tax Journal* 46，no. 1（March 1993）：33 - 39。

[19] 对用于宗教慈善事业的支出实行扣除的规定还有另一种动机：一些人认为，宪法禁止法律干预宗教活动的自由，这就禁止了对宗教组织课税。尽管这可以成为宗教组织直接免税的理由，但是，似乎成为不了为了课征所得税而对向它们的捐赠实行扣除的理由。

[20] 对单身个人收入在40 000～50 000美元之间的，对已婚夫妇收入在80 000～100 000美元的，两种抵免开始逐步减少。（抵免资格取决于修正的调整后毛所得，这种毛所得不包括对 IRA 缴款的扣除，该种扣除在计算调整后毛所得时是允许的。）

[21] 家庭的资本利得（＝售房价－购房价－房屋修缮支出）需要纳税。因此，原则上，他们需要长期详细地簿记。投资于房主自住房长期以来得益于另一项特殊规定：即资本利得可以"展期"。也就是说，如果一个人卖了房子，获得资本利得，但又将收益再投资于较大的房子，资本利得就可得以延期。他可以继续利用展期规定，直到他去世；于是，关于在去世时对资本利得课税的特殊规定，意味着资本利得完全逃避了课税。

[22] 参见 M. King and D. Fullerton，*The Taxation of Income from Capital*，Chicago：University of Chicago Press，1984。

[23] 如果政府和投资者采用的折现率不同，对政府的价值就可能有所不同。由于政府通常能以比私人部门更低的利率借款，因此，延迟课税的成本低于私人部门延迟纳税的价值。

然而，近些年，政府关注的是减少短期赤字，因而提现压后的个人退休账户得到了支持。甚至存在不可告人的诱因，以提现时的巨大灵活性为“诱饵”，鼓励人们将旧式 IRA（在这种情形下，当钱存入账户时，不用纳税，但当钱从账户中提出时就要纳税）转换为新式 IRA。当个人进行这种转换时，他就不得不履行所累积的纳税义务，使政府增加了当前的税收收入。

[24] 人们每年向罗斯 IRA 缴款最高可达 2 000 美元；参加罗斯 IRA 的资格对于个人来说，在95 000～110 000美元范围内逐步终止，对已婚夫妇来说，在150 000～160 000美元范围内逐步终止。

[25] 1997 年税法也提高了 IRA 的扣除限额：对单身而言，逐步减少的范围是30 000～40 000美元；对联合申报的已婚夫妇而言，范围是50 000～60 000美元。

[26] 为解决这个问题，一种建议是主张创立“税收抵免”债券，在这种情形下，对从州和地方债券得到的利息，纳税人可以得到特定比率的抵免。这些债券旨在使州和地方支付的利息和当前的免税债券一样。但是，较高收入者不会像当前一样得到意外之财。

第 23 章　公司所得税

公司所得税一直是个颇受争议的问题，有些人（例如 1992 年参与总统大选的比尔·克林顿）认为，公司在逃避其应有的税收份额，而其他一些人（例如里根总统在 1983 年的一次即席演说中）则认为，根本就不应该对公司课税。甚至对谁真正负担了公司所得税（即它的归宿），也存在很多争议；如同我们将要看到的，许多经济学家都认为，此税实际上大部分是由消费者和工人负担，而不是由公司的所有者负担。更确切地说，公司所得税仍然如此备受争议的原因之一，就是这种广泛存在的有关谁负担此税的争议。经济学家在一件事上取得了一致意见（但这件事并不被其他人很好地理解）：**公司不负担公司所得税**。人们——股东、消费者、工人负担了此税。问题是，是哪些人们？

作为联邦税收收入的来源之一，其重要地位在下降了将近 30 年后，联邦公司所得税的平均有效税率和占联邦税收总收入的比重，自 1983 年起开始上升（见图 23.1）。但是，税收总收入的变化可能传递不了多少有关公司税的经济影响的变化方面的信息。公司税会使配置和投资总水平产生重大扭曲。这种扭曲的性质和大小部分地与关于此税的具体规定有关，诸如对利息支出和股利以及折旧备抵实行不同的税收待遇。

本章首先描述美国的公司所得税，接着分析对这种税的其他解释——将税负划归不同群体负担的不同理论。分析不仅包括公司所得税如何影响经济效率，还包括它如何影响财务决策。本章以讨论最基本的问题结束：应该对公司课税吗？

23.1　公司所得税的基本特征

公司所得税只适用于**公司制**企业。公司制企业和非公司制企业的本

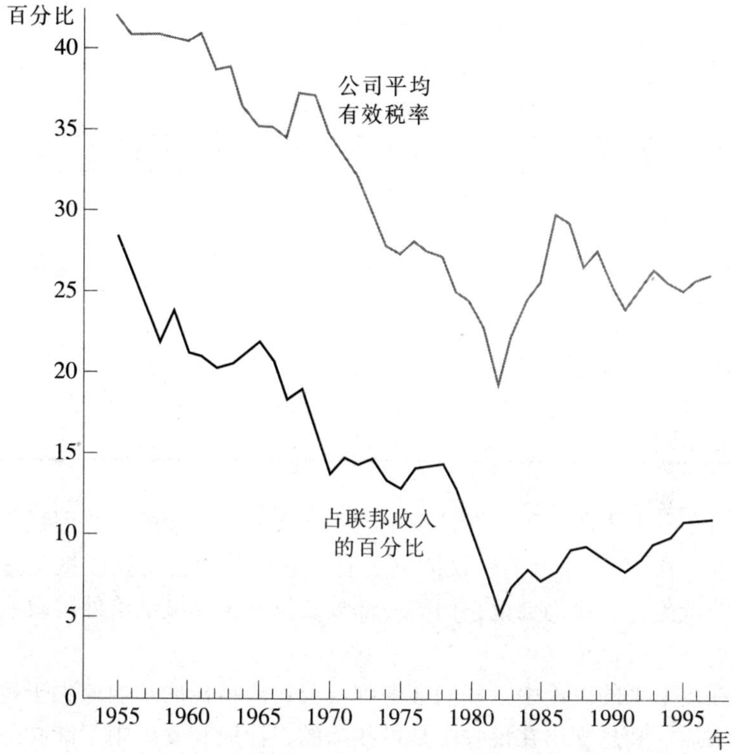

图 23.1　联邦公司所得税：有效税率与占联邦税收总收入的比重

1955—1982 年，公司所得税的平均有效税率和它占联邦税收总收入的比重持续下降。即便税率和占联邦税收总收入的比重 1983 年以后略有上升，但这两个数字仍大大低于 1955—1970 年的水平。

资料来源：U. S. Department of Commerce，Bureau of Economic Analysis，*National Income and Product Accounts*，*1929 - 1994*，Tables 3. 2，6. 17B，6. 17C；*Survey of Current Business*，August 1998，Tables 3. 2，6. 17C.

质区别是，投资者对公司债务的责任。公司具有有限责任，即投资者的损失只以他们投资于企业的货币额为限。相反，如果非公司制企业无法偿还它的债务，债权人可以设法从所有者那里追回损失。由于公司形式的企业给投资者提供了保护，故几乎所有美国的大企业都是公司制的。

公司税基本上是单一税率税，当前税率是 35%。由于对小企业实行税收优惠，所以应税所得在1 830万美元以下的公司所适用的平均税率多少要低一些，如表 23.1 所示。公司税的税基是公司的应税所得。一般说来，税法定义的应税所得是毛收入减去工资、材料、利息支出，以及折旧备抵。但是，股利支出不能扣除。因此，当国会通过立法允许实行更慷慨的折旧备抵时，如同它在1981年所做的那样，致使公司应税所得减少，公司税也因此减少。

表23.1 公司应税所得的边际税率和平均税率

应税所得（美元）	边际税率（%）	平均税率（%）
0～50 000	15	15
50 000～75 000	25	15～18.3
75 000～100 000	34	18.3～22.25
100 000～335 000	39	22.25～34
335 000～10 000 000	34	34
10 000 000～15 000 000	35	34～34.3
15 000 000～18 333 333	38	34.3～35
18 333 333以上	35	35

由于有个人所得税，在计算出纳税义务后，企业的税款因**税收抵免**而减少。在1986年取消税收抵免之前，最重要的公司税收抵免是对新投资的抵免。企业仍会就它们的一部分研发支出和缴纳给外国政府的大部分税款获得抵免。

在接下来的讨论中，我们会看到，公司所得税的影响取决于税法的几个特征（利息支出在税收中是可扣除的，而股利支出则不能扣除；折旧备抵通常比真实的经济折旧要大；政府虽对利润课税，但并不对亏损提供对称的税收待遇[1]）和对个人所得与公司所得课以的相对税率。我们将看到，公司所得税的影响远远超出了投资于公司是否比投资于非公司部门更受偏爱这个问题；它的影响扩展到了如何组织经济中的生产、投资的种类以及如何为投资筹资。

23.2 公司所得税的归宿及其对效率的影响

关于公司所得税的影响有几种不同观点。该税之所以受欢迎，部分原因是它的归宿不清楚这个事实。政治家喜欢给投票人留下公司税是由其他人来缴纳的印象。但是，事实是，家庭、工人、消费者和投资者都缴纳该税，正如他们缴纳其他税收一样。问题是，税负怎样在这些群体中分摊？例如，在一些貌似有理的条件下，公司所得税实际上由工人和消费者负担，根本不是由投资者负担；在其他情况下，它不仅仅由公司部门的投资者负担，而且是由所有的投资者负担。

23.2.1　作为对公司部门的资本所得课税的公司所得税

对公司所得税最早的观点之一，仍然是最为流行的一种，认为公司所得税是对公司部门的资本收益课税。在工资支出和购买其他投入品的支出可进行纳税扣除的情形下，所剩下的就是利润和资本收益了。在完全竞争经济中，纯利润大概是不存在的，因此公司所得税就是对资本收益课税。

例如，假定企业不是靠借款来为它的投资筹资（或者利息不能进行纳税扣除）。公司所得税降低了公司部门的资本税后收益。**这是短期效应**。不过，通常来看，如同我们在第 18 章中所看到的，事情并未就此结束。在一个具有独创性的模型中，当时在芝加哥大学、现在在加州大学洛杉矶分校就职的阿诺德·哈伯格（Arnold Harberger）描述了长期效应，他假定，总体的资本供给固定，但是资本在公司部门和非公司部门之间是完全流动的。若公司部门的资本收益较低，资本就会从该部门流出，流入非公司部门。公司部门中的企业就会用劳动力代替资本，从而劳动力从非公司部门流入公司部门。公司部门的产品变得更加昂贵（公司所得税收与生产成本类似）。当事情得到完全平衡时，公司部门和非公司部门的资本税后收益相同：这样一来，到了资本应承担成本的地步时，成本就由经济中的所有部门同等承担。消费者以较高价格的形式承担一些成本。工人也承担一些成本，例如，如果公司部门比非公司部门的劳动密集度更高，对公司部门产出需求的下降，会降低对劳动力的整体需求；假如在非公司部门很容易用资本来代替劳动力，这种影响就会增强，因为此时该部门的企业会随着资本成本的下降而用资本代替劳动力。虽然消费者、资本所有者和工人分摊这种负担的准确方式——以更复杂的形式——取决于需求弹性、替代弹性（衡量用资本代替劳动力的难易程度）和两个部门的劳动密集程度，但最重要之处是长期影响明显不同于短期影响。

斯坦福大学的约翰·肖温（John Shoven）计算出了公司税的中期效应的确切值，在课自资本收益的扭曲性公司税不存在时所产生的公司税形态下，他比较了所存在的均衡。他估计，公司所得税的无谓损失大约是公司所得税收入的 12%。

他也估计了公司税负担从资本所有者转嫁给消费者和工人的程度。资本所有者的负担份额用资本所得的变化除以公司税总收入来衡量。如果负担超过 100%，那么资本所得的下降幅度就高于公司税。公司部门相对是资本密集型的（即与非公司部门相比，每个工人拥有的人均资本更多）。因此，需求向非公司部门的移动间接地降低了资本需求，从而降低了资本收益。非公司部门的替代弹性越小，为吸收因需求构成变化而释放出来的全部资本，资本收益下降的幅度必定就越大。这解释了为什么肖温在非公司部门的替代效应远远低于公司部门的替代效应和消费需求弹性低的情形下，计算出资本负担了162%的公司税负担。

若不知道需求弹性和替代弹性的准确值，我们甚至无法说出资本是否负担了高于或低于100%的公司税负担。于是，难怪对公司税在多大程度上实际是对资本课税还是对消费者课税没有一致看法！

23.2.2 长期中的公司税转嫁

在关注税收的**一般均衡**效应方面——强调对一个部门资本的课税会对整个经济有影响；强调在资本完全流动下，该种资本课税必定由经济中的两个部门平摊；强调在资本负担了100%以上此税的情形下，一般均衡归宿可能与直接影响迥然不同——哈伯格模型一直是重要的。

但是，哈伯格模型在两个方面遭到了广泛批评。第一，它关于资本存量固定、而资本可以在两个部门间完全流动的假设似乎很特别。相反，如果人们假定资本存量本身是可变的，就会出现完全不同的（有时是更加简单的）结果。例如，对一个在国际市场利率为 r^* 时面临资本具有完全弹性供给的小国来讲[2]，税后收益仍不受公司税的影响。因此，(a) 公司税增加了公司部门的生产成本；(b) 生产从而转移到非公司部门；(c) 鉴于此种现象的发生，劳动力需求是下降还是上升（部分地）取决于非公司部门的劳动密集程度比公司部门的更低还是更高。因此，资本所有者不承担任何公司税，公司部门产品的消费者总是承担部分公司税，工人可能会也可能不会受到负面影响。

第二种反对意见更难以解决。这种意见认为，公司税本身不只是对资本收益的课税。利息可进行纳税扣除，且折旧备抵通常是加速的。显然，更优惠的税收规定，例如加速折旧，降低了资本的使用成本，从而鼓励了对资本的使用。在下面的几段中，我们将推导一些与在用资本的税后成本（毫不奇怪，称为**资本的使用者成本**）有关的具体公式，并说明各种税收规定如何影响在用资本的成本。不仅有效税率经常明显地低于官方税率，而且在一些貌似合理的假定下，实际上，资本**在增量处**得到了补贴。

资本的使用者成本。公司部门的资本所适用的有效公司税，其大小取决于税法的几项规定——取决于投资税收抵免、折旧备抵和债务筹资的投资比例（它可以进行纳税扣除）。

假设机器成本是 p。如果一家企业租机器一年，在竞争性市场中，机器所有者会收取利息 rp（r 是利率）和折旧 δp（δ 是机器因变旧而导致的其价值下降的百分比）。（回忆一下我们在第 21 章中对折旧的讨论：随着机器变旧，它们的价值会因机器耗损或过时而变得更低。δ 是耗损和过时这两种效应的概括。）[3] 如果 R 是机器的收益，只要

$$R>(r+\delta)p$$

企业就会租机器。对公司课以税率为 t 的税，其效应取决于什么是可扣除的。如果企业实际上在租机器，则全部租金价格都是可扣除的。如果租金率和折旧费 $(r+\delta)p$ 保持不变，那么不等式两边可同时乘以 $(1-t)$。对公司课税不会产生扭曲，原因是若 $R>(r+\delta)p$，企业仍然会租机器，如同在无此税情形下企业仍会租机器一样。

现在假设企业自己购买机器，通常的情形就是这样。企业借款购买机器的利息是可扣除的。假定借款筹资的比例是 α（对于建筑物，企业的借款常常占建筑成本的 80%或以上；对于机器，企业的借款常常只占机器成本的 1/3）。于是，利息扣除是 αrp。

δp 是真实经济折旧。不过在第 21 章中，我们指出，通常允许企业有更大的折旧备抵。1981 年税法规定了大范围的加速折旧，尽管在 1986 年这些规定缩水了，但折旧比率仍然比真实经济折旧高。令 a 为加速的程度，即折旧的纳税扣除是 $a\delta p$（$a>1$）。

最后，假设政府不时地提供投资税收抵免。如果机器成本是 1 亿美元，5%的投资税收抵免意味着企业税收减少了 500 万美元。这就如同政府负担了 5%的成本，或价格下降了 5%。令 c 表示税收抵免率，它实际上降低了价格。这样一来，资本每年的税后成本现在是：

$$\begin{aligned}(r+\delta)p(1-c)-t(\alpha r+\delta)p(1-c)=&(r+\delta)p(1-t)\\&-p\{c[r(1-\alpha t)+\delta(c-at)]\\&-t[(1-\alpha)r+(1-a)\delta]\}\end{aligned}$$

第一项是考虑了投资税收抵免之后的每年成本。第二项是所得税的扣除值。

记得机器的税后收益为 $R(1-t)$。如果成本乘以同一因子，那么公司税对企业是否购买机器的决策没有影响。但是，上述表达式可以大于或小于总成本与 $(1-t)$ 的乘积，这取决于大括号中的项是正的还是负的。如果投资全部通过债务筹资（$a=1$），就不存在加速折旧（$\alpha=1$），

也就没有投资税收抵免（$c=0$），资本成本下降的数量正好等于收益减少的数量；扭曲不存在。当前没有投资税收抵免；对于一个 80% 的投资靠债务筹资的企业来说，如果

$$(a-1)\delta>0.2r$$

加速折旧的利益超过了对股本的课税。对于长期资产来说，加速折旧的利益通常较大。公司所得税在导致短期资产投资不足的同时，也造成对长期资产的过度投资。

资本的使用者成本

● 税制影响企业花多少代价来使用资本。

● 若实行加速折旧和利息支出全部扣除，与无税的情形相比，投资实际上可能受到鼓励。

● 对靠股本筹资的资产和对那些加速折旧利益有限的资产（例如短期资产）进行投资不受鼓励。

23.2.3 无借款限制企业的公司税

前面的分析把企业看做好像有一个固定的债务股本比例，即它的债务筹资只占其投资的一定比例 α。实际上，企业面临的一项重要决策是，如何为它们所希望从事的新投资进行筹资，而且，对于大部分企业来说，借款不过是一种选择。那么，扣除利息支出对这类决策有什么影响呢？通过假定折旧备抵正确反映了老化的机器设备设施的价值下降，并进而分离出了扣除利息支出的意义，我们便回答了这个问题。

如果没有加速折旧和税收抵免，且企业的全部投资都靠债务筹资，扭曲就不会产生。尽管收益减少了（$1-t$），但资本成本成比例下降。在经济决策中，重要的是新增投资的收益和成本是如何受到影响的。对于新增投资，身处运作良好的资本市场中的企业，可以选择借款来为额外投资筹资。如果这些企业这么做，那么它们的边际成本将下降（$1-t$），与收益减少的比例相同。因此，投资决策不受公司税的影响。例如，考虑无限寿命的资产这个最简单的例子（没有折旧）。如果企业借款购买成本为 p 美元的资产，其税前成本就是 rp，但是税后成本是 $r(1-t)p$。当企业自问，为新增一点投资而多借一点是否值得的时候，它的答案在征税前后都是相同的。[4]因此，在企业无借款限制的常规企业理论（有时称为**新古典理论**）中，对于新增投资，企业可以视为靠借

款来为投资筹资，而且，若边际投资靠债务筹资，且债务可进行纳税扣除，公司所得税就不会对投资产生扭曲。

实际上，许多新增投资是通过债务筹资的。通常，企业首先用留利（利润减去分配的股利）为投资提供资金，超过该数量的投资才靠借款筹资。

23.2.4　抵免受限制企业的公司所得税的归宿

如同我们所指出的，本章早先提出的模型，是假定新增投资采取了同它们通常所采取的一样的筹资方式。我们刚刚看到，如果企业没有抵免限制，新增投资可以视为靠借款筹资，在这种情形下就没有扭曲产生。

但是，许多企业受到了抵免限制。在这种情况下，公司税的影响会明显不同。如果企业既不借钱也不发行股票，而且，如果将所有留利用于投资，税收就减少了可用于投资的资金，从而减少了投资。注意，在这种情况下，公司税的影响取决于可用于投资的资金被减少的总数，也就是说，它完全取决于**平均**税率，而非边际税率，如早先的分析所示。

企业通常有生命周期。新建企业会出售股票筹集资金；这常常是这些企业能够获得资本的唯一来源——银行觉得发放长期贷款风险太大，而且这些企业的规模太小，无法发行长期债券。企业不愿意依靠短期贷款来进行长期投资。最初的企业家通常主要以持股的形式（不是支付工资）获得收益。因此，对利息支出免税的公司所得税，实际上可以视为一种对这些新的、有抵免限制、创业型企业的课税；对于无法靠借入额外资金来筹资的新企业所进行的投资，则有负面影响。[5]

如果这种观点正确，公司所得税的长期效应就不会与公司和非公司部门间的资源再配置有这么多的联系。相反，它们与公司部门的创新程度和技术进步速度有关。这些效应的大小取决于企业家精神和承担风险的供给弹性。正因为如此，才导致克林顿总统把对新企业的超长期资本利得给予优惠待遇的规定，列入他的 1993 年税收议案中。

有和无抵免限制的公司所得税

- 如果企业可以靠借款来为新增投资筹资，那么具备真实经济折旧的公司所得税不扭曲投资。
- 实际上，公司税收因而可以视为对抵免受限制企业（诸如不能轻易借款的新企业）的课税。
- 在这些情况下，扭曲可能更多地与平均税率有关，而不是边际税率。

该分析[6]清楚地表明，公司所得税的影响关键取决于该税种的一些具体特征（诸如对利息实行纳税扣除）和公司的状况（公司是否受抵免限制）。[7]有关公司所得税效应的许多经验研究只是假定它增加了企业的资本边际成本——企业多投资 1 美元所要付出的成本数量——其数量等于单位资本的平均纳税额。换言之，这些研究假定资本的边际成本和平均成本是一样的。我们已经知道，如果企业可以通过借款为其边际投资筹资（并且如果折旧备抵等于真实经济折旧），可能就没有公司所得税制引起的边际扭曲，资本的边际成本也可能明显不同于平均成本。无论人们是否认为资本的边际成本等于（或者小于）通过借款筹集的资金的边际成本，都没有理由假设边际成本和平均成本一样。

23.2.5　作为对垄断利润课税的公司税

有垄断，就有垄断利润。纯利润，有时称为**超额利润**，是总收入减去总成本，包括资本的正常收益。（在长期均衡中，有竞争，且规模收益不变，就没有纯利润。）相当于对纯垄断利润课税的那部分公司所得税，实际上是对垄断者课征的一次总付税。理由很简单——垄断者会最大限度地实现其利润 π。如果对他的利润按税率 t 课税，那么其税后利润是 $(1-t)\pi$。但是，无论企业怎样将 π 最大化，都完全与他将 $(1-t)\pi$ 最大化一样。

垄断或竞争下的公司所得税（课征的每一美元），其扭曲效应是否很大是不确定的。一方面，在该税部分是纯利润税的程度上，它是不扭曲的。另一方面，在它充当货物税（对公司部门的产品课税）的程度上，如因垄断而使这个部门的生产早已低于社会最优水平，该税就会产生更大的扭曲。[8]

如果垄断者生产某种产品，其价格就可能以高于单位产出纳税额的幅度上涨。如同我们在第 18 章中所看到的，在垄断下，需求曲线具有固定弹性（即价格变化 1%，需求也随之变化 1%，不管产出水平如何），价格就是边际生产成本的固定加成（包括税收）。如果加成比是 20%，那么如果边际成本因课征公司税而增加 1 美元，价格就会上涨 1.20 美元。

因此，如果公司部门是由大量的行业组成，每个行业都由垄断者控制，公司税大部分都会转嫁给消费者，而且我们看到的价格涨幅会大于缴纳给政府的税额。

23.2.6　管理者的企业：另一种视角

为预估企业将如何受到公司所得税的影响以及对企业所得税会作出怎样的反应，我们需要建立一个企业行为的模型。也就是说，我们需要就企业如何行动以及它们试图得到些什么作出假定。至今的分析一直假定企业使其税后收益最大化。企业行为的许多方面似乎难以与这个观点一致。例如，后面我们会指出，企业不应支付股利；（从税收的观点看）将资金从企业分配给家庭部门存在更好的方式。企业不断地将其所有的收益都用于分配，这一事实被称为“股利悖论”。企业的股利政策不是公司行为中唯一费解的一面。

加速折旧提供了另一种“税收悖论”。有时，政府赋予企业和个人加速折旧其资产的权利。再一次，总的名义折旧备抵不受影响（它们等于机器成本减去残值，如果有残值的话）。但是，更快速度的折旧降低了申报的收入，从而在资产的早期使用年份中也减少了纳税义务。所有企业大概都想利用这种机会；不过，企业不会很轻易地这么做。这是真的，即使企业能够告知其股东，由于采用加速折旧，会使得**报告**的收益低于不采用加速折旧时的收益；人们甚至还可能会认为，股东会将这样的报告视为良好管理的正面信号，而将缺少这样的报告视为负面信号。

企业可以选择如何处理它们的存货。假定销售钢梁的一家企业以每吨 40 美元的价格购买了一些钢材，几个月后，又以每吨 100 美元（因该行业迅速的通货膨胀）的价格购买了一些。两种钢梁都是它的存货。当企业销售一些钢梁时，比如销售价是每吨 110 美元，它会把采购成本说成是 40 美元，还是 100 美元？国内收入署允许企业自己选择，只要它的处理方式前后一致。企业要么说它总是销售最近购进的货物（这称为**后进先出法**或 LIFO），要么说它总是销售最先购进的货物（这称为**先进先出法**或 FIFO）。在通货膨胀时期，LIFO 比 FIFO 有明显的优势——当前的纳税义务减少了（尽管减少额会加到将来的纳税义务上）。但是，今天的 1 美元比明天的 1 美元更值钱，这条一般原则意味着当前纳税义务减少的企业境况会更好。然而，令人费解的是，企业不会轻易转向采用 LIFO，即使在今天，许多企业仍然继续采用 FIFO。

税收悖论的解释。对于税收悖论，这里提供了两种看似非理性的解释。一种解释是，企业的管理者在管理企业方面有相当大的自由决定权，有时会以牺牲股东利益来获取私利。特别是，他们可能不追求价值最大化战略。例如，他们可能希望使企业的成长率最大化；他们之所以这样做，或是因为他们认为，企业规模越大，成长率越快，他们的工资就越多；或只是因为他们喜爱企业扩张带来的激动以及随之而来的个人声誉。根据这种观点，市场规则不足以保证经理追求利润或者价值最大化。追求管理者利益而不是最大限度实现利润的企业被称为**管理者的企业**（managerial firm）。第二种解释是，企业（或它们的管理者）是理性的，但股东是非理性的。股东不了解税制（或公司）怎样运作。他们可能对企业转向采用后进先出法视而不见，但他们会注意到企业当前的报告利润下降了，因而他们会认为企业经营得不如预期的好。由此，企业股票的价格会下降。由于管理者的报酬常常部分地取决于企业的市场价值，因而他们宁愿采取不使企业纳税义务最大化的策略，以便让股东"高兴"。两种解释可能都是部分地正确。

这些企业/管理者的行为理论因几个原因而重要。例如，对于公司税的变化对企业行为和政府税收收入的效应，它们提供了完全不同的预计。考虑一个简单的变化，诸如允许更快速度的加速折旧。伴随着财政部税收收入的下降，常规理论可能预计会有更强烈的投资反应。但是，如果管理者担心加速折旧会使本年度的利润报表难看，那么许多企业可能就不求助于纳税利益——政府的税收收入损失减少，但投资刺激也减少了。

人们越来越认识到管理者和投资者（以及企业的其他股东）在利益取向上有差异，这导致要求政府采取旨在更好地调整这些利益的税收政策。例如，管理者成功使得董事会（他们操纵董事会的选举）投票支持他们的奇怪工资（outlandish salaries），这个观点导致克林顿政府提议、国会通过法案，对超过 100 万美元（**不是根据绩效标准**）的公有公司的高层管理者的工资课税。（在美国，据报道，高层管理者的工资与普通工人的工资之比比日本的 5 倍还多，实际上比所有其他发达国家都要大得多。）

公司的面纱。更一般地讲，企业内部发生什么事，人们都能知道，我们是根据这个假定来分析企业行为的：例如，从一家拥有 1 000股的企业中选择 10 股，还是从同一企业的 900 股中选择 9 股，他们是不在乎的；如果企业减少债务1 000美元，市场会认为企业的净值现在大于1 000美元，它的股价也会相应上涨；如果企业用 100 万美元的留利投资，一个股东拥有 1%，就好像是这个股东自己直接投资10 000美元。换句话说，我们假定，人们可以透过**公司的面纱**（corporate veil），知道企业实际上发生的事。

所有的投资者无须透过公司的面纱来很好地了解企业的储蓄和投资信息，认识到这一点是重要的。只需有足够的投资者认识到，企业储蓄并投资了 100 万美元，其市场价值就会因股价上涨了相应的幅度而比以前大 100 万美元。不知情的股东可能不知道为什么企业的股票价值已经升值。他们知道的只是股票价值已经升值了。

股东是否看透了公司的面纱对企业的行为和经济都有重要意义。在企业层面上，股东看透公司的面纱意味着在无税收的情形下，他们完全不在乎企业如何自己融资。[9]

在经济层面上，公司的面纱性质是重要的，因为它关系到总储蓄。现在，在美国，大部分私人储蓄不是直接来自个人，而是来自公司。[10]问题是，公司储蓄的上升导致私人储蓄下降了吗？如果人们看透了公司的面纱，他们就会把来自公司的储蓄完全视作就像存入自己账户里储蓄一样。只要有足够的知情投资者抬高股价，来反映新投资，即使不知情的投资者也会表现得好像他们也看透了公司的面纱似的，因为他们以增加现期消费（减少储蓄）来回应因股价上涨而导致的财富增加。那么，根据这种观点，将储蓄分为家庭储蓄和公司储蓄纯粹只是我们现行税法的人为产物，这鼓励了公司内部的储蓄。好像是公司把它的全部利润分配给股东，然后由股东决定该储蓄多少。如果公司的面纱被完全揭开了，那么公司税对总储蓄水平的效应要小于它的配置效应：一些有高现金流但投资的边际收益较低的企业，可能会留住它们的资金，并进行内部投资；而如果资金流回到股东那里，他们恐怕会找到有更高收益的机会。然而，在一个完全信息或接近完全信息的世界中（即在这个世界中可以轻易揭开公司的面纱），即使这些扭曲不存在，因有高现金流的企业会寻找边际收益最高的投资机会，该企业也会自行限制在自己内部投资。

有宏观和微观证据（即经济层面的证据和企业层面的证据）表明，人们不会完全看透公司的面纱。我们早已提到，公司行为的几个方面令人困惑，它们看上去与人们的确可以看透公司的面纱这个假设不一致。

再者，股价高度波动。许多经济学家认为，它们只是不完全地反映了真实的资本价值。更重要的是，至少在短期内，家庭对他们证券的市场价值天天波动没有给予过多关注；他们不采取行动，好像他们将这些波动视为他们的财富发生了有意义的变化，从而想要消费水平作出适当反应。然而在长期中，经常导致公司储蓄增加的任何政策，**最终**会对家庭储蓄产生影响，因为这样的政策会对公司价值产生经常性的影响，股东就他们的净值所持的观点也会受此影响。

管理者的企业

● 企业是为了管理者的利益而经营，而非为了利润或价值最大化。

● 许多税收悖论——难以与利润或价值最大化一致的行为——符合管理者理论。这些税收悖论包括：

股利悖论——当存在其他途径可以将利润从企业分配给能吸引较低课税的家庭部门时，企业才会派发股利。

企业常常并不利用加速折旧或其他税收优惠。

● 股东可能无法完全看透公司的面纱；于是，与对企业的长期影响相比，他们可能会更多地对报告的当期利润（当企业利用税收优惠时会下降）作出反应。

23.3 折旧

在本章我们已经看到，税法的具体条款直接关系到税法的影响。例如，如果利息能扣除，且如果企业可以以借款为它们的新增投资筹资，公司所得税的扭曲效应就可以被完全消除。

一项同样重要的税收规定与折旧有关。我们在第 21 章中已经论述过，为何对资产的折旧实行备抵是必要的；随着资产耗损或过时，它的价值变少；价值的下降需要从所得中扣减。真实经济折旧意味着资产价值的真实下降。但是，由于通常难以找到价值下降的准确估计方法，所以政府一般允许往高估计（即折旧备抵的折现值高于真实经济折旧下的折旧备抵折现值）。常规方法是估计资产的使用年限，例如使用年限为 10 年，并允许每年扣减资产价值的 1/10。这就是我们所谓的**直线折旧**。

许多国家的政府采用更为慷慨的折旧备抵以鼓励更多投资。实行**加速折旧**（accelerated depreciation），企业和个人被允许在资产使用年限的早期计提较多折旧。这样做的最简单的方法是，使用比实际短的使用年限——例如资产实际上可以用 5 年，那么就选择 3 年。若资产为 100 美元，这就意味着头 3 年就计提资产折旧 99 美元（此后就不用计提折旧了），而实行直线折旧，采用真实的使用年限，折旧备抵每年才为 20 美元。

加速折旧的值可能是巨大的，如表 23.2 所示。在该表中，我们考虑的资产是，使用年限为 5 年，成本为 100 美元，而政府允许在 3 年内提完折旧。假定资产每年有固定收益（24 美元），5 年后没有残值。假定利率为 10%。在该利率下，每年收益的现值等于成本。表中第一栏是真实经济折旧，第二栏是这些折旧备抵的现值（在购进时估计）。第三栏和第四栏是直线折旧，而第五栏和第六栏是加速折旧的一种形式。显然，当与真实经济折旧相比时，加速折旧得到了相当大的补贴，超过了 10%。当折现率较高时，项目的使用年限较长，利益甚至更大。注意在这个例子中，（资产实际使用年限下的）真实经济折旧和直线折旧之间的差额相对较小（尽管直线折旧仍有大于真实经济折旧的折旧备抵折现值）。

表 23.2　　真实经济折旧、直线折旧和加速折旧的比较

年份	贴现因子（10%的利率）	1 真实经济折旧	2 现值	3 直线折旧	4 现值	5 加速折旧	6 现值
1	1	16	16	20	20	33.3	33.3
2	$1/(1.10)=0.909$	18	16.36	20	18.18	33.3	30.3
3	$1/(1.10)^2=0.826$	20	16.52	20	16.52	33.3	27.6
4	$1/(1.10)^3=0.751$	22	16.52	20	15.02	7	5.3
5	$1/(1.10)^4=0.683$	24	16.39	20	13.65		
			81.79		83.37		91.2

但是，更令人烦恼的事实是，不同资产的补贴数量差别很大。加速折旧的规定通常给使用年限长的资产提供了一种重要的补贴。因此，不仅一些资产比另一些资产更受优待，而且使用这些受优待资产的行业，是以牺牲那些使用未受优待资产的行业为代价得到好处的。

对资产采用比真实使用年限短的使用期限，只是政府所提供的几种加速折旧方法中的一种。例如，美国政府还提供了另一种加速折旧法，称为**双倍余额递减**。考虑 1 月 1 日购进的使用年限为 5 年的资产。与每年允许计提折旧 20%不同，每年允许计提折旧 40%。于是在下一年，将“递减余额”（等于原值的 60%）的 40%计提折旧。因此，第二年的折旧备抵是 24%。再下一年，将余额 36%的 40%计提折旧，即 14.4%。对于剩下的两年，采用直线折旧法计提剩余的 21.6%的价值，即每年计提折旧 10.8%。

1981 年税法首次采用了有意与实际使用年限无关的使用年限。例如，商用建筑可以在 15 年内提完折旧。节税使商用建筑受益无穷，导致它们供应过剩，消化掉它们几乎要用 20 年。

对设备实行巨额的加速折旧备抵旨在使“美国烟囱”（指美国的重

工业）恢复活力。大部分经济学家认为，没有特殊理由给重工业提供有别于其他经济部门的优惠。虽然加速折旧是这些行业的主要意外之财，事实上很少有证据表明，这方面的税收规定对促进向重工业投资起了重大作用。由于担心加速折旧备抵会产生高度扭曲，所以在这些规定实施了短短的 5 年之后就被取消了。

要想对公司税的整体影响发表看法，就需要结合利息扣除与加速折旧的综合效应。如果企业可以通过借款为新增投资筹资，且如果存在真实经济折旧，那么我们会看到，公司所得税是非扭曲性的。但是，如果有加速折旧（情况就是这样），那么这将会产生过度投资。另一方面，对于抵免受不当限制的企业来说，推动投资的不是激励而是财力资源，因而高的平均税率会造成投资不足。所以，公司所得税的净影响是使投资从新创业的、抵免受限制的企业转向老的、可以轻易从信贷市场筹资的已建企业。

23.4 个人所得税与公司所得税的综合效应

为充分评估公司所得税的效应，我们必须了解它是如何与个人所得税相互作用的。这又要求我们更仔细地考察公司和家庭部门之间的关系。

23.4.1 分配资金：基本原则

在图 23.2 中，我们画出了公司部门和私人部门之间关系的示意图。以股利、利息和股票回购的形式，资金从公司部门流向家庭部门；以新债券和新股本的形式，资金从家庭部门流向公司部门。当个人相互购买股票和债券时，资金在家庭部门内部流动；当公司相互购买和被合并时，资金在公司部门内部流动。

税务机关对利息、股利和资本利得实行区别对待。个人的利息和股利一样课税，但公司向个人支付的标为“利息”的款项，可以从公司所得中扣除，而被标为“股利”的则不能。因此以股利形式转移给个人的公司所得被课税两次：一次以公司税的形式，另一次以个人所得税的形式。以利息形式转移的收益只被课税一次。如果企业回购股票，个人股东只是就股票购入价格与企业回购股票的价格之差纳税。虽然法律禁止企业用定期从它的每个股东那里按比例回购股票来代替支付股利，但企

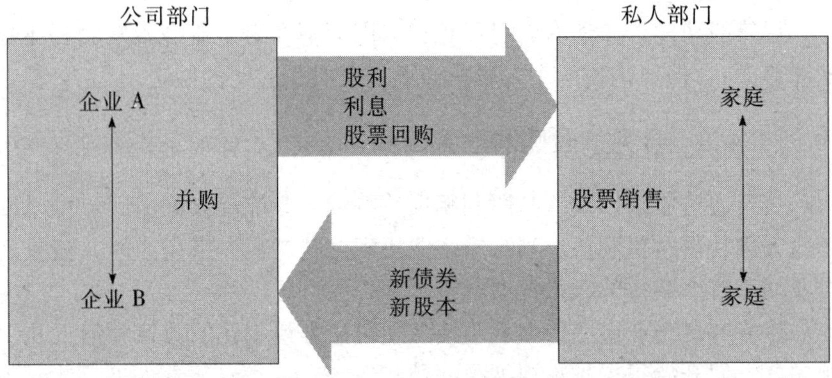

图 23.2　家庭和公司部门之间和内部的资金流动

资金从公司部门流向家庭部门，从家庭部门流向公司部门，以及在两个部门内部的各自流动。

业完全可以在公开市场上回购股票。[11]

我们的税法并不对所有交易都按同一税率课税，在不允许从公司所得中扣除（如同对利息扣除那样）的情况下，税款以股利形式从公司部门转移到家庭部门，此事实有两个基本含义：

1. 只要有可能，尽量避免收入（支付利息后的）从公司向家庭部门的转移。

2. 当收入必须转移时，以一种合乎资本利得待遇的形式转移。

对企业留利的激励——不是从公司部门向家庭部门转移收入——因几个原因而事关重大。企业的管理者可能不得不使潜在的投资者相信他们具有优秀的管理才能和投资项目；大量资金留在企业内部——与将资金再分配回和家庭有关的巨大税收楔子——对管理者的行为约束就会减少，并且，在行为约束减少的情形下，他们在管理他们的资金或将他们的收益用于再投资时，就可能不会富有成效地工作。

23.4.2　股利悖论

公司似乎经常在从事与以上原则不符的财务交易，股利就是一个重要的例证。当资金可以以各种能使纳税义务减少的方式（诸如股票回购）从公司部门分配给家庭部门时，为什么企业还支付股利？这个谜，如我们所言，被称为**股利悖论**（dividend paradox）。[12]

许多可能的解释被提了出来，但大部分不是非常有说服力。一种解释是，股利成了与企业的净值有关的“信号”。尽管这可能是事实，但回购股票也同样是一种有效的信号。[13]

尽管股票的许多所有者可以免税（因而不在乎企业是派发股利还是回购股票），但要纳税的个人股东会更喜欢股票回购的做法。[14]

23.4.3 合并、收购和股票回购

公司通过股票回购（与股利相反）将资金分配给家庭部门，可以以其他方式获得纳税利益。当一家企业用现金购买另一家企业时，被收购企业的所有者获得的收入要缴纳资本利得税。

尽管许多企业还坚持似乎不使总纳税义务最小化的政策，但近几十年来，它们开始越来越重视纳税问题。

1986年税制改革前的10年中，合并、收购以及股票回购大量增加。虽然20世纪70年代初期，用于合并、收购和股票回购的支付款大约是股利的15%，但到了1984年，这类支付款就超过了股利，1985年，它们几乎比总股利还多50%。1985年，财政部因放弃税收收入的成本超过了250亿美元。[15]许多经济学家认为，这些活动是由税收引起的，公司已渐渐认识到将资金分配给家庭部门的好处，尽管这需要它们缴纳资本利得税。[16]

1986年税制改革法案，不仅通过按完全税率对资本利得课税而减少了资本利得的纳税利益，还取消了企业清算时（或者它被另一家企业收购时，或者当它的资产被出售、收益被分配给股东时）可逃避资本利得税的数条规定。这些税收规定变化的影响看来是显著的：股票回购在1980年只占股利的10%，到1985年就上升到57%，但是到了1990年，回落到34%。[17]1993年和1997年税法显著增加了对资本利得的优惠待遇，因此我们可以预期这一比例又会上升。

23.4.4 公司税使企业偏爱债务筹资吗?

我们已经知道债务是可进行纳税扣除的。在无税收——以及资本市场完善和信息完全时——企业并不计较是通过债务还是通过股本筹资。这个基本思想产生于诺贝尔奖得主默顿·米勒（Merton Miller）和佛朗哥·莫迪格里安尼（Franco Modigliani）有时用牛奶做比喻进行的解释：牛奶的市场价值包括奶油的价值和“脱脂”奶的价值。人们可以重新包装产品，撇去一些奶油，做成2%的牛奶，但是总价值保持不变。债务和股本代表了包装投资收益的不同方式。股本所有者得到的是债务人的要求权得到满足之后剩下的。随着债务增加，留给股本所有者的数

量下降，剩余的可能变化很大；但是，公司分配给家庭的总数将是一样，因此市场价值也将是一样的。

税收改变了这一点，因为以利息支出形式派发给家庭的数量，可以从公司税中扣除，但是以股利形式派发给家庭的不能扣除。然而，与债务的这种优势相比，股本也有自己的优势：企业的留利（增加了企业的市场价值）得到了优惠待遇——它们只在个人出售股票时才以优惠税率被课税。如果个人持有股票一直到他去世，他们就完全逃避了税收。而且，用留利为新投资筹资，公司就逃避了对因先派发资金给股东而造成的“往返旅行”课税（即便公司设法以一种使资本利得得到优惠待遇的方式促成“往返旅行”，它也避不开被课税的后果）。显然，企业少留利、多借款是否就能使自己的境况更好，取决于利息扣除和资本利得的纳税利益比较。随着公司利润、股利和资本利得适用的税率改变，余额会反复变化；从总体上看，税收优惠并不十分突出。对企业尽量通过留利进行投资仍有少量税收优惠。事实上，通常的投资筹资模式是，投资所需资金留利无法满足的部分，就通过借款解决，只要债务/股本比率不变得太大，且企业不受贷款配额所限。具有风险的新企业经常不得不求助于发行新股，筹集企业成长所需的资本。

然而，对股本的税收优惠太少，使企业不值得作调整（即借钱回购股票或者发放股利）。若企业作调整，就会提高债务/股本比率——进而在它们的毛所得中扩大了需要纳税扣除的部分。但是，调整也有税收成本：在回购股票或发放股利的过程中，个人所得的纳税义务随之产生，而在其他情形中，本来是不会有纳税义务的，而且，税收成本通常大于在利息支出是可以纳税扣除的情况下产生的节约（折现值）。

但是，处于不同个人所得税纳税档次的人可能主张选择其他政策。低收入者和免税组织喜欢企业实施高债务战略，因为他们不用因企业进行调整多纳税，或只需纳很少的税，但公司却节约了资金。不同的人喜欢公司实施不同的战略，这个事实说明，不同企业应该有不同的委托人。实际上，也不清楚它们在多大程度上是这样做的，原因也许是这些税收效应不像其他因素那么重要。

如果莫迪格里安尼和米勒是正确的，那么企业如何自我筹资方面的扭曲几乎不重要，但事实上，因多种原因，企业如何自我筹资确实重要。例如，倘若经济低迷，高负债筹资的企业可能特别容易面临破产的威胁。税法鼓励了高负债筹资，这样会加剧经济波动。

23.4.5 因部分企业没有应税所得引起的组织形式扭曲

我们已经看到，希望以一种可以得到优惠待遇的形式分配所得，可以部分解释股票回购、合并和收购。税制的另一个方面对组织设计甚至可能有更大的影响：对冲转亏损的限制。许多企业利润少得无法充分利用折旧备抵；甚至一些企业还有亏损。

以往投资的债务融资或经济亏损可能会将应税所得降至公司不能利用其全部的折旧扣除和税收抵免的地步。

考虑有大量折旧备抵的企业（比如由于对一些新资产实行加速折旧），同时它在其他多个方面有亏损产生。如果它的应税所得是负的，则折旧备抵没有价值；当公司税早已为零时，它就不能进一步下降了。

假定当有投资收益时，这家企业仍然经营得不好。那么，由于收益不会被课税（企业会有其他方面的亏损，抵消了这项生产性投资的收益），税制可能不会带来扭曲。但是，大部分经营差的企业都寄期望于未来经营得更好；这意味着虽然企业今天不能利用折旧备抵，但是它将必定在未来就投资收益纳税，就像任何其他企业一样。因此，税制引起了强大的扭曲，不利于现在经营不好的企业的投资，对企业的弱势地位持续下去起了推波助澜的作用。

税收引起的合并。对税制引起的无效率，市场总是设法寻找解决之道。一种方式是亏损企业与盈利企业合并。这被称为**税收引起的合并**(tax-induced merger)。许多经济学家对这些合并的长期后果感到担心。这些合并可能限制了经济竞争。更重要的是，合并可能不是从基本的经济因素出发，诸如规模经济或被合并企业间可以互为补充。企业的管理才能可能铺得太大，造成整体经营绩效下降。而且，据认为，资本主义经济的活力依赖于有大量多种多样的企业，每一家都有自己的长处，从而能够利用不同的形势。一些人把企业比作各种动物。正如保持一个丰富的基因库以便在多种环境中加以利用是有益的一样，经济中有各种企业存在也是合意的。根据这种观点，税法鼓励合并（若无税收原因就不应进行合并）的规定应该被改变。

个人税和公司税的综合效应

● 税收效应取决于个人税制和公司税制的相互作用。

● 根据公司所得税，债务筹资获得优惠待遇，而根据个人税制，资本利得获得优惠待遇。从整体上看，债务或者股本是否得到税收优惠，取决于个人所适用的纳税档次。

● 将资金从公司以股利形式，而非股票回购或者通过合并与收购（在这种情形中，分配会得到资本利得待遇）形式分配给家庭部门，降低了整体税收。

● 留利不能满足新投资的资金需要部分，靠借款筹资弥补，即使企业不值得这样做，企业也会进行自我调整，例如通过借款回购股票——增加了债务/股本比率，也不一定合算。

● 公司从整体上是否得到税收优惠，取决于个人所适用的纳税档次以及资本利得获得优惠待遇的程度。

23.4.6　公司得到税收优惠了吗?

个人将拥有的企业注册成公司合算吗？如果他注册成立公司，他就可以将其所有的“利润”以工资形式支付出去，从而逃避了公司所得税。或者他可以选择留利。就留利而言，他就要缴纳公司所得税。如果他将这些留利资金用于再投资，他就不得不就投资收益缴纳公司所得税。最后，当他希望得到资金时，他就不得不就分配纳税；如果他手段高明，他就可以成功地让这些分配课以优惠的资本利得税税率（如果他将企业留给孩子，孩子接着将企业卖掉，就可以完全逃避掉纳税义务）。显然，注册成立公司是否合算，取决于适用于公司和个人的税率比较。如果个人处于个人所得税最大纳税档次 39.6%且公司税率为 35%，那么，注册成立公司就略有些税收优惠，特别是——如果资金留在企业中的时期足够长，当它们最终被分配时，就得到了优惠的资本利得待遇。

但是，更一般地说，在公司内部赚取的收入实际上面临双重征税，一次是在企业内部，另一次是在把它分配给家庭时。不过，很少有证据表明，这会对企业公司化产生明显的抑制作用。

23.4.7　计算有效税率

我们已经知道，对投资于某一行业的某项资产，税收的全部效应取决于个人所得税和公司所得税的种种特征，包括：税收资本利得、亏损、股利和利息的处理，企业是否受抵免限制，企业是追求利润最大化，还是管理者为了自身利益而作决策。另一些问题，诸如财产税和州所得税，以及根据个人及公司所得税如何在税务上处理这些纳税，我们在这里不作讨论。不用说，计算与额外单位投资有关的边际税率不容易。但是，清楚的是，有效边际税率通常明显不同于平均税率，也不同于法律规定的边际税率。

在全面计算有效税率时，可以有数种尝试——将因新投资而缴纳的公司税、财产税和个人所得税的所有边际税率都考虑在内。近来对投资方面的整体有效边际税率作最彻底研究的，也许就是唐·富勒顿（Don Fullerton）和尤兰达·亨德森（Yolanda Henderson）的研究。[18]他们问道：如果一个人对一种产生税前收益（比如收益为10%）的资产多投资1美元，在缴纳了财产税、资本利得税、公司税、股利税、利息税等之后，他的税后收益是多少？或者，如果这个人要得到比如为10%的税后收益，所需要的税前收益会是多少？他们得出的令人惊讶的研究结果是：对可以通过债务为其边际投资筹资的企业，其有效边际税率（设备、建筑物、公用设施、存货和土地的）都完全为负，负值如此之大，以至于例如根据1981年税法，税前收益为－10%的公司设备，其税后收益竟成了＋10%。如果企业因某种原因而不能靠债务为其边际投资筹资，那么它们面临的就是正的有效边际税率。尽管如此，资本的整体有效边际税率似乎仍低于大多数工资收入的整体有效边际税率。他们分析中得出的另一个令人惊讶的结果是：房主自住房（由于不能就“估算租金”纳税，故常常被视为受到“税收优惠”）与其他住宅建筑相比，实际上被课以更重的税。富勒顿-亨德森的研究是以具有高度扭曲性的1981年税法为依据；接下来的改革，特别是1986年启动的那些改革，大大提高了公司部门以及非房主自住房建筑物的有效税率。但是，这些改革并没有成功地造就一个真正“水平面”的竞争场地。

公司税产生的扭曲

公司税扭曲了投资水平。

- 会导致投资不足，对抵免受限制的企业尤其如此。
- 在加速折旧条件下，通过借款为其边际投资筹资的企业会投资过度。

公司税扭曲了投资类型。

- 鼓励使用年限长的资本品，抑制使用年限短的资本品。
- 与那些不能抵押的资产（如R&D）相比，鼓励投资于能抵押的资产（更多债务筹资）。
- 鼓励投资于债务/股本比率较高的行业（如房地产）或资产使用年限较长的行业。

公司税可以改变筹资形式。

- 净效应取决于公司所得税和个人所得税的综合效应。
- 利息扣除鼓励债务筹资。
- 税收对资本利得的优惠待遇鼓励通过留利筹资。

公司税可以影响生产的组织形式。

● 会阻碍企业成为（有限责任）公司。

● 在当前情况下，净影响可能是小的。

与那些贷款受限制的企业相比，容易获得贷款的企业更能获得税收优惠（面临较低的资本成本）。

与无盈利企业相比，盈利企业更能获得税收优惠。

● 会导致租赁和税收引起的合并。

垄断者受到的影响会与竞争市场中的企业不同。

专栏 23.1 ☞

1993 年的边际投资税收抵免提案：想法超前？

投资税收抵免是肯尼迪总统 1961 年首次推行的，试图刺激当时似乎低迷的经济（失业率为 6.7%）。直到 1981 年，它一直是主要的宏观经济工具，提供经济所必需的刺激，帮助经济从衰退中复苏；但在 1981 年，政府将它作为税法的“永久”特征推行，以鼓励投资，它对使用年限长的投资实行 10%的抵免，对使用年限短的资产实行 6%的抵免。此后不久，因它对不同资产实行不同税收待遇而产生的税收抵免扭曲影响变得明显起来（尽管经济学家在抵免实施之前就认识到了这一点），1986 年，里根总统甚至主张将其取消。

1993 年，经济增长速度再次放慢，新当选的总统寻求低成本刺激经济的途径。一种想法是投资税收抵免——但是，不是建立在总投资的基础之上，而是建立在增量投资之上，即企业高于以前年份投资的额外投资。长久以来，经济学家一直声称，对投资决策（和其他决策一样）而言重要的是边际成本，而非平均成本。通过降低投资的边际成本，增量投资税收抵免就可能以全额税收抵免的部分成本对经济提供强有力的刺激（由于增量投资只是总投资的一小部分）。

如果企业知道要实行这类税收抵免，它可能产生扭曲效应，因为企业为了使其更多的投资有资格享受这种抵免待遇，所以就在这种抵免实行之前把它们的投资水平降了下来。不过，由于这种抵免明显是权宜之计，并以以前年份的投资作为衡量增量的依据，因此，对企业来说，想要“赌一把”它们的投资战略，并没有什么意义可言。

不幸的是，大多数企业几乎看不到提案能提供什么实惠；它们对获得钞票的关心更胜于对获得激励的关心，而且整个提案旨在提供强有力的激励的同时，最大限度地减少转移给公司部门的资金数量。由于没有公司的强有力支持，这个提案在国会没有获得通过。

23.5　作为经济政策的公司税

本章讨论的扭曲主要指的是公司税的未预期后果。不过，公司税也作为经济政策的一种工具。对资本课税的目的之一是促进经济稳定：鼓励经济低迷时期的投资，放慢经济过热时的投资速度。这是实行投资税收抵免的最初动机。（见上面的专栏。）

虽然税率和抵免的变化有时被用于稳定经济，但如果没有这些调整，公司所得税很可能就加剧了经济波动。大部分的经济波动源于中小企业投资的多变性[19]，这些企业利用资本市场的机会通常有限，特别是在经济低迷时期。在衰退期，面对资金短缺，它们只能被迫削减投资。公司利润税降低了它们再投资的可用资金，从而加剧了投资的下降。一些人建议，如果政府在风险分担时更加公平——不仅分享好日子时的利润，也分担坏日子时的亏损——就会有助于投资的稳定。根据现行税法，企业被允许冲转亏损（即它们可以用 2000 年的利润来弥补 1999 年的亏损），但不能冲转亏损产生的利息。因此，未来的减税承诺几乎无助于它们克服今天所面临的现金流问题。

除了稳定之外，最常见的公司税政策运用是促进对一些行业的投资（这意味着，在充分就业经济中，它以牺牲对其他行业的投资为代价）。例如，1981 年实行的折旧备抵优惠，旨在帮助美国重工业的复苏。给石油和天然气行业提供特殊税收优惠，是另一个例子。大多数经济学家认为，这些特殊规定找不到经济理由；它们是特殊利益集团政治压力的结果。

在公司制和非公司制企业内部，资本课税实际上取决于无数的特殊规定，数量之多，有人估计竟有 80％的资本所得得到了某种优惠待遇。[20]

23.6　跨国公司课税

今天，多数主要公司的业务遍及许多国家。在这些公司当中，若干是美国公司，如福特和通用汽车，它们在世界各地都有分支机构。其他外国公司，如丰田、雀巢和飞利浦，它们不仅将产品运到美国销售，实际上还在美国生产。此外，外国公司的许多股东是美国人，就像美国公司有许多外国人股东一样。美国最大银行的最大个人股东是一位沙特阿拉伯人。一些美国公司超过 50%的股份为外国人所持有。这样，所谓的“美国的”公司是指公司正式的“家”在美国；它在美国注册成立公司。它并不意味着公司就为美国人所拥有，或甚至不意味着公司的多数生产在美国进行。

实际上，生产越来越全球化，生产用的零部件来自世界各地。计算机或者汽车上标有的“美国制造”或“韩国制造”，可能仅仅意味着在那里组装完成罢了。在创造的“增加值”或发生的劳动力总成本中，组装国当地占的比例可能相当小。

这给税务机关带来了真正的问题。公司税收应该对什么“所得”课征？有一种幼稚的答案是：公司税应对所得中认定属于该国经济活动产生的部分课税。但问题是：这如何确定？假定美国计算机公司（USA-Computer）在美国组装计算机，所用的零部件由它在中国香港、新加坡、中国台湾、马来西亚和韩国的工厂制造。如果美国计算机公司从无关联的供给商那里购买这些零部件，计算美国的所得就容易。我们从总销售额中减去当地的工资和其他生产成本以及从国外购买的各种零部件成本即可。但是，美国计算机公司有自己的工厂，且不出售零部件给任何人。这里没有市场价格。为了计算它的纳税义务，它就必须编造一个价格，称之为**转让价格**，这是市场价格的一个估计值，而这种市场价格是如果它以正常交易方式从第三方那里采购这些零部件时所发生的价格。

如果美国的公司税率高于生产零部件的国家（通常这是事实），那么美国计算机公司就有很强的动机通过要求承认高转让价格设法增加外国的利润并减少国内的利润。在高转让价格情形下，在美国创造的利润会变低。公司可能声称，高价是以高品质作为保证的，是其制造工厂中工人的高技能所致。国内收入署可能说，这些零部件和其他生产者生产的那些在公开市场上出售的廉价零部件没有什么不同。或者，它可能说，这些零部件的大部分价值是美国计算机公司位于美国的实验室所进行的研究所致，因此，国外零部件制造商创造的增加值是小的。应清楚的是，即使国内收入署进行了较为深入细致的审查，制造商仍有相当大的自由决定权，通过转让定价，把利润从一国转移到另一国；要防止更多的此类利润转移，就需要国内收入署付出无数汗水和巨额成本。

此外，在一些情况下，各国的税务机关会把公司置于貌似左右为难的境地，例如，日本的税务机关希望本国的经济活动创造更多的所得，因此主张企业采用过低的转让价格，而美国则主张采用过高的转让价格。

转让价格制度产生的巨额成本和潜在争议，导致人们支持采用**单一税制**，即对一定比例的企业**全球**所得课征。该比例由公式确定，而公式考虑到了本国内的一部分就业、资产和销售因素。美国各州采用类似制度征收州所得税；不过，鉴于生产早已跨越了州界，你中有我，我中有你，试图在美国国内采用转让价格制度几乎不可能。随着越来越多的生产发生在跨国企业内部，采用转让价格制度来征收公司所得税的问题可能越来越突出。

对于全球公司，税收可以影响在哪里进行生产、在哪里和如何筹集资金。在制定税收制度时，美国必定担心它的税制和其他国家的税制发生了怎样的相互影响。例如，如果它把税率定得太高，就可能造成企业将生产转移到国外。

23.7　应该有公司所得税吗？

公司所得税存在的理由从来就没有完全搞明白。一些人认为，公司和个人一样，也应纳税，但是大多数经济学家觉得这个理由不具有说服力，因为纳税的不是公司，而是人：那些为公司工作的人，那些提供资本给公司的人和那些购买公司产品的人。

尽管政治家经常以公司税的累进效应作为公司税存在的理由，但这种税可能不具有显著的再分配效应。再分配效应难以确定，因为难以确定谁是公司税税负的实际负担者。这种税可以视为对公司组织形式（有限责任）的课税。难道理由是政府想要限制这种组织形式或惩罚从它那里获得收入的人？

23.7.1　公司所得税与个人所得税的一体化

实际上，由于公司化的优点太大了，所以公司所得税不可能会对公司化有显著的限制作用。但是，对于公司所得税和个人所得税之间相互作用所带来的公平问题和筹资方式的广泛扭曲问题，人们有些担心。这导致有人建议将公司所得税和个人所得税合二为一。一体化的这种简单形式会将公司所得归到股东头上；（为纳税目的）把公司看做就像合伙人的企业一样，在这种情形下，可以将公司的利润记入每个股东的“账户”中。这些建议多半至多得到了公司管理者和股东不温不火的反应。股东担心他们要承担纳税义务，即便他们从公司那里得不到什么钱。（当然，他们完全可以卖掉手中的一些股票。）公司管理者担心他们会有派发更多公司利润的压力，从而降低了他们自由决定的程度。而且，公司管理者对这些压力担心过重，甚至连股利分配可以实行纳税扣除的建议者都不会支持。

同等重要的是，大部分形式的一体化会减少税收收入，近年来，在预算压力下，政府官员宁愿保留公司所得税的现有形式，尽管它的归宿不明确。如果要减税，政治家会选择似乎能给他们带来较多政治实惠的形式——例如儿童抚养或教育税收抵免。

23.7.2　为什么竟然有公司所得税?

公司所得税的一些批评者走得更远，以至于质疑为什么竟然有公司所得税。将公司所得税和个人所得税完全一体化，公司所得税实际上也就不存在了。但是，不实行完全一体化，若没有公司所得税，那么留在公司内部的资金会在资金被分配之前逃税。至于传给后代的公司财产，也可以完全逃避税收。实际上，公司内部赚取的资本收益也可以逃避税收。公司所得税是个人所得税制的必要组成部分。如我们所看到的那样，只要它的税率与个人所得税的类似，它的扭曲效应就会是有限的。

同理，若实行以消费为税基的税制，也就没有公司所得税存在的理由。

【注释】

[1] 也就是说，政府像一个沉默的合伙人，分享利润但不分担亏损。政府确实允许企业可以冲转一定年数的亏损。然而，由于直到未来的某个时间才能获得冲转的收益，所以冲转收益值不了多少钱。如果企业所支付的利率是 15%，用来冲销下一年利润的当前亏损 100 美元，只大约值 85 美元，如果企业不得不等两年后才进行冲转，这 100 美元就只值 70 美元了。

[2] 如果一国内部的储蓄供给具有高度弹性，也能得到类似结果。

[3] 有时，价格的变化可以使机器产生资本利得，在这种情形中，也会在租金价格中得到反映。

[4] 等价地，拥有未偿债务的企业（它当前虽不是从市场借款，但进行一些投资）会自问：投资少一点，并用额外资金偿还一些我们的未偿债务是否值得?

[5] 另外，我们在第 21 章曾指出，不完全的风险分担（对亏损抵消规定的限

制）抑制了承担风险，这对这些新企业特别重要。

[6] 公司所得税的其他观点在以下文章中提出：J. E. Stiglitz，“Taxation，Corporate Financial Policy，and the Cost of Capital”，*Journal of Public Economics*，February 1973，pp. 1－34，以及“The Corporation Income Tax”，*Journal of Public Economics*，April-May 1976，pp. 303－311。

[7] 以这个观点看，无论企业实际上是无法借款还是不得不负担在它看来过高的边际利率，几乎没有什么两样。表明贷款配额普遍存在并给出其存在理由的最新研究文献比比皆是。参见 J. E. Stiglitz and A. Weiss，“Credit Rationing in Markets with Imperfect Information”，*American Economic Review* 71，no. 3（June 1981）：393－410；也可参见 Thomas Hellman and Joseph Stiglitz，“A Unifying Theory of Credit and Equity Rationing in Markets with Adverse Selection”，*European Economic Review*（forthcoming）；Glenn Hubbard，ed.，*Asymmetric Information*，*Corporate Finance*，*and Investment*：*A National Bureau of Economic Research Project Report*，Chicago and London：University of Chicago Press，1990；以及 Jeremy Edwards et al.，eds.，*Recent Developments in Corporate Finance*，New York and Melbourne：Cambridge University Press，1986。

[8] 我们在第 19 章曾指出，税收的无谓损失与税率的平方成正比。垄断效应类似于税收效应。更确切地说，如果需求曲线有固定弹性，例如为 2，垄断对产出和消费价格的影响与对竞争性行业的产出课征 50%的税收有同样的影响。因此，对垄断产出课征 10%的税收产生了与对竞争性行业的税收从 50%增加到 70%有关的增量无谓损失（考虑到在需求曲线的固定弹性为 2 时垄断价格以两倍于税额的幅度上涨的事实）。这要比对竞争性行业的税收从 0 增加到 10%所产生的增量无谓损失大很多。

[9] 如果企业借更多的钱，股东会将负债视为好像企业代表他们自己借债。如果股东不喜欢达到的负债规模，他完全可以降低他自己账户里的债务水平（或购买对冲型公司债券）。如果企业用留利投资，股东会将投资视为好像他们自己直接对企业进行投资。那么，根据这种观点，在无税的情形下，企业是派发股利还是留利，并无区别。于是，如果税收对留利和债务融资给予优惠待遇（我们马上就要指出税收确实如此），那么，那些税收因素决定了企业如何为自己筹资。参见 F. Modigliani and M. H. Miller，“The Cost of Capital，Corporation Finance，and the Theory of Investment”，*American Economic Review* 48（1958）：261－297；以及 J. E. Stiglitz，“On the Irrelevance of Corporation Financial Policy”，*American Economic Review* 64（1974）：851－866。

[10] 1997 年，个人储蓄（2 267 亿美元）占总私人储蓄（11 642 亿美元）的 19%以上；公司储蓄约为这个数字的 3 倍（6 951亿美元）。*Survey of Current Business*，July 1998，Table 5. 1.

[11] 注意，如果企业从每个人那里都按 5%的比例回购他们的股票，每个人所拥有的企业股票比例将是不变的。这种交易基本上等同于等价现金股利。

也要注意，如果企业在公开市场回购股票，股票回购的好处甚至更大。每个人可以将其股票的 5%卖给企业；个人也可以选择不同的回售数量，这个事实意味着他的境况要好于若他“被迫”回售 5%股票的情形。以较高价格购入股票的人可能更愿意卖出他们的股票，因为这样做，他们的纳税义务就会小于那些以较低价格购入股票的人。因此，资金从公司转移到个人部门，与若企业从每个股东那里都按 5%的比例回购股票的情形相比，产生的纳税义务甚至更小。

[12] 股利悖论在下文中得到讨论：J. E. Stiglitz，“Taxation，Corporate Financial Policy，and the Cost of Capital”。随后的研究包括：J. Poterba and L. H. Summers，“Dividend Taxes，Corporate Investment and ‘Q’”，*Journal of Public Economics*，1983，pp. 135 - 167；A. Auerbach，“Wealth Maximization and the Cost of Capital”，*Quarterly Journal of Economics*，August 1979，pp. 433 - 466；D. Bradford，“The Incidence and Allocation Effect of a Tax on Corporate Distributions”，*Journal of Public Economics* 15 (1981)：1 - 22；and M. King，*Public Policy and the Corporation*，London：Chapman and Hall，1977。

[13] 例如，有很多证据表明，回购股票可以作为信号；回购股票的企业，其股票市场的价值明显上升了。例如，参见 P. Asquith and D. Mullins，“Equity Issues and Offering Dilution”，*Journal of Financial Economics* 15，no. 1 - 2 (January/February 1986)：61 - 89；Bruce Greenwald，J. E. Stiglitz，and Andrew Weiss，“Informational Imperfections in the Capital Market and Macroeconomic Fluctuations”，*American Economic Review* 74，no. 2 (May 1984)：194 - 199；Stewart Myer and Nicholas Majluf，“Corporate Financing and Investment Decisions When Firms Have Information That Investors Do Not Have”，*Journal of Financial Economics* 13，no. 2 (June 1984)：187 - 221。

[14] 有财务交易甚至比只支付股利更令人困惑。例如，当企业支付股利并同时发行新股票时，就不必增加纳税。如果资金被留在公司部门，就可以逃避对股利的课税。即使一些股东想要把股利变成现金，他们也可以通过卖出等值股票（卖给可能购买新股票的人），让自己的境况变得更好。

[15] 资料来源：J. Shoven，“New Developments in Corporate Finance and Tax Avoidance：Some Evidence”，in L. Summers，ed.，*Tax Policy and the Economy*，National Bureau of Economic Research，1987。

[16] 不过，许多经济学家认为，尽管可能有纳税利益，这些合并和收购活动还有其他动机。参见 M. Jensen，“The Take-over Controversy”，*Journal of Economic Perspectives*，winter 1988。

[17] 资料来源：U. S. Department of the Treasury，*Report of the Department of the Treasury on Integration of the Individual and the Corporate Tax Systems：Taxing Business Income Once*，January 1992。Shoven 和 Bagwell 报告说，始于 1977 年的 10 年间，通过收购或股票回购活动而发生的现金分配，有了大幅度的增加，从略高于 20%增加到 58%以上。参见 Laurie S. Bagwell and John B. Shoven，

"Cash Distribution to Shareholders", *Journal of Economic Perspectives*, summer 1989, pp. 129 - 140。

[18] D. Fullerton and Y. K. Henderson, "Incentive Effects of Taxes on Income from Capital: Alternative Policies in the 1980s", in *The Legacy of Reaganomics: Prospects for Long-Term Growth*, ed. C. R. Hulten and I. V. Sawhill, Washington, D. C.: The Urban Institute Press, 1984.

[19] Steven Fazzari, Glenn Hubbard, and Bruce Peterson, "Investment Financing Decisions, and Tax Policy", *American Economic Review* 78, no. 2 (May 1988): 200 - 205.

[20] 参见 E. Steuerle, "Is Income from Capital Subject to Individual Income Taxation?" *Public Finance Quarterly*, July 1982, pp. 283 - 303; and Jane Gravelle, *The Economic Effects of Taxing Capital Income*, Cambridge and London: MIT Press, 1994。

第 24 章　让学生初识避税

人们普遍认为，富人通过利用税法的漏洞，能够逃避他们的许多应纳税款。尽管税法在变，但政府和税务律师之间的斗争从未间断，几乎在政府堵上旧的税收漏洞的同时，税务律师就会又找到新的漏洞。

从公共政策的观点来看，了解税收漏洞的性质非常必要，原因有二。第一，税法的总影响同税法的整体设计一样，都取决于这些税法的特殊规定。如果税收漏洞给富人提供了可以逃避高税率的方法，制定累进性税制就可能几乎起不到什么作用。第二，这些特殊规定带来的投资和储蓄模式的扭曲，可能比统一资本课税带来的储蓄和投资水平的扭曲更大。

这里，我们关注的是**避税**（tax avoidance），而不是**逃税**（tax evasion）。逃税是非法的；而避税需要充分利用税法的诸项规定，以达到减少纳税义务的目的。逃税包括不申报个人的全部收入。避税要求遵守税法——认识到税法对不同形式的收入课征不同的税。税法中容许个人“逃避”纳税或减少纳税义务的规定，称为**漏洞**（loophole）。但是，对于何为漏洞常常意见不一。例如，考虑促进石油行业发展的规定。批评者，特别是那些认为这种规定实属无必要的人（因为他们认为这是特殊利益集团影响的结果），会给这种规定贴上“漏洞”的标签，因为它减少了石油行业投资者的税收，虽然支持者将此称为**税收支出**，它反映了政府有意利用税收激励来促进这个重要行业发展的决策。像美景一样，旁观者眼中常常出漏洞![1]

1986 年，正值罗纳德·里根政府当政，美国税法进行了大幅度改革，改革的一个明确目标是要使避税更加困难。1993 年和 1997 年，在变动税法时引入了多种新的特殊规定。支持者声称，这些变动会促进教育和投资（特别是对创新型小企业的投资）；而批评者声称，它们不仅再现了避税的旧机会，也为避税提供了新机会。

24.1 避税原理

所得税避税有两条基本原理。第一是延期纳税。第二是通过将收入从高课税类别变成低课税类别，利用了不同类型收入和不同人收入所适用的税率差异。

24.1.1 延期纳税

今天的1美元比下一年的1美元更值钱。因此，如果人们可以选择，延期纳税总是更好的选择（当然，假定税率没有提高）。延期纳税的主要方法有几种。

会计技巧。会计手段可以用来推迟收入的确认。例如，推迟缴纳资产销售的资本利得税的一种方法是，推迟资产过户最终发生的日期。当一个人购买一家企业（或任何其他大的资产）时，在买方支付的价钱中，常常有一部分是卖方借给买方的贷款，这些贷款买方要用几年时间来偿还。资产实际是什么时候销售的，卖方何时必须缴纳资本利得税？是资产的“控制权”转移时，还是买方还清贷款时？答案至少部分取决于如何“谋划”销售。如果所有权在卖方收到所有资金后才过户，后来的付款就可以被视为支付一部分购买价钱，而非偿还债务。在这种情况下，卖方将能够延期缴纳资本利得税。（这类交易被称为**分期付款购货**(installment purchases)。）

在建筑工程和国防合同中，合同完成之前的付款有时被称为对承包人的“贷款”，而非工程付款。这使得工程和合同的承接人将所得税推迟到工程竣工、债务还清后才缴纳。[2]根据1986年税收改革法案，在预计的公司税收入增幅中，几乎有一半是因为会计准则（包括那些与建筑和国防合同有关的准则）的改变。事实上，许多这些会计上的好处都没有实现。

资本利得与延期纳税。如同我们已看到的那样，资产的资本利得只是在变现时（即资产出售时）才纳税。如果一个人购买了资本性资产且资产价值升值，只要不出售资产，他就能做到延期纳税。如果一个人想要出售部分资产，以便购买部分消费品，那么他用资产作抵押来借款可能会更好。这种方法有另外的纳税利益：如果一个人将销售推迟到去世后，他就不用缴纳任何资本利得税（甚至他的继承人也不用）。[3]标准估计表明，单就可以延期纳税而言，就降低了 25%的有效税率。

24.1.2　转移与税收套利

避税的第二种策略是基于以下事实：不同人获得的收入适用不同的税率，或不同种类的收入适用不同的税率。

收入转移。在边际税率为递增的税收结构下，适用高边际税率的纳税人想要把收入“转移”给适用低税率的纳税人。特别是，父母将能创造收入的资产转移给子女是合算的。1986 年税收改革法案——通过对那些 14 岁以下的小孩按父母所适用的边际税率（如果它较高的话）课税——试图限制这样的转移。

关于**收入转移**（income shifting），有几个要点需指出。**第一，通常，收入转移需要资产过户，这些资产是股票、债券、房地产或父母企业的股份**。上班的父母不能要求雇主用他们孩子的名字给他们开出工资支票。

第二，边际税率随收入增加而提高，这个事实导致了收入转移起作用。在边际税率保持不变的（个人就其超过某个免征水平的收入按固定税率纳税）单一税率的税收结构下，假如家庭的免征水平与家庭人数成比例，收入转移的激励就不存在。因此，1986 年税法降低了变更收入的激励，而 1983 年税法增加了对此的激励。在税率为 40%的情形下，将1 000美元从父母那里转移给 15 岁的孩子可以节约 400 美元。[4]

第三，对个人通过收入转移实现的节税存在着限制。考虑一个个体从业的家庭，这个家庭由两个大人和两个孩子组成，总的家庭应税所得是220 000美元。通过将60 000美元转移给 15 岁的儿子，父母就可以把整个家庭的总税额减少7 997美元[5]，该数额尽管很大，但在他们的总纳税义务中，仍占相当低的比例。[6]

第四，政府已设法对收入转移加以限制，但只取得了部分成功。考虑离婚带来的问题：如何处理前夫给前妻以及他们子女的收入？根据现行法律，生活费从支付者的收入中扣除，但要包括在接受者的收入中。因此，如果支付者的收入高于接受者，把前配偶的支付款作为生活费（而不是作为财产赠与或孩子的抚养费）就可能有显著的纳税利益。

虽然家庭成员之间的收入转移是高收入家庭减少其纳税义务的很常见的方式，但就流失的税收收入而言，更重要的是两种其他形式的转移：（a）公司之间的收入转移；（b）将收入转换为能利用资本利得优惠待遇的形式。

公司转移。公司被允许扣除折旧备抵，不时还有大量的投资税收抵免。但是，如果企业没有收入，折旧备抵就没有价值。考虑一家亏损企业需要一些小汽车或卡车的情形。如果这家企业自己购买车辆，那么折旧备抵当前就没有价值，原因是无论如何，它都不用纳税。但是，如果另一家企业购买车辆，然后租给这家企业，购买车辆的企业就要扣除折旧备抵。在出租人（购买车辆的企业）之间存在强烈竞争的情形下，大部分的纳税利益会为承租人（使用车辆的企业）所得。也就是说，出租人的车辆出租价格将反映这种税收上的减少。这个例子还可以用来说明一条重要的税收一般原理：搞清楚谁真正获得了税收减少的利益常常是困难的。这个人可能不是享受扣除待遇的人。

专栏 24.1

靠保险箱做卖空交易

大部分股票经纪业务允许客户借入部分股票。投资者可以在当天出售借入的股票，此后在市场上买回同样数量的股票，以便还给出借者。出售借来的股票被称为**卖空**。如果在股票出售与重新购买并偿还的期间内，借入的股票价值下降，投资者就可获利。（当然，如果股票价值上涨，损失就会不小。）相关的避税计划，称为**靠保险箱做卖空交易**，产生于人们将财产遗留给他们的继承人时所享受的优惠的资本利得待遇。

靠保险箱做卖空交易是这样操作的：假设一个富人拥有 2 000 股的微软股票，交易价格是每股 100 美元。他可以出售 500 股，得到50 000美元，但假定股票是以低于现价购买的，他就不得不缴纳资本利得税。但是如果他卖空 500 股（即从股票经纪公司借入 500 股，并在市场上出售），与此同时，他承诺自己所欠的 500 股股票在他去世后，由继承人代为还给股票经纪公司——将它们存放在股票经纪人的“保险箱”中，正如华尔街的人士所言——他获得了同样数额的50 000美元，但避开了资本利得税。用此方式，这位富裕的老家伙鱼和熊掌兼得：他得到了现金，不承担任何风险，但是逃避了税收，就像他推迟到去世后才出售股票一样。

这个漏洞在 1997 年被堵上。

资本利得。1997 年税法大幅度降低了资本利得税税率（与普通收入者接近 40％的税率比，高收入者的税率从 28％降到 20％）。考虑 100 万美元的资产预期增值 10％的情形（不用支付股利或其他收益）。如果利率为 10％，且免税，个人恐怕对购买这项资产不感兴趣。然而，如

果这个人借钱购买该资产，利息可以实行纳税扣除；在边际税率为40%时，税后利息成本只有 6%（即 60 000 美元）。资本利得税税率只有 20%，因此资本利得的税后值是 0.8×100 000 美元，即 80 000 美元。他的税后净利得为 20 000 美元。依此类推，很明显，即便在无税情形下值得购买资产，到头来也会招致亏损。上述整个利润来源于下文要讨论的“税收套利”。

税收套利。套利利用了同一种商品的价格差。如果一盎司黄金在纽约卖 350 美元，而在苏黎世卖 375 美元，两地之间的运输成本是 20 美元，人们就可以在纽约购买黄金，运到苏黎世去卖，肯定获利。**税收套利**（tax arbitrage）需要利用不同种类的收入或不同人所适用的不同税率。

严格来讲，“套利”一词指的是肯定获得利得的情形——即没有什么风险要承担。尽管理论上，税法提供了许多无风险的税收套利机会，但是，实际上，大多数避税活动都要承担一些风险。部分原因是因为税法一般规定，只为避税的交易活动将不会得到优惠的税收待遇。有许多情形，人们必定会表明他们“冒着风险”得到了优惠的税收待遇。不过，这种要承担的风险是最小的。

“套利”一词也适用于如下情形：不同人适用不同的税率；策划一系列无风险的交易，以便让交易双方都因他们共同的纳税义务减少而使双方的境况得到改善。

当人们借钱用于购买免税债券或投入个人退休账户时，还产生了另一种形式的套利。如果一个人借钱，表面上是用于购买房子，那么利息支出是可以进行纳税扣除的。政府不会去问他是否确实需要借钱；它只能追查钱实际用到了何处。银行账户里有100 000美元的人，为购买房子再借入100 000美元，并将多出来的钱用于购买免税债券，这样做对这个人是划算的。如果他购买的免税债券让他赚取了比如 4%的利息，即使他必须支付 6%的利息给抵押公司，即使他的联邦及州的合并边际税率是 50%，他每年仍然会有额外的1 000美元可花。（他的抵押利息的税后净成本只有 3%，也就是3 000美元，而他在免税债券上赚取了4 000美元。）

税务机关通过限制利用借款来购买免税债券或将借来的钱投入IRA，试图限制税收套利。但是，这类限制难以付诸实践：即使人们不借钱去购买市政债券，也会以他们的房子作抵押获得大量的抵押贷款，因此几个月后，他们手头上还会有现金用来购买免税债券。

避税原理

延期纳税

利用货币的时间价值。

税收套利

利用税收待遇和税率的差异。

24.2 税收庇护

减少纳税义务的投资计划被称为**税收庇护**（tax shelter）。当用一个收入来源（例如，石油、天然气或房地产）的扣除去冲抵另一来源的收入（例如，工资和薪水）时，税收庇护就产生了。

税收庇护种类繁多，但是石油和天然气开采可能是最为人所知的。这种税收庇护的依据是，税收对石油和天然气行业有许多特殊的优惠规定。在第21章，我们讨论了折旧备抵。机器经过使用，会越来越不值钱（机器损耗，变得陈旧），考虑到这个事实，才提供了折旧备抵。类似地，随着石油从油井开采出来，油井越来越不值钱。作为补偿，政府提供了**折耗备抵**。它们与资产价值的变化没有直接关系，而与开采的石油价值有关。折耗备抵的水平随时间变化而变化，一度达到所售石油价值的27.5%。折耗备抵和油井价值变化之间的对应关系，甚至比机器折旧备抵和“真实经济折旧”之间的对应关系还要弱。例如，在油井的整个寿命期内，折耗备抵可能超过资产的购买价。而且，当油井出售（或出租）时，可以根据原始的购买价来计提资本损失，而无须考虑在油井使用期间提取的折耗备抵。这仿佛就是政府允许对资产价值的下降实行两种纳税扣除。

纳税人可以利用这些扣除让其他收入免遭课税。

24.2.1 谁从税收庇护中得益？

考虑石油行业的税收庇护。可能的受益者有5个。“拟定”的受益者——石油行业，可能获益。或者，税收庇护的利益可以以更廉价石油的形式，前转给消费者；或者后转给其地下有石油的土地所有者。或者，进行一揽子税收庇护策划的华尔街的公司获益。或者，税收庇护的利益可能完全被过高的交易费用所抵消。

如果没有交易费用，第 18 章给出的归宿理论会告诉我们，谁受益，取决于需求曲线和供给曲线的弹性。图 24.1（A）显示了高弹性供给曲线的情形。给牛补贴可能更合适。特殊的税收待遇可以被视为降低了生

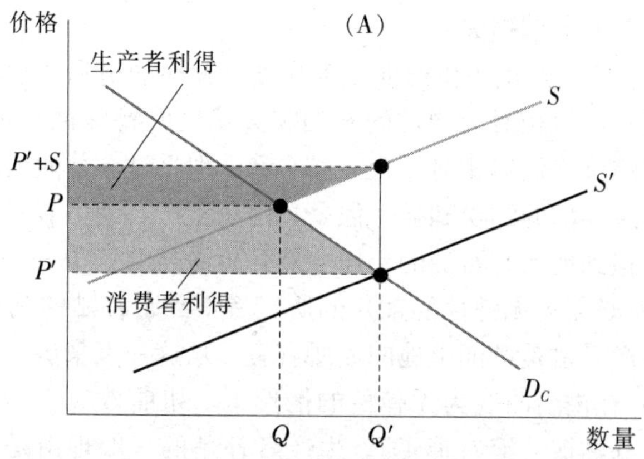

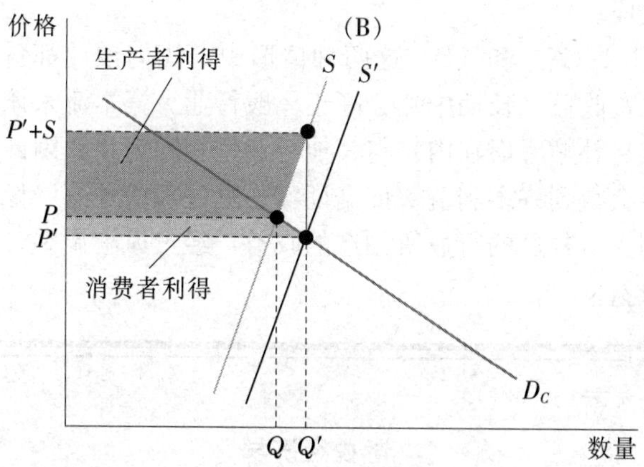

图 24.1　补贴的影响

图（A）中，当供给有弹性时，供给曲线的移动（对供给者实行优惠的税收待遇引起的）会导致均衡价格和均衡产量发生显著变化。这个行业能够生产更多，但是许多好处以较低的价格形式让消费者得到了。

图（B）中，当供给无弹性时，增加补贴会使均衡产量和均衡价格发生较小的变化。由于均衡价格不会下降许多，所以，生产者能够留住补贴带来的许多好处。

如果补贴的目的是增加产出，那么补贴政策在情形 A 中是成功的；如果目的是将货币转移给生产者，补贴政策在情形 B 中更加有效。

产成本，使供给曲线下移（即，市场愿意提供给定数量产出所必需的价格下降了）。由于供给曲线具有高度弹性，市场价格的下降幅度几乎等于全部补贴额：在这种情形中，是消费者，而不是生产者，从补贴中受益。但是，消费者境况改善的事实，并不是十足的实惠。他们的受益量要小于补贴额，因为有无谓损失存在。因为供给曲线有弹性，所以存在大量扭曲效应和无谓损失。

图 24.1（B）给出了供给曲线为高度无弹性的情形。这可能更适合于对（长期）供给相对无弹性的石油和天然气的特殊税收规定。于是，消费者支付的价格仍然相对不变。乍一看，似乎这个行业的境况得到了改善——通过全部的纳税利益。但是，由于生产石油更有吸引力，石油生产商为能租到地下有石油的土地会展开更激烈的竞争——是这些土地（生产石油所必需的无弹性要素）的所有者得到了补贴的利益。（当然，许多石油生产者也是产油土地的大所有者，从这一点来讲，他们是直接的受益者。）在供给曲线为无弹性的情形下，扭曲效应小，但从社会的观点来看，补贴被“浪费掉了”。生产者补贴的一般理由是，维持或者扩大一个行业的规模；在供给缺乏弹性的情形下，供给效应不存在，只有再分配效应。

在图 24.1（A）和（B）这两种情形中，我们预计都看不到，受补贴行业的投资收益（长期中）会高于一般行业。资本流入该行业，直到其收益率（将补贴考虑在内）与其他行业的相同为止。因此，受补贴行业的资本不会得到许多利益。证据证实了这些理论预测：像石油和天然气这类得到大量补贴的行业所创造的收益，经过风险调整，不会高于其他行业的收益。

专栏 24.2

避税经济学

对纳税情况复杂的人而言，往往存在灰色区域，即不知如何进行恰当的税务处理。墙是建筑物的构成部分，因此需要在建筑物的使用年限中折旧（假定商用建筑的使用年限为 39 年）。但是，**可移动墙**像设备，通常可以像“设备”而不是建筑物似的计提折旧，并可以在 10 年内提完折旧。把墙作为“设备”而非“建筑物”，它的移动性该多大？

个人、公司和他们的会计师要进行风险分析：他们要对采取“挑衅性”姿态而被抓的风险（即用对他们自己最有利的方式解释税法）与后果进行权衡。通常，只要纳税人对自己的立场有合理的解释理由，就不会受处罚，即使国内收入署否决了纳税人的做法。因此，除了争论成本外，企业采取挑衅性姿态是划算的。公司常常有大量的法律工作人员来处理税务问题；与 IRS 的“战斗”不被看做是争论，而只是正常业务的一部分。

另一方面，IRS 能够，也确实会对它认为是不合理的行动进行处罚。会计师在决定要费多大力来增加客户的纳税利益时，常常面临棘手的权衡。合理和不合理之间的界限经常是模糊的。

这种分析忽略了交易费用——进行税收筹划并将之推销出去需要钱。如果一些企业有从事这方面的专门人才，这些人才会因他们的专业技能而获得报酬，那么，这些专门人才就可以以这种形式，从纳税利益中分得一部分利益，因为税法使他们的专业技能变得更有价值。从短期看，在税收庇护的利益中，有许多利益为这些企业所得，因为总有一些企业能敏锐地看出税法所提供的各种机会。但是，从长期看，生意“技巧”的传播，可以使更多企业学到如何谋划税收庇护，即便是华尔街推销商的利润，也因竞争而所剩无几。实际上，税收庇护的价值被交易费用（包括推销税收庇护的成本）消耗掉了。

24.4.2　中产阶级的税收庇护

虽然漏洞和税收庇护通常被视为税法的规定，用来减少富人的纳税义务，事实上在税法中，有多种规定用来减少中等收入纳税人的纳税义务。最重要的规定是雇主提供的健康津贴（1997 年估计为670.5亿美元）、抵押扣除（1997 年估计为490.6亿美元）以及州和地方所得税和财产税的扣除（1997 年估计为473.65亿美元）。在这些规定中，每一项都带来了经济扭曲：例如，抵押扣除导致了更高的住房支出。它也有利于自己购买住房的人，而歧视租房者。这些税收规定的动机总有些含糊不清：这些规定提供的补贴以牺牲其他经济部门为代价，让房地产业受益，它们主要是房地产业游说的结果吗？还是因为相信住者有其屋有助于社会稳定，故使这些规定成为鼓励住者有其屋的社会政策的一部分？

24.3　税制改革与避税

在 20 世纪 80 年代和 90 年代，共有四次重要的税改。1981 年的第一次税改，开启了范围广泛的多种税收漏洞。市场的反应是欣喜若狂，税收庇护行业繁荣，这带来了税制改革的需求。虽然 1986 年的税改旨在采取重大措施，以减少避税，但接下来的 1993 年税改和 1997 年税改，却提供了避税的新机会，同时它们也明显增加了避税激励。

谁从税收庇护中受益和受损?

当生产者得到优惠税收待遇时，产出增加或价格下降的程度取决于需求曲线和供给曲线的弹性。长期供给弹性可能比短期的要大。

短期受益者：

- 优惠待遇实施时行业特有要素的所有者。
- 推销税收庇护的人。

长期受益者：

- 消费者（价格因行业扩张而下降）

税收庇护的损失者：

- 纳税人
- 经济——资源配置不当

24.3.1 1986 年税制改革

1986 年税制改革的主要目标之一，是设计更加公平的、至少看上去更加公平的税制。这意味着要对税收庇护采取一些措施。财政部考虑了三种方案。第一种是，废除带来税收庇护的税收规定，例如资本利得的优惠待遇，以及石油和天然气行业的特殊待遇。第二种是，对用一种类型收入的损失冲抵其他类型收入的范围进行限制。第三种是，实行更有效的最低税。经过认真考虑之后，财政部选定了第一种方案，从而形成了最初的提案——解决问题的根源所在——并明确拒绝了第二种方案。不幸的是，当国会审议此件事时，议员们发现，对于许多税收庇护，直接治理在政治上有困难，尽管一项变动（对资本利得实行完全课税）就可以降低许多税收庇护的存在价值。由于存在漏洞，所以国会不得不转而求助于治理税收庇护的第二种和第三种方案。

国会对此所采取的最重要的方式是将收入分为三类：普通（劳动）收入、投资收入和消极收入。税收庇护带来的收入（对于收入的产生，个人没有主动发挥作用）被划为消极收入。大部分房地产收入就是这种消极收入。由于一种类型的损失不能用来冲抵另一种类型的收入，因此，尽管一项投资的利息费用可用来冲抵另一项投资的收入，但是从整体上讲，投资的净损失不能用来冲抵普通收入。房地产的损失也不能用来冲抵普通收入。

财政部拒绝了这种控制税收庇护的方案，原因有二：税制改革的最初目标就是**简化**税法。区分消极收入、投资收入和普通收入需要大量的释义、规章和法院判例，这都不可避免地会使税法更为复杂。第二，过去担心，现在仍然担心，这些规定只有有限的效力。尽管它们限制了利用税收漏洞来避免工资所得课税的范围，但在实际上，它们并没有限制个人（特别是富人）避免资本所得课税的范围。它们增加了避税的交易费用。由于产生应税收入的房地产项目与产生应税损失的房地产项目捆绑在一起，这样一来，对房地产的课税可以继续得以避免。

24.3.2　个人最低税

1986 年税法也设法通过征收有些严厉的最低税减少避税活动。个人最低税是对定义相当宽泛的收入征收；例如，州和地方所得税以及财产税是不能扣除的，折旧备抵远非慷慨的。允许个人用税收庇护消化损失的法规甚至比普通所得税的法规还要严厉。替代性最低税率在 1986 年和 1993 年两度提高。当前“AMT 应税所得”（alternative minimum tax taxable income）（根据替代性最低税规定定义的应税所得）为 175 000 美元或以下的，适用 26%的税率，超过这个门槛的所得，适用 28%的税率。

1986 年税法缩小了正常税率和最低税率之间的差距，降低了高的边际税率，限制了用一种类型收入的损失去冲抵另一种类型收入，并对资本利得以全额税率征税，通过这些措施，它大大降低了对税收庇护和避税机会的需求。

24.3.3　1993 年和 1997 年税收法案

1993 年税法的影响更加不明确。替代性最低的税率得到了提高，但是正常税率也提高了，对较高收入的个人而言，两者之间的绝对差距扩大了；新的避税方式开始出现。1997 年的法案显然使情况变得更糟：甚至开始出现更多的避税途径；资本利得和正常收入两者间的税率差距开始对所有纳税人都适用，而不是只适用于高收入个人；高收入个人的税率差距也扩大了。

24.4　公平、效率与税制改革

本章并不是试图去穷尽全部的税收漏洞、避税手段和税收庇护。这方面的变化太快了；在某一时刻，一些漏洞被堵上时，另一些漏洞又出现了。不过，其中的原理仍是一样的。

不同行业对设法取得有利于自己的特殊待遇有着强烈的动机。对于特殊待遇，常常有微不足道的理由。这种特殊待遇开启的漏洞，通常可以归入我们在本章所描述的某种类型。重要的是要记住，这些税收庇护的利益不会落到试图想占有它们的投资者身上。在竞争性市场中，投资者为获取特殊的税收优惠而展开激烈竞争，会使得税后收益（这毕竟是个人所真正关心的）被迫降至同其他纳税利益较少的投资所产生的税后收益一样的水平上。

主要受益者是在漏洞打开时受益行业的资产所有者。在他们的资产价值中，纳税利益被资本化；也就是说，如果他们出售资产，他们会因此得到更高的价格；资产的买方会支付足够高的价格，以至他的税后收益会与其他任何资产的一样。

正如实行这样的纳税利益会带来不公平（资产的当前所有者可以得到意外的资本利得），取消纳税利益也会带来不公平（资产的当前所有者遇到意外的资本损失）。如果在利益给予和利益取消时，受益行业的资产为同样的人所有，两者就能相互抵消。但常常是特殊待遇要在几年后才取消，而且受到取消特殊待遇影响的经常是不同的人。堵上漏洞可能是不公平的。这使得消除扭曲性税收优惠的改革更加困难。

不管各种税收漏洞和税收庇护造成的无效率和不公平有多大规模，且无论是否用（甚至成功地）促进实现一些重要的社会目标来作为这类避税机会的理由，漏洞和税收庇护都有一种非常大的负面后果：它们削弱了对税制的信任，因为它们给人的印象是税制不公，一些人可以逃避他们所应承担的税负份额。这些关注成为税制改革的主要动力之一，下一章的主题将是税制改革。

【注释】

[1] 有一些漏洞是因为制定法律时出错而粗心写进税法的。在这些漏洞中，有一些在每项重要的税收法案通过后的一年左右所通过的技术性纠正法案中得到了改正。这类出错常常发生，这个事实说明了税制的复杂性，因为在复杂的经济中，进行准确的法律定义是困难的。

[2] 在这种情况下，纳税利益主要与交易双方的税率差异有关。例如，一家企业出钱雇另一家完成一项任务。如果第一家企业把对第二家的付款视为贷款，它就不能作经营上的扣除，而第二家企业也不能将收到的付款视作收入。如果第一家企业所处的纳税档次比第二家的低，那么这两家企业纳税总额的折现值会因延期纳税

而下降；双方可以共享延期纳税的好处。如果一个人购买了一项资产，比如住宅，那么他给承包人的付款就不能进行纳税扣除，因此延期纳税的好处是明确的。这些例子说明了一条普遍原理：在对特定交易安排的税收影响进行评估时，人们必须考虑到交易各方是如何受影响的。

[3] 有关规定被称为“基准成本提高”。资本利得税根据资产卖价和获得价（称为**基准成本**）之差进行缴纳。一个人去世后，他的继承人就把在他们得到资产的那一天的价格作为基准成本（他们实际获得资产时的价格），而非他们的遗赠者获得资产时的价格。奇怪的是，如果父母将资产送给（不是遗赠给）他的孩子，那么“基准成本”不会“提高”，而仍然是最初得到资产时的价值。

[4] 鼓励那些拥有企业的人转移税款的税法有一个古怪之举，即雇用孩子的父母不必为孩子缴纳社会保障税。尽管这项规定是出于对小企业的关心，但税款转移的好处是相当多的。

[5] 转移收入使总税额减少，直到父母和儿子的边际税率相等。（一旦边际税率相等，将收入从一方转移给另一方就再不会得到好处了。这限制了节税额。对于联合申报的夫妇而言，151 750美元（1997 年的水平）以上收入所适用的边际税率是 36%。在转移给儿子的60 000美元中，对24 650美元按 15%课税，节约了5 176.50美元；对35 100美元按 28%课税，节约了2 808美元；对 250 美元按 31%课税，节约了 12.50 美元。

[6] 在收入为220 000美元时，税额是63 268.50美元，因此，减少的税额只占13%。

第25章　税制改革

在过去的20年间，税制改革接连不断。每一次改革都预示着一个新的时代，部分矫正了以前改革的过枉之处。若上一次改革降低了累进程度，则下一次改革就提高累进程度。若上一次改革提供了较多的投资税收抵免，则下一次改革就设法“提供公平的竞争环境”；接下来的改革又会设法对前面的改革做微调。每一次改革都以豪言壮语作为开场白。例如，里根总统在1985年5月29日向国会提交他的税制改革方案时写道：

> 我们面临历史的挑战：把我们的现行税制变成具有公平、简化、效率、同情心的税制，消除经济增长的障碍，打开实现伟大创新和辉煌成就的未来之门。
>
> 长久以来，我们的税法成为嘲讽和怨恨的根源，这违背了我们正义与公平竞争的立国之本。过高的税率抑制了工作积极性，大幅减少了储蓄，在大多数美国劳动者背负这样的税率的同时，许多人却利用我们税法衍生的乌七八糟的税收漏洞，逃避了一些他们应有的税负——甚至有时根本就不纳税……

但是，每个改革方案获得国会通过后，却与最初的方案大相径庭。

税制改革都是多次的反反复复。1981年，为了鼓励特定的投资，加入了各种特殊规定；1986年的改革除了将这些规定取消之外，也把过去年份中形成的其他许多特殊规定一并取消。然后在1993年又加入多种新的特殊规定，1997年加入的甚至更多。例如，在1982—1990年间，还有其他的税制变化。虽然每个税收法案或多或少都有个雄心勃勃的名字，如1981年《经济复兴税收法案》、1986年《税收法案》、1993

年《综合预算协调法案》和1997年《纳税人减负法案》，但我们仅把这些税收法案简单地称为1981年、1986年、1993年和1997年税收法案或者税制改革。

每次改革所使用的语言，即使是那些朝相反方向的改革，多数都是相同的：每次改革都允诺制定一部更加公平、更加简化的税法，以促进经济增长和效率。但是，对何谓“更公平”和什么样的税制变化才能最有效地促进经济增长或增加平等，存有争议。这些问题盘根错节：税法的复杂性给避税提供了机会，而避税被视为不公平，并带来经济扭曲。

在本章，我们首先回顾过去20年以来重要的税制改革主题，并根据这些主题评价每一次重大改革。在我们迈入21世纪之际，税制改革的可能主题是什么？本章的第2节对此进行了讨论。

税制改革的主要推动力

增加公平

提高效率

减少复杂性/征管成本

25.1 公平

我们在第17章中指出，公平，像美景一样，取决于人的主观判断：大部分纳税人觉得他们的纳税份额要高于他们应有的份额；很少有纳税人感到他们纳税太少。

在第17章中，关于公平的争论围绕两个突出的问题进行：经济条件相仿的人（纳税能力类似）缴纳的税收明显不同吗？——横向公平问题；富人的纳税是其“应有的份额”，还是他们设法利用税收漏洞逃避税收？——纵向公平问题。

25.1.1 横向公平问题

公平税制是对经济条件类似的人征收类似的税。现行税制的批评者认为这是不公平的，因为它对不应区别对待的实行区别对待，偶尔又对应区别对待的不实行区别对待。

在第22章中，我们曾指出，对例如抵押贷款利息、州和地方所得税以及大学学费实行各种扣除和抵免，结果造成拥有住宅的人比租房子的人得到更多的税收优惠[1]；征收所得税的州与用销售税作为筹集收入的主要工具的州相比，前者的居民得到的税收优惠更多；有孩子上大学的纳税人比没有孩子上大学的纳税人得到的税收优惠更多。**扩大税基的改革试图取消这些特殊规定，并由此来增加税制的公平（和效率）。**

家庭结构。税制是否公平地对待那些具有非传统家庭结构的人，对此也有激烈的争论。这些对公平的担心，随着美国家庭结构多样性的增加而增加。根据现行税制，如同我们在第 17 章所指出的，当收入相仿的两个人结婚时，他们可能面临“婚姻惩罚”，也就是说，他们税负的增加完全是因为他们结婚了；而收入悬殊的两个人结婚时，他们可能得到“婚姻补贴”，也就是说，他们税负的下降完全是因为他们结婚了。对孩子实行多种扣除和抵免——有的人就会问，给选择养孩子或有幸有孩子的家庭提供优惠待遇，而对选择无孩子或不能生孩子的家庭课以高税率，这公平吗？这些扣除和抵免的批评者，把生小孩的决定看成消费决策，与购车和购房决策几乎没有什么区别，因而认为政府应对各种形式的消费一视同仁。但是，其他人认为，多一个小孩的成本远大于纳税扣除和抵免，因此子女多的人，其纳税能力不高——税法没有充分反映纳税能力的差异。

对税法是否公平地对待父母都是双职工的家庭，也存在争论。虽然儿童抚养抵免在父母都工作时会有额外开支，但抵免只是部分地反映了这些额外成本。

这些问题——特别是婚姻税——已越来越引起税制改革者的注意，特别是，在一定程度上，这些问题反映了税法和美国基本价值之间的冲突。（税法是反家庭的吗？是反孩子的吗？它反对妇女在劳动市场发挥积极作用吗？）

资本课税的公平。有些人认为，任何资本课税都是不公平的。有相仿终身预算约束的两个人在一生中会面临各自不同的税收，选择在晚年消费更多收入的人比选择在年轻时肆意挥霍的人要缴纳更多的税收。而且，资本的许多收益只是反映了通货膨胀；它不是真实收益。财富的真实价值减少的人只是因为名义价值上升就要纳税，这是为什么呢？

此外，公司所得税和个人所得税不能一体化，意味着公司部门的所得可能要被“双重课税”，第一次在公司内，第二次在利润分配给家庭部门时。

另一方面，有许多规定允许相当多的资本所得逃避课税，这个事实被有一些人认为不公平。批评者声称，税制在两个方面不公平，一方面它区别对待不同种类资产的所有者，另一方面它区别对待资本所得和工资所得。例如，资本利得只有在变现时才被课税，如同我们所指出的那样，通货膨胀会造成资本价值虚增，因此这种延期纳税的价值可能超过了对虚增价值课税的价值。于是，也因为“按当事人去世时的市值作为增值资产的成本”(见第 21 章)，很大一部分资本利得全部逃避了课税。

毫不奇怪，鉴于对当前资本所得课税制度的公平性有不同观点，关于什么是合意改革的观点也不一致。一些人赞成取消所有的资本所得课税（这些人认为所有的资本所得课税都不公平）；另一些人则赞成堵上“资本所得漏洞”，特别是资本利得优惠待遇方面的，包括“按当事人去世时的市值作为增值资产的成本”。大部分经济学家赞成应更好地实现公司所得税和个人所得税的一体化；除了操作性问题外，看来几乎没有理由对公司部门创造的收入再额外课税。

25.1.2 纵向公平

富人应从他们的收入中拿出更大的部分用于纳税，即使人们承认这一点，但问题依然存在，要大多少呢？如图 25.1 所示，从历史上看，

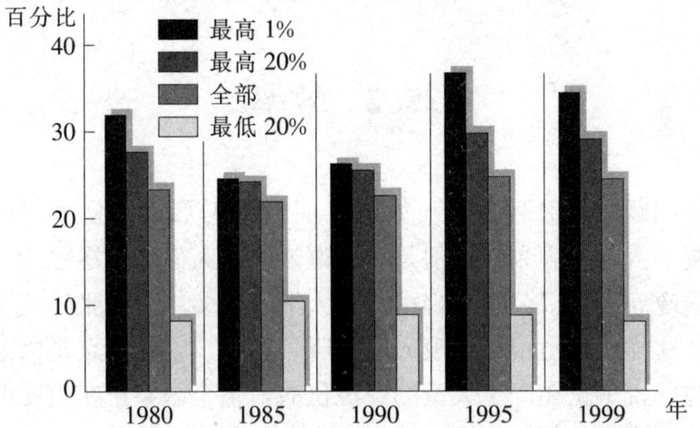

图 25.1 缴纳联邦所得税的比较

从历史上看，在收入中，与全部家庭相比，处于收入分布较高层级的家庭，所缴纳的所得税并不占很高的百分比。

资料来源：House Committee on Ways and Means, *Overview of Entitlement Programs, 1993 Green Book*, July 1993, p. 1513; R. Kasten and E. Toder, “CBO's Methodology for Distributional Analysis”, paper for American Enterprise Institute Conference on Distributional Analysis for Making Tax Policy, December 1993; Congressional Budget Office, “Estimates of Federal Tax Liabilities for Individuals and Families by Income Category and Family Type for 1995 and 1999”.

在收入中，与具有普通收入的人相比，富人的纳税并没有比普通人高出多少百分比。虽然1986年税收法案旨在堵住税收漏洞和降低税率，但它并不打算改变总体的累进程度。1993年税收法案的一个主要目标，是以有限的和不完全的方式，通过提高较高端2%家庭的税率，解决这种失衡问题。自1993年后提高的一些累进程度在1997年发生了倒退，因为资本利得税率下降了，由此产生的利益的大部分都被富人得到了。

类似地，虽然人们一致认为，与普通家庭相比，穷人应从他们的收入中拿出较小的部分用于纳税，但问题是，要小多少呢？一种观点是，收入低于贫困线（达到基本生活水平所必需的收入）的人不应纳税。这可能是个人免税的最初目的，但因为直到1985年才对低于贫困线的收入实行指数化，因此在我们国家的历史上，有很长一段时间，我们实际上对低于贫困门槛的人课了税（见图25.2）。1986年税制改革取消了大部分处于贫困线以下的人的纳税义务——这样做大大节约了征管成本。

1993年税收法案不仅降低了穷人的税负，实际上还增加了有工作穷人的补贴，尽管这些人是全职工作，但仍然处于贫困线之下。由此，保证有一位全职工资劳动者的所有家庭摆脱贫困的目标几乎得以实现。

25.2 效率

公平问题总是引起争议：如同我们指出的那样，公平，像美景一样，取决于人的主观判断。但是，何谓效率，人们的看法较为一致。因此，里根政府没有以公平为理由（富人纳税太多）而主张降低富人的边际税率。这样的理由很可能没人愿意听。相反，它的论点是以**效率**为根据：高边际税率正在产生大量的经济扭曲，整个国家正在遭受劳动力供给和储蓄下降之苦。1981年和1986年赞成降低最高边际税率的人甚至走得更远，以至于认为降低税率产生的供给效应，再加上减少逃税与避税激励，会大得足以增加税收收入。

税制改革再次成为1996年总统大选的一个主要争论点，参议员鲍勃·多尔（Bob Dole）主张税率普遍下调15%，声称这样的下调会刺激经济。

争论为许多模糊不清的观点所困扰。第一，当前，大部分经济学家认为，从长期看，整体失业水平很大程度上取决于货币政策；较为宽松

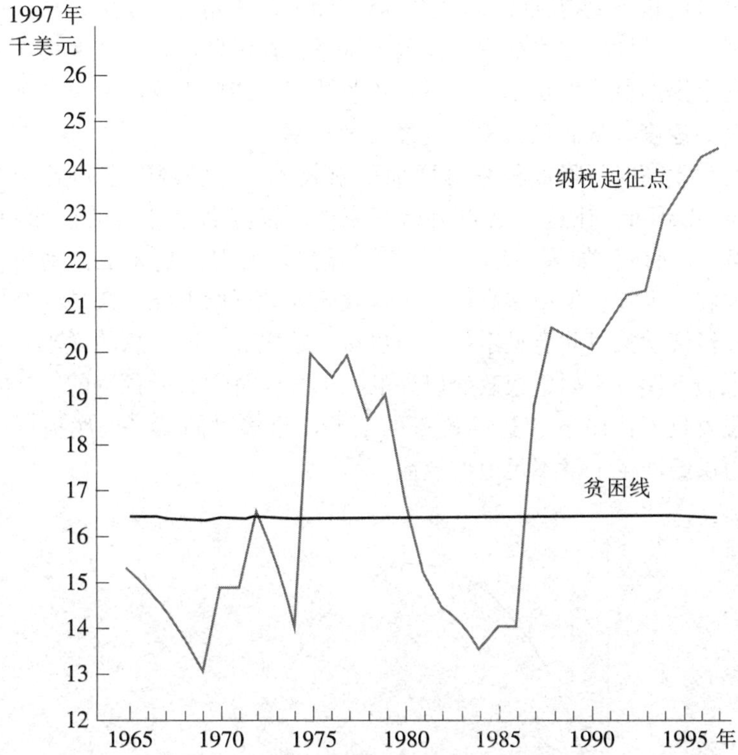

图 25.2　四口之家的贫困线和所得税起征点

该图比较了两种收入水平：一种是低于它，家庭就被认为是生活于贫困之中；另一种是达到它，家庭就开始缴纳联邦所得税。税收的起征点（低于它的家庭不用纳税）取决于个人的免税线、标准扣除和劳动所得税收抵免。1980 年后，起征点低于贫困线，但是 1986 年税收改革法案大幅度提高了起征点。

资料来源：U. S. Bureau of the Census，Current Population Survey，accessed at the U. S. Census Bureau website（http：//www. census. gov）；*1998 Economic Report of the President*（Washington，D. C.：Government Printing Office），Table B－60；Internal Revenue Service，Form 1040，various years.

的货币政策会带来更多的投资和更多的工作机会，负责货币政策的联邦储备委员，在不使劳动力市场发生引起通货膨胀压力的供不应求的情形下，应尽其所能，力求将失业保持在低水平上。因此，除了经济处于低迷时期之外，税收政策与工作和工作机会的创造几乎无关。

税收政策在几个方面都可以影响经济增长率和整体国民收入水平。它能够鼓励更大的劳动力参与，鼓励人们延长工作时间。这样做会提高国民收入水平——在短期，在劳动力参与率提高和工作时间增加的同时，经济增长率也得到提高。它能够鼓励更多的储蓄和投资，从而提高生产率。在长期，这将提高国民收入水平；在短期，在生产率提高的同时，它会提高经济增长率。最后，税收政策可能会影响研发投资和生产率提高的**速度**，从而在长期影响经济增长率。

税率太高时，降低税率会增加税收收入，是经济学家阿瑟·拉弗（Arthur Laffer）让这个观点流行起来的。以其名字命名的拉弗曲线，如图 25.3 所示。如果税率为 100%，显然，人们会毫无工作动机，造成税收收入为零。税率多高以后，税收收入就开始下降，这是一个经验问题，经济学家对此意见不一。但也有一致之处，即，总的说来，1981 年税率的下调，正如里根政府以外的大部分经济学家所预测的——它减少了税收收入；1986 年边际税率的下调，至多对储蓄（仍然极低）和劳动力供给产生了微不足道的效应。

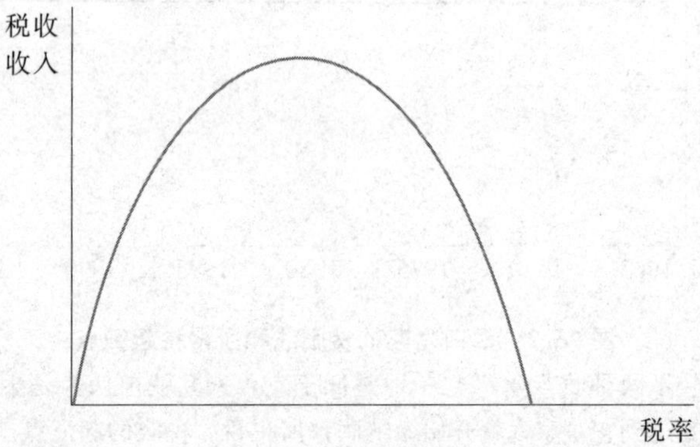

图 25.3　拉弗曲线

税率提高超过一定水平，可能会显著降低激励，足以使产出下降和税收收入下降。因此，有这么一个税率，可以使税收收入最大化。

专栏 25.1

边际税率与 1986 年税制改革

1986 年税制改革被宣扬成美国税制的重大结构性改革，在里根总统推出时，用他的话来说，是“美国的第二次革命”。事实上，边际税率的变化非常温和，一些纳税人（4%）实际上经历了超过 10%的边际税率提高。* 只有 11.3%的纳税人经历了超过 10%的边际税率下降（见下图）。边际税率的许多下降，只是改变了 20 世纪 70 年代所发生的通货膨胀带来的纳税档次爬升。实际上，对有两个孩子、收入为40 000美元（以 1985 年的实际美元计）的已婚夫妇而言，1988 年 28%的边际税率与 1985 年的一样，但仍然大大高于 1970 年和 1960 年的水平。根据 1981 年法案，对这样的家庭来说，边际税率下降很大。

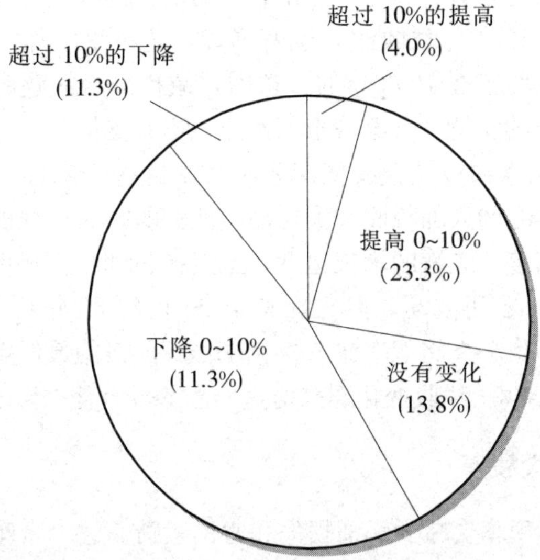

1986 年税制改革带来的边际税率变化

只有 1/4 的人口有超过 10%的税率变化。

资料来源：J. Hausman and J. Poterba，"Household Behavior and the Tax Reform Act of 1986"，*Journal of Economic Perspectives*，summer 1987，pp. 101－120.

由于很多人所适用的边际税率只有很小的变化，因此毫不奇怪，对劳动力供给和储蓄的效应据估计可以忽略不计。†

* 例如，关于在职夫妇 10%的劳动所得可以扣除（最高 3 000 美元）的这项规定，在 1986 年税制改革时被取消。

† 参见 Hausman and Poterba，"Household Behavior and the Tax Reform Act of 1986"，and Aaron，"Lessons for Tax Reform"。

有证据表明，1981 年和 1986 年税制改革之后，非常富有的人提供的税收收入确实增加了，但究其原因，则是见仁见智。[2] 有些人认为，富人意识到这些低税率会好景不长，于是，他们就充分利用低税率，例如，去实现资本利得。因此，一些增加的税收收入是以牺牲以后可实现的税收收入为代价的。有些人相信，富人申报的收入增加，不是征税单提供的激励增加的结果，而是避税机会减少的结果——漏洞堵上与替代性最低税增加相结合。有些人认为，在 1986 年，不仅避税机会减少了，而且激励也减少了（见第 24 章）。

有些人认为，富人收入的增加，在很大程度上是更大不公平趋势的延续，而自1973年以来，特别是1980年以来，这种不公平成为经济运行的特点。富者愈富，穷者愈穷；让富者愈富的税制和让穷者愈穷的税制，都不应称道。1981年税收收入没有增加，这一事实加深了对拉弗曲线是否适用的怀疑；在1996年的大选中，减税会增加政府收入的观点，很少得到民众的支持——经济学家甚至也不太支持。

1993年税收法案的效应让我们深入了解了这些仍未得到解决的问题——课自非常富有的人的税收大大增加，他们的收入和纳税额持续增长，速度甚至快于整个经济的增长速度。虽然在20世纪70年代，个人储蓄率在7%～9%之间波动，但它在整个20世纪80年代是下降的，1989年降为4.8%。个人储蓄率在1994年跌至3.8%的最低点，不过后来反弹至4.5%～5%。税收变化看来对这些趋势没有什么影响。[3]

25.2.1 扩大税基

较低的低边际税率会减少无谓损失和避税激励，这一原理是旨在提高效率的税制改革的基本原理之一。

降低边际税率而不损失税收收入的途径只有两条：要么降低累进程度，要么扩大税基。税基越大，筹集给定税收收入所需要的税率就越低。因此，**扩大税基**（base broadening）就成为税制改革的另一主要原则，保守派和自由派都认同。

不幸的是，扩大税基的原则常常与税收政策的其他目标冲突，特别是与运用税收政策促进其他想要实现的经济社会目标有冲突。例如，促进储蓄的一般目标和鼓励个人为退休储蓄的具体目标，会导致退休储蓄享受特殊待遇。鼓励住房私有的目标会导致房主自住房享受优惠待遇。在近几十年的税制改革中，只有1986年的改革致力于扩大税基。其他税制改革实际上缩小了税基，因为这些改革设法追求的是其他目标。

就此而言，1981年、1993年和1997年的税收法案最为明显。1981年法案对车间和设备给出了非常优惠的折旧率和投资税收抵免，但促进“美国烟囱”（美国的重工业）发展的用心归于失败。1993年税收法案给投资新的小企业提供了特殊待遇，差不多也缩小了税基。1997年税收法案仍然进一步加入了鼓励教育和储蓄的特殊规定。

这些特殊规定是确实提高了整体的经济效率，还是增加了扭曲，仍然是争论的主题。如果市场运行良好，提供优惠待遇则只能降低经济效率。1981年所提供的优惠待遇不是基于市场失灵理论。这些优惠待遇所助长的对经营性地产的过度投资，无疑验证了优惠待遇会扭曲投资模式的观点。1986 年税收改革以一句“提供公平的竞争环境”的格言开始，取消了 5 年前带给税收的扭曲。1993 年法案关注了克林顿政府的经济学家所认为的市场失灵，即小企业难以获得资本的情势。

当今的世界，人们需要更高水平的教育：需要普及的是 14 年的学校教育，而不是 12 年的学校教育，1997 年法案依据的就是这样一种观念。但是，批评者认为，税改建议是不必要的，因为它很可能无效，有可能产生相反结果。鉴于教育的高回报，人们有动力去获得更多年份的学校教育：唯一可能的“市场失灵”是获得贷款，学生贷款计划（包括 1993 年实行的主要改革）有助于在更具灵活性的基础上，改善贷款的获得。这仍然是一个问题，从这个程度上讲，改革本应关注的是改善贷款计划。在人口中，财力对他们来说可能是一个障碍的一个群体是非常穷的人，但是，税制改革（对象是中产阶级的父母）对他们毫无作为；另外，批评者声称，将钱花在佩尔助学金（针对这个群体的政府计划）上会更好一些。最后，一些人担心，通过税制给中产阶级学生提供资金援助，只会鼓励大学增加学费；较高的学费实际上降低了贫困学生的支付能力，因为税收减免对他们几乎没有什么意义。

1986 年税制改革尽管豪言壮语，但在扩大税基上收效甚微。表 25.1 分析了三种类型的潜在的扩大税基。虽然州和地方销售税的扣除被取消了，但更重要的所得税和财产税的扣除规定仍然保留了；改革只是鼓励各州转嫁这些形式的税收。尽管消费信贷利息的扣除被取消了，但更重要的抵押贷款支出的扣除仍然保留了；个人只是被鼓励选择房屋产权贷款（将房子产权作为抵押物的贷款）了。但虽然医疗支出扣除被修改（只有支出超过收入 7.5%的部分是可扣除的）了，但更重要的不计列雇主对医疗保险费和医疗保健的缴费依旧保留了。

表 25.1　　1986 年税收改革法案保留与取消的税收支出比较　　单位：10 亿美元

州和地方税扣除	
销售税（取消）	5.5
所得税和财产税（保留）	27.8
利息扣除	
消费信贷（取消）	17.6
房主自住房的抵押贷款利息（保留）	26.9
关于保健的规定	
医疗支出扣除（修改）	3.8
不计列雇主对医疗保险费和医疗保健的缴费（保留）	23.5

由于1986年税收法案没有使税基扩大多少，因此它也没有使边际税率降低很多（见表25.2）。与所得税有关的扭曲主要和这些边际税率有关。1993年税制改革大幅提高了占纳税人2%的高收入纳税人的边际税率，从28%提高到接近40%，其余纳税人的边际税率基本上没有改变。1997年法案降低了一种收入形式（资本利得）的税率，但工资、股利和利息的税率没有改变。

表25.2　　40年来的边际税率

申报状态	调整后毛所得	边际税率（%）						
	（1997年美元）	1960	1970	1980	1985	1988	1994	1998
单身	25 000	20	23	19	18	15	15	15
已婚联合申报（2个孩子）	40 000	20	20	21	18	15	15	15
已婚联合申报（2个孩子）	65 000	26	26	32	28	28	28	28
已婚联合申报（2个孩子）	275 000	59	54	64	50	33	39	39

提高累进程度（与其他税收变化一起）加大了婚姻惩罚，提高了第二个工资劳动者所适用的边际税率（特别是较高中等收入家庭）。另一方面，随着劳动力参与率在本书出版时，已达到创纪录的高度，任何负面影响看来都是有限的。批评者认为，因为实际工资下降，特别是处于收入分布底部的人的实际工资下降，所以参与率一直在提高（后弯的供给曲线），但是，在整个经济中，参与率都提高了，包括较高收入的家庭。这些提高的参与率明显反映了社会动向（对妇女工作的态度，以及由单身妇女作家长的家庭增加）。这场争论在于，若实行较低的税率，劳动力参与率是否会更高。

25.3　简化税法与降低征管成本

税制改革的第三个主要推动力就是税法已变得太复杂了。复杂性增加了纳税人和政府的征管成本；减少了纳税遵从；为避税提供了机会；也促使人们形成了税法是不公平的感觉。

25.3.1　估税的复杂性

许多指标都表明了税制的复杂性。不同的纳税申报表格有100种以上。在 199 卷的联邦法令法典（记录美国所有生效的普通性和永久性法律）中，《国内收入法典》（Internal Revenue Code）占了 20 卷。其中有 13 卷，满满8 583页，专门用于记录个人所得税和公司所得税。

虽然在 1996 年，总统的首要之事是关注税法的简化，但 1997 年税收法案在税法简化上几乎一无所获。更有甚者，该法案增添了新的资本利得税纳税档次，使复杂性增加了（从而还需要另外的估税表来计算应付税款）：与现有的两个个人退休账户不同的是，出现了具有新的成本和收益的两个个人退休账户；需要掌握有着不同规则的两种不同的教育税收抵免。

这种复杂性体现在甚至连国内收入署都难以准确地估算纳税义务。拉尔夫·纳德（Ralph Nader）税制改革研究小组为虚构的一对夫妇制作了一张所得税表，并把此表送给 IRS 的 22 位官员。不同官员估算的纳税义务，从高达 811.96 美元的退税到少付 52.14 美元的税款，都明显不一样。IRS 的研究表明，为低收入个人填写纳税申报表的商业企业有 82%的申报表出错。由 IRS 培训和雇用的人员，在处理相对简单的纳税问题时所花的时间中，有 72%的时间用在了错误地计算应缴税款上。[4] IRS 改善其记录的努力获得了部分成功，但即便如此，错误率仍居高不下。

税法复杂性的另一个指标——人们难以知道他们是否遵守了税法——是当人们到法庭起诉 IRS 时，他们经常胜诉：在 IRS 的要求权主张中，胜诉的大约只有 1/3。[5] 对同一问题，不同法庭有不同的裁决方式，这些情况使纳税人的处境更加艰难。例如，如同我们在第 22 章所指出的那样，上下班成本一般是不能扣除的。但是，纽约联邦上诉法庭裁定，飞机的飞行员用自己的汽车在自己的住所和机场之间运送他们沉重的随身用具（以及他们自己）所发生的成本可以予以扣除。然而，佛罗里达州的税务法庭，并不受纽约联邦上诉法庭裁决的约束，而是用另一种方式裁决。[6]

25.3.2 提高遵从

为了征税，联邦政府依赖于综合运用自愿遵从、威胁实行严厉罚款，以及起诉公然的欺诈行为。为了帮助那些道德责任感可能太淡漠而不得不督促他们申报全部收入的人，政府要求雇主申报他们支付给工人的工资，要求企业申报支付给股东和债券持有者的股利和利息。然而，政府只有有限的手段去核查现金交易，利用现金进行避税助长了未申报交易的增加，这种未申报交易，称为**地下经济**（underground economy）。尽管对地下经济的规模难以作出准确的估计，但一些观察家相信，它可能涉及高达1/4的劳动力和15%的GNP。它包括的未申报收入，不仅有违法收入，还有一些侍者、保姆、佣人、木工、园丁以及其他人的收入。[7]据估计，属于未申报现金交易的所得税，或者因过高扣除或不合理的税收抵免而计算出来的所得税，现在是1 250亿美元。

其他主要的非遵从来源是资本利得、小企业所得、租金和农场所得。当前，略低于一半的资本利得、大约一半的小企业所得，以及60%的租金没有申报。更为显著的是，在最近的一年中，当有30亿美元本应作为农场所得申报所得税时，申报表却显示有100亿美元的亏损。[8]

未申报的非法收入，尽管不像表25.3所给出的一些逃税来源那样

表 25.3　因个人所得逃避税收征管而出现的税收总缺口

（1992税收年度，10亿1997年美元）

收入类型	未申报的税收缺口	净错报量	净错报百分比
工资所得	3.7	27.5	0.9
利息所得	1.0	4.1	2.3
股利	1.5	7.0	7.8
州退税	<0.06	0.1	0.8
资本利得	2.9	10.8	7.2
养老金和年金	2.1	9.8	4.0
社会保障津贴	0.2	1.1	4.2
失业补偿金	0.3	2.6	6.9
租金和特许权使用费	4.2	22.2	17.2
离婚赡养费	0.1	0.3	13.3
非农场主所得	19.3	85.1	32.3
农场所得	3.9	20.5	32.2
合伙和小企业所得	4.1	19.7	7.5
销售经营性财产	0.8	4.5	28.0
非正式供应商的所得	14.1	68.2	81.4
其他所得	8.7	41.1	24.9
所得的抵消			
调整	0.2	0.8	2.0
扣除	5.8	22.8	4.4
免征	3.3	24.5	4.5
税收抵免	7.1	7.1	40.2
总额	83.4	379.7	—

注：资料来源表提供了低与高的估计数，以便给出未申报所得的范围。高估计数如上所示。

资料来源：Internal Revenue Service，Federal Tax Compliance Research：*Individual Income Tax Gap Estimates for 1985，1988，and 1992*，Publication 1415（Rev. 4－96）（Washington，D.C.：1996），Table 3.

重要，但仍是逃税的一个重要来源。[9]（阿尔·卡蓬（Al Capone），20 世纪 20 年代的匪徒，当对他的其他控告站不住脚时，被定罪的理由就是他没有申报他的非法所得。）

最近几年，政府的审计一直在减少，但提高了审计效率；在那些接受审计的纳税人中，很大一部分人不得不缴纳更多的税。

25.3.3　减少避税

避税——利用税制结构中的各种漏洞——严重侵蚀了税基。在上一章中，我们讨论了避税原理和一些更为重要的税收庇护。20 世纪 80 年代初期，避税盛行，给公众留下了税制不起作用的印象。这推动了 1986 年所进行的许多改革。尽管这些改革致力于降低利用税收庇护来避税的程度，但代价是增加了税法的复杂性。

25.3.4　降低征管成本

我们已经看到，税制的复杂性不仅会出现遵从问题和不公平的感觉，也大大增加了征税成本。美国所得税制度的征管成本主要由纳税人来负担，这些成本不仅包括填报纳税申报表的直接成本，还包括为遵守税法而必须簿记的间接成本。

税法太复杂，以至 44%的纳税人要用税务代理人。最近的一项研究估计，为了遵守联邦税法，在一个税收年度中，普通家庭要花 27.4 小时，每个家庭的平均总财力成本是 457.80 美元。[10]

国内收入署自身用于征税的财力在 1960 年到 20 世纪 90 年代初期迅猛增长。以不变美元计算，IRS 的业务成本在 1960—1993 年间几乎增加了 4 倍，1997 年大约是 72 亿美元。1960 年，IRS 只有51 000名雇员，即每千人中占 0.28 人。到 1997 年，雇员数量是102 000人，即每千人中占 0.38 人，与 1993 年的113 000名雇员（即每千人中占 0.44 人）的水平相比，有所下降。1960 年征税 100 美元的成本是 40 美分，1993 年为 60 美分，1997 年为 44 美分。[11]

25.3.5　复杂性的原因

无论何时，只要政府对一些所得按与其他所得不同的税率征税（或对一些所得不课税，或对一些项目给予纳税扣除或者抵免），就会激励纳税人确保以能够得到优惠待遇的形式取得收入。税收的重要性越大——税率就越高；税收的待遇差别越大——激励就越大。税法做到区分清楚、界定明确——说起来容易，但做起来难。许多问题看上去可能只不过是属于哲学性的，如，“家庭是什么?”“墙什么时候是‘建筑物’、什么时候又是‘设备’?”“利息是什么?”“我们如何区分本金和利息的偿还?”事关钱的问题时，这些问题就显得太重要了。

虽然某些方面的优惠待遇是特殊利益集团游说的结果，但许多是根据基本的社会和经济政策而实行的。政府想要鼓励退休储蓄——有沉重医疗开支的人同没有这些支出的人缴纳一样的税，政府会认为这是不公平的。正如我们早些时候所看到的，扩大税基和追求这些其他的目标之间有一个权衡取舍，在这些其他的目标和复杂性之间同样也有权衡取舍。

税法的许多复杂性源自想尽量减少避税，特别是在对资本收益课税方面，但其他方面亦如此。当一个人真的是农场主，那么损失应实行纳税扣除吗?从事农业，何时只是一种避税安排?什么时候从事农业的损失与衣食支出一样不可扣除，只是一种“消费”活动?即使纳税人清楚自己的动机，税务机关也不能识别某人购买农场的动机是什么。制定规章去区分真正的农场主与实际上只是为了避税而称自己是农场主的人，对每个当事人而言都增加了复杂性。

税制的复杂性导致了人们对税制和管理它的国内收入署的日益不满。许多人深信，有大量的税收漏洞是他人可以利用而自己却不能利用的——税制基本上是不公平的。表面上的复杂性引起了人们的焦虑，在一些情况下，因担心国内收入署会使用盖世太保式的技术，更加重了这种忧虑。报纸上充斥着恐惧的新闻报道——少缴少量的税就会因处罚和罚款而带来巨额债务，导致国内收入署查封银行账户，强行扣押房子。在某些情况下，国内收入署似乎被误解了——鉴于每年要审查数百万的纳税申报表格，这类错误不可避免——但是更糟糕的是，国内收入署并没有积极地去改正这些错误。纳税人对国内收入署的抱怨日渐加重，致使克林顿政府无奈在 1997 年同意进行重大的征管改革，赋予纳税人在与国内收入署发生争执时拥有更多的权利。更多的举证责任（纳税人欠政府钱的证据）由国内收入署承担。

对国内收入署的部分抱怨既根据实际情况，又根据感觉。例如，大部分要填报的经简化的税表（1040A 或 EZ），原则上应用比较短的时间就可以完成（如两张 W－2 工资申报表的清单和少量利息支出申报表）。但是，在那些即便填报这些简化税表的人当中，有大量的人还要求助于专业的税务代理人，而且这一数量在不断增加。

更根本的问题是，国内收入署不能与经济中其他部门的技术革新保持同步。原则上讲，在 W-2 和利息与股利支出直接报送国内收入署（电子报送的比例不断上升）的情况下，所有不实行分项扣除的纳税人的税款，国内收入署都应可以计算出来；纳税人需要提供的只不过是家庭状况信息。大部分分项扣除甚至也可以由国内收入署处理（特别是州和地方所得税以及抵押贷款支出）。然而事实上，国内收入署的计算机化工程是一个巨大的灾难，耗资数十亿美元，却没有建成真正发挥作用的系统。

25.3.6 1986 年税制改革

1986 年税制改革的主要目标之一是简化税法。不过在这方面，大部分的说法是这一目标失败了。改革的支持者所指出的主要简化内容，即减少纳税档次数量，只是表面性的东西。不论纳税档次数量有多少，一旦计算出某人的应税所得，查查税率表就可知应纳税多少，这不是件苦差事。

实际上，把对各种类型的所得进行新的区分并加入到税法中，会使税法变得更加复杂。如同我们在第 24 章中所说，区分消极收入、投资收入和普通收入，需要大量的界定、规章和法庭判例。更进一步说，1986 年税法甚至没有使纳税申报表格作任何简化；一些表格变得更加复杂，而且还多了好几个新表格。

专栏 25.2 ☞

为 1986 年税制改革法案打分

在过去的 20 年中，虽然税法的每次变化都是因提高效率、增加公平和降低税负这些中心目标所致，但只有 1986 年改革的目标是为了进行根本性的结构改革。它的情况如何？我们已逐个作了评价，不过把它们综合在一起很有用。

减少避税：B. 它成功地堵上了主要的税收漏洞；最高边际税率的下降降低了避税激励。成本：累进性减少，复杂性增加。

提高对于穷人的税收公平：B. 增加免征额意味着低于贫困线的人再一次不用纳税。劳动所得税收抵免略有增加。但是，这些改革与 1993 年实施的剧烈变动相比，则是小规模的。

通过降低的边际税率增加激励：C. 大部分降低只为非常富有之人所得。平均税率和边际税率基本上没有改变；部分纳税人的边际税率提高了。

提供公平的竞争环境；减少投资扭曲：C—. 主要扭曲，诸如房主自住其屋方面的扭曲，依然存在。主要成就是彻底改变了 1981 年出现的巨大扭曲。

提高经济效率；增加储蓄激励：C—. 略微下降的边际税率使情况得到改善，尽管对资本利得按完全税率课税对这个效应有所抵消；取消中产阶级个人退休账户缴款的扣除，降低了储蓄激励。

扩大税基：D. 采取的措施远不及没有采取的措施。

简化：F. 选择用来堵上税收漏洞的措施增加了税法的复杂性。

透明度：F. 尽管这是第 17 章所讨论的良好税制的特征之一，但它从来不是 1986 年税制改革所宣扬的目标之一。作为税制改革的一部分，公司所得税增加了。我们已经看到，公司所得税在我们的税制中属透明度最低的，因为没有人真正知道它的归宿在哪里。1986 年税收改革法案增加了公司税。

简化税制

税制改革的一个主要推动力是简化税制。

美国税制结构非常复杂。复杂性：

- 带来了高的遵从成本。
- 提供了避税和不公平的机会。
- 部分是政府设法减少避税所致，部分是试图通过税制实现社会和经济目标所致。

1993 年和 1997 年税收法案在简化税法上没有进展。更有甚者，由于这两个法案都加入了重要的税收优惠新内容，因而它们使税制进一步复杂。

25.4 转轨问题与税制改革的政治学

税法的变化总是带来问题；的确，有一句格言说："旧税是良税"。每一部新税法都需要大量的法庭判例，以决定如何解释新法律的每条规定。在这些解释清楚之前，存在不确定性，而且，不确定性还包括自己的经济成本。

最难的问题与资本（投资）有关。如同我们早些时候所看到的，税收条款很大程度上被资本化了——反映在资产的价值之中。因此，税法的改变会导致资产价值的改变。取消对经营性房地产的特殊规定可能大大降低了对这些房地产的需求。短期内，价格会下跌。房地产所有者会蒙受资本损失。建筑工程会在价格下降时停工。长期内，随着过度供给消失，建筑物的价格会回升。但是，在此期间，经营性房地产的所有者和建筑企业会受损。这恰恰是 1986 年税制改革的后果。

这样的变化带来了根本性的公平问题和政治问题。改变规则不公平吗？如同我们以前所指出的，投资是在对税收预期确定的前提下进行的。改变税收给一些人带来了意外收益，给另一些人带来了意外损失，甚至当税收并没有直接影响所作的投资时也是如此。自有住房获得的税收利益降低了出租住房的需求，因此，对租给多户家庭使用的出租房产的价格产生了负面影响。

虽然公平问题得到了关注，但这些问题显然不能决定经济政策的制定：不然的话，不管扭曲如何，人们可能永远取消不了对特殊利益集团的规定。与那些受益者相比，那些受新税法伤害的人经常更关注不公平；他们为了特殊的转轨规则而游说国会。在每一个税收法案获得通过的最后日子里，许多特殊规定（价值数十亿美元）被采用，使某些公司，特别是使坐落在法案支持者所在的国会选区的公司受益。对一些人来说，这只是税收政治的反映。对其他人来说，它只是增加税制改革是帕累托改进的可能性的一种方式——许多特殊规定只是补偿损失者所必需的附带代价。对其他人还意味着，特殊规定象征着税制改革原则的失败。

从转轨带来的问题中得出了两条基本箴言：尽量少进行税制改革；尽量实施渐进式改革，对那些会给资本利得带来负面效应的改革尤为如此。[12]在过去的 20 年里，税法的经常修改就与第一条箴言相违背。

当里根总统把他最初的税制改革提案送交国会时，他清楚地表达了自己的目的，即改变所得税的结构，而非税收规模。因此，他坚持税制改革应是**收入中性**（revenue-neutral）（即新税制所筹集的收入规模与根据现行法律所筹集的相同）。更确切地说，他甚至坚持总体的累进程度（不同收入种类的人所纳税款的百分比）不应大幅度地变动。他担心的是，所有结构问题都有争论，由此引发的无休止的讨论可能不会有结果。他希望讨论集中在税法特定的无效率和缺陷上。

在很大程度上讲，税制改革转变了税收负担；输家和赢家都有许多。有许多输家的事实使得改革困难重重。

但是，大多数经济学家认为，重要的改革不是“零和”结果（即他们认为改革不只是再分配收入）；与经济饼怎样分相比，存在更多的问题。通过提高经济效率，消除扭曲，改革增加了经济饼的规模。然而，问题是，担心税法改变会使他们受损的人感到他们的损失数量大大超过了可能的受益者；改革的支持者认为，将会受益的人常常怀疑这种受益能否真正得以实现。

在 1986 年税制改革的讨论中，为增加饼的规模，使其看上去甚至更大一些，就增加了公司所得税，这样一来，从整体上看，个人所得税可以减少。由于大部分人不能准确地看清楚他们所负担的公司税，因此这使得更多的人视自己为净赢家。

任何税收法案都可以被特殊利益集团视为获取优惠待遇的机会。为了减轻这种压力，国会要求提出带有税收减免修正案的国会议员，必须详细说明如何用额外的收入来弥补因税收减免而减少的收入，即哪些税要增加，哪些税收漏洞要堵上。

转轨问题

转轨带来了公平问题——资产价值改变，有人得到意外之利，有人遭受意外损失。

与适应新法律有关的效率成本。

一般原则：尽量避免频繁地变动税法，对影响资本资产价值的改变要循序渐进。（美国是频繁地变动税法。）

税制改革的政治学：

- 收入中性的税收有同样多的赢家和输家。
- 受损者经常感到受损严重。
- 不是零和结果——大多数人的境况会得到改善。
- 为得到足够多的支持常常需要一些策略。
- 为了减少冲突的机会，改革经常集中于收入中性和分配中性的税收变化。

25.5 21 世纪的税制改革

目前，人们对税制依然颇为不满。近来两种改革正在讨论：一种是现行税制框架内的小规模改革，一种是大规模的新改革。

25.5.1 现行框架内的改革

近来的改革设法在各种相互冲突的目标之间实现平衡。

1. 高边际税率增加了无谓损失，降低了税收遵从，增加了避税激励。低边际税率降低了累进程度。

2. 扩大税基使得降低税率成为可能。对一些类型的收入和支出实行优惠待遇，会造成税法复杂、不公平和出现避税机会。一定程度上，实行优惠待遇，可以促进公平并推动社会合意目标的实现，从这一点上讲，取消优惠待遇，除了筹集收入外，还会降低税制作为实现各种目标的工具的作用。

20 世纪 90 年代的税制改革。在 20 世纪 90 年代，税收政策作为追求经济和社会目标的一种工具日益受到依赖，完全是因为开征新税种和增加直接支出遭到了强烈的反对。税收支出在政治上似乎比直接支出更容易被接受，即使它们目标不明确，而且会产生更多的经济扭曲。

通过税制提升社会价值观。1993 年和 1997 年的改革不是关注扩大税基，而是关注用税制来体现社会价值观——即使当税法的诸项规定本身只具有有限的经济影响。

许多改革已经开始关注家庭价值观——鼓励收养，1997 年实行了儿童抵免，1998 年提出扩大儿童抚养抵免，以及提议降低婚姻惩罚。一些人想要通过扩大儿童抚养抵免，鼓励更多的妇女加入劳动力队伍；另一些人想要通过降低儿童抚养抵免，鼓励母亲留在家中照顾自己的孩子。其他的改革，诸如 1997 年实行的学费税收抵免，关注的是鼓励教育。

促进储蓄和投资。仍然有其他改革关注鼓励投资——特别是个人退休账户的扩大和对资本利得的优惠待遇。但是，虽然一些改革者喜欢扩大对储蓄收益的优惠待遇，只对消费或工资所得课税，但其他一些改革者却想要取消目前扩大了的优惠待遇。

简化税制。许多改革涉及简化税制。这是规定对自有住房的资本利得允许有可高达500 000美元免税额的动因之一。（但是，该项规定在政治上的吸引力已为两党中的支持者所注意；此规定通过进一步鼓励住房投资可能已经加剧了税制扭曲的事实，却没有得到许多关注。）

减轻纳税人负担的一种方式也许是，政府担起为 3/4 的只有简单纳税申报表的纳税人计算税款的责任，因为这些人的所得只有工资所得、利息、股息和股票的资本利得。许多通过取消特殊规定以扩大税基的改革，也会有助于简化税制。另一方面，近年来，试图用税制促进社会和经济政策的改革，已开始向相反的方向变动。

25.5.2　大规模的新改革

在当前正在讨论的大规模改革中，大部分的改革体现了简化、扩大税基、促进储蓄和投资的主题。

单一税率税。我们曾指出，税制的部分复杂性来源于它的累进性，由此有人建议实行统一的单一税率——人们只要就其高于一定起征点的收入按给定的百分比纳税。虽然经济学家对这个建议讨论了很长时间，但直到1996年，因当时共和党初选中的总统候选人史蒂夫·福布斯（Steve Forbes）的倡导，该建议才登上政治舞台。根据单一税率建议，较高收入者的税率要下调，同时需要提高其他收入者的税率（除非人们相信，较高收入者的税率太高了，降低他们的税率并不会使税收收入减少）。因此，这样的建议让人很难接受。

单一税率税建议的主要优点之一是易于税收征管。由于每个人都按同样的边际税率纳税，因此，不论是对个人（获得收入的人）还是对企业（例如，当它支付工资时）征税，没有什么差别。鉴于单一税率税的建议通常是取消所有的特殊规定，因此人们完全可以把税款填在邮政明信片的背面。但是，注意，这种简便与单一税率无关，而是与取消特殊规定有关。

消费税。大多数的大规模改革都建议只对消费课税。这也适用于刚刚讨论过的单一税率建议和将在下一节讨论的增值税建议。如同我们在前面两章（第21章和第24章）所看到的，只对消费课税有充足的理由：税法的许多复杂性源于试图对利息课税；消费税是对终身所得相同的人征同样的税，而所得税歧视那些在晚年消费的人；对人向社会的索取（他们的消费）课税，而不是对他们的贡献（以收入衡量）课税，似乎更恰当；转向消费税会鼓励储蓄，因为在美国，储蓄水平仍然非常低。

这些建议的批评者认为，鉴于储蓄对利率不敏感，因而转向消费税不会提高储蓄。支持者指出，他们关心的是所得税转型为消费税，因而重要的不是储蓄的利息弹性，而是补偿性利息弹性——考虑到利息所得税的下降，就不得不增加其他税收。[13]

消费税的倡导者认为，消费税易于征管。最简单的做法是将重点放在现金流上：课税对象是个人的净现金流（所得）减去储蓄的净值。

消费＝所得－储蓄

由于个人的资产买卖（如股票）早已记录在案，故几乎不需要额外的工作。批评者担心，有许多其他资产的买卖不容易监控，因而认为，人们早已拥有大量资产的事实会使向消费税的转型变得复杂。出售这些资产，用于为消费筹资，可能难以查出来。其他人认为，由于用来购买这些资产的所得早已被征过一次税，所以对来源于资产出售的消费进行课税是不公平的。

但是，政治上，实行消费税的主要反对意见一直认为，要实现同现行所得税制一样的累进程度，消费的边际税率必须非常高——许多人不得不面临 40%或者更高的边际税率。因此，虽然迄今为止，这种想法得到了支持，两位参议员纳恩（Nunn）和多梅尼西（Domenici）还提出了一个消费税的议案，但是就可预见的高边际税率而言，该议案吸引不了大量民众的注意。

增值税。**增值税**（value-added tax，VAT）是在生产的每一个环节，对企业的销售收入扣除其从其他企业的采购额后的余额进行课税，也就是对企业的增加值进行课税。税率高达 20%的增值税已经成为大部分欧洲国家的主要收入来源。

计算一国的产出有多种方法。一种方法关注最终产出的销售；另一种方法将每个生产环节的增加值加总；第三种方法是加总全部个人的所得。所有这三种方法都是等价的，所有这三种形式都形成课税的税基。从这个意义上讲，对最终销售课税的销售税、增值税以及所得税，都是等价的，尽管不同税种的征管成本可能有明显的差别。增值税的优点是大部分增加值都发生在大公司内部。对最终销售课税会给零售商带来大的负担，而许多零售商是小企业。因此，增值税的遵从程度更高。

增值税的主要优点是它的相对简化。但是，批评者指出，它是比例税，因而比累进的消费税或者所得税更少公平。尽管通过对不同商品按不同税率课税（例如，食品免税）可以实现一定程度的累进性，但是这样做便减少了增值税的简便性，并产生了扭曲——这就否定了增值税的主要优点。

增值税与其他形式的税种相结合。大多数的增值税支持者倡议用增值税来取代所得税。在欧洲，两种税都在征收。而且，他们认为，增值税可以用来大幅减少税收对所得税的依赖，从而减少对高边际税率的依赖；由于许多避税与边际税率的水平有关，所以增值税的倡议者认为，增值税可以减少税制扭曲，增加公平。批评者指出，税制的总扭曲与（边际）所得税和增值税的总量有关，除非总量下降，否则与增值税有关的无谓损失不会减少。而且，他们还认为，降低边际税率带来的遵从成本所得，会被征收增值税所带来的额外征管成本的所失超过。最后，人们担心，因为增值税是零散征收的，因此人们无法知道他们的全部纳税规模，这会令政治家趁机增加整体税收负担。对于那些想要公共部门更大的人来说，这是个有利条件；但对于想要公共部门更小的人来说，这是个不利条件。

提倡将增值税与其他税种相结合的倡导者认为，这种方法可以用来大幅降低征管成本和遵从成本，并保留公平的累进程度。例如，10%的增值税与100 000美元的标准扣除、所得税率下调相结合，意味着增值税可以实现和现行税制大体一样的收入，并具有几乎同样的累进性，但消除了96%的美国人填写个人所得税申报表之苦。它实际上也取消了与特殊规定有关的扭曲（由于几乎所有的纳税人都会利用100 000美元的标准扣除），不必为了完全取消这些特殊规定进行政治斗争。[14]

专栏 25.3

普通收入与资本利得

当资本利得的税率低于普通收入时，人们就有试图把收入说成是资本利得而不是普通收入的动机。例如，发行一种债券，如果其利率低于现行市场利率，债券就会折价销售。因此，如果市场利率是10%，承诺一年后还本付息的、利息为5%的100美元债券，大约会以95美元的价格出售。

这类债券会让其所有者得到10%的收益——5%的利息加上5%的资本利得。5%的资本利得只是虚假的利息。近年来，税法通过让原始发行折扣（即债券发行时的折扣）适用普通收入课税，而非按优惠的资本利得税率课税，设法阻止这种形式的纳税技巧。

州和地方所得税的合并。对所有这些改革持批评态度的人指出，除非同时进行州和地方所得税的改革，否则储蓄不会增加。尽管与未经改革的州税有关的扭曲可能很小（完全是因为州税的税率往往较低），但征管成本仍是高的；填写纳税表格的时间一般不取决于税率，因此除非各州进行改革，否则家庭和企业将继续耗费大量时间去填写复杂的纳税表格。从传统上讲，州和地方当局听从联邦政府的领导，但也有一些值得注意的例外情况。例如，加州有自己的折旧公式，这就需要加州的企业进行两套不同的纳税计算。

25.5.3 能源税与环境税

另一项重大改革是把更多的税负转移到社会不想鼓励的项目上，以取消社会想要鼓励的领域的税负。因此，对烟酒的课税（有时称为“罪恶税”）、对污染环境的汽油和其他商品的课税会增加，对工作和储蓄的课税会减少。用来解决外部性（像污染）的税收，被称为**矫正税或庇古税**（以四分之三世纪之前倡议开征这类税的著名剑桥经济学家庇古的名字命名）。这类税不仅增加收入，还有助于将私人激励与社会效益结合起来，因此从这个意义上讲，它们实际上发挥了提高整体经济效率的作用。

当然，**以传统的衡量指标看**，这类税会对 GDP（国民产出的衡量指标）产生不利影响，因为传统的衡量指标不包括像清洁的空气或水这样的环境效益。但是，人们普遍认为，当烟雾不再一年三百天地遮天蔽日时，生活水平，特别是健康，就会得到改善。

近来的税制改革和改革建议

相冲突的目标：

增加累进性

降低边际税率以减少扭曲

简化

利用税法实现更大范围的目标

现行框架下的改革：

1986 年改革所实现的一些税基扩大/简化为 20 世纪 90 年代的改革所废止

税收用来：

- 提升社会价值观（家庭价值观）
- 促进储蓄和投资
- 促进教育

建议的重大改革：

单一税

消费税

增值税

能源税（对“坏事”课税）

专栏 25.4 ☞

个人退休账户与国民储蓄

尽管建立个人退休账户是为了鼓励储蓄，但就它们是否真正起作用，还存在许多争议。按照现行设计，缴款通常有最高限额（2 000美元），这样一来，对于其储蓄超过最低缴款水平的人而言，他们的储蓄边际收益不受影响。有资产投资组合（例如非 IRA 储蓄账户）的人，完全可以将这些资产转入他的 IRA 账户。税收规定鼓励人们转移这些资产，而不是鼓励更多储蓄。

而且，特殊规定减少了政府的税收收入——从而降低了政府储蓄。除非私人储蓄增加额远大于税收损失额，否则国民储蓄实际上是下降的。

尽管这样，也许由于银行和共同基金利用 IRA 的吸引力，帮助宣扬储蓄的好处，因此还是有一些证据表明 IRA 可能促进了储蓄。

在这类税种中，最重要的是那些从总体上能影响能源消费的税种，特别是影响煤和其他碳氢化合物使用的税种。温室气体积聚可能造成全球变暖，随着这方面的科学证据的大量发现，以 1992 年《里约热内卢气候公约》的签署为先导，国际社会正在共同努力，以减少温室气体排放。煤的废气排放量（单位能耗产生的排放量）大于石油，石油的废气排放量又大于天然气。对温室气体排放课税可以限制对煤和石油的使用，从而也就减少了温室气体排放。在实践中，排放量本身不能直接衡量，但根据煤、石油和天然气的碳含量（它决定了排放量）来确定它们税率的**碳税**（carbon tax），会有同样的效应。在欧洲，碳税得到了相当大的关注，丹麦、芬兰和荷兰已经开征了此税。1993 年，美国政府曾草草地考虑过碳税，但遭到了产煤各州的反对，这很快迫使政府考虑另一种可替代的能源税，称为 **BTU 税**（BTU tax）。BTU（英国热量单位）是衡量能源产出的标准方式。BTU 税被设计成对能源消费课税；降低能源消费会减少温室气体排放，尽管不如更直接定位于碳税那样有效率。克林顿政府在 1993 年 2 月提议的 BTU 税，实际上是纯能源税与碳税的混合产物，即将煤的税率略调高一些，天然气的税率略调低一些。

毫不奇怪，生产能源的公司和高能耗企业（例如铝冶炼厂）的反对使这种税流了产，取代它的是征收范围略大的汽油税。尽管这种税对环境有些益处，但远小于最初的提议所带来的益处。

当前讨论的其他种类的环境税，从长期看有一些成功的机会，这些税关注的是杀虫剂的使用和循环利用。目前水污染的主要来源是农民使用的杀虫剂和化肥（所谓的**非点源**污染）。与大企业的污染不同，这些污染是非常难以直接控制的。控制这类污染的一种有效方式是，对它们课税，让使用这些污染物的成本更加昂贵。

资源不能再利用会导致过度浪费。循环利用需要钱，处理废弃物也需要钱。人们日益担心废弃物处理的社会成本。部分是因为有毒物质的危险性，所以没人想在自己的后院有一个垃圾点。因此，各社区发现越来越难找到地方处理废弃物。增加废弃物处理的收费，会鼓励更多的循环利用。但是，也有人担心，监控废弃物处理极端困难，而且随着合法废弃物处理收费的上升，对非法处理方式的利用将会不断增加。

现在，美国正利用各种规章，从总体上鼓励有利于环境的政策，尤其是鼓励有效率地利用能源。最有名的是为提高汽车的能源效率而使用的 CAFE（公司平均燃料节约情况）标准。通过将规章变为课税，两种益处都可能得以实现：（1）经济效率可能得到提高；（2）税收收入将会增加，并降低以扭曲税制的形式必定带来的负担。这种通过环境税而实现的**双重红利**，已得到经济学家和政策制定者的极大关注。[15]

【注释】

[1] 尽管我们在第 21 章曾指出，优惠的数量可能不像乍看起来那么大，因为在竞争性市场中，加速折旧的税收利益会导致较低的租金。

[2] 例如，参见 Barry Bosworth and Gary Burtless，“Effects of Tax Reform on Labor Supply，Investment，and Saving”，*Journal of Economic Perspectives*，winter 1992，pp. 3－25；以及 Lawrence Lindsey，*The Growth Experiment：How the New Tax Policy is Transforming the U. S. Economy*，New York：Basic Books，1990，and “Individual Taxpayer Response to Tax Cuts：1982－1984，With Implications for Revenue Maximizing Tax Rate”，*Journal of Public Economics* 33（1987）：173－206。

[3] 为了确定 1986 年税制改革的效应，这次改革一直被广泛研究。例如，参见 Henry J. Aaron，“Lessons for Tax Reform”，in *Do Taxes Matter：The Impact of the Tax Reform Act of 1986*，ed. J. Slemrod，Cambridge，Mass.：MIT Press，1990，pp. 321－331。

[4] *Consumer Reports*，March 1976. IRS 声称它最近的工作有了进步。根据 *Internal Revenue Service Annual Report：1992*，May 1993，1992，在7 500万件税务咨询中，估计有 89%的咨询得到了正确处理。

近期的研究（但是是以 1979 年的数据为基础）证实，专业税务代理人的出错率较高。在律师和注册会计师代理的申报表中，只有 25%是正确的。参见 Brian Erard，“Taxation with Representation：An Analysis of the Role of Tax Practitioners in Tax Compliance”，*Journal of Public Economics* 52，no. 2（September 1993）：163－197。

[5] *Business Week*，April 16，1984. 当 IRS 提起犯罪指控时，它有相当好的记录。

[6] 同上。

[7] 本质上，获得衡量地下经济的准确数字是困难的。虽然有大范围的估计，但估计数平均都介于 GNP 的 6%～7%之间，涉及 17%的劳动力。参见 Harry

I. Greenfield，*Invisible，Outlawed and Untaxed*：*American's Underground Economy*，Westport，Conn.：Praeger，1993，以及 Gregory K. Schoepfle，Jorge F. Perez-Lopez，and Eric Griego，"The Underground Economy in the United States"，U. S. Department of Labor Occasional Paper on the Informal Sector，no. 2，September 1992。

[8] 获得现金报酬的人显然很容易不申报现金所得。其他非遵从问题来自将实际不是业务开支的支出作为开支项目申报。虽然当前，IRS 得到了股票和债券销售的申报，但其他资产销售通常没有申报，而且 IRS 得不到关于计税依据（购买价格）的独立信息。

通过对相对少数纳税人进行详细彻底的审计，就可得到非遵从的估计值。这些审计的成本（政府和纳税人双方的）巨大，因此利用这种手段追缴税收收入不划算。这些审计的目的是给 IRS 提供有关纳税遵从的一般信息。

[9] 据估计，美国人花在毒品上的钱差不多有 600 亿美元。参见 Executive Office of the President，Office of National Drug Control Policy，*What American Users Spend on Illegal Drugs，1988－1995*，fall 1997，Table A，p. 3。

[10] 参见 Marsha Blumenthal and Joel Slemrod，"The Compliance Cost of the U. S. Individual Income Tax System：A Second Look after Tax Reform"，*National Tax Journal* 45，no. 2 (June 1992)：185－202。

[11] U. S. Department of Treasury，Internal Revenue Service，*1997 Annual Data Book*，Publication 55B，Table 28.

[12] 关注这些公平效应常常导致出现称为"不溯既往的规定"，它给当前的受益者提供了优惠待遇，但不提供给其他人。因此，虽然不溯既往的规定具有降低不公平（产生于税收待遇的未预期的变化）的意义，但在可以获得优惠待遇的人和不能获得的人之间，它形成了不公平的新来源。

[13] 储蓄的未补偿性利息弹性低，原因是收入效应和替代效应会相互抵消；较低的利息所得税意味着个人的境况更好，并增加了他们的消费（减少了储蓄）。但是，如果利息所得税同时下降，其他税收（诸如工资税）增加，就消除了收入效应，或至少降低了收入效应，因此占主导地位的效应是替代效应。替代效应肯定会增加储蓄。

[14] 根据现行税制，非常穷的人不用纳税，而如果实行增值税，他们就要纳税。这种影响可以为扩大劳动所得税收抵免所抵消；但是，这样做会降低增值税制所带来的一些便利。另一方面，随着计算机化水平的提高，一个人只需提供所要求的家庭资料，并证明非工资劳动所得没有超过起征点，国内收入署就可以决定一个人的受益资格。

[15] 例如，参见 Lawrence H. Goulder，"Environmental Taxation and the 'Double Dividend'：A Reader's Guide"，*International Tax and Public Finance* 2，no. 2 (August 1995)：157－183；Wallace E. Oates，"Green Taxes：Can We Protect the Environment and Improve the Tax System at the Same Time?" *Southern Economic Journal* 61，no. 4 (April 1995)：915－922；Carlo Carraro，Marzio Galeotti，and

Massimo Gallo，"Environmental Taxation and Unemployment：Some Evidence on the 'Double Dividend Hypothesis' in Europe"，*Journal of Public Economics* 62，no. 1－2（October 1996）：141－181；and A. Lans Bovenberg and Lawrence H. Goulder，"Optimal Environmental Taxation in the Presence of Other Taxes：General-Equilibrium Analyses"，*American Economic Review* 86，no. 4（September 1996）：985－1000。

第 7 篇

深层次问题

美国政府实行联邦制，州和地方政府从事某些活动，其他活动则由联邦政府承担。第 26 章将解释联邦制以及联邦政府与州和地方政府之间一些重要相互作用的理论基础。该章也将探讨社区间竞争在保证公共物品的适当生产水平和种类以及有效生产公共物品中的作用。

第 27 章简述州和地方政府的支出和税收。该章尤其关注资本和劳动力的流动性都很高的情况下税收和支出项目的归宿。

第 28 章集中分析过去 20 年的一个主要问题，即美国在 20 世纪 80 年代飙升的、到 90 年代末才得到控制的预算赤字。该章分析赤字、税收和政府支出对经济增长和稳定的影响。

第 26 章　财政联邦制

《美国宪法》规定，没有明确授予联邦政府的权力属于各州。联邦政府的权力包括国防、印制钞票和经营邮局等。这似乎把大部分提供公共服务的责任，诸如教育、警察和消防、道路和公路等，都赋予了州政府。这在很长一段时间内是一种流行的观点。但宪法是一个有弹性的文件，法院对它的解释实质上使得联邦政府可以自由地提供其他许多服务。

关于**财政联邦制**（fiscal federalism），即联邦政府、州政府和地方政府之间的经济责任划分，一直有争论。当然，联邦制所涉及的问题超出了经济学的范畴。例如，在 20 世纪 60—80 年代，公民权利的倡导者和那些反对强调“州权利”的人，强烈要求联邦政府发挥更积极的作用。本章主要谈经济问题，如哪些物品和服务应由地方政府提供，哪些应由联邦政府提供。这一问题间或出现；1982 年，里根总统的国情咨文报告呼吁实行“新联邦制”，即扩大州的福利权力，联邦政府承担更多的医疗补助负担。批评者认为，新联邦制是正当削减对州和地方的补助、缩小联邦政府规模的一种策略。的确，1980—1986 年间，联邦补助拨款从占 GDP 的 3.3%下降到 2.6%。20 世纪 90 年代中后期，共和党是国会中的多数派，要求加强州对联邦项目的控制，推动了 1996 年的福利改革。

本章简要描述主要的责任分工，然后讨论财政联邦制中的主要经济问题，最后对争论的政治学和哲学基础进行简要评论。

26.1　责任的划分

联邦政府与州和地方政府之间的关系错综复杂，不能只用支出来描述。主要问题有二：谁对项目作出决策？谁为这些项目花钱？在有些情况下，联邦政府为此付费，州政府对于如何履行授权有很大自由。在其他情况下，联邦政府强制规定所有条件，各州只是管理项目。

例如，在食品券项目中，联邦政府决定合格标准和数量，各州只管理项目。在有些情况下，联邦政府给予**配套补助**（matching grant）；州决定支出水平（有限额），联邦政府支付部分成本（这可能取决于州的人均收入）。在其他情况下，联邦政府提供数额固定的资金——**定额补助**（block grant），州承担超过这一数额的全部成本。联邦政府过去通常提供可以用于任何目的的定额补助，即所谓的**一般收入分成**（general revenue-sharing）。（基于联邦政府更容易筹措收入的假定，政府和各州分成收入。）政府如今不再这样做，但也想把特定目的（如福利）的配套补助转成定额补助。1996 年"对有儿童家庭的补助"（AFDC，Aid to Families with Dependent Children）项目就被定额补助项目"对贫困家庭的临时补助"（TANF，Temporary Assistance for Needy Families）所代替，但食品券项目仍由联邦政府筹资，医疗补助制度仍实行配套制度。

图 26.1 表明了联邦政府的各类支出份额。（需要注意的是，支出只大致表明了各级政府在各种活动中的作用。）州和地方政府的责任包括：供水和公共卫生（下水道）、教育和公共安全（警察和消防），并承担了大部分交通成本（公路）。另一方面，联邦政府还承担健康、社会保障和城市发展的主要责任。这种格局似乎与图 26.2 稍有不同，该图说明的是州和地方政府是如何把钱花出去的。教育是最大的支出。

与联邦政府与州和地方政府之间有责任分工一样，州和地方政府之间也有责任分工。分工错综复杂，牵涉到筹资、管制和管理。中小学几乎都归地方社区负责，但半数资金来自州政府，这也就不可避免地产生了各种管制。州政府几乎承担了 60%的公路支出，地方政府几乎承担了全部下水道和消防支出，以及 3/4 的警察支出。[1]

26.1.1 联邦政府与州和地方政府之间的其他相互影响

除了提供补助之外，联邦政府还通过其他多种方式影响州和地方政府。联邦政府的管制和税法不仅影响私人企业，也影响州和地方政府。

管制。宪法限制州的立法。州不能立法规定剥夺个人受审的权利，无论他所犯下的罪行何等十恶不赦，各州也不能禁止个人因种族或宗教立场而拥有工作。近年来，最高法院的许多裁决反击了州侵犯宪法的行动。

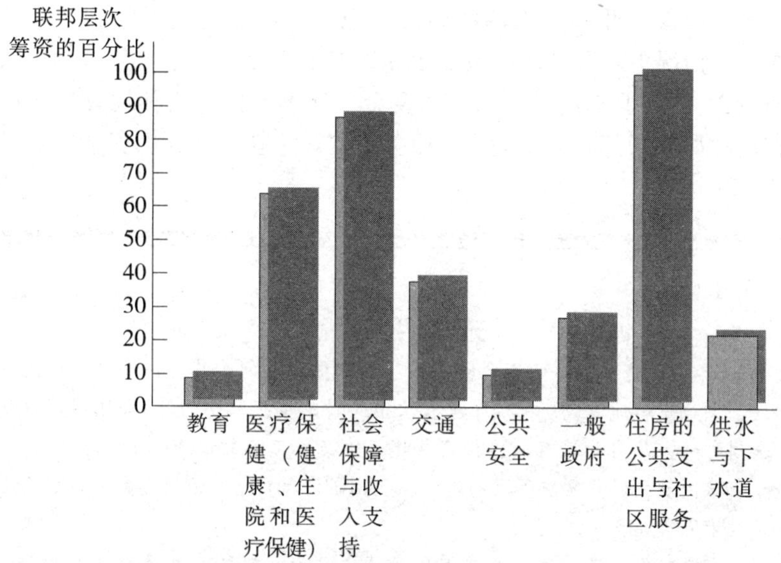

图 26.1　联邦政府的部分支出类别的支出份额（1997 年）

联邦政府为社会保障、收入支持和住房的公共支出筹措大部分资金，州和地方政府为教育、公共安全以及供水和下水道的公共支出筹措大部分资金。交通筹资的责任在联邦政府与州和地方政府之间几乎平分。

资料来源：U. S. Department of Commerce，Bureau of Economic Analysis，*Survey of Current Business*，October 1998，Tables 3. 16 and 3. 17，pp. 7 and 9.

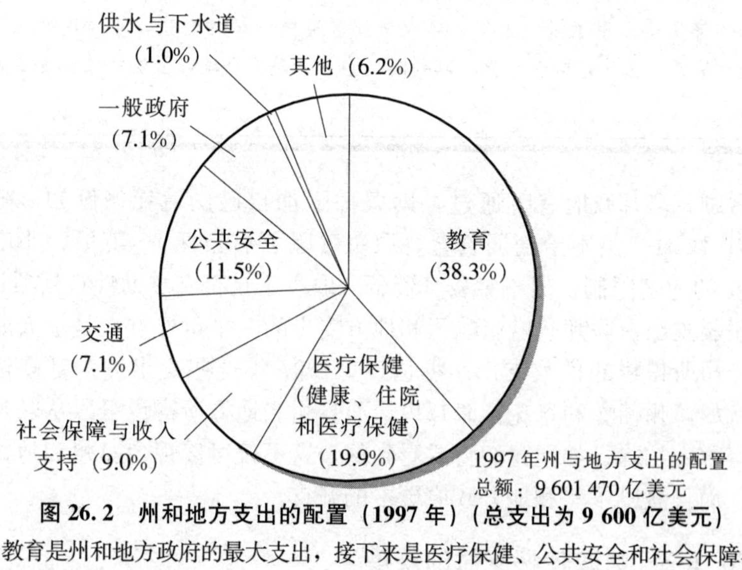

图 26.2　州和地方支出的配置（1997 年）（总支出为 9 600 亿美元）

教育是州和地方政府的最大支出，接下来是医疗保健、公共安全和社会保障与收入支持项目。

资料来源：*Survey of Current Business*，October 1998，Table 3. 17，p. 9.

适用于私人企业和个人的污染和环境管制，也适用于州和地方机构。在有些情况下，联邦政府授命州和地方政府提供特定服务（例如残疾人通道设施），但不提供所需要的资金。毫不奇怪，州和地方社区已有怨言，称如果联邦政府认为这些服务重要，它就应该提供资金（参见专栏 26.1）。

专栏 26.1

无资金授命

到 1994 年，无资金授命问题已经困扰了人们很长时间。甚至一些得到广泛支持的立法，也给州和地方政府强加了难以承担的财政负担。例如，《美国残疾人法案》要求州和地方政府为残疾人提供公共建筑和交通工具的通道。《清洁水法案》的再授权使该问题到了非解决不可的地步。各社区认识到它们必须为新的污水处理设施支付数千万美元资金。

无资金授命的批评者认为，就像国会自己所说的，如果没有资金就不追加支出，它也应该承诺，如果它不买单，也不会对各州和社区额外授命。无资金授命问题也被想要整体削减政府活动的人所利用，比如，他们把它看做使新环境法不能通过的一种方式。正是这个方面使得无资金授命问题令人十分担忧。

经济学家指出，某些“授命”比如《清洁水法案》所牵涉的授命，不要求地方政府承担“不公平的”负担，只要求地方政府不给其他社区带来负外部性。某些社区无力完全解决污水处理问题就会给其他社区造成负担。

1995 年国会采用了折中方案，要求给社区造成负担的立法，要对这些成本的大小进行估计。因此，国会至少可以判断这些成本是否合理，立法的收益是否与成本相当。

激励。联邦政府有时通过补助条件强加自己的意愿。例如，截至 1995 年 12 月，给不给交通资金，取决于是否有市区 55 英里、非市区 65 英里的速度限制；给不给教育资金，取决于是否有赞助性行动项目。

税收支出。联邦政府影响州和地方支出的一个重要方式是个人所得税和公司所得税的税收支出。据估计，1997 年这些支出约为 700 亿美元。例如，州债券利息免征联邦税，而且州和地方所得税可以从联邦个人所得税中扣除。如同我们将要看到的，这不仅可以视为对州和地方的补贴，而且激励了州和地方政府更多的开支。

26.1.2 财政转移支付的规模

第 2 章强调了政府支出的数量不能完全说明政府在经济中的作用。

同理，联邦政府对州和地方政府的转移支付数量也不能说明州和地方政府受联邦政府活动影响的程度。关于这些转移支付，有几点值得注意。第一，1929—1972 年间，转移支付增幅很大，1929 年仅占州和地方政府收入的 1.3%，1972 年则达到 1/5。1972 年之后，虽有波动，但 20 世纪 90 年代中期，仍然略超过 1/5。第二，联邦政府的补助对州政府似乎比对地方政府更重要，占州政府收入的 20%强，占地方政府收入的比例仅略高于 3%。

但是这些数字具有欺骗性。许多资金表面上看是给州政府的，但实际上是要转移给地方政府。州政府对地方政府的转移支付约占地方政府收入的 35%。[2] 同样，联邦政府转移给州和地方政府的资金，其中的 47%主要通过 TANF 和医疗补助制度支出转移给了个人。医疗补助制度报销占联邦政府对州政府补助的比例在递增。1973 年，医疗补助制度报销占联邦政府补助的 11%；1997 年，医疗补助制度占对州和地方政府转移支付的 41%。[3]

即使医疗补助制度的统计也有误导性。20 世纪 80 年代末和 90 年代初，各州认识到可以运用医疗补助制度项目作为一般收入分成的一种形式。要看这一“诡计”是如何实施的，假定某一医院的收费提高了 1 000美元，州政府付 500 美元，联邦政府付 500 美元。医院可能会退还给州一定数额，比如 800 美元。医院的处境更好了——多出 200 美元可以用。州政府的处境也更好了，多出 300 美元可用。只有联邦政府的处境更坏。对穷人的保健支出增加了，但不是因为服务水平提高了，也不是因为用于穷人的资源更多了。

26.2　财政联邦制的原则

我们在上一节描述了各级政府的各种活动——责任分工。在很大程度上，责任分工随着时间的推移而变化。200 多年前的《宪法》为责任分工奠定了框架，当时现代财政理论尚未形成，甚至还没有公共物品的概念。

但是，随着现代财政理论的发展，我们可能会问：应该用哪些原则指导责任划分？哪种划分更可能导致效率？或者哪种划分导致的公共物品的生产水平和种类的决策与公民的偏好更一致？本节将讨论一些主要原则。

26.2.1 全国性公共物品和地方性公共物品

某些物品由联邦政府提供的愿望很强烈——这些物品属于全国性公共物品，全国人民都能受益。相反，**地方性公共物品**（local public goods）的利益只能由特定社区的居民享有。国防是全国性公共物品，路灯和消防是地方性公共物品。

从全国角度来说，公共提供的大多数物品不是纯公共物品，同样，从地方角度来说，公共提供的大多数物品也不是纯公共物品。就某些物品而言，比如公共图书馆，虽然容易做到排他，但不可取，因为多让一个人使用的成本几乎为零。地方政府提供的某些物品，比如教育和公立医院，本质上属于私人物品；排他容易做到，而且多为一个提供服务的成本是显著的（见第 6 章）。同理，某些地方性公共物品不是纯粹地方性的，一些利益有时可能由其他社区的人享受。

如果公共物品的供给是有效率的，那么这些公共物品必须由公共部门提供，据此推论，如果**全国性**公共物品的供给是有效率的，那么它们就必须由国家提供。如果由每个社区提供全国性公共物品，就会出现搭便车问题，就像如果全国性公共物品由单个家庭和企业提供一样。

专栏 26.2

国际性公共物品

有些公共物品的利益只能由生活在某个特定社区内的人享受，而有些公共物品的受益者遍及全世界。如果让地方社区提供全国性公共物品，就会出现供给不足。同样，如果让各国政府提供国际性公共物品，也会出现供给不足。

这类国际性公共物品至少有四大类。第一类是全球环境（地球大气和环绕大陆的海洋），这可能是最明显的例子。尽管温室气体的增加可能会对不同的国家产生不同的影响，但是温室气体的形成是所有各国行为的结果。第二类是国际安全，它可能影响世界上几乎所有人，比如 20 世纪的两次世界大战。第三类是知识。世界上任何地方多一个人拥有一点知识的成本是零——它不会减少其他人的知识（尽管它可能减少了他们从知识中得到的经济租金，且知识传播的边际成本不为零）。而且，至少对于许多类型的知识来说，排他即使不是不可能的，但也是非常困难的。第四类是国际经济的稳定性。一国的经济危机可能蔓延到其他国家，如同一人得病可能传染其他人一样。（实际上，经济学家称这一过程为传染。）因此，维持国际经济稳定，控制危机的影响，可以视为首要的国际性公共物品，而且，国际社会已经建立了危机发生时提供援助的国际金融机构——国际货币基金组织和世界银行。

26.2.2 地方社区能有效提供地方性公共物品吗?

虽然假定联邦政府应当提供全国性公共物品，但是问题仍然存在。地方性公共物品应该由州和地方政府提供吗?

地方性公共物品、全国性公共物品和国际性公共物品

全国性公共物品：全国人民都受益的公共物品。

地方性公共物品：住在某个地方的人受益的公共物品。

国际性公共物品：全球都受益的公共物品。

40 多年前，华盛顿大学的查尔斯·蒂布特（Charles Tiebout）写下了一篇非凡之作。他认为，地方社区彼此相互竞争向公民提供公共物品，与企业展开竞争提供普通私人物品一样，可以使公民有效地得到他们想要的数量和形式。[4]他认为，就像私人企业间的竞争导致私人物品的有效供给一样，地方社区间的竞争会导致地方性公共物品的有效供给。这一假说就是**蒂布特假说**（Tiebout hypothesis）。下面我们将更深入地研究蒂布特假说及其局限性。

26.2.3 蒂布特假说

第 3 章探讨了政府活动的理论基础。福利经济学的基本定理——亚当·斯密的“看不见的手”——意味着如果不存在诸如公共物品的市场失灵，经济体将达到帕累托效率。每个追逐自身利益的人，都会作出导致帕累托效率结果的决策。生产者之间的竞争决定它们将以尽可能低的价格提供人们想要的产品。

相似的理由可以用于说明州和地方政府提供地方性公共物品和服务，明显有别于联邦政府。据认为，社区间的竞争会导致社区提供人们想要的产品和服务，并以有效率的方式生产这些产品。

蒂布特最初关心的是第 7 章中所讨论的**偏好表露问题**：人们通过购买产品表露对私人物品的偏好，但人们如何表露对公共物品的偏好？人们在投票时，可以选择能反映他们整体价值的候选人，但他们不能具体表达对特定支出类别的看法。在大部分州，公民复决投票制度是有限的。而且，即使要求人们直接对具体项目的支出进行投票，所导致的均衡一般来说也不会是帕累托效率的。

蒂布特认为，人们可以“用脚投票”。对社区的选择可以表露出他们对地方提供的公共物品的偏好，与人们选择产品反映对私人物品的偏好一样。而且，正如企业有去发现人们喜欢哪种商品以及如何有效提供这些商品的激励一样，社区也有去发现人们喜欢哪种社区提供的物品以及如何有效提供这些物品的激励。这一点在社区开发者身上表现得最明显。近年来，这些开发者认识到，许多人喜欢有更多的安全和公共设施（游泳池、网球场），超过一般城市所能承受的，这种偏好促成了大的开发区的形成。由于这些社区更好地满足了人们的需要，所以人们愿意付更高的租金（或花更多的钱去购买这些社区里的房子）。开发者通过努力确定人们需要什么并满足这些欲望，得到了相应的回报。

更一般地说，人们愿意迁入有效提供人们喜欢的服务的社区，迁出不能做到这一点的社区。这种移民（及其对财产价值的影响）向城市管理者发出了信号，这种信号与市场向企业管理者发出的信号（企业不能提供人们喜欢的商品，其销售额就会下降；反之，销售额上升）实质上是一样的。政治家有时迫于选举压力会对这些信号作出回应，这与企业管理者对市场信号的反应没有什么不同。

类比是有启发意义的。在特定假设条件下，各社区独立的决策将导致帕累托效率配置，如同企业和个人关于私人物品的独立决策会导致帕累托效率一样。

但这些假设一般不成立。而且，即使假设成立，社区间福利分配的不平等也可能大到令人无法接受的地步。

蒂布特假说的条件与我们在第 2 篇中讨论的条件十分相似。在第 2 篇中，我们讲到了市场配置可能不是帕累托效率，或即使是帕累托效率，但也可能是不可取的条件。[5]两个最基本的条件是，存在市场失灵和对收入分配不满。

蒂布特假说

社区间的竞争使得地方性公共物品的提供具有效率，如同企业间的竞争使得私人物品的提供具有效率一样。

局限性：

- “市场失灵”

  外部性：社区决策对其他社区有影响。

  不完全竞争：社区数量有限。

- 税收竞争会导致企业课税降低。
- 再分配——在有自由迁移和地方竞争时，地方层次的再分配将不复存在或至少是有限的。

26.2.4　市场失灵

最重要的"市场失灵"是外部性和不完全竞争。

外部性。一个社区的行动会影响其他社区。如果一个社区建造有异味的下水道设施或者在其边界开发工业区，那么，风会将此处的有害气味吹到邻近地区，这就是一种重要的外部性的例子。这种外部性有时称为"外溢性"。不是所有的溢出都是负面的。一些经济学家认为，公民受教育会产生很大的公共利益，这是公共支持教育的理由。从某种程度上说，这是事实。如果人们从提供免费教育的社区迁出，那么，这个地方社区的公共教育制度就具有外溢性。

迁移与选址的低效率可以视为一种特别重要的外部性。人们迁入某个社区的同时带来了利益和成本；税基扩大了，但公共服务需求也增加了，与此同时，拥挤程度也增强了（例如道路和公园）。由于在许多情况下迁入的人既没有支付这些成本，也没有因他们带来的利益而获得补偿，这有可能导致选址决策的低效率。一些国家对主要城市（比如伦敦、巴黎、墨西哥城）的人口过度集中的担心与日俱增，以至制定了分散化政策，以实现它们认为的更有效的选址格局。

竞争与利润最大化。市场经济效率结果的一个核心假设是，有许多利润最大化的企业。蒂布特假说同样假定有众多相互竞争的社区。[6]在大部分地区，相互竞争的社区数量是有限的，实际上仅存在有限的竞争。而且，社区不是以简单的利润最大化标准决定提供哪种物品和服务，而是按照第 7 章所讨论的政治程序来决定。这种方式可能导致的种种低效率将在下一章中描述。这里我们只注意到有限竞争对我们为什么应当质疑蒂布特假说提供了解释。

税收竞争。蒂布特模型说明了社区间的竞争不仅是健康的，而且一定会实现帕累托最优。但还有另一种观点认为，社区间的竞争更多的是负面影响。这种观点认为，不同的社区会为了吸引企业而就税基和就业机会展开竞争。一个社区的得益可能在一定程度上使其他社区受损。更一般地说，吸引企业的竞争会导致对企业课税降低，企业是最终的受益者。从这个角度来看，对社区来说，达成协议不进行竞争也许更可取。

我们以前曾经指出，地方社区课征的税收，其归宿可能落在非流动性要素上。流动性要素可通过流动来逃避税收。资本（和企业）是流动的，通过税收优惠竞相吸引企业，是一种真实写照。如果社区都同意不给予税收优惠，竞争几乎可以肯定将采用其他可能更浪费的形式，比如为企业提供更好的公共设施（如道路）。(即使这会以某种方式停止，但税基小而税率高的社区，会发现它们很难吸引企业。）从这个角度来看，试图阻止税收竞争就像试图阻止经济中的其他竞争一样。这种企图不仅可能无果，而且还可能导致其他问题，包括无效率。

与其他领域一样，如果完全勾结成功，就会有实际影响。如果所有社区都能同意不进行吸引企业的竞争，一旦同意了，比如对企业征收统一税，那么社区会得利，企业会受损。这种税等同于联邦课税。[7]有关税收竞争的争论说明了联邦政府在课税上拥有优势。

26.2.5　再分配

再分配——蒂布特假说的第二个基本条件——比我们刚刚说过的市场失灵更能说明联邦政府的重要作用。这关系到个人之间和社区之间的收入分配。

个人间的不平等。再分配程度——福利支出水平——应该由地方还是国家决定？“再分配”是地方性公共物品吗？假定某个社区的人坚定地认为没有人应该住在贫民窟，因而应该有一个良好的公共住房项目，而其他某个社区的人的伦理观念与此不同。前一个社区的人要求制定最低的全国住房标准，而非地方标准，并将自己的伦理观强加给后一个社区，这合理吗？

答案是肯定的。理由是，在迁移相对自由的情况下，从地方层次上讲是可行的再分配程度相当有限。决定为穷人提供更好的住房或更好保健的任何社区，可能会发现穷人会纷纷涌入。每个社区似乎都有不吸引穷人的激励，穷人会迁到相邻社区。例如，某些社区会通过分区立法和社区分块来达到这一目的。[8]其他社区为了达到这一目的，会限制对穷人特别有好处而富人又有私人替代物的特定公共服务（如公共汽车服务）的提供。

的确，如果社区间完全竞争，那么，以纳税人最少的代价提供地方性公共服务的努力，会导致纳税人缴纳的税收正好与他们所获得的利益相当。没有福利项目且成功地排除了大部分穷人的社区，与有庞大福利项目（公共住房、良好的医疗条件等）和针对残疾儿童的教育的社区相比，就能在课征较低税率的情况下提供公共服务（如教育、污水处理、图书馆等）。竞争往往是有限的，迁移过程是缓慢的，公共服务的决策是在政治层面作出的，这意味着地方（和州）的再分配项目是必需的，但很有限。

社区间的不平等。我们曾经指出，各州之间的人均收入差异很明显。贫困社区要提供与富裕社区同等水平的服务，就需要课征更高的税率。美国各州人均支出和税率的差异较大。1996 年州一级的人均支出差异，得克萨斯州为 2 175 美元、密苏里州为 2 191 美元、阿拉斯加州为 8 438 美元、夏威夷州为 4 420 美元、纽约州为 4 044 美元（全国平均数为 2 854 美元）。[9] 在纽约州，州和地方税总额占 50 000 美元四口之家收入的 12.7%、100 000 美元家庭收入的 15%，但在拉斯韦加斯，仅占可比家庭收入的 4.5%，在洛杉矶，占 50 000 美元家庭收入的 8.1%、100 000 美元家庭收入的 11%。[10]

但是，我们为什么应当更加关注地方提供公共物品（和税率）的不平等，而不是一般意义上的不平等？为什么应该有特定的旨在减少这种特定不平等的联邦项目？如果我们想要更多的再分配，那么为什么不只征收更累进的联邦税，让个人选择如何花自己的钱？如果他们想住进在地方性公共物品上花更多或更少的钱的社区，为什么不让他们这样做呢？问题与前几章关于政府是否应该有旨在减少不平等程度的特定政策（如对药物、食品和住房等特定产品）类似。引入**特定平等主义概念**——消费特定商品不应取决于一个人（或其父母）的收入或财富。教育作为最重要的公共提供的地方性物品，是最有理由平等得到的一种物品。

然而，有若干理由可以反对提供旨在减少地方性公共服务提供不平等的项目。

1. **消费者主权**。第一个是标准的“消费者主权”理由：人们应该有权选择自己喜欢的产品。联邦政府不应该把自己对食品、住房供应或教育的偏好强加给地方社区。旨在减少地方性公共物品提供不平等的项目（在一定程度上这是有效的）会扭曲消费模式：与向个人提供现金的再分配项目相比，这可能导致更多地消费“地方性公共物品”和更少地消费私人物品。专项补助（在一定程度上也是有效的）会扭曲地方提供物品的组合，比如可能导致更多的教育和城市改建，更少的日常垃圾收集。无论如何，这类扭曲都属于无谓损失。

这种消费者主权论点尽管很重要，但还不特别充分。例如，中小学教育的决策不是由个人而是由其父母作出的，地方性公共物品的决策是由政治程序作出的，这未必有效率结果，如同我们在第 7 章所看到的。

2. **以社区再分配为目标的问题**。第二个反对旨在再分配社区间（地方、州）收入的项目的理由是，这些项目定错了目标。大部分社区由穷人和富人组成。旨在把资源再分配给一个平均收入低的社区的项目，只会使其税率降低，该项目的主要受益者是穷社区里的富人。相反，有些项目诸如学校午餐项目，是把收入再分配给儿童，这比旨在再分配家庭间收入可能更有效。

3. **选址无效率**。第三个理由是，社区间收入再分配项目会导致选址无效率。它们扭曲了人们住在哪里的决策和企业落户在哪里的决策。

美国是一个流动性很强的社会。我们经常搬家，而且常常路途遥远——从南方乡村到北方都市，从冰雪地带到阳光地带。人们搬家的原因很多，但经济原因最为重要，不仅包括个人的就业机会和工资，还包括课税和公共物品的提供。随着需求变化和技术进步，经济效率要求人们搬到他们可以得益更多的地方。有些地方甚至有些地区确实出现了人口的衰减，而有些地方的人口却在快速增加。搬家是必要的吗？旨在把收入从一个地方再分配到另一个地方的联邦补助，可能会影响劳动和资本的有效配置。一个社区的税收和所提供的公共服务水平不能正确反映出该社区的经济潜力，从短期来看，这带来的无效率可能会很小，但从长期来看可能会变大。如果人们留在原地能够得到鼓励，他们就不会搬到得益更多的地方。的确，用同样的资金补贴搬出得益不多的地区可能更好。同样，新的公路系统可能会对人口聚集在市中心区不再奏效。这样，对市中心区的补助可能有助于这些无效率的选址模式长久存在。[11]

需要指出的是，这些无效率源于努力再分配社区间的收入。如果我们主要关心个人间的不平等，再分配就应该针对个人而不是地区或地方。

此外，特定的再分配项目如果设计得不合理，可能造成很大的扭曲。旨在通过提供联邦补贴解决特困户住房短缺的项目，可能鼓励社区采取加剧这些短缺的措施（例如租金控制）。紧急援助城市的项目已经导致借债过多，处于无法还债的危险之中；该项目鼓励了其他社区借更多的债，因为它们知道一旦陷入困境，联邦政府就会伸出援助之手。

26.2.6 地方提供的其他理由

虽然地方性公共物品的概念为地方提供特定公共物品提供了主要的论据，但是还有其他一些理由表明，地方政府应该承担提供集体物品的更大责任——即使这些物品不是纯地方性公共物品，或即使这样做可能限制再分配的范围。这些理由在近来美国的政治辩论中起了重要作用——赋予地方社区更多责任，更能适应受益者的环境和偏好。而且，公民更可能积极参与，比如学校由地方社区负责；这种参与可以带来更高质量的公共服务。

而且，在地方层次，人们更能看清利益和成本（它们要支付的税收）之间的联系；当人们看清政府利益和税收之间的联系时，他们可能更少寻求需要付出高昂成本的利益，而且更可能要求利益的提供讲求效率。此外，还可以进行更多的实验，这些实验提供的信息对于像福利领域的项目设计（一般需要更大的改善）尤其重要。

除了上述理由外，一些人一再要求让州和地方政府承担更多责任的原因在于，他们认为政治程序会作出他们更喜欢的、与国家层次作出的不同的决策。例如，许多人认为，把福利项目的决策责任更多地划分给州和地方，会使成本控制更有效。

26.3　生产与筹资

地方提供公共物品一般有许多理由：地方社区对实际获得物品的那些人的需要和偏好更能作出反应；地方社区在提高效率上的积极性更大：把责任下放给地方社区会提供更多的实验机会。这些都是地方控制（地方决策）的主要理由，而不是地方筹资的主要理由。不过，把筹资和控制分开也有充分的理由。如果全国选民都认为他们交的税应该用于穷人的福利支出，他们就想确保他们的钱的确是用于这一目的，而不是用于修建郊区的游泳池。有些支出控制是必要的。这又是一个程度问题：控制多少？通过更多的控制，资金按预定方式使用的可能性更大，但也有成本——更多的官僚作风、不太符合地方情况、缺乏实验。就福利项目而言，1996 年改革之前，一致同意需要更多的地方自治，联邦政府对于大多数州**不强求执行**（waivers）。联邦法令允许它们进行特定实验。

当决策责任从联邦政府下放时，存在着下放多少给州、州以下政府（比如市或县）或直接到个人的问题。下放责任的许多理由表明，层次越低越好。住房项目的责任如果下放给市或社区而非州政府，就更有可能为当地需要服务。许多人指出，为什么非要涉及中间层次的政府？为什么不直接给穷人可以在任何地方买房的住房代金券，让他们自己决定想要购买的住房？

把决策权给地方社区并不意味着地方社区就必须自己生产。联邦政府可以直接生产物品和提供服务，也可以从私人企业购买，地方政府同样也可以这样做。一般来说，地方社区生产大部分它们所提供的物品和服务——从警察、消防到学校。但是，也有一些领域，最明显的是垃圾收集，许多社区把它外包给私人提供者。（在有些地方，垃圾收集被视为一种私人物品，社区不发挥任何作用。）关于在地方层次上公共生产与私人生产的讨论，与在全国层次上对此问题的讨论类似（见第8章）。最近，州和地方政府正在一些新的领域探讨承包的可能性，包括监狱和行政服务。1997年，得克萨斯州就要求允许私人企业涉足福利项目。但联邦政府否决了这项申请：即使福利项目的责任已下放给很多州，但联邦政府还是担心——在谁有资格享受福利上，私人承包商的决策与福利立法的意图不一致。

26.3.1 联邦对地方社区的专项补助的效果

联邦政府对地方社区的专项补助，旨在鼓励地方政府对特定的公共服务支出。对双语教育、职业教育、学校图书馆的补助，旨在使这些领域的支出增加。这种补助的效果如何？联邦资金只是取代了地方资金，还是确实带来了更多的支出？

从理论角度看，这与第10章所讨论的问题相同。对个人的专项补助在鼓励个人用于比如食品或住房上的支出增加效果如何？答案取决于是产生替代效应还是收入效应。

我们比较三种类型的联邦对地方社区的补助：不与任何特定用途相联系的定额补助、与特定目的相联系的定额补助和特定目的的配套补助。

图26.3给出了社区的预算约束线。（通过假定社区中所有人是同质的可以使问题简化，从而我们可以忽略偏好差异问题。）社区会选择代表性个人的预算约束线和无差异曲线的切点E。现在假定联邦政府向社区提供定额补助。这使得预算约束线外移到$B'B'$线，新的均衡点为E^*。在该点，地方性公共提供物品的支出水平和人均私人物品的消费水平都提高了。也就是说，联邦补助实际上使得对个人课征的税率下降了。联邦资金部分取代了地方社区资金；该社区由于境况更好而增加了在公共提供物品和私人提供物品上的投入。

现在假定有两种不同的公共提供物品，即垃圾收集和教育，社区在这两种物品上花钱。我们可以用描绘私人提供物品和公共提供物品的配置图来描绘社区在这两种物品之间的配置决策。[12]该社区有一条预算约

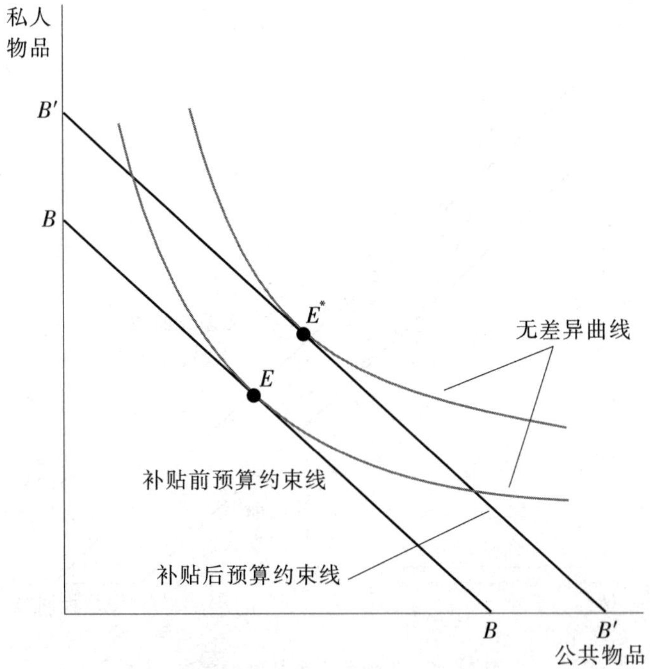

图 26.3　定额补助效应

对社区的一次性转移支付会导致公共支出增加，但数量小于转移支付数量，地方税会下降。

束线，它需要把总预算在这两种物品之间进行分配，如图 26.4 所示。该社区也有这两种物品间的无差异曲线。初始均衡如图 26.4 中的 E 所示。现在有了联邦补助，预算约束线外移，新均衡点是 E^*。政府把资金配置给这种公共物品还是那种公共物品重要吗？通常不重要。只要与一种物品相联系的联邦补助的数量小于社区希望花费在一种物品上的数量，那么联邦补助就将一比一地取代地方对这种物品的拨款。也就是说，如果社区在教育和垃圾收集上分别增加投入 5%，100 万美元的联邦补助就会导致教育支出和垃圾收集支出分别增加 50 000 美元。剩下的 900 000 美元将用于降低税率。但是，联邦政府是否规定把资金用于教育无关紧要，只要社区以前在教育上的投入超过 100 万美元。如果它的投入不是这个数，那么，对它的教育预算当然会有较大的影响，支出增加的数量将超过联邦补助以前支出的数量。[13]

定额专项补助的这些结果需要与**配套**地方支出的政府项目（例如图书馆支出）对比。假设联邦政府按一比一配套地方支出。如果地方社区

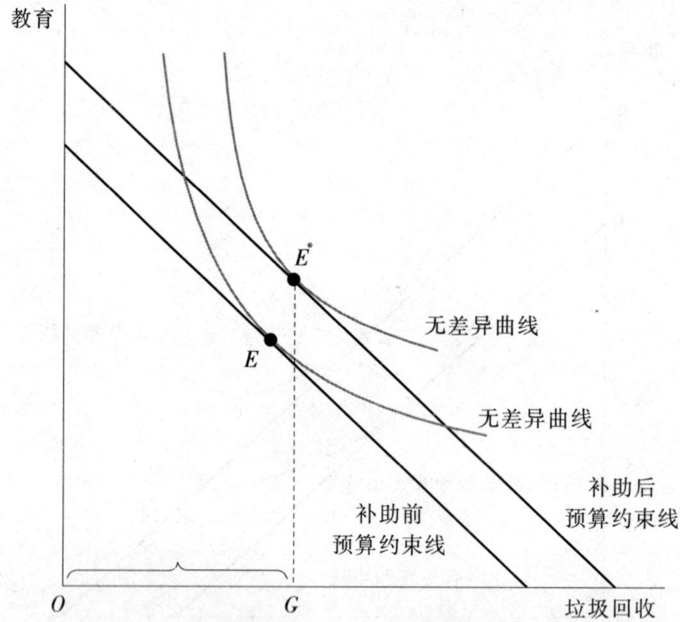

图 26.4 非配套专项补助的影响

联邦政府是否规定资金必须用于垃圾收集和教育并不重要，只要拨款规模小于想要支出的总额。（如果联邦政府规定其资金必须用于垃圾收集，那么只要联邦政府的拨款数量小于 OG，这种规定就没有作用。）

要买一本 10 美元的书，由于联邦政府提供 5 美元的配套拨款，社区只需支付 5 美元。这一制度显然会诱发这些服务的支出增加，如图 26.5 所示。在对地方政府支出存在补贴的情况下，新的预算约束线会以 B 点为中心旋转。如果社区决定不花钱，那么它就得不到任何联邦补助。社区每放弃 1 美元私人提供物品，就可以得到是以前两倍的公共提供物品，因此预算约束线更平缓。和前面一样，预算约束线的这种外移具有收入效应，但现在又多了替代效应。由于公共提供物品更加便宜，社区会投入更多，均衡点也就从 E 变成 E^*。

图 26.5 还说明了有定额补助且使该社区的福利与配套补助时的福利相同情况下的社区预算约束线。（该预算约束线与补助前的预算约束线显然是平行的，新均衡点为 E^{**}，与 E^* 在同一条无差异曲线上。）这里需要指出两点：公共物品的均衡公共支出水平低于有配套拨款时的支出水平，联邦政府的成本更低。配套拨款会带来无谓损失（即用私人提供物品来衡量为 DE^*。）

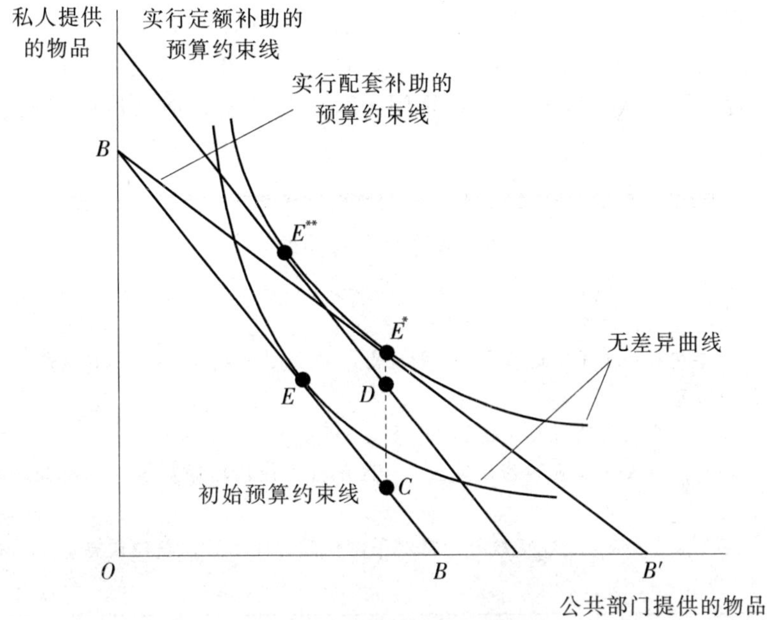

图 26.5　配套拨款的影响

配套拨款实际上会降低地方性公共物品的价格，导致地方性公共物品的消费水平上升。在配套拨款为 50%的情况下，要得到 1 美元的公共物品，社区只需放弃价值 50 美分的私人物品。定额补助 CD 带来的效用水平与配套拨款数量 CE^* 带来的效用水平相同。

如果对特定物品提供配套资金，那么联邦补助就会对社区预算的构成有明显影响。它会鼓励提供那些价格被降低的物品（或许在一定程度上会减少其他公共提供物品，它们的相对价格现在被认为较高）。同理，在联邦拨款水平既定的情况下，如果联邦政府的目标是鼓励特定物品的提供，那么，配套拨款制度显然要比定额补助（一次性总额补贴）制度有效得多，无论是否受到限制。

理论与实践。现实政府行为的证据支持我们的预测——配套拨款对地方政府支出的刺激大于定额补助，但不支持我们的下列预测：特定目的的非配套拨款与私人收入的一次性总额增加具有相同的效应；证据表明，专项补助的确会影响政府预算。[14] 这被称为**粘蝇纸效应**（flypaper effect）：钱粘在了所花之处。[15] 对此有好几种解释。一种观点是，当使用非配套拨款时，选民没有觉察到公共支出的真实边际价格；边际成本超过了平均成本，而选民对平均成本的了解更多一些。另一种观点是，至少从短期来看，政府官僚机构对预算具有很大的相机决定权。假如它们获得额外资金，选民并不能马上知道；即使选民知道，也没有办法强迫官僚把钱吐回来。第三种观点是，联邦官员可以保证以增量方式花钱；假如他们认为联邦资金只是用于取代州资金，那么他们有权撤回资金。

联邦对社区的补助

定额专项补助

对特定支出类别的固定数量拨款。

只要拨款小于没有这项拨款时的支出，其效应就很像一次性总额拨款。

配套拨款

州或地方政府获得的数额取决于支出水平。

同时具有收入效应和替代效应——因此很可能比同等规模的定额补助的效应大。

存在扭曲效应——在定额补助情况下，较低的成本可以获得同样的社区福利水平。

26.3.2 联邦税制与地方支出

联邦政府不仅通过补助项目直接影响地方支出，而且还通过联邦税制间接影响地方支出。所得税法的两个条款对地方社区有重要影响。第一，州和地方债券利息全部免征联邦政府税。这意味着，如果一个人适用36%的边际税率，免税地方政府债券6.4%的收益，等于其他任何债券10%的收益率。10%的收益率在税后得到10%×（1－0.36）＝6.4%。对于州和地方债券的免税显然降低了州和地方当局借债的成本。

第二，州和地方的所得税和财产税可以从联邦所得税中扣除这1 000美元。也就是说，如果个人所得为40 000美元，支付1 000美元的财产税，他可以从她的所得中扣除这1 000美元；也就是说，他只要就39 000美元纳税。这意味着，如果个人处于36%的纳税档次，财产税使他的净所得（他可以用于购买消费产品的）减少了640美元。在1 000美元的财产税中，联邦政府实际上支付了1/3。

这些税收利益提高了地方性公共物品的支出水平，鼓励了资本项目的支出，刺激了一些社区用债务为投资筹资。

考虑一个理想化的社区，其中所有人都处于36%的纳税档次。如果社区增加了每个家庭的教育支出（1 000美元），而且通过增加所得税和财产税为支出增加筹资，那么，个人在缴纳联邦所得税后的成本就只有 640 美元——好像是联邦政府对地方性公共物品的配套拨款。个人面对的预算约束线与图 26.5 所示的一样。

在大部分州，社区只能通过举债为资本项目筹资。如果这种限制具有约束力（通常如此），那么对地方债券利息免税意味着资本品的实际成本相对于当前服务（劳动和原材料）的成本下降了，这导致偏向资本项目。

给予地方社区税收收益的无效率。为什么通过联邦所得税制向地方社区提高补助可能是无效率的，其原因有四。我们刚才讨论了第一个原因：补助对公共提供物品的激励很大，而不管地方社区提供的这些物品和服务的效率如何。

第二个理由我们在第 21 章讨论过：利息免税利益有很大一部分不为社区所得，而为富纳税人所得。

为什么免税不是补助地方社区的有效方式的第三个理由是，鉴于社区间的竞争，部分利益可能由本社区的行业而非社区本身所得。地方社区发行免税债券，有助于为吸引企业而提供基础设施所必需的部分资本成本筹资。但是如果一个社区这样做了，其他社区就会随之而动，或者努力吸引企业到该社区，或者阻止企业离开。最终结果是，为企业提供的公共物品水平可能高于应有的水平。如果只有一个社区提供了较高水平的公共物品，这会反映在企业愿意为该社区土地支付的价格之中。但是，当所有社区都提高它们所提供的公共物品水平时，土地的总需求也许不变，从而租金水平相对来说不受影响。

评价联邦税和利息条款的第四种考虑是，它们在偏好不同、收入不同的个人间造成了不平等。我们曾指出，这些条款是对公共提供物品的相当大的补贴。对地方层次公共提供的物品具有强偏好的人，会因这类措施而受益，但对这些物品具有弱偏好的人的利益会受损。

由于公共提供物品的实际成本的减少额取决于个人的边际税率，适用较高税率的人（通常是比较富的人）得到的补贴更多，而且对他们来说，公共提供物品的实际价格下降的幅度大。（从某种程度上说，“偏好”效应和纯收入效应可以相互抵消。尽管它们在其地方政府开支的每 1 美元中获得的补贴较大，但有富人的社区至少在某类物品上实际支出得少，比如较富的人更有可能把他们的孩子送到私立学校。）

在大多数经济学家看来，与上述这些理由同样具有说服力的是，对州和地方所得税和财产税扣除以及对州和地方债券利息优惠待遇的政治支持仍然很强，在可以预见的未来，这些扣除不可能有重大变化。

【注释】

[1] American Council on Intergovernmental Relations, *Significant Features of Fiscal Federalism*, vol. 2, October 1997, Tables 24 and 75.

[2] *Significant Features of Fiscal Federalism*, vol. 2, October 1997, Tables 14 and 33.

[3] Executive Office of the President, Office of Management and Budget, *Budget of the United States Government, Fiscal Year 1999, Analytic Perspectives*, Washington, D. C.: Government Printing Office, Table 9-3. 略微不同的数据见 *Survey of Current Business*, October 1998, Table 3.16.

[4] 参见 C. Tiebout, "A Pure Theory of Local Expenditure", *Journal of Political Economy* 64 (1956): 416-424。

[5] 从蒂布特以来，有大量文献评价了结论成立的条件。特别参见 J. E. Stiglitz, "Public Goods in Open Economies with Heterogeneous Individuals", in *Locational Analysis of Public Facilities*, ed. J. F. Thisse and H. G. Zoller, New York: Elsevier-North Holland, 1983; "Theory of Local Public Goods", in *The Economics of Public Services*, ed. M. Feldstein and R. Inman, New York: Macmillan, 1977, pp. 274-333; T. Bewley, "A Critique of Tiebout's Theory of Local Public Expenditures", *Econometrica* 49 (1981): 713-740; 以及 G. R. Zodrow and P. Mieszkowski, "Pigou, Tiebout, Property Taxation, and the Underprovision of Local Public Goods", *Journal of Urban Economics* 19 (1986): 356-370。

[6] 的确必须有许多这样的社区：每个社区的所有居民具有相同的技能，也具有同样的公共物品偏好。另一个含义是（假定投票者是理性的），投票会完全一致。这两个条件显然都不能得到满足。参见 R. W. Eberts and T. J. Gronberg, "Jurisdictional Homogeneity and the Tiebout Hypothesis", *Journal of Urban Economics* 10 (1981): 227-239; H. Pack and J. Pack, "Metropolitan Fragmentation and Local Public Expenditure", *National Tax Journal* 31 (1978): 349-362。

[7] 仍存在国家间的税收竞争问题。

[8] 法院近来限制使用分区作为排他机制。

[9] *Statistical Abstract of the United States, 1998*, Table 516.

[10] *Statistical Abstract of the United States, 1998*, Table 520.

[11] 另一方面，补助可以补偿市中心区的正外部性。

[12] 这种分析假定我们可以把公共提供物品间的配置决策与私人物品和公共物品间的配置决策区分开来。这种区分只有在有关偏好的十分严格的数学条件下（即可分性）才是可能的，其中我们假定公共物品 1 和 2 的边际替代率与其他物品的消费水平无关。

[13] 这个问题的全面分析需要用三维图形，三个轴分别表示教育、垃圾收集

和私人物品。

［14］参见 E. M. Gramlich，"Intergovernmental Grants：A Review of the Empirical Literature"，in *The Political Economy of Fiscal Federalism*，ed. W. E. Oates，Lexington，Mass.：Lexington Books，1977.

［15］P. N. Courant，E. M. Gramlich，and D. L. Rubinfeld，"The Stimulative Effect of Intergovernmental Grants：Or Why Money Sticks Where It Hits"，in *Fiscal Federalism and Grants-in-Aid*，ed. P. Mieszkowski and W. Oakland，Washington，D. C.：Urban Institute，1979，pp. 5－21.

［16］如果州没有达到工作参与率，支出水平就上升到 80%。资料来源：House Committee on Ways and Means，*Overview of Entitlement Programs，1996 Green Book*，p. 1333.

第 27 章　州和地方的税收与支出

我们在第 2 章中指出了州和地方层次税收的变化模式：财产税的重要性在下降，而销售税和所得税的重要性在增加。这种筹资模式的变化是否改变了州和地方税收的负担者？还是仅仅改变了筹资模式？本章第一节将考察州和地方税收的负担。接着对应地分析谁是地方政府提供的产品和服务的受益者，即支出归宿这一问题。在分析完这些归宿之后，最后讨论地方的公共支出水平和结构是由什么决定的。

27.1　地方财政的税收归宿

我们在第 18 章中分析了归宿的基本原理，并指出，商品或要素的税收负担取决于商品或要素的需求弹性和供给弹性。

极端的情形是供给曲线有无限弹性，即供给曲线是完全水平的。那么买方承受了全部税收负担。买方所支付的价格以课税数量增加。卖方的所得不受影响。

我们很容易推导出这对地方税收的含义。长期中，大部分要素是流动的；也就是说，要素很容易在社区间流动。对资本来说，尤其如此。只有当至少能获得与在其他地方相同的回报时，投资者才在该社区投资。流动性转化为弹性，结果是，流动要素不会承担地方税负。

27.1.1　地方资本税

很少有投资者会对增加资本课税的社区感兴趣。尽管对于拥有固定资本设备的那些人或企业（例如钢铁厂）来说，可能不会撤走资本，但在资本的税前回报提高前，新投资也会减少。这个过程会一直持续到税后回报与其他地方相同为止。

因此，在长期中，资本所有者不会感觉到地方资本税的负担。但土地所有者和当地的劳动力会感觉到。由于那里的资本较少，土地和劳动的生产率（从而所得）会下降。

假如资本课税的结果是工人的生产率下降，那么，工资也会下降。长期来看，工人将迁出，假如劳动具有完全的流动性，那么工人将继续迁出，直到（税后）收入与在其他地方一样为止。只有土地这一要素无法迁出。随着资本和劳动力越来越少，土地回报也会越来越低：长期中，税收全部由土地所有者负担。

这里假定劳动具有完全的流动性。但是显然，短期内工人不会因工资率的微小变化而马上迁出。确实，许多人都有强烈偏好住在他们成长的地方或者他们已形成牢固关系的地方。这些劳动力只具有部分的流动性。他们会负担一部分资本税收。他们的工资会因为资本的流出而下降。

假如不考虑这些因素，戏剧性的结果可能出现。州偶尔会试图对特定行业课征特别税。一些产业特别“轻飘”。一旦政府对这些行业课以重税，那么它们就会迁出，搬到能够提供最好待遇的州和社区。

27.1.2　财产税

尽管财产税的作用已经下降，但它仍占州和地方收入的 21%。在一些州，例如新罕布什尔州，财产税占州和地方收入的比重超过了 60%。[1]

财产税一般是对土地和资本——建筑物和设备的课税。两者的税收归宿明显不同。土地供给缺少弹性，因此土地所有者负担税收；税收全部反映在土地价值的降低中。长期来看，建筑物的供给是有弹性的：投资者可以决定在哪里投资，而且是以考虑了任何财产税的税后回报为基础的。为了提高投资，税收回报必须增加。财产税因而扭曲了投资决策。假如税收是对各种资本统一征收的，那么相对于其他生产要素（例如劳动）来说，它只会影响资本的使用。但是实践中，对不同种类的资本的课税是不同的，部分种类的资本（例如营运资本和企业声誉价值）基本上不被课税。

19 世纪，对财产税的管理很随意，而且反复无常，声名狼藉。许多类型的财产由于没有发展出很好的市场，很少进行交易，因此要准确估计财产现值很困难。县的估价员要判断市价。过去，企业（和估价员的其他朋友）经常可以成功地说服估价员降低估价。今天，尽管对评估的争论尚在，但是存在一些有助于大大减少不公平的程序（例如评估上诉）。

不能根据经济环境的变化调整财产税，被视为城市衰败的原因。在市中心，许多建筑物被废弃，因为财产所有者声称它们不能带来足够的收入以支付税款。显而易见，财产税超过该资产市场价值的100%（否则财产不会被废弃）。

27.1.3 所得税、工资税和销售税

同样的原理适用于劳动课税。在一个小社区，假如个人不是特别依赖社区，那么长期的劳动供给曲线将会具有完全弹性。对资本课税只会抬高税前工资，但税后工资不变。工资税的负担者不是工人，而是土地所有者。它只是一种没有效率的土地间接税。

如同我们在第18章中指出的，对消费和投资产品的统一销售税，正好等价于比例所得税。它们与工资税有同样的效应。[2]土地（和具有有限流动性的工人）负担了税收。

27.1.4 扭曲

所有的地方税都由同样的、缺少流动性的要素负担的事实并不意味着各种税收具有同样的效应。土地直接税是非扭曲的，但所有其他方式的筹资都会带来扭曲。财产税（部分对土地课税，部分对资本课税）增加了社区的资本成本，带来了资本偏倚。工资税或销售税提高了劳动成本，从而导致土地使用的偏倚；销售税可能诱使个人跨越州界进行采购。例如，纽约市的销售税更高，这可能诱使很多人到新泽西州购物；当华盛顿特区的汽油税比邻近的弗吉尼亚州和马里兰州更高时，可能诱使开车的人到另一个城市购买汽油。高的州所得税可能导致住在某一州的人到另一州工作，以避免对所得缴纳高税。[3]例如，由于新罕布什尔州没有所得税，许多人发现住在那儿有好处，因此往返于有所得税的马萨诸塞州与新罕布什尔州之间。该税是没有效率的，因为它增加了马萨诸塞州的劳动成本，导致了不必要的通勤费用。

27.1.5 分配收入能力的局限

非流动要素负担税收的事实意味着地方层次的再分配程度非常有限。例如，假定某一社区断定医生太富了。相应地，地方政府会对医生

开征执照税，从富裕阶层再分配收入给其他人。医生决定是否执业时，会对不同社区的前景进行比较。当他们发现这个社区的税后收入低于其他社区时，他们就不愿意在该社区行医。假如税收不太高，那么已经开业的医生不会离开，因为迁移成本超过了税收损失。医生不离开的事实可能使社区误以为已成功额外榨取了医生的税收。短期内，这可能是对的。但渐渐地，由于很少有医生迁入本社区，社区可能会感到医生稀缺，他们的工资就会被抬高。工资会高到医生的税后工资等于他们可以在其他地方赚到的为止。长期来看，医生不会承担税负（尽管短期内要承担）。长期中，作为整体的社区以较少的医疗服务和较高的看病价格的形式承担了税负。

同样的原理适用于长期中流动的任何要素。许多州错误地认为它们事实上已经成功地对资本课以了比其他地方更高的税率，但却没有意识到结果不是无法提供更好的公共服务，就是资本基础被侵蚀。部分州试图通过征收公司利润税，把在州（或国家）之外运营的国际企业的收入也包括到税基中来。如果上述分析正确，那么长期来看，这些企图不会成功。由于资本不会马上迁出，此类社区经常误以为它们可以成功。[4]

27.1.6　租金控制

同样地，许多社区都有这样的印象，认为它们可以降低被视为剥削更贫穷的租赁者的土地所有者的回报。它们实施**租金控制**（rent control）法律，结果却使租赁者支付的租金低于在其他情况下要支付的。短期内，这种措施确实可能成功。但在长期中，土地所有者有关建造额外的公寓、对已有公寓修缮和维护的决策将受到影响。假如回报低于他们在经济中其他部门的资本投资，他们没有理由继续进行住房投资。租赁市场因此会变得冷清。长期来看，假如政府不实行租金控制，那么租赁者的状况反而会好一些，一些租赁者可能因此在任何价格上都租不到房子了。（毫不奇怪，这会导致依赖租赁市场的人们提出对公共提供住房的要求，迫使社区使用一般收入来进行补贴，从而承担税负的将不仅仅是租赁公寓的所有者。）

27.2　资本化

考虑两个社区在每个方面都一样，除了其中一个社区的税收较高以外（例如，因为公共服务的提供缺少效率）。明显地，如果两个社区的住房价格一样，那么人人都愿意住在税率较低的社区。当然，这不会是一种均衡。人们关心社区的居住总成本。均衡时，两个社区的居住总成本（税收加上每年的住房成本）必须相同。这意味着较高税率的社区会发现住房（土地）价格在按比例下降（我们假定该税不用于提供其他服务）。我们说，税收已在房价中**资本化了**（capitalized）。

州和地方税的归宿

非流动要素负担了所有的地方税。

资本可能完全流动。

熟练劳动力可能具有相对流动性。

土地不流动。

一般原理的应用——具有供给弹性的要素不承担课税的大部分冲击；当具有完全的流动性时，供给弹性将是无限的。

限制地方再分配收入的能力。

其中，“资本化”这一术语此处指的是这样一个事实，即价格不仅反映当前的税收，也反映了未来所有的税收。例如，计算每年不变的1 000美元税收对住房价格的影响，记住明年的1美元不如今年的1美元值钱。如果今年我们得到1美元，那么我们本来可以在货币市场基金或银行投资，获得回报，例如10%，所以年末我们可以拥有1.10美元。这样，今天拥有的1美元等于明年的1.10美元。更一般地，今天的1美元等于下一年的$1+r$，其中r是利率（即明年的1美元等于今天的$1/(1+r)$）。[5]因此，今年、明年、后年等等的税收值T是

$$T+\frac{T}{1+r}+\frac{T}{(1+r)^2}+\frac{T}{(1+r)^3}+\cdots$$

这是应纳税款的贴现值。假如住房价格减少的数量以这些应纳税款的贴现值给出，我们就说应纳税款被完全资本化了。假如两处房子除了应纳税款外相同，又假如房子价格的差异小于这个数，那么我们说，税收在较便宜的房子中得到了**部分资本化**（partially capitalized）。

27.2.1 养老金计划的激励

特定的财政变量可能不会完全资本化的事实有一些重要的含义。社区有利用这种优势的激励。住在一个社区里的某个人，如果认为自己很有可能在10年后迁出，他就可能投票支持建立一个大的非基金制公共

雇员养老金计划——也就是说，这种养老金计划在没有足够的资金来支付承诺的养老金时，将依赖于未来的税收。慷慨的养老金使得当前只需支付较低的工资，社区就能够吸引来工人。而事实上，未来城镇里的住房所有者将不得不为当前的服务买单。对未来的住房所有者的欺骗表现在，产品制造者不充分披露商品的一些重要特性，以此来欺骗购买者。住房（或任何财产）的一个重要特性就是未来与之相关的应纳税款，而要知道这些，我们必须知道社区的债务和非基金制的养老金欠债。对此进行处理的适当方式，是通过披露法（在任何销售完成之前，每个社区被要求把社区的欠债通报给所有的潜在住房购买者），还是通过限制法（不允许非基金制的养老金计划），是一个仍在争论的问题。

27.2.2　债务筹资和税收筹资的选择

更一般地，资本化程度对于地方支出是通过债务还是通过税收筹资的决策有影响。在完全资本化条件下，增加 1 美元债务只会减少 1 美元的社区净市场价值。由于住房购买者可以选择住在本社区或其他社区，他们承担社区债务是一种自愿的行为。因此他们会要求通过住房价格相应的减少而得到补偿。无论债务未来需要多久才能偿还，都是如此。它不一定在下一个主人拥有这栋房子期间得到偿还。

例如，假定债务要在 50 年后偿还，每个人住在这一栋房子里的时间只有 10 年。考虑到与偿债相关的应纳税款的增加，在债务要偿还的时候购买房子的人显然会支付得较少。但是以前的购买者知道他要卖给的那个人会付得少，因此他也将付得少（大小为应纳税款的数量）。同样地，以前的购买者知道他能够出售的价格将会以所增加债务的数量而下降，因此他也会付得更少，依此类推。

在完全资本化条件下，现在的主人为当前的服务买单——不论是通过直接方式（税收），还是通过间接方式（公共服务筹资带来的较高的债务预期造成住房价格较低）。两种方式中哪一种更可取，取决于联邦政府如何对待地方税和地方债务的利息，这个问题在前一章中讨论过。[6]

27.2.3　短期资本化和长期资本化

假定对公寓楼的课税提高了。假如社区提供的服务设施不变，租金也不会变化：个人所愿意支付的租金由社区和房东提供的服务决定，而不是房东提供服务的成本。那么，短期内，公寓的市场价值会下降。这会使社区内的公寓投资缺少吸引力，公寓的供给将会下降（由于老公寓老化）或者跟不上人口增长的步伐。这又会导致租金上扬。租金最终会增加到一点，在这一点上公寓的税后回报等于投资者在其他社区的投资所获。这样，尽管税收是依法对建筑物课征的，但长期来看，是土地和不流动（不得不支付较高房租）的个人承担了税收。

27.2.4　谁从地方性公共物品中受益？资本化假说

任何税收负担都落在土地所有者（或部分非流动要素）身上，同理，任何利益也都落在他们身上。任何使社区更适合人们居住的公共物品都会抬高租金，从而提高社区的资产价值。短期内，房东能够得到部分利益，但房租的提高会导致住房投资的增加（用大的新公寓楼取代小的旧公寓楼，等等），从而使他们的回报下降。[7]最终，公共物品的价值体现在地价中。

同样地，部分公共物品可以使得特定的某个社区更能吸引人来工作。这会使企业必须支付的工人工资下降。但又一次，最终受益人是土地所有者。

要了解个人得到的工资和被提供的公共服务水平之间的联系，考虑这样一个城市，它打算在交响乐团上投入更多，以便在夏天提供免费的公园演奏会。城市因此而提高了它的居住和工作的吸引力。一个喜欢交响乐，正在考虑这个城市所提供的工作机会的工作者，与各方面条件相同，但交响乐团支出水平较低的其他社区相比，更愿意接受在此处工作的略低的工资。因此，如果城市中的工作者（不管他们选择在何处居住）重视城市提供的公共服务，那么城市的工资会较低；企业会发现在那里投资更有吸引力。随着企业迁入这个城市，地价会被抬高。当土地价格高到足以补偿低工资时，达到均衡，投资者可以得到和在其他地方相同的资本回报。较好公共服务的最终受益者不是城市的居民，而是土地所有者。

当然，这一分析假定劳动是高度流动的，因此当城市提供更有吸引力的公共物品时，存在充分的迁移，从而降低了工资，提高了租金。如果劳动不是完全流动的（短期内可能不流动），那么工资的降低不足以充分反映公共服务的增加，现有居民可以得到增加提供地方性公共物品的部分利益。注意，部分现有居民可能会因为提供交响乐而受到损害。不喜欢音乐的人可能会面对租金的提高或工资的下降。

城市提供交响乐团确实对其他社区有重要的溢出。特别是，在郊区的企业会发现它们雇用工人的工资也比从前低了，因为音乐爱好者发现接受靠近城市的社区的工作，比在其他同样的但不容易欣赏到交响乐的社区工作更有吸引力。企业土地价值会因此得到提高。城郊居住区也会发现住房需求在上升。

27.2.5　绝对资本化与相对资本化

我们已经讨论了如果一个社区提高公共物品支出水平，支出的差异会如何在社区中的地价得到反映。但是，单个社区增加公共物品的支出和所有社区对那种公共物品提高支出的效应之间有重大差异。假如所有社区都提高了一种公共物品支出，那么一个社区相对于其他社区的居住吸引力当然不变。因此一般说来，租金收入不变。[8]

这是一个我们在前面章节提到的现象的例子。一个社区的改变（对一种商品税率的改变）效应可能与所有社区的改变（所有社区对该商品税率的改变）效应完全不同。

27.2.6　利用土地租金的变化衡量利益

租金变化经常用于衡量特定公共服务的价值。研究 19 世纪美国铁路的经济效应时，人们通常采用衡量利益的方法，即衡量铁路修通之后土地租金的变化。我们仍然要小心区分局部均衡效应和一般均衡效应。一小块土地更容易到达，会增加那块地的需求，租金的变化能够提供到达那块地的交通成本的减少的准确估计。但是，改变一大块地的可到达性，如同铁路所做到的，会有一般均衡效应，土地租金变化无法准确评价这种变化的价值。[9]

土地价值反映了边际个人（对选择在这个社区和在其他社区居住无差异的那些人）评价。当社区的数量足够大时，这些边际个人的评价可以给整个社区的评估提供好的衡量，但其他情况则不是如此。[10]

27.2.7　验证资本化假说

公共物品所提供的利益和税收在多大程度上反映在了财产价值中，这一问题得到了广泛的研究。

假如某些社区能比其他社区更有效地提供公共物品，它们就能以较低的税收提供同样水平的公共物品，那么在这些低税社区的财产价值应该更高。假如所有社区一样有效率，并最大化财产价值，那么税收的差异将与收入的差异相匹配。在这种情况下，财产价值和支出不存在系统相关。这是伊利诺伊大学的简·布吕克纳（Jan Brueckner）基于马萨诸塞州 44 个社区进行的研究所得出的结论。[11]

另一方面，有证据表明，与税收没有对应关系的宜人价值（例如清洁空气），在财产价值中被资本化了。

税收和地方性公共物品的资本化

未来利益和税收反映在今天的地价中，意味着：

- 非基金制的地方公共养老金计划（例如针对警察的计划）压低了土地价值。
- 债务和税收筹资之间没有差异——现在的所有者支付了当前消费支出的成本。
- 短期内投资价值可能受影响，但是长期中，社区间的投资回报一定相等。
- 一个社区对资本课税的效应明显不同于所有社区同时课税的情形。

27.3 地方层次的公共选择

我们在第 7 章中描述了公共选择怎么进行，并证明了实行多数票时，公共物品的配置可以反映中间投票人的偏好。[12]中间投票人可以评估在公共物品上多花 1 美元支出的成本和利益。接着我们还评估了多数投票均衡的效率。

地方层次的问题是等同的。两种情况下我们都需要关注与支出和税收的任何增加相关的利益和成本的归宿。我们需要在完全流动性假定和不完全流动性假定下（有大量或少量竞争性社区的情况下），区分对承租人和对土地所有者的效应。区分以下两种类型的社区是有用的：一种是每个人都是承租者，有一个独立的土地所有者集团；另一种是每个人都有自己的住房。当然，真实世界中，社区是混合的。有一些城市，例如纽约市，大部分人都是承租者，而在美国大部分地方，多数人拥有住房。因为承租人和住房所有者受地方税收和支出的影响可能相当不同，他们会投票支持完全不同的政策。

我们从讨论（基本上）每个人都是承租者的世界开始。具有完全流动性和大量的竞争性社区，任何社区提供的便利性的增加，都会在租金中得到完全反映。因此，边际承租人对于所提供的公共服务不关心。而且，由于租金仅受所提供的公共服务的影响，不受税率影响，承租人可以完全不关心所提供的公共服务的效率，即成本。因此，假如存在完全的流动性和大量的竞争性社区，那么多数投票人是承租人的社区很少关心效率和所提供的公共服务。

在同样的假定下，土地所有者集团会想要增加公共服务，只要公共服务带来的租金增加能够超过税收增加。因此均衡时，土地所有者控制的社区，公共服务投入额外的 1 000 美元应该仅使总租金增加 1 000 美元。但是增加的租金代表了承租人对社区提供的公共服务的边际评价。结果是，土地所有者控制的社区会提供有效率的公共服务。而且，由于社区如果可以以更小的成本提供同样的公共服务，那么土地所有者的税后收入将会增加，所以土地所有者控制的社区有保证公共服务以有效方式提供的激励。因此，如果所选择的支出水平是为了最大化财产价值，而且如果社区间存在有效的竞争，那么资源最终的配置将是帕累托有效的。

地方层次的公共选择

- 承租人和土地所有者受地方税收和支出的影响可能会明显不同，这会在他们如何投票中得到反映。
- 在一个具有完全流动性和许多社区彼此激烈竞争的世界中，租金会反映服务的价值，土地所有者（非流动要素）承担税收。因此，承租人对所提供的公共服务的质量和效率不关心。
- 在这样的世界中，土地所有者的财产价值可以完全反映效率和服务的增加，因此土地所有者有激励提供有效水平的服务，并有效地提供这些服务。
- 在社区间不完全竞争的世界中，假如承租人控制社区，那么社区将会得到过度多样化的利益（例如支出水平），与此同时，假如土地所有者控制社区，那么多样化将不足。

假如只有相对少的社区相互竞争，所有这一切都会改变。考虑大都市地区有两个城镇 A 和 B。A 社区税收高，地方性公共物品水平高；B 社区税收低，公共物品水平低。那些对公共物品（相对于私人物品）有强烈偏好的人居住在 A 社区，那些对私人物品有强烈偏好的人居住在 B 社区。对居住在这两个社区感觉无差异的人，被称为**边际个人**，他在 A 社区得到的额外公共物品正好可以补偿额外的税收或租金。其他所有人称为**超边际**（inframarginal）个人。例如，对于那些住在 A 社区的人，额外利益超过了他们要支付的额外税收。假如 A 略微提高税收，并不会改变其利益，他们仍然不愿意迁往 B 社区。

假定A和B两地人口中各有一半拥有住房。所有住宅都被出租。如果B社区决定提供更少的公共物品，那么B社区的租金就要进行调整，以使得边际个人仍然对住在A社区还是B社区无差异。但在所有住在B社区的个人中，如果边际个人是对公共物品有最强烈偏好的一个，则B社区的租金将会下降，以正好补偿他水平降低了的公共物品。假如租金下降足以使边际个人仍然感到无差异，那么B社区中的其他人的处境事实上变得更好了。租金下降的幅度超过了使超边际个人（包括中间投票人）得到满足的程度。因此，B社区的中间承租人愿意为非常低的公共物品支出水平投票，支持低于帕累托有效的公共物品支出水平。同理，A社区的中间承租人愿意投票支持高于帕累托有效水平的、非常高的公共物品支出水平。

专栏 27.1

第十三项提案

在许多州，投票人一直对州和地方层次支出水平的提高感到担心。他们担心政治家有强烈的激励推行新政策（这是为什么他们当选的原因）。政治家因为额外项目而赢得声望，而纳税人则要承担成本。从这一角度看，向立法委员和市议会成员投票的过程无法提供足够的检验，因为在大部分选举中还有许许多多其他议题，例如流产、死刑等等，这些议题常常掩盖了有限的预算议题。相应地，有理由认为，投票人必须对税收和支出进行直接的限制。

实行这类限制的问题在1978年加利福尼亚州公民投票中作为第十三项提案而被付诸投票，共获得64%的赞成票。该提案限制了财产税的增加。另一个问题也促成了这次成功：许多财产所有者发现，当他们的财产价值随着房地产的价格而迅速上升时，他们的税单也在不断增长。他们后来就被称为“有住房的穷人”。他们有相当可观的财富，但却没有足够的收入（现金流）支付对他们房屋的课税。财产税迫使他们迁出。这似乎不公平，特别是对老人来说更是如此。因此，第十三项提案规定房屋只有在销售时才评估增值。

自从第十三项提案通过以来，它带来的问题变得越来越明显——在解决一种不公平的同时，增加了其他的不公平。同样住房的所有者现在支付的税收明显不同：去年出售的一套住房的所有者，和15年未出售的同样住房的所有者相比，要支付10倍或更多的税收。因为有些人只支付低税，其他人的税收只好增加。这种不公平如此之大，以至于许多人认为是对根本性的宪法问题的抵触，但在一个法院判例（*Amador Valley Joint Union High School et al. v. State Board of Equalization et al.*）中，加州最高法院支持了该法律。*

第十三项提案也导致了一些重要的经济低效率。它显著地增加了迁移成本。住在大房子（超过了家庭所要求的规模）里的老年夫妇会决定待在这所房子里，因为如果他们想搬到较小的房子里，那么他们的税收支付事实上会上升。因此，住房存量的配置是低效率的。

最后，第十三项提案明显恶化了加州公共服务的质量。从某种意义上说，这就是其意图所在：限制公共支出的增长。但第十三项提案不是好的工具。它不能保证被限制下来的资金配置到最有益的领域。因此，尽管大部分投票人强烈相信教育的价值，但教育支出却受到了最沉重的打击。第十三项提案通过之前，加州平均每个学生的支出高于全国平均水平，但到 20 世纪 90 年代中期，加州在支出上名列第 33，其支出不到全国平均水平的 90%。†

* 1986 年，美国最高法院裁决 *Allegheny Pittsburgh Coal Co. v. County Commission of Webster County* 一案，不一致的财产评估侵犯了宪法第十四条修正案的平等保护条款。基于同样的理由，许多人质疑第十三项提案也是不合理的。参见 Frederick D. Stocker, ed., *Proposition 13, A Ten-Year Retrospective*, Cambridge, Mass.: Lincoln Institute of Land Policy, 1991 和 Roger L. Kemp, *Coping with Proposition 13*, Lexington, Mass.: Lexington Books, 1980。

† 低公共支出水平可能也受到了法院裁决的不利影响（包括 *Serrano v. Priest*, 1971），它限制了富裕地区对它们的学校支出更多的能力。

土地所有者的偏向正好与之相反。他们只关心增加土地价值（租金）的效应。假如增加的租金超过了增加的支出，那么它们就值得一做。在社区 A，由于支出增加而增加的租金，反映了边际个人（他是对公共物品偏好最弱的一个人）的评价。因此，其他人（超边际承租人）的收益超过了边际承租人的收益，但是土地所有者不会注意到这一点。结果是，他们将会投票支持过少的公共物品支出。同理，在社区 B，土地所有者将会投票支持过高的公共物品支出。

因此，如同第 7 章中所看到的，一个孤立社区的多数投票均衡不会提供公共物品支出的帕累托有效水平，只有少数社区时情况也是如此。当只有有限竞争时，在承租人主导（在这种情况下，社区间的差异可能过度）和土地所有者主导（在这种情况下，社区间的多样性可能不足）的社区间，才可能出现系统性的配置模式偏倚和明显差异。但是，如果社区数量非常大，而且假如所有社区都认识到资本和劳动（拥有不同的技能）是完全流动的，那么它们将相互进行有效竞争，以有效的方式提供公共物品的有效水平，适应不同社区的个人偏好。而在这种环境下，承租人会对政府行为无所谓，但土地所有者不会。[13]

27.4　多辖区税收问题

前一章我们讨论了财政联邦制问题，讨论了联邦政府和州政府的关系问题。此处又是一个与联邦主义相关的问题：各州之间的关系。

关系的一方面——竞争——已经在本章和上一章强调过了。我们看到，在蒂布特竞争帮助保证经济效率的同时，税收竞争有时可以保证企业逃避许多税收负担。近年来，随着一些州为在它们的辖区建立新工厂的企业提供大幅度的税收减免，使得该问题得到了密切的关注。随着各州竞相出高价招揽工厂，税收减免力度更大了。工厂可能最终还是建在了本来应建的地方——但无论企业建在哪里，由于支付的税收较低，股东都能获益，而其他纳税人却不得不承受较大的税收负担。

美国经济一体化的事实，使得辖区间商品和人员可以自由流动，引起了许多现实的税收问题。如同企业的选址决策部分取决于税收原因一样，个人住所的选择也部分基于税收原因。有大量资本所得的退休者或有大量版税收入的作家可能会选择成为新罕布什尔州的“正式”居民，因为该州没有所得税。例如，如果他的收入为 500 000 美元，那么，要使加州成为他的正式居住地，他一年要交超过 50 000 美元的费用。税收原因可能影响在纽约市工作的高收入个人，他会选择住在纽约州、新泽西州或康涅狄格州。

州销售税明显导致了某些跨州购物和运输——在许多有销售税的州，人们经常要为在其他州购买的商品支付税收。

许多州课征的公司税是最大的挑战。征收这种税有一个基本问题：判断公司所得的多少应该归因于发生在本州的经济活动。越来越多的州开始使用依靠简单公式的**统一税收制度**（unitary tax system）。根据公司在本州的资产、销售和雇佣的比例，公司在世界范围的所得的一部分要归结为本州内的活动。

只要各州之间税收水平和形式的差异仍然是有限的，那么多辖区税收问题，尽管概念上重要，却也不会太严重。但是，一些州仍希望实行更积极的税收政策，扩大它们的税基，以吸引更多的人口和企业。一定程度上，最倾向于这样做的是那些更需要收入的穷州（例如新罕布什尔州），由此所导致的扭曲被分配收益抵消了。而同样的分配结果，通过更积极的联邦再分配政策，本可以更有效地获得。

【注释】

[1] 参见税收管理联盟（Federation of Tax Administrators）网页：www.taxadmin.org/fta/rate/slsource.html。

[2] 所得税是工资税加上资本所得税。这些税收对富人的住所决策特别具有扭曲效应：他们可能不会居住和工作在他们的生产率最高的地方，因为净回报较低

（考虑到必须为资本收入支付的额外税收）。（当然，许多富人有好几处住所。他们把具有最低税率的州申报为主要住所。这与退休者的关系更为密切，因为他们没有可以推翻这种申报的工作记录。）

［3］在这种情况下，他们一般只需向所居住的州支付利息所得税。

［4］另一方面，均衡时所有社区的税后回报相等，这可能不是事实。忠诚的观念可能驱使个人在自己的国家（故乡）或社区投资，即便他们可以在他处获得更高的回报。

［5］同理，后年的 1 美元等于 $1/(1+r)$ 美元＝1/1.10 美元＝明年的 0.91 美元；但这意味着，由于明年的 1 美元等于 $1/(1+r)$ 美元＝今年的 1/1.10 美元，后年的 1 美元等于 1/(1.10×1.10) ＝今年的 0.83 美元，即 $1/(1+r)^2$ 美元。参见第 11 章对贴现值更详细的讨论。

［6］在存在信贷配给（抵押贷款能力受限制）的情况下，住房的较低价格可能会增加出售的可能性。社区比个人更容易借款这一事实，为社区尽可能地借款提供了理由。

［7］现有房东希望通过限制进一步投资，例如通过分区（zoning），来保持较高的回报。他们所享受的较高回报可以不视为资本的回报，而是分区委员会（zoning board）创造的财产权利的回报。

［8］存在例外。假如社区提供一种使土地更宜人的公共物品，所有人都会试图承租和购买更多土地，这会增加土地的价值。反过来也是事实——假如社区提供一种使自己拥有的土地丧失吸引力的公共物品的话。因此，由于公园（至少部分）是对自家后院的一种替代，可以想象假如所有社区都在公园上投入更多，租金和土地价格事实上会下降。

［9］用土地租金衡量这种变化的价值还有第二个局限性：它只有在不存在超边际个人的情况下（没有人从居住在这一社区中获得了消费者剩余）才能提供好的衡量。

［10］R. Arnott and J. E. Stiglitz，“Aggregate Land Rents，Expenditure on Public Goods and Optimal City Size”，*Quarterly Journal of Economics* 93（1979）：472－500，和 “Aggregate Land Rents and Aggregate Transport Costs”，*Economic Journal* 91（1981）：331－347；以及 D. Starrett，“Principles of Optimal Location in a Large Homogeneous Area”，*Journal of Economic Theory* 9（1974）：418－448。

［11］J. K. Brueckner，“A Test for the Allocative Efficiency in the Local Public Sector”，*Journal of Public Economics* 19（1982）：311－331.

［12］当然假定多数投票均衡存在。

［13］很显然，大部分大都市内有许多社区。但是这些足以保证所导致的均衡“接近”帕累托有效吗？经济学家对这一问题没有得出一致的答案。

足够大数量的社区能保证有效的情况有一些进一步的特别含义。所有投票人就地方政府应该做什么会保持一致。社区内任何技术类型的个人都是同质的。这些含义背离了大多数观察到的情况，从而向经济学家表明，假定有限竞争的模型更接近事实。

第 28 章　赤字财政

在任何一年，当联邦政府支出超过税收和其他收入时，就出现了预算赤字，通常称为**财政赤字**（fiscal deficit）。20 世纪 80 年代美国财政赤字大幅上升，成为经济学家和政治家感兴趣的一个全国性主要热点问题。1992 年总统大选时，民意测验一直将巨额赤字列为美国面临的主要问题之一。赤字增加会导致债务持续上升，政府不断增加的负担则是债务利息的支付。在许多经济学家看来，较高的赤字会降低经济的长期福利。但是，不管人们对赤字的经济后果的看法如何，减少赤字的努力对政府运作的各个方面都产生了深远影响——联邦政府雇用人数减至 20 世纪 60 年代初期的水平，公务员人数的比例减至 20 世纪 30 年代初期的水平。

1990 年和 1993 年，控制赤字的两项主要措施得到推行，要求控制支出和增加收入。1992 年，赤字占 GDP 的比率达到 4.9%，随后各年迅速下降，1997 年仅为 GDP 的 0.5%。1997 年 8 月，国会通过且总统签署了五年预算安排，承诺到 2002 年消灭赤字。到 1998 年，1990 年和 1993 年的改革再加上经济的繁荣和强劲增长，使得赤字变成 700 亿美元的盈余，甚至更大的盈余即将来临。但是人们普遍认为，难题被回避了。公民权利性支出特别是老年人的公民权利性支出日益增加，几乎可以肯定——会导致 21 世纪前半叶的赤字攀升，除非税收大量增加和（或）对这些项目动大手术。

本章在经济学的两个分支——宏观经济学（关于全国总量如产出、就业和通货膨胀的经济学）和微观经济学（关于家庭和企业的个体决策的经济学）之间架起了一座桥梁。如今，公共部门经济学的课程重点放在了税收和支出如何影响这些决策从而影响经济的结构（生产什么、如何生产、为谁生产）上，而宏观经济学的课程重点放在了政府如何影响经济活动的水平上。实际上这两个学科密切相关；赤字影响宏观经济政策和微观经济政策。例如，赤字削弱了政府运用传统财政政策（减少税收或增加支出）刺激经济的能力，限制了政府在基础设施（如道路）、人力资本（如教育）和研究等领域增加公共投资以促进经济增长的能力。

本章将回顾赤字问题的来源、20 世纪 90 年代初期的解决办法，以及有关赤字后果的争论。

28.1　20 世纪 80 年代以来的美国赤字问题

美国赤字问题大约始于 1981 年，当时税收被削减了，但支出没有相应减少。图 28.1 说明了这种情况的后果。1992 年实际赤字冲顶，达到 2 900 多亿美元。1983 年赤字占 GDP 的比率为 6.1%，创造了和平时期的纪录，这 10 年间的大部分时间里该比率在 3%～5%之间波动，并从 1992 年的 4.7%逐渐下降，最后在 1998 年出现盈余。

28.1.1　赤字问题的来源

预算赤字狂升的原因是什么？提出这一问题的好方法是问：20 世纪 70 年代（以及前几十年）和 80 年代之间发生了什么变化？这一问题有五种主要答案。

联邦税收减少。在 20 世纪 70 年代，联邦税收占 GDP 的比率一般都在 18%～19%之间，1980 年和 1981 年该比率上升到 20%。（要知道，几万亿美元的 1%就是几百亿美元。）里根执政初期实施的减税，使得联邦税收降回到原来的占 GDP 的 18%～19%。1993 年税收稍有增加，但基本格局并没有改变。

国防支出增加。20 世纪 70 年代由于越南战争结束，联邦国防支出从 1970 年占 GDP 的 8.4%下降至 1979 年的 4.9%——尽管 1979 年苏联入侵阿富汗，卡特总统呼吁大力加强国防。1980 年罗纳德·里根当选总统之后，继续推行这些计划。1983—1988 年，国防支出超过 GDP 的 6%。随着冷战结束，国防支出下降，低于 GDP 的 4%。尽管世界各地小规模战争的威胁导致“和平红利”比预期的小，国防支出占 GDP 的比率下降在 1993 年之后的赤字下降中起了重要作用。

用于老年人的社会支出较高。随着美国老年人人口的增长——不仅

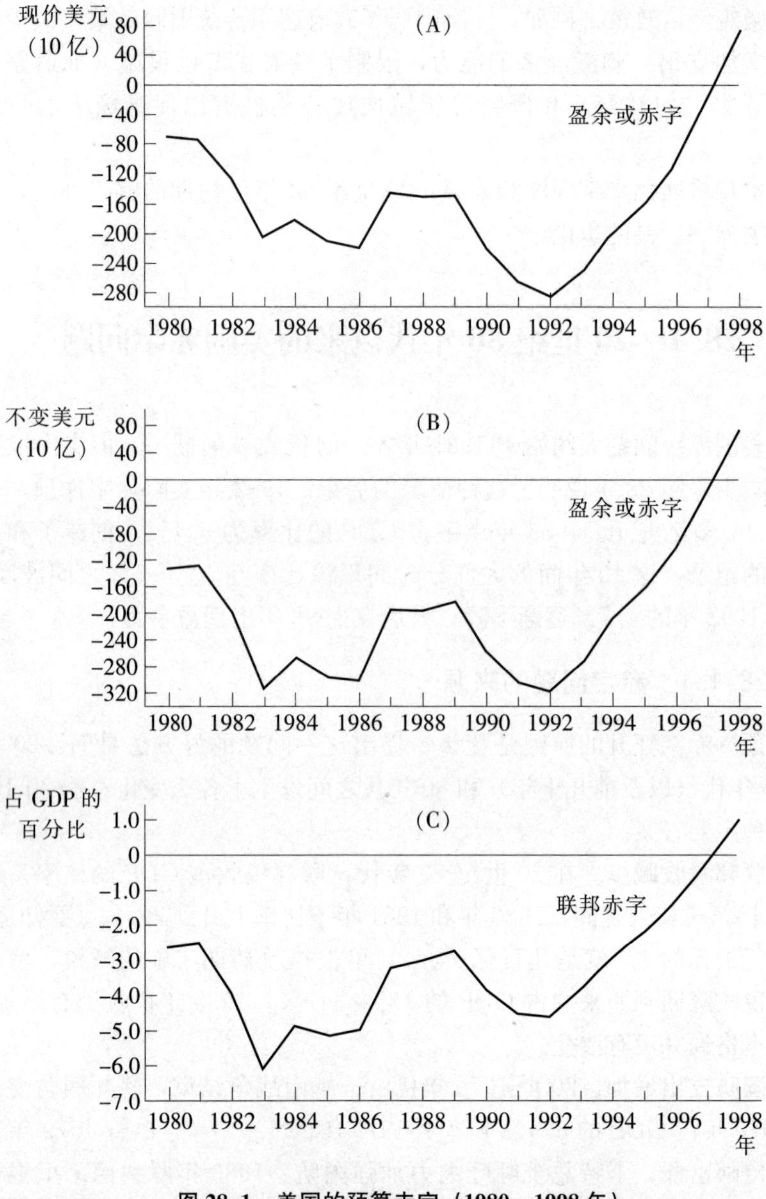

图 28.1 美国的预算赤字（1980—1998 年）

图中的联邦预算赤字是三种序列数据。图（A）是名义赤字，图（B）是以 1997 年美元计算的实际赤字，图（C）是联邦赤字占 GDP 的比率。

资料来源：*Economic Report of the President*，*1999*，Washington，D. C.：Government Printing Office，Table B-1，B-3，and B-80.

仅绝对数增加，而且占人口的比例也在上升，联邦对这些项目的支出，如社会保障和医疗保险（对老年人提供的保健）支出迅速膨胀。20 世纪 70 年代这些项目平均为 GDP 的 5.0%，但到 80 年代上升到超过 6%，到 1982 年接近 7%。尽管自此之后，这些项目支出只是略有增加（从占 GDP 的比率来看），但预计下个世纪初期会大量增加。

保健支出不断增加。政府已预计到医疗保险制度和医疗补助制度（政府对穷人提供的保健项目）的支出占保健总支出的比例会不断上升——如今仅联邦政府的开支就已达到全部保健支出的 30%。保健支出本身已经狂升。整个 80 年代和 90 年代初期，这些支出每年增长近 12%，每六年翻一番。布什和克林顿执政时期采取的许多措施使支出增长率降至 8%～10%之间，但这一数字仍然高于收入增长率。到 90 年代末，有迹象表明，保健成本又开始以更快的速度上升。

衡量预算赤字：什么是巨额赤字？什么是实际赤字？哪种赤字是正确的？

20 世纪 80 年代和 90 年代初期的赤字是巨大的。1992 年赤字最大时为 2 900 亿美元。但是，美元数量是衡量赤字规模及其重要性的正确方法吗？难道我们不应该考虑通货膨胀的影响和整个经济的增长吗？

西北大学的罗伯特·艾斯纳（Robert Eisner）认为，应该重视实际债务（即根据价格水平变化进行调整的债务）的总体增加。未偿债务总额约为 3.6 万亿美元，3%的通货膨胀率意味着债务的实际值每年减少 1 080 亿美元。按照艾斯纳的观点，未偿债务实际值的减少，应从赤字导致的债务增加中扣除。1996 年财政年度，通货膨胀调整后的赤字只有 90 亿美元，而当年计算出来的赤字为 1 170 亿美元。

按照这一定义，由于通货膨胀对债务价值的影响，卡特政府实际上有通货膨胀调整后盈余。相反，里根和布什执政时期通货膨胀率比较低，不足以抵消支出远远超过收入形成的巨额赤字。

充分就业或结构性赤字考虑了经济活动水平。它是指，如果经济运行已处于充分就业状态，赤字是多少？例如，1991 年，随着经济陷入衰退，官方给出的赤字是 2 690 亿美元（是在此之前最大的赤字），但结构性赤字是 1 910 亿美元，尽管不管按什么标准算都很大，但仍然比现实赤字少了 780 亿美元。从这个角度看，里根执政时期特别糟糕，因为除了战争年代，美国以前还从来没有过这么大的结构性赤字。

近年来，美国政府债台高筑，与第一次世界大战和第二次世界大战刚结束时一样。累积债务的利息支付使其难以实现预算平衡。基本赤字是在没有累积债务的情况下就存在的赤字，即它等于赤字减去利息支付。如果政府有基本盈余，这意味着收入超过经常性支出。自1979年以来，政府只在1995年才有第二次基本盈余（见下图）。

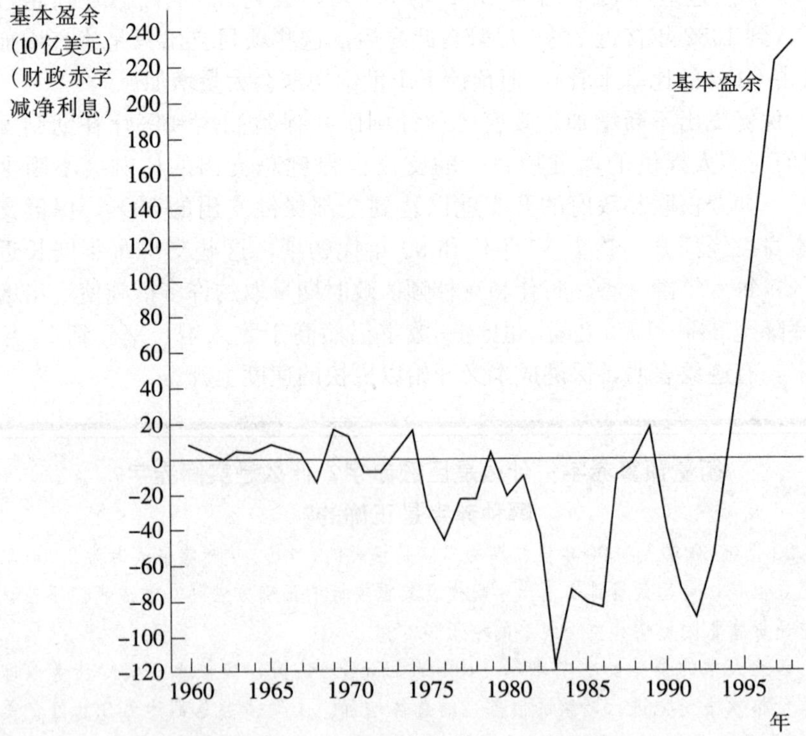

资料来源：*Economic Report of the President*，*1996*，Table B-76.

利息支出居高不下。与其他债务人一样，联邦政府也要支付利息。20世纪70年代，联邦利息支出约为GDP的1.5%。但是1983—1990年，利息支出超过了GDP的3%，主要原因是赤字不断增加。如果1995年的债务与1981年里根开始执政时一样（通货膨胀调整后的债务），政府本来会有平衡预算，而不是1 600亿美元的赤字。利息支出会导致赤字增加。20世纪90年代末的低利率有助于消除赤字。

28.1.2 不会带来赤字问题的因素

从某种意义上说，任何支出都会带来赤字问题——在其他条件相同的情况下，减少支出就会降低赤字。但是，有些因素不应该被指责是造成赤字问题的因素。例如，民意测验表明，许多美国人认为，福利支出和对外援助不应对赤字负责。但是，一般性福利支出只占不到联邦预算的 4%，而且近几十年来占联邦预算的比例还下降了。就对有儿童家庭的补助计划来看，每个家庭获得的实际福利金从 1970 年到 1993 年下降了 55%。同样，对外援助也微不足道，只占联邦预算的 1%。

28.1.3　控制赤字

大约从 1993 年开始，赤字得到控制。控制赤字为何如此困难？最终是如何取得成功的？

我们再看一下政府支出的构成（见图 28.2），就可以回答第一个问题。支出一般分为三类，即国防支出、非国防自主决定支出和公民权利支出。**公民权利项目**（entitlement program）是诸如社会保障和医疗保险之类的项目，其中政府界定特定福利金（"公民权利"）的合格标准；现实支出取决于多少人满足标准以及这些福利金花多少钱。政府实际上不能按年控制支出，只能通过改变合格标准来改变支出水平。相反，对于**自主决定项目**（discretionary program），政府按年确定支出水平。

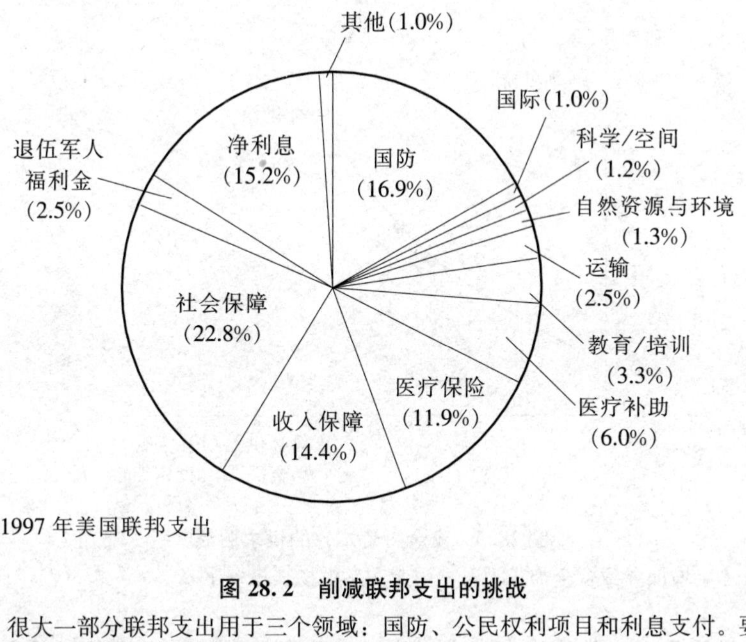

图 28.2　削减联邦支出的挑战

很大一部分联邦支出用于三个领域：国防、公民权利项目和利息支付。要想明显减少联邦支出，至少要大幅度削减其中某一类支出，因为其他领域的支出不大，对削减联邦支出作用不大。

资料来源：*Economic Report of the President*，*1998*，Table B-81.

因此，从年度来看，有60%的支出（利息、社会保障、医疗保险、医疗补助和其他公民权利项目的支出）政府不能直接控制。剩下的支出几乎有一半用在了国防上。鉴于里根总统承诺不增税、增加国防支出、不削减社会保障，因此，想通过削减其他支出来实现预算平衡就没有多大空间了。消灭赤字需要使其他种类的支出减少一半，似乎超过了可以接受的水平。

在20世纪90年代，三个因素在最终控制赤字中起了作用：增加高收入个人的税收、限制支出的增长和强劲的经济增长。这三个因素在减少赤字的贡献上大约三分天下，但这些因素实际上是交织在一起的。有些经济学家认为，较高的经济增长（带来税收收入增加）至少部分是源于1993年开始的税收增加和支出减少。[1]

增长与赤字的联系是简单的：如果政府不得不借更多的钱，利率就会上升。图28.3说明了资金（资本）的需求和供给。政府借债增加会使需求曲线右移，导致利率上升。利率越高，企业投资越少。投资越少，增长越慢。我们说，政府借债排挤（crowded out）了私人投资。

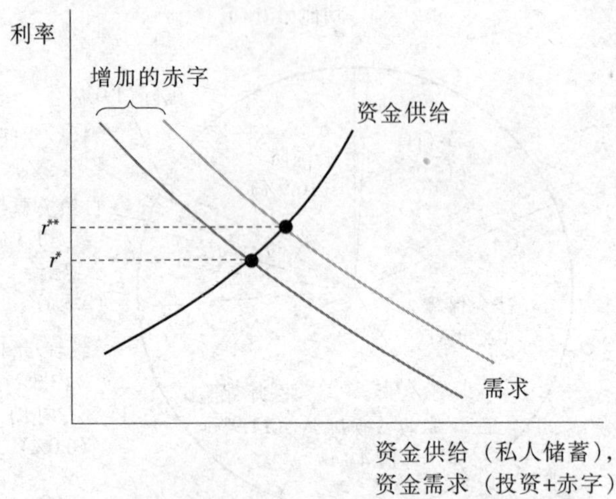

图28.3　资金（资本）的供求曲线

赤字增加导致资金需求上升，引起利率上扬、投资下降。

虽然每个人都认为赤字会对增长产生不利影响，但很多人也认为，减少赤字的方法也会影响增长，这使得20世纪90年代的预算辩论复杂化了。保守派声称，用增税的办法减少赤字对增长更为不利：赤字可能是糟糕的，但是增税可能更糟。他们认为，对资本利得和利息征税，会减少储蓄，储蓄减少会使利率上扬，而高利率会导致投资减少。正如我们在第 18 章看到的，经济计量结果不支持这种观点，因为储蓄对利率似乎没有多大反应。

相反，有些经济学家认为，降低公共投资会放慢经济增长，特别不利于长期增长。他们认为，公共投资是私人投资的**互补品**（complement），也就是说，它们提高了私人投资的生产率，以至于不管利率是多大，私人投资水平都会更高。比如，按照这种观点，拥有受过更多教育的劳动力会使得在美国的投资更有吸引力；政府支持的研究导致了为私人部门提供盈利性创新基础的发明。虽然那些认为政府作用有限的人同意这一点，但是他们争辩说，有足够的支出削减余地，例如公民权利项目支出，这不会对投资不利；而且许多公共投资的生产率非常低下，削减它们对增长没什么影响。作为证据，他们引用了一些研究成果，这些成果显示许多工作培训项目的收益率很低。

克林顿政府预算的宗旨是要把更多的公共支出用于投资，通过把更多的钱花在那些收益率高的项目上，提高公共支出的有效性。到 1993 年政府才真正关注经济基础设施（例如道路和机场）。在过去的 12 年里，公共基础设施支出占 GDP 的百分比与 20 世纪 60 年代相比缩水了一半。1965—1988 年，公共资本与私人资本的比例几乎下降了 1/3。1993 年，交通部估计，差不多有 20％的国道、20％的桥梁都存在着年久失修问题。联邦预算用于所有各类公共投资（包括研究和教育）的百分比从 1963 年的 35％下降到 1992 年的 17％。

克林顿政府只在一个领域——教育的公共投资增加上取得了显著进展。由于担心赤字规模、不愿意增加税收，以及不能或不愿意削减非投资性支出的主要领域——公民权利项目（尽管医疗保险和医疗补助等支出的增长率降低了），因此，增加投资的余地很小。为了实现减少赤字的目标，克林顿政府决定保持（甚至略有增加）教育支出，但削减其他非国防、非公民权利领域的支出，包括投资。虽然为避免过去的错误（比如花钱举办低收益率的培训项目）付出了极大努力，但许多新项目未经验证，收益率是高是低尚不清楚。认为美国经济长期增长的前景取决于创新，而创新必须建立在强有力的科学和工程基础之上的人，对于提议把研究资助削减 20％～30％感到不安。他们认为，这些支出的边际收益率不仅高，而且还高于许多其他投资形式（包括某些教育和培训项目）。

在研究预算中，也有争议。多数科学家对太空高额投资的收益提出了质疑——他们认为，把花在太空站上的钱用在别处可能会更好。美国宇航局为了确保得到对其计划的强有力的政治支持，所做的工作（比如确保位于大量议员选区的承包商和分包商的利益）要比基础研究社团所做的工作好得多，尽管两党都同意基础研究应该得到支持。基础研究类似于公共物品——多一个人享受知识的利益的边际成本低，而排他成本通常很高。但是克林顿政府认为，政府也应该支持新技术的开发。许多新技术会产生大量的外溢利益，但发明者得不到，激光和晶体管都是例证。这两种创新给经济带来的巨大利益远远超出人们的最初想象。保守派认为，这些领域应该留给私人部门，政府不应该涉足决定鼓励哪个行业，甚至通过支持研究也不行。他们认为，政府挑选赢家没有好结果，而且这种支持易受特殊利益集团的影响。

现实可能介于两种极端情况之间：虽然有许多例子表明政府研究项目的指导思想可能有误，但是在促进技术进步上政府长期发挥核心且成功的作用。在巴尔的摩和华盛顿之间架设的第一条电报线，是由联邦政府在 1842 年筹资的，互联网也是如此。19 世纪和 20 世纪农业生产率的快速提高是因为政府出资展开研究且政府从事推广服务，使新发现的知识得到了广泛传播。不管怎么说，许多现代技术通常是国防成就的一部分，都得到了政府的支持。20 世纪 90 年代，国防支出缓慢下降，政策制定者面临的主要问题是：对技术的更加明确的政府支持，是保持本国技术领先地位的必要条件吗？有何途径来提高政府支持项目的成功率？例如，在政府支持的技术研究项目中，要求更多的私人部门平等参与。在预算紧张的情况下，为了扩大新技术的投资，有些项目的支出就要削减，尽管该项目的支出水平本来就比较低。

28.2 政府赤字的后果

政府有赤字时，必须通过借债来弥补支出大于收入的差额。当政府年复一年地有赤字时，它必须年复一年地借债。这些债务的累积价值就是政府所欠的**联邦债务**。图 28.4 显示了联邦债务。联邦债务不断增加的直接后果就是政府要支付越来越多的利息——以前我们说过，利息支付本身就是增加赤字的一个因素。

传统上，经济学家认为，政府借债就像私人借债一样，就其资金用途而言，债务是有理由的。借钱买房，你可以居住多年；买车，你可以

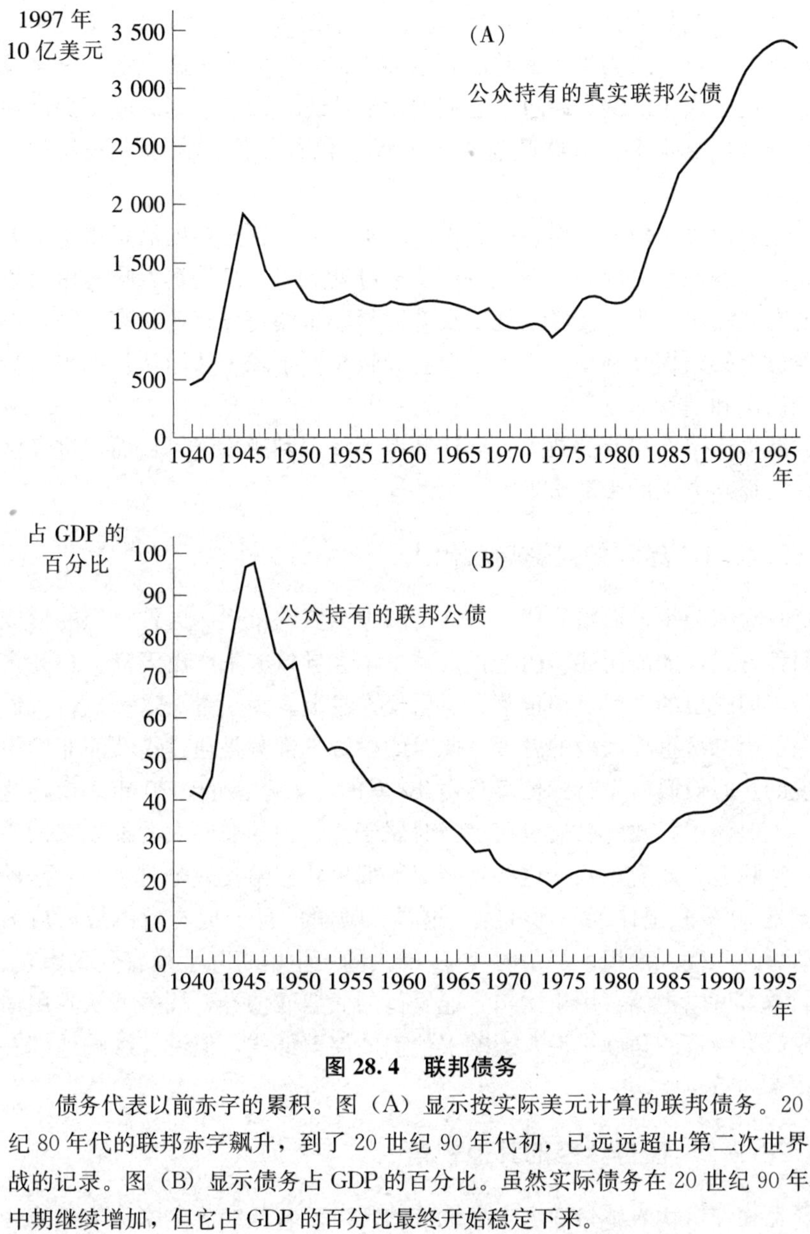

图 28.4　联邦债务

债务代表以前赤字的累积。图（A）显示按实际美元计算的联邦债务。20 世纪 80 年代的联邦赤字飙升，到了 20 世纪 90 年代初，已远远超出第二次世界大战的记录。图（B）显示债务占 GDP 的百分比。虽然实际债务在 20 世纪 90 年代中期继续增加，但它占 GDP 的百分比最终开始稳定下来。

开好几年，无可非议。这样，你先使用某商品，然后分期付款。借钱攻读教育学位，其经济意义在于它将使你在将来获得高薪工作。但是，如果你在今年为两年前的度假付款，那么你应该折断你的信用卡！

就国家而言，情况也是如此。借债为使用多年的道路、学校或工业项目筹资可能是非常合适的，但为支付从来没有完成的项目（或许是从未开始的项目）或为本年的政府薪金而借债，那问题可就大了。许多政府已经借了太多的钱，超过了它们的偿还能力，迫使它们大幅度提高税收，降低生活水平。有些政府干脆就无法偿债，使其在未来丧失举债能力。

政府通过举债而非增税为其支出融资，会导致短期内消费水平上升（因为可支配收入较高）。当经济处于充分就业时，高消费意味着留给投资的空间较小。为了使经济处于没有通货膨胀的充分就业状态，联邦储备委员会必须提高利率。赤字融资会导致投资下降，从而从长期来看会降低产出和消费。

减少赤字有相反的效果：会使利率下降，刺激投资，从而促进经济增长，提高未来的生活水平。

28.2.1 赤字如何影响后代人

政府因为举债而给后代人造成了减少消费的负担。这种负担的形成有两种方式。如前所述，由于投资减少，会导致未来产出下降。除此之外，当期支出的某些负担也落在了后代人身上。为了看清这一点，我们看一下第二次世界大战的融资。此时的融资一部分是通过借债而非增税实现的。假设政府发行的债券是由 40 岁的工人购买的。30 年之后，这些工人退休了，政府是通过增加当时属于劳动力的那些人的税收来偿债的。实际上，政府把钱从这些年轻工人那里转移给在战争时是工人而现在已是 70 岁且退休了的那些人。这样，战争的部分成本就由战后成为劳动力的一代人承担。战争时 40 岁的人的一生消费几乎没有受到影响。他们本来可以把储蓄用于购买企业发行的股票或债券，战争（从其用债务或债券融资的角度来说）影响了他们的储蓄形式，但没有影响他们一生花费的总量。

28.2.2 债务负担的其他视角

上述分析代表了目前占主导地位的观点。有些经济学家认为，这些观点夸大了债务负担。下面给出了四种不同的理由。

“债务不重要，因为我们欠我们自己的”。过去常常认为，在美国，财政赤字不重要，因为我们只是欠我们自己的钱。预算赤字被比作兄弟间的借债对家庭总福利的影响。家庭的一个成员境况可能得到改善，另一个可能恶化，但负债对作为一个整体的家庭而言不重要。据认为，政府通过债务融资，会导致资源的代际转移，但是这种转移仍然可以使所有购买力保持在美国人手里。

现在，我们认识到这种观点是错误的，有三个原因。第一，即使我们是自己欠自己的钱，但是，如前所述，债务也影响投资，从而影响未来的工资和生产率。第二，如今我们实际上没有自己欠自己的钱。美国向国外举债，欠外国人钱。本国支出超过其财力的后果，与家庭支出超过其财力的后果没什么两样。它最终必须承担过度消费的代价。在全国消费过度的情况下，后代人要承担其代价。

第三，单就支付债务利息来说，要求增税，而税收会对经济造成扭曲，抑制工作和储蓄。（关于这些影响的程度有多大，经济学家们的意见不一。）

李嘉图等价：遗产抵消债务。最近的一种观点认为，面对赤字增加，人们会储蓄更多。哈佛大学的罗伯特·巴罗（Robert Barro）发展了 19 世纪一位最伟大的经济学家大卫·李嘉图提出（后来又放弃）的一种观点，认为人们非常关心他们的子女，当他们看到政府赤字因增加未来负债而威胁到他们的后代时，他们会增加其遗产。[2]为了能留下更多的遗产，他们增加其家庭储蓄，其数量正好是赤字增加的数量——国民储蓄没有改变，正好抵消了增加的政府负储蓄。这种观点被称为**李嘉图等价**（Ricardian equivalence），因为它意味着，作为支出融资的手段，税收和赤字是一样的。

证据不支持巴罗的理论主张。政府赤字增加可能略使家庭储蓄增加，但远不能全部抵消赤字的增加。20 世纪 80 年代末和 90 年代初，赤字超过 GDP 的 5%，而家庭储蓄率只有 3%～4%。如果巴罗的理论正确，那么没有政府赤字时，家庭储蓄率应该是在－1%～－2%之间，这让人难以置信。

许多国家的统计证据证实了美国的经历——私人储蓄没有完全抵消政府借债。这并不令人惊讶：人们没有巴罗所假定的那么理性（在当前决策时完全考虑公共负债），也不是利他的（公共债务每增加 1 美元，就为自己的后代多储蓄 1 美元的遗产）。在许多情况下，他们面临借债约束——他们喜欢消费更多，但无法为额外消费融资。如果政府通过降低税收导致他们的可支配收入提高，他们就会把大部分增加的收入花掉，即便政府同时增加了公共负债。[3]

政府赤字的后果

1. 当期支出的部分负担直接转移给后代人。
2. 发行债券可能减少投资，从而间接使后代人的境况恶化。
3. 外国债务可能增加，降低未来的生活水平。
4. 政府的负储蓄没有被私人储蓄所抵消。

专栏 28.1

给克林顿削减赤字的一揽子计划打分

国会预算办公室（Congressional Budget Office，CBO）长期以来拥有不受任何党派支配的声誉。在克林顿总统进行管理保健改革的时期，CBO 的主任是一位民主党人——鲍勃·赖肖尔（Bob Reischauer），由于他认为管理保健会降低保健成本的证据不明确，他拒绝把更多的储蓄记入该项目的贷方。在共和党控制了众议院和参议院时，琼·奥尼尔（June O'Neill）被任命为 CBO 的新主任，从而重现了 CBO 的超党派本质，CBO 拒绝向共和党的管理保健改革注入它们想要的那么多储蓄。

但是，在其他问题上，批评者担心 CBO 可能偏离其传统的超党派精神。考虑消除赤字会使利率下降多少的问题。假定随着政府支出的下降，联邦储备委员会采取下调利率的办法，以确保经济处于充分就业状态。让利率下降多少是个问题，因为这取决于投资的利率弹性（利率下调 1%导致投资增加的百分比），而经济学家对此的估计明显不同。CBO 主任奥尼尔得出结论，利率会下降大约 1.7 个百分点。但是 CBO 根本不相信克林顿的削减赤字计划会使利率下降，因为他们估计，克林顿预算赤字削减计划不能完全实现平衡预算。CBO 的批评者认为，支出削减很大，应当能使利率下降——大约和支出的削减成比例。

其他批评者指出，除了利率下降之外，甚至 CBO 对赤字规模的估计也是有问题的。它不仅比克林顿政府的估计更保守，而且也比经济预测的一致结果保守。此外，它对保健成本增长率的估计未能包含这些变量最近的变化趋势，而且高于从事多年资料收集和估计的专业精算师的估计。但是 CBO 的支持者指出，在使用这些数据时，CBO 只是继续使用与民主党执政时所用的相似的数据；如果有错误，那也不是执政党的问题，而是 CBO 持续多年使用的方法问题。

资源未充分利用：赤字可能实际上有帮助。如果经济运行低于充分就业水平，那么根据传统的宏观经济理论，赤字（或是增支或是减税的结果）可以刺激经济。利率不会上升，或者不会上升许多，因此投资（从而增长）不会受到不利影响。实际上，当经济未能充分利用其资源时，今天的产出和未来的产出都可能会增加。如果赤字增加是因为政府投资支出增加所致，产出无疑会增加。

开放经济：避免排挤。对于一个在资本自由流动世界中的小型开放经济体来说，其企业必须支付的利率是由国际市场决定的，其赤字规模对它的影响不大。因此，赤字对投资水平以及 GDP 的增长率可能没有不利影响。但是，为了给投资和增加的赤字融资，同赤字规模比较小的情况相比，该国借的外债要多。该国公民对此要向外国人支付利息，从而其公民的净收入（在因为使用了外国人的资本而向外国人付费之后所要开支的——它的国民生产总值）会降低。从这个意义上讲，该国的境况会恶化，尽管现实产出水平未受影响。

美国是一个大型经济体，当它借债比较多时，会对国际利率产生影响。据估计，如果美国的赤字增加 1 000 亿美元，大约会有 1/3 强的部分由增加外债来融资，接近 1/3 的部分由增加的国内储蓄（因利率上升所致）来融资，剩下的部分由投资减少来平衡，而这正是由于赤字部分排挤了私人投资。

28.3　改进预算程序

赤字的持续存在使得许多人认为，应当改变预算方法。我们在本节将考察两种变化。一是已经实施了的方法，一是仍然处于讨论之中的方法。

28.3.1　预算执行法案与打分制

1990 年，国会通过了《预算执行法案》，旨在降低赤字失控的可能性。国会只要通过一个新项目，就需要为其筹资而征收新税，或削减其他支出。国会预算办公室——表面上是一个超党派的专业组织——给该项目“打分”，计算它要花多少钱。这不可避免地要牵涉到判断问题。因此，在最近的保健改革辩论中，CBO 认为，从短期来看，管理保健只会带来有限的储蓄。如果它对管理保健能带来大量储蓄打分较高，那么保健改革可能会容易得多。

28.3.2　资本预算

企业强调购买机器——资本支出——和其他支出的区别。投资可以提高企业未来生产的能力。前面我们说过，借钱投资和借钱度假有明显区分。与企业不同，政府核算体系没有作此区分。企业不仅在年度报告中区分各种支出，而且还保留资本账户，表明它们的资产（包括机器）和负债。

有人认为，政府应当有资本预算，并识别投资支出。虽然有些国家这样做了，但美国没有，部分原因是界定投资会面临政治问题。大部分资本预算只包括实物投资，例如道路；而支持教育的人担心，这种资本预算会把资源从人力资本形成——教育和研究中拿走。同样，支持保健的人认为，为儿童提供利良好的保健是对他们未来的一种投资，既可以提高他们的生产率，又可以降低医疗保健的未来支出。

28.3.3 其他策略

改善预算程序的其他两个建议得到了广泛讨论。一个建议是**单项否决权**（line item veto），赋予总统否决预算案中某些特定支出的权力，并于 1997 年 1 月起生效。以前，总统只能接受或拒绝整个预算案，但总统并不愿意只因为有一点有益于某些国会议员的选民的浪费性支出就否决一笔很大的预算（如国防预算）。另一个建议是宪法修正案，称为**平衡预算修正案**（balanced budget amendment），要求国会平衡预算。这项修正案经过几次小范围的投票才通过。支持者说（原则上）它会增强财政责任；政府必须实现平衡预算。批评者指出了实施过程中存在的严重问题：如果国会不能遵守，比如遇到经济衰退导致收入不够，情况会怎样？基于预期的支出和收入来平衡预算，要求进行估计。谁来估计？如何保证不带政治倾向地进行估计？许多经济学家批评平衡预算修正案，说它拿走了经济稳定的一个主要工具。它会使经济保持充分就业更加困难，几乎把所有责任都推给了货币政策。对货币政策能否迅速抵御严重衰退的能力缺乏信心的人，对该修正案尤其深感不安。有些议案包括了衰退来临时的免责条款，尽管还没有得到国会的通过。

28.4 长期问题：公民权利与老年人

即使美国能消除赤字，仍然存在长期问题：医疗保险和社会保障的公民权利性支出在未来几十年里可能飙升。理由有两个。第一，在美国人口中，老年人的数量会迅速增加，享受社会保障和医疗保险的人数会猛增。第二，老年人的保健成本可能会继续增加。第 12 章和第 14 章已经描述了这些趋势，并概括出了一些解决这些问题的政策。

从根本上说，问题在于政治程序往往关注迫在眉睫的问题，而不怎么关心未来可能发生的问题。有这样的可能性，即保健成本可能增长得比预测的缓慢，或者生产率可能提高得比预期的快（这样在没有提高税率的情况下税收收入会增加）。但是也有这样的可能性，即保健成本可能比现在预测的增加得更迅速，或者生产率可能比预测的提高得更缓慢。因此，大多数经济学家认为，我们应当把我们今天的行动建立在最可用的信息之上——而且该信息明确给出未来的赤字会飙升。其实，不确定性应当是我们更加小心的问题。推迟所采取的行动可能导致在未来必须采取更激烈和更痛苦的行动。

政府如何对这种挑战作出回应，如何控制公民权利性项目，其他项目如果没有彻底改变其后果是什么等等，这些问题都是公共部门经济学在未来几十年面临的最重要的问题。

【注释】

［1］经济复苏——失业率从占 GDP 的 7.8%下降到 4.9%——本身带来的额外收入，约等于 GDP 的 1.2%。根据奥肯定律（以约翰逊总统时期的经济顾问委员会主席奥肯的名字命名，他首先“发现了”这一经验规律），失业率每下降 1 个百分点，会使产出增长 2%～3%。我们假定一个比较低的数字——产出每增长 1%导致税收收入大约增长 GDP 的 0.2%。赤字减少本身可能会使得经济扩张的程度超过奥肯定律预测的程度，因为鼓励了投资增加，比如 1993—1997 年间的设备投资就增长了 45%强。

［2］R. Barro，“Are Government Bonds Net Wealth?” *Journal of Political Economy* 82 (1974)：1095－1117. 后来的研究归纳了他的结果，而且说明了在什么样的严格假设条件下它是有效的。例如，参见 J. E. Stiglitz，“On the Relevance or Irrelevance of Public Financial Policy”，in *The Economics of Public Debt*，ed.，K. J. Arrow and M. J. Boskin，New York：Macmillan Press，1988，pp. 41－76。

［3］进一步的讨论，参见 the Symposium in the *Journal of Economic Perspectives* 3，no. 2 (spring 1989)。

参考文献

Aaron，H. J.，“Lessons for Tax Reform”，in J. Slemrod，(ed.)，*Do Taxes Matter：The Impact of the Tax Reform Act of 1986* (Cambridge，Mass.：MIT Press，1990)，pp. 321 - 331.

Akerhielm，K.，“Does Class Size Matter?” *Economics of Education Review* 13，no. 3 (September 1995)：229 - 241.

Akerlof，G.，“The Market for Lemons：Qualitative Uncertainty and the Market Mechanism”，*Quarterly Journal of Economics* 84 (1970)：488 - 500.

Akerlof，G.，Yellen，J.，and Katz，M.，“An Analysis of Out-of-Wedlock Childbearing in the United States”，*Quarterly Journal of Economics* 111，no. 2 (May 1996)：277 - 317.

Allen，F.，“Optimal Linear Income Taxation with General Equilibrium Effects on Wages”，*Journal of Public Economics* 17 (1982)：135 - 143.

Arnott，R.，and Stiglitz，J. E.，“Aggregate Land Rents，Expenditure on Public Goods and Optimal City Size”，*Quarterly Journal of Economics* 93 (1979)：472 - 500.

Arnott，R.，and Stiglitz，J. E.，“Aggregate Land Rents and Aggregate Transport Costs”，*Economic Journal* 91 (1981)：331 - 347.

Arrow，K. J.，*Social Choice and Individual Values* (New York：Wiley，1963).

Arrow，K. J.，“Uncertainty and Welfare Economics of Medical Care”，

American Economic Review 53 (1963): 941 - 973.

Arrow, K. J., "Higher Education as a Filter", *Journal of Public Economics* 2 (1973): 193 -216.

Arrow, K. J., et al., "Is There a Role for Benefit-Cost Analysis in Environmental, Health, and Safety Regulation", *Environment and Development Economics* 2, no. 2 (May 1997): 196 - 201.

Asquith, P., and Mullins, D., "Equity Issues and Offering Dilution", *Journal of Financial Economics*, 15, no. 1 - 2 (Jan-Feb. 1986): 61 - 89.

Atkinson, A. B., and Stiglitz, J. E., "The Structure of Indirect Taxation and Economic Efficiency", *Journal of Public Economics* (1972): 97 - 119.

Atkinson, A. B., and Stiglitz, J. E., "The Design of Tax Structure: Direct versus Indirect Taxation", *Journal of Public Economics* 6 (1976): 55 - 75.

Atkinson, A. B., and Stiglitz, J. E., *Lectures in Public Economics* (New York: McGraw-Hill, 1980).

Auerbach, A. J., "Wealth Maximization and the Cost of Capital", *Quarterly Journal of Economics* (August 1979): 433 - 466.

Auerbach, A. J., "The Theory of Excess Burden and Optimal Taxation," in Alan J. Auerbach and Martin Feldstein (eds.), *Handbook of Public Economics*, vol. 1 (New York: Elsevier, 1987), pp. 100 - 101.

Auten, G. E., Cilke, J. M., and Randolph, W. C., "The Effects of Tax Reform on Charitable Contributions", *National Tax Journal* 45, no. 3 (September 1992): 267 - 290.

Bagwell, L. S., and Shoven, J. B., "Cash Distributions to Shareholders", *Journal of Economic Perspectives* (summer 1989): 129 - 140.

Barro, R., "Are Government Bonds Net Wealth?" *Journal of Political Economy* 82, (1974): 1095 - 1117.

Barro, R. J., *The Impact of Social Security on Private Savings* (Washington, D. C.: American Enterprise Institute, 1978).

Baumol, W. J., "Contestable Markets: An Uprising in the Theory of

Industry Structure", *American Economic Review* 72 (1982): 1 - 15.

Baumol, W. J., Panzar, J., and Willig, R., *Contestable Markets and the Theory of Industrial Organization* (New York: Harcourt Brace Jovanovich, 1982).

Becker, G., *Human Capital: A Theoretical and Empirical Analysis with Special References to Education* (New York: National Bureau of Economic Research, Columbia University Press, 2d ed., 1975).

Bewley, T., "A Critique of Tiebout's Theory of Local Public Expenditures", *Econometrica* 49 (1981): 713 - 740.

Blackorby, C., and Donaldson, D., "Cash versus In-Kind, Self-Selection and Efficient Transfers", *American Economic Review* (September 1988): 691 - 700.

Blumenthal, M., and Slemrod, J., "The Compliance Cost of the U. S. Individual Income Tax System: A Second Look after Tax Reform", *National Tax Journal* 45, no. 2 (June 1992): 185 - 202.

Bosworth, B., and Burtless, G., "Effects of Tax Reform on Labor Supply, Investment, and Saving", *Journal of Economic Perspectives* (winter 1992): 3 - 25.

Boteux, M., "On the Management of Public Monopolies Subject to Budgetary Constraints", *Journal of Economic Theory* 3 (1971): 219 - 240.

Bovenberg, A. L., and Goulder, L. H., "Optimal Environmental Taxation in the Presence of Other Taxes: General-Equilibrium Analyses", *American Economic Review* 86, no. 4 (September 1996): 985 - 1000.

Bradford, D., "The Incidence and Allocation Effect of a Tax on Corporate Distributions", *Journal of Public Economics* 15 (1981): 1 - 22.

Break, G., "Income Taxes and Incentives to Work: An Empirical Study", *American Economic Review* 47 (1957): 529 - 549.

Breyer, S. G., *Breaking the Vicious Circle: Toward Effective Risk Regulation* (Cambridge, Mass.: Harvard University Press, 1993), p. 12.

Brito, D. L., et al., "Randomization in Optimal Tax Schedules", *Journal of Public Economics* 56, no. 2 (February 1995): 189 - 223.

Brueckner, J. K., "A Test for the Allocative Efficiency in the Local Public Sector", *Journal of Public Economics* 19 (1982): 311 - 331.

Burman, L., and Randolph, W., "Measuring Permanent Responses to Capital Gains Tax Changes in Panel Data", *American Economic Review* 84, no. 1 (September 1994): 794 - 809.

Card, D., and Krueger, A., "Does School Quality Matter? Returns to Education and the Characteristics of Public School in the United States", *Journal of Political Economy*, vol. 100 (February 1992): 1 - 40.

Card, D., and Krueger, A., "Labor Market Effects of School Quality: Theory and Evidence", in Gary Burtless (ed.), *Does Money Matter: The Effect of School Resource on Student Achievement and Adult Success* (Washington, D. C.: Brookings Institution, 1996), pp. 97 -140.

Card, D., and Krueger, A., "School Resources and Student Outcomes", *Annals of the American Academy of Political and Social Science* 559, no. (September 1998): 39 - 53.

Carraro, C., Galeotti, M., and Gallo, M., "Environmental Taxation and Unemployment: Some Evidence on the 'Double Dividend Hypothesis' in Europe", *Journal of Public Economics* 62 no. 1 - 2 (October 1996): 141 - 181.

Choe, Y. S., and Jeong, J., "Charitable Contributions by Low-and Middle-Income Taxpayers: Further Evidence with a New Method", *National Tax Journal* 46, no. 1 (March 1993): 33 - 39.

Clotfelter, C. T., and Schmalbeck, R. L., "The Impact of Fundamental Tax Reform on Nonprofit Organizations", in Henry J. Aaron and William G. Gale (eds.), *Economic Effects of Fundamental Tax Reform* (Washington, D. C.: Brookings Institution Press, 1996), pp. 211 - 243.

Coase, R. H., "The Problem of Social Cost", *Journal of Law and Economics* 3 (1960): 1 - 44.

Coleman, J., et al., *Equality of Educational Opportunity* (Washington, D.C.: Department of Health, Education, and Welfare, 1966).

Common, M., Reid, I., and Blaney, R., "Do Existence Values for Cost-Benefit Analysis Exist?" *Journal of Environmental and Resource Economics* 9, no. 2 (1997): 225 - 238.

Corlett, W. J., and Hague, D. C., "Complementarity and the Excess Burden of Taxation", *Review of Economic Studies* 21 (1953): 21 - 30.

Courant, P. N., Gramlich, E. M., and Rubinfeld, D. L., "The Stimulative Effect of Intergovernmental Grants: Or Why Money Sticks Where It Hits", in P. Mieszkowski and W. Oakland (eds.), *Fiscal Federalism and Grants-in-Aid* (Washington, D. C.: Urban Institute, 1979), pp. 5 - 21.

Cropper, M. L., and Oates, W. E., "Environmental Economics: A Survey", *Journal of Economic Literature* 30 (June 1992): 675 - 740.

Currie, J., "Welfare and the Well-Being of Children: The Relative Effectiveness of Cash and In-Kind Transfers", in James M. Poterba (ed.), *Tax Policy and the Economy*, vol. 8 (Cambridge, Mass.: MIT Press for the National Bureau of Economic Research, 1994), pp. 1 - 43.

Cutler, D., "A Guide to Health Care Reform", *Journal of Economic Perspectives* 8, no. 3 (summer 1994): 13 - 29.

Danzinger, S., Haveman, R., and Plotnick, R., "How Income Transfers Affect Work, Savings, and Income Distribution", *Journal of Economic Literature* (September 1981).

Dasgupta, P., and Stiglitz, J. E., "Differential Taxation, Public Goods and Economics Efficiency", *Review of Economics Studies* 39 (1971): 151 - 174.

Dasgupta, P., and Stiglitz, J. E., "Benefit-Cost Analysis and Trade Policies", *Journal of Political Economy* 82 (January-February 1974): 1 - 33.

DeBrock, L., and Arnold, R. J., "Utilization Control in HMOs",

Quarterly Review of Economics and Finance 32, no. 3 (autumn 1992).

Devaney, B. and Fraker, T., "The Effect of Food Stamps on Food Expenditures", *American Journal of Agricultural Economics* (February 1989): 99-104.

Diamond, P., "A Many-Person Ramsey Tax Rule", *Journal of Public Economics* 4 (1975): 335-342.

Diamond, P., and Mirrlees, J., "Optimal taxation and Public Production", *American Economic Review* 61 (1971): 261-278.

Domar, E. D., and Musgrave, R. A. "Proportional Income Taxation and Risk-Taking", *Quarterly Journal of Economics* 58 (1944): 388-422.

Duffield, J., "Nonmarket Valuation and the Courts: The Case of Exxon Valdez", *Contemporary Economic Policy* 15, no. 4 (October 1997): 98-110.

Dumez, H., and Jeunemaitre, A., "Privatization in France: 1983-1993", in Vincent Wright (ed.), *Industrial Privatization in Western Europe: Pressures, Problems, and Paradoxes* (London and New York: Pinter Publishers, 1994), pp. 83-105, 194.

Eberts, R. W., and Gronberg, T. J., "Jurisdictional Homogeneity and the Tiebout Hypothesis", *Journal of Urban Economics* 10 (1981): 227-239.

Edwards, J., et al. (eds.), *Recent Developments in Corporate Finance* (New York and Melbourne: Cambridge University Press, 1986).

Eissa, N., "Labor Supply and the Economic Recovery Tax Act of 1981", in Martin Feldstein and James Poterba (eds.), *Empirical Foundations of Household Taxation* (Chicago and London: University of Chicago Press, 1996), pp. 5-32.

Eissa, N., and Liebman, J., "Labor Supply Responses to the Earned Income Tax Credit", *Quarterly Journal of Economics* 111, no. 2 (May 1996): 603-637.

Ellwood, D., and Summers, L., "Poverty in America: Is Welfare the Answer or the Problem", in S. Danziger and D. Weinberg (eds.), *Fighting Poverty: What Works and What Doesn't* (Cambridge, Mass.: Harvard University Press, 1986), pp. 78 - 105.

Erard, B., "Taxation with Representation: An Analysis of the Role of Tax Practitioners in Tax Compliance", *Journal of Public Economics* 52, no. 2 (September 1993): 163 - 197.

Fazzari, S., Hubbard, G., and Peterson, B., "Investment Financing Decisions and Tax Policy", *American Economic Review* 78, no. 2 (May 1988): 200 - 205.

Feenberg, D. R., and Rosen H. S., "Recent Developments in the Marriage Tax", National Bureau of Economic Research, Working Paper 4705, April 1994.

Feldstein, M., "Distributional Equity and the Optimal Structure of Public Prices", *American Economic Review* 62 (1973): 32 - 36.

Feldstein, M., "On the Optimal Progressivity of the Income Tax", *Journal of Public Economics* 2 (1973): 357 - 376.

Feldstein, M., "Social Security, Induced Retirement, and Aggregate Capital Accumulation", *Journal of Political Economy* 82, no. 5 (1974): 905 - 926.

Feldstein, M., "The Effect of Marginal Tax Rates on Table Income: A Panel Study of the 1986 Tax Reform Act", *Journal of Political Economy* 1 - 3, no. 3 (1995): 551 - 572.

Feldstein, M., "Social Security and Saving: New Time Series Evidence", *National Tax Journal* 49, no. 2 (June 1996): 151 - 164.

Feldstein, M., Slemrod, J., and Yitzhake, S., "The Effects of Taxing on Selling and Switching of Common Stock and the Realization of Capital Gains", *Quarterly Journal of Economics* 94 (1980): 777 - 791.

Foley, D. K., "Resource Allocation and the Public Sector", *Yale Economic Essays* 7 (1967): 45 - 98.

Fraker, T., *The Effects of Food Stamps on Food Consumption: A Review of the Literature* (Alexandria, Va.: U. S. Department of Agriculture, Office of Analysis and Evaluation, Food and Nutrition Service, 1990).

Fraker, T., Martini, A., and Ols, J., "The Effect of Food Stamp

Cashout on Food Expenditures: An Assessment of the Findings from Four Demonstrations", *Journal of Human Resources* 30, no. 4 (Fall 1995): 633 - 649.

Friedman, M., *Capitalism and Freedom* (Chicago: University of Chicago Press, 1962).

Fuchs, V., *Who Shall Live? Health Economics and Social Choice* (New York: Basic Books, 1975).

Fuchs, V., "The Supply of Surgeons and the Demand for Operations", in V. Fuchs (ed.), *The Health Economy* (London and Cambridge: Harvard University Press, 1986), pp. 126 - 147.

Fullerton, D., and Henderson, Y. K., "Incentive Effects of Taxes on Income from Capital: Alternative Policies in the 1980s", in C. R. Hulten and I. V. Sawhill (eds.), *The Legacy of Reaganomics: Prospects for Long-Term Growth* (Washington, D. C.: The Urban Institute Press, 1984).

Goodsell, Charles T., *The Case for Bureaucracy* (Chatham, N. J.: Chatham House Publishers, 1983).

Goulder, L. H., "Environmental Taxation and the Double Dividend: A Reader's Guide", *International Tax and Public Finance* 2 (August 1995): 157 - 183.

Gramlich, E. M., "Intergovernmental Grants: A Review of the Empirical Literature", in W. E. Oates (ed.), *The Political Economy of Fiscal Federalism* (Lexington, Mass.: Lexington Books, 1977).

Gravelle, J., *The Economic Effects of Taxing Capital Income* (Cambridge and London: MIT Press, 1994).

Greenberg, D., and Halsey, H., "Systematic Misreporting and Effects of Income Maintenance Experiments on Work Effort: Evidence from the Seattle-Denver Experiment", *Journal of Labor Economics* 1, no. 4 (October 1983): 380 - 407.

Greenfield, H. I., *Invisible, Outlawed and Untaxed: America's Underground Economy* (Westport, Conn.: Praeger, 1993).

Greenwald, B., and Stiglitz, J. E., "Externalities in Economies with Imperfect Information and Incomplete Markets", *Quarterly Journal of Economics* (May 1986): 229 - 264.

Greenwald, B., Stiglitz, J. E., and Weiss, A., "Informational Imperfections in the Capital Market and Macroeconomic Fluctuations", *American Economic Review* 74 (2): 194 - 199.

Grinols, E. L., "The Link Between Domestic Investment and Domestic Savings in Open Economies: Evidence from Balanced Stochastic Growth", *Review of International Economics* 4, no. 2 (June 1996): 119 - 140.

Guislain, P. *The Privatization Challenge: A Strategic, Legal, and Institutional Analysis of International Experience* (Washington, D. C.: World Bank, 1997).

Hannaway, J., and Carnoy, M. (eds.), *Decentralization and School Improvement* (San Francisco: Jossey-Bass, 1993).

Hanushek, E. A., "The Economics of Schooling: Production and Efficiency in Public Schools", *Journal of Economic Literature* 24, no. 3 (September 1986): 1141 - 1177.

Hanushek, E. A., "School Resources and Student Performance", in Gary Burtless (ed.), *Does Money Matter: The Effect of School Resource on Student Achievement and Adult Success* (Washington, D. C.: Brookings Institution, 1996), pp. 43 - 73.

Hanushek, E., and Jorgenson, D. (eds.), *Improving America's Schools: The Role of Incentives* (Washington, D. C.: National Research Council, 1996).

Harberger, A., "Taxation, Resource Allocation and Welfare", in J. Due (ed.), *The Role of Direct and Indirect Taxes in the Federal Revenue System* (Princeton, N. J.: Princeton University Press, 1964), reprinted in A. Harberger, *Taxation and Welfare* (Chicago: University of Chicago Press, 1974).

Hausman, J., "Labor Supply", in H. Aaron and J. Pechman (eds.), *How Taxes Affect Economic Behavior* (Washington, D. C.: Brookings Institution, 1981), pp. 27 - 72.

Hausman, J., "Exact Consumer's Surplus and Deadweight Loss", *American Economic Review* 71 (1981): 662 - 676.

Hayward, N., and Kuper, G., "The National Economy and Productivity in Government", *Public Administration Review* 38 (1978).

Heckman, J. J., "What Has Been Learned about Labor Supply in the Past Twenty Years?" *American Economic Association Papers and Proceedings* (May 1993): 116 - 121.

Heckman, J. J., "Comment on Labour Supply and the Economic Recovery Tax Act of 1981", in M. Feldstein and J. Poterba (eds.), *Empirical Foundations of Household Taxation* (Chicago and London: University of Chicago Press, 1996), pp. 32 - 38.

Hill, P., Pierce, L., and Guthrie, J., *Reinventing Public Education: How Contracting Can Transform America's Schools* (Chicago: University of Chicago Press, 1997).

Hirschman, A. O., *Shifting Involvements: Private Interest and Public Action* (Princeton, N. J.: Princeton University Press, 1982).

Hitch, C. J., *Decision Making for Defense* (Berkeley: University of California Press, 1966), pp. 50 - 51.

Holland, D. M., "The Effect of Taxation on Effort: Some Results for Business Executives", *National Tax Association Proceedings of the Sixty-Second Annual Conference*, 1969.

Hotelling, H., "Stability in Competition", *Economic Journal* 39 (March 1929): 41 - 57.

Hubbard, G. (ed.), *Asymmetric Information, Corporate Finance, and Investment: A National Bureau of Economic Research Project Report* (Chicago and London: University of Chicago Press, 1990).

Jencks, C., *Rethinking Social Policy* (Cambridge, Mass.: Harvard University Press, 1992).

King, M., *Public Policy and the Corporation* (London: Chapman and Hall, 1977).

King, M., and Fullerton, D., *The Taxation of Income from Capital* (Chicago: University of Chicago Press, 1984).

Kotlikoff, L. J., and Summers, L. H., "Tax Incidence", chapter 16 in A. J. Auerbach and M. Feldstein (eds.), *The Handbook of Public Economics*, vol. 2 (New York: Elsevier, 1987), pp. 1043 - 1092.

Kramer, G., "On a Class of Equilibrium Conditions for Majority Rule", *Econometrica* 41 (1973): 285 - 297.

Krueger, Alan B. "Experimental Estimates of Educational Production Functions", *Quarterly Journal of Economics* 63 (May 1999).

Lau, L. J., Sheshinski, E., and Stiglitz, J. E., "Efficiency in the Optimum Supply of Public Goods", *Econometrica* 46 (1978): 269 - 284.

Levy, F., and Michel, R., "Work for Welfare: How Much Good Will It Do?" *American Economic Review* 76 (May 1986): 399 - 404.

Lindahl, E., "*Positive Lösung, Die Gerechtigkeit der Besteuerung*", translated as "Just Taxation—A Positive Solution", in R. A. Musgrave and A. T. Peacock (eds.), *Classics in the Theory of Public Finance* (New York: St. Martin's Press, 1958).

Lindsey, L., "Individual Taxpayer Response to Tax Cuts: 1982 - 1984, With Implications for Revenue Maximizing Tax Rate", *Journal of Public Economics* 33 (1987): 173 - 206.

Lindsey, L., *The Growth Experiment: How the New Tax Policy Is Transforming the U. S. Economy* (New York: Basic Books, 1990).

Lipsey, R. G., and Lancaster, K., "The General Theory of Second Best", *Review of Economic Studies* 24 (1956 - 1957): 11 - 32.

McClure, W., "Buying Right: The Consequences of Glut", *Business and Health* (September 1985): 43 - 46.

Meade, J., *Trade and Welfare: Mathematical Supplement* (Oxford: Oxford University Press, 1955).

Megginson, W. L., et al., "The Financial and Operating Performance of Newly Privatized Firms: An International Empirical Analysis", *Journal of Finance* 49, no. 2 (1994).

Modigliani, F., and Miller, M. H., "The Cost of Capital, Corporation Finance, and the Theory of Investment", *American Economic Review* 48 (1958): 261 - 297.

Moffit, R., "Incentive Effects of the U. S. Welfare System: A Review", *Journal of Economic Literature* (March 1992): 1 - 61.

Moffit, R., and Rangarajan, A., "The Work Incentives of AFDC

Tax Rates: Reconciling Different Estimates", *Journal of Human Resources* (winter 1991): 165 - 179.

Mroz, T. A., "The Sensitivity of an Empirical Model of Married Women's Hours of Work to Economic and Statistical Assumptions", *Econometrica* (July 1987): 765 - 799.

Myers, S. C., and Majluf, N. S., "Corporate Financing and Investment Decisions When Firms Have Information That Investors Do Not Have", *Journal of Financial Economics* 13, no. 2 (June 1984): 187 - 221.

Newhouse, J. P., *Free for All? Lessons from the RAND Health Insurance Experiment* (Cambridge and London: Harvard University Press, 1993), p. 120.

Nozick, R., *Anarchy, State, and Utopia* (Oxford: Basil Blackwell, 1974).

Oates, W. A., "Green Taxes: Can We Protect the Environment and Improve the Tax System at the Same Time?" *Southern Economic Journal* 61, no. 4 (April 1995): 915 - 922.

Pack, H., and Pack, J., "Metropolitan Fragmentation and Local Public Expenditure", *National Tax Journal* 31 (1978): 349 - 362.

Pechman, J., *Federal Tax Policy*, 5th ed. (Washington, D. C.: Brookings Institution, 1987).

Peltzman, S., "Pricing in Public and Private Enterprises: Electric Utilities in the United States", *Journal of Law and Economics* 14, no. 1 (April 1971): 109 - 147.

Peterson, Peter G., *Will America Grow Up before It Grows Old?* (New York: Random House, 1996).

Phelps, C. E., and Parente, S. T., "Priority Setting for Medical Technology and Medical Practice Assessment", *Medical Care* 28, no. 8 (August 1990): 702 - 723.

Pigou, A. C., *The Economics of Welfare* (London: Macmillan, 1918).

Pigou, A. C., *A Study in Public Finance*, 3rd ed. (London: Macmillan, 1947).

Portney, P. R., "The Contingent Valuation Debate: Why Economists

Should Care", *Journal of Economic Perspectives* 8, no. 4 (fall 1994): 3-17.

Poterba, J., and Summers, L. H., "Dividend Taxes, Corporate Investment and 'Q'", *Journal of Public Economics* (1983:) 135-167.

Ramsey, F., "A Contribution of the Theory of Taxation", *Economic Journal* 37 (1927): 47-61.

Rizzuto, R., and Wachtel, P., "Further Evidence on the Returns to School Quality", *Journal of Human Resources* (spring 1980): 240-254.

Robins, P. K., "A Comparison of the Labor Supply Findings from the Four Negative Income Tax Experiments", *Journal of Human Resources* 20, no. 4 (fall 1985): 567-582.

Romer, T., "Individual Welfare, Majority Voting, and the Properties of a Linear Income Tax", *Journal of Public Economics* 4 (1975): 163-185.

Rothschild, M., and Stiglitz, J. E., "Equilibrium in Competitive Insurance Markets: An Essay on the Economics of Imperfect Information", *Quarterly Journal of Economics* 90 (1976): 629-650.

Salop, S., "Information and Monopolistic Competition", *American Economic Review* (May 1976): 240-245.

Sandmo, A., "The Effects of Taxation on Savings and Risk-Taking", in A. J. Auerbach and M. Feldstein (eds.), *Handbook of Public Economics*, vol. 1 (New York: Elsevier, 1987), pp. 293-309.

Schelling, T., "The Life You Save May Be Your Own", reprinted in T. Schelling, *Choices and Consequences* (Cambridge, Mass.: Harvard University Press, 1984).

Scholz, J., "Tax Policy and the Working Poor: The Earned Income Tax Credit", *Focus* (winter 1993-1994): 1-12.

Shoepfle, G. K., Perez-Lopez, J. F., and Griego, E., "The Underground Economy in the United States", U. S. Department of Labor Occasional Paper on the Informal Sector, no. 2, September 1992.

Shoven, J., "New Developments in Corporate Finance and Tax Avoidance: Some Evidence", in L. Summers (eds.), *Tax Policy and the*

Economy, National Bureau of Economic Research, 1987.

Showalter, M. H., and Thurston, N. K., "Taxes and Labor Supply of High-Income Physicians", *Journal of Public Economics* 66 (1997): 73-97.

Slavin, R., "School and Classroom Organization in Beginning Reading", in R. Slavin et al. (eds.), *Preventing Early School Failure: Resarch, Policy, and Practice* (Boston: Allyn and Bacon, 1994), pp. 122-130.

Slutsky, S., "A Voting Model for the Allocation of Public Goods: Existence of an Equilibrium", *Journal of Economic Theory* 11 (1975): 292-304.

Smith, A., *The Wealth of Nations* (New York: Modern Library, 1937).

Spence, A. M., "Job Market Signaling", *Quarterly Journal of Economics* 87 (1973): 355-374.

Spiegelman, R. G., and Yaeger, K. E., "The Seattle and Denver Income Maintenance Experiments: Overview", *Journal of Human Resources* 15, no. 4 (fall 1980): 463-479.

Starrett, D., "Principles of Optimal Location in a Large Homogeneous Area", *Journal of Economic Theory* 9 (1974): 418-448.

Stern, N. H., "On the Specification of Models of Optimum Income Taxation", *Journal of Public Economics* 6 (1976): 123-162.

Stern, N. H., "Optimum Taxation with Errors in Administration", *Journal of Public Economics* 17 (1982): 181-211.

Steuerle, E., "Is Income from Capital Subject to Individual Income Taxation?" *Public Finance Quarterly* (July 1982): 283-303.

Stigler, G. J., "The Theory of Economic Regulation", *Bell Journal Economics and Management Science* 2 (spring 1971): 3-21.

Stigler, G. J., "Free Riders and Collective Action: An Appendix to Theories of Economic Regulation", *Bell Journal Economics and Management Science* 5 (autumn 1974): 359-365.

Stiglitz, J. E., "The Effects of Income, Wealth and Capital Gains Taxation on Risk Taking", *Quarterly Journal of Economics* 83 (1969): 262-283.

Stiglitz, J. E., "Taxation, Corporate Financial Policy, and the Cost of Capital", *Journal of Public Economics* (February 1973): 1–34.

Stiglitz, J. E., "On the Irrelevance of Corporation Financial Policy", *American Economic Review* 64 (1974): 851–866.

Stiglitz, J. E., "The Theory of Screening Education and the Distribution of Income", *American Economic Review* 65 (1975): 283–300.

Stiglitz, J. E., "The Corporation Income Tax", *Journal of Public Economics* (April-May 1976): 303–311.

Stiglitz, J. E., "Theory of Local Public Goods", in M. Feldstein and R. Inman (eds.), *The Economics of Public Services* (New York: Macmillan, 1977), pp. 274–333.

Stiglitz, J. E., "Self-Selection and Pareto-Efficient Taxation", *Journal of Public Economics* 17 (1982): 213–240.

Stiglitz, J. E., "Utilitarianism and Horizontal Equity: The Case for Random Taxation", *Journal of Public Economics* 21 (1982): 257–294.

Stiglitz, J. E., "Public Goods in Open Economies with Heterogeneous Individuals", in J. F. Thisse and H. G. Zoller (eds.), *Locational Analysis of Public Facilities* (New York: Elsevier-North Holland, 1983).

Stiglitz, J. E., "Pareto Efficient and Optimal Taxation and the New Welfare Economics", in Alan J. Auerbach and Martin Feldstein (eds.), *Handbook of Public Economics* (New York: Elsevier, 1987), pp. 991–1042.

Stiglitz, J. E., "On the Relevance or Irrelevance of Public Financial Policy", in K. J. Arrow and M. J. Boskin (eds.), *The Economics of Public Debt* (New York: Macmillan Press, 1988), pp. 41–76.

Stiglitz, J. E., and Weiss, A., "Credit Rationing in Markets with Imperfect Information", *American Economic Review* 71, no. 3 (June 1981): 393–410.

Symposium on Contingent Valuation, *Journal of Economic Perspectives* 8, no. 4 (fall 1994).

Tiebout, C., "A Pure Theory of Local Expenditure", *Journal of Political Economy* 64 (1956): 416–424.

Tobin, J. ,"On Limiting the Domain of Inequality", *Journal of Law and Economics* 13 (1970): 263-277.

Triest, R. K. , "The Effect of Income Taxation on Labor Supply in the United States", *Journal of Human Resources* (summer 1990): 491-516.

Viscusi, W. K. , *Risk by Choice: Regulating Health and Safety in the Workplace* (Cambridge, Mass. : Harvard University Press, 1983).

Weiss, A. , "Human Capital versus Signaling Explanations of Wages", *Journal of Economics Perspectives* 9, no. 4 (fall 1995): 133-154.

Wenglinsky, H. , *When Money Matters: How Educational Expenditures Improve Student Performance and How they Don't* (Princeton, N. J. : Educational Testing Service, Policy Information Center, April 1997).

Wennberg, J. , and Gittelsohn, A. , "Small Are Variations in Health Care Delivery", *Science* 182 (1973): 1102-1108.

Willig, R. , "Consumer's Surplus without Apology", *American Economic Review* 66 (1976): 589-597.

Windham, D. , "Economic Analysis and the Public Support of Higher Education: The Divergence of Theory and Policy", in *Economic Dimensions of Education*, A Report of a Committee of the National Academy of Education, May 1979.

Zodrow, G. R. , and Mieszkowski, P. , "Pigou, Tiebout, Property Taxation, and the Underprovision of Local Public Goods", *Journal of Urban Economics* 19 (1986): 356-370.

Economics of the Public Sector/Joseph E. Stiglitz—3rd ed.

图书在版编目（CIP）数据

公共部门经济学/（美）斯蒂格利茨著；郭庆旺等译．—北京：中国人民大学出版社，2012.12
（诺贝尔经济学奖获得者丛书）
ISBN 978-7-300-16936-1

Ⅰ.①公… Ⅱ.①斯… ②郭… Ⅲ.①公共经济学 Ⅳ.①F062.6

中国版本图书馆 CIP 数据核字（2012）第 306928 号

“十三五”国家重点出版物出版规划项目
诺贝尔经济学奖获得者丛书
公共部门经济学（第三版）
[美] 约瑟夫·E·斯蒂格利茨　著
郭庆旺　校
郭庆旺　杨志勇　刘晓路　张德勇　译
Gonggong Bumen Jingjixue

出版发行	中国人民大学出版社		
社　　址	北京中关村大街 31 号	邮政编码	100080
电　　话	010－62511242（总编室）		010－62511770（质管部）
	010－82501766（邮购部）		010－62514148（门市部）
	010－62515195（发行公司）		010－62515275（盗版举报）
网　　址	http://www.crup.com.cn		
经　　销	新华书店		
印　　刷	北京玺诚印务有限公司		
规　　格	160 mm×235 mm　16 开本	版　　次	2013 年 1 月第 1 版
印　　张	44.25 插页 2	印　　次	2019 年 11 月第 6 次印刷
字　　数	723 000	定　　价	88.00 元（上下册）